神よ、ペップを救いたまえ。

DIOS SALVE A PEP

マルティ・ペラルナウ［著］
イルヴィン孝次［監修］
高野鉄平［訳］

KANZEN

目次

【本文のポジション表記】
GK ……ゴールキーパー
CB ……センターバック
SB ……サイドバック
CH ……センターハーフ
IH ……インサイドハーフ
WB ……ウイングバック
CF ……センターフォワード
WG ……ウイング

成功の秘訣は我々の誰一人として最初の日と同じではないこと。

ペップ・グアルディオラ

成功の秘訣は負けるのが嫌いなこと。

スコット・カーソン

一年目　二〇一六－一七

本当に監督になりたいのか？

シーン一：「フィル・フォーデン。彼の名前を覚えておいて」

（二〇一六年一〇月二二日、マンチェスター）

ディーンズゲートを散策するペップとクリスティーナに、変わらぬ日々を送る人々は、最低限の注意を払うことすらない。また、ペップ自身も周りに気づかれぬよう、帽子で身を隠したりする素振りも見せず、ゆっくり歩を進める。黒いコートに身を包んだ二人に目を向ける者はいない。前を歩く二人は、腕を組みながら幸福の抱擁に身を委ねる、ごく普通のカップルそのものであり、「恋人たちの晩餐」を祝うことのできるレストランを探していた。私たちもまた夕食にふさわしい場所を探していたところで、彼らと出会った。このときを一度目として私は何度もマンチェスターを訪れることになるが、ミュンヘンでの経験を踏まえて、いつも目立たぬようにしていた。

妻のロレスと私がペップとクリスティーナに会ったのは偶然だった。まるで映画のワンシーンのように、二組のカップルはディーンズゲートの通りから同じレストランの店内を覗き込んでいたところで、ミュンヘンで何度もディナーを共にした相手との再会に気がつく。時間はかからなかった。挨拶のキスを交わしたあと、ペップは間髪入れずにこう切り出す。

「トッテナム戦で私は、相手のやってきたことに対応する方法を見つけられなかった。頭をフル回転させ何度もトライしてもダメだった。だからミュンヘンのオクトーバーフェスト行きをキャンセルして、解決策を考えることにした。選手たちが代表へ行っているこの一〇日間は、自分たちが何をうまくできているか、何ができていないかを振り返るのにとても良い時間を過ごすことができた。基本に立ち返り、ゲームをコントロールしなければならない。中盤に四人を置いて、ボールを使って相手を動かすことだ」

そう語る彼を横目にクリスティーナは「恋人たちのディナーはここまで。今夜はサッカーディナー……」と、でも言うような意味ありげな眼差しで見守っていた。そしてペップは、マンチェスターのメインショッピングストリートであるディーンズゲートには通行人が多すぎるため、これから彼のやろうとすることを詳しく説明できるようなもっと静かな場所、小さな通りを探したほうがいいと考えた。見つけたのはブレイズンノーズ通りの、エイブラハム・リンカーンの銅像の隣。彼が自分の新たな提案するプロジェクトに期待するすべてのこと、各選手に求める動き、ピッチの中央をどのように占め、同時に相手をいかにして混乱させ機能させないかを大空に広がるスケッチブックに描くのに適した場所だ。

「エヴァートン戦では［3―4―3］で戦うことに決めた。［3―2―2―3］のようなWMシステム的な形だ。中盤には四人。レギュラー選手たちの多くは代表に行っているので、彼ら抜きでリハーサルをし、リザーブの若手選手たちとこの仕事に取り組んだだけだ。明日には一軍のメンバーで一対一を試してみて、土曜日は［3―4―3］でスタートしてから事の成り行きを見ようと思う。目的はゲームをコントロールすることと、とにかくパスをたくさん繋いで相手を動かすという基本に立ち返ることだ」

寒さの中、クリスティーナとロレスは夕食に行こうと訴えた。ペップは近くの中華料理店「ウィングス」へ行くことを提案したが、そこへ向かう途中、彼は突然何か重要なことを思いだしたかのように私の腕を掴み、叫びそうなくらいに熱く語り始めた。

「聞いてくれ。ジェイドン・サンチョとブラヒム・ディアスのことはよく耳にする。確かにとても良い選手たちだ。すごくいい。私も気に入っている。だが、もう一人……別の名前を覚えていてほしい。フィル・フォーデン。フォーデンという名前を覚えておいてくれ。冗談ではなく、彼はとんでもない。私のチームで、すぐにプレーすることになるだろう。実際、リーグカップの相手がマンチェスター・ユナイテッドでなければ、もうデビューさせていたはずだった。イングランド人選手だ。非常にイングランド的で、左利きで、肌は白い。杖のようにスリムでO脚ではあるが、ボールキープはデラックスな高級感を感じさせるほどに見事で、素晴らしいプレービジョンを持っている。フォーデン、この名前を忘れるな。獣のごとくすごいやつになる」

ウィングスでのディナーは実に美味だった。

シーン二：プレミアリーグ最高のチーム

（二〇一六年一〇月一五日、マンチェスター）

ロナルト・クーマンが、ペップの［3―2―2―3］の予定プログラムを狂わせた。

これから先、何度も何度も目にすることになるが、シティはピッチ上で圧倒的に優勢でありながらも、最終スコアにはそのプレー内容やクオリティの高さが反映されることはない。GKステケレンブルフの神がかり的なパフォーマンスがそれを阻んだ。

代表戦からの帰国便のトラブルによりレギュラーの二人（ストーンズとサネ）が木曜日の練習に参加できなかったにもかかわらず、ペップは予定通り［3―2―2―3］の布陣を準備していたが、新たなプレーシステムを試すことができたのは金曜日のセッションだけだった。それほどテスト不足であったにもかかわらず、選手の配置に関して指揮官に迷いはほとんどない。GKにはブラーボ。DFはオタメンディ、ストーンズ、クリシ。中盤の四角形を構成するのはフェルナンジーニョ、デ・ブライネ、ギュンドアン、ダビド・シルバ。サネとスターリングを逆足の両WGに置き、トップにはイヘアナチョ。盤面上はハーバート・チャップマン（一九二五年）のWMシステムに見えるような［3―2―2―3］であり、ピッチ上ではヨハン・

クライフからインスピレーションを受けた［3―4―3］となる。

ペップはチームがここ数試合で見せた症状を気に病んでいた。今体制での初黒星となったトッテナム戦の敗戦だけでなく、グラスゴーで行われたチャンピオンズリーグのセルティック戦（三対三）でも試合をコントロールするためのパフォーマンスが欠如していたからである。彼がコンペティションの中で最も苛立つのは、自らのチームが試合をコントロールできないことだ。直近の一八〇分間にそれが起こっていたため、シーズンの最初に用いていた定番の［4―3―3］から、この［3―4―3］にシステムを変更して「ゲームをコントロールする」ことを求めた。中盤を四枚とし、ボールを動かしてライバルとなる相手の陣形を崩すのだ。

狙いは容易に達成された。サー・アレックス・ファーガソンが見守る中、エヴァートンの二五五本に対してシティは六六一本のパス数を記録。ボールタッチ数は相手の二倍（八七八対四七八）、シュート数は相手の三本に対して一九本、CKは一三本対一本、試合を通して七三％近いボール保持率を記録した。クライフをよく知り、バルセロナで長年ペップとチームメートでもあったクーマンは、彼のチームがエティハド・スタジアムで苦しむことになるとわかっており、守備を何層にも築いてホームチームの進軍を食い止めようとしていた。シティが波状攻撃を繰り出すたびに、エヴァートンはいつも八人の選手がGKの前を防波堤のごとく固める。結果として、アウェーチームが危機を脱するためエリア内から蹴り出したボールは最終的に四九本を数えた。

ペップのチームは流れるようなプレーでゲームを支配する。良い形で攻撃を組み立て、たびたび決定機を作り出しながらもGKステケレンブルフに阻まれる展開ではあるが、このような防御策を取ろうとも、シティのプレーは流動的、調和的、攻撃的なハーモニーを重厚に奏でた戦いぶりで楽しむファンたちを興奮させるものでもあった。だが優勢な戦いもゴールネットを揺らす得点にはつながらない。四三分にはシルバに対するジャギエルカのファウルでＰＫを獲得するが……ＧＫ左側の高めのコースへ強烈なキックを放ったデ・ブライネのシュートは、見事に体を伸ばしたステケレンブルフに両手で弾き出されてしまう。

ホームチームが先制目前かと思われたそのとき、卒然とアウェー側にゴールが生まれた。ペップがたびたび指摘していた通り、ボールから遠い選手への警戒が不足した結果が招いたものだった。エヴァートンの攻撃に対してシティがプレスをかけ、オタメンディまでもが相手エリア付近でルカクに釣り出され飛び込んでしまう。だがベルギー人ストライカーはマークを振り切って前方へ走り出すと、ボールを素早く中盤まで運ばれ、ボラシエがルカクにリターンパスするところをストーンズがインターセプトしようと試みるも失敗。これによってオープンスペースを得たルカクは無防備なクリシに向かって猛烈なスピードで突進を開始する。カウンターを受け、オタメンディとフェルナンジーニョは全速力で戻るが、ルカクから放たれたブラーボの守備網を突き破るボールを止められはしなかった。こういったプレーは頻度は少なくなるものの、シーズンを跨ぎその後の数年間、たびたび繰り返されることになる。シティが相手陣内に攻め込んでいる際に離れている選手に対処できるようになるまで、長い時間と多くの手痛い失点が必要となる。二〇二〇年にルベン・ディアスとロドリがチームに定着してようやく、この欠点は改善され頻度が下がることになるが、それでも手強いライバルチームのカウンターを完全に防ぐことは決してできない。

一撃を見舞われたペップのチームは、同点ゴールを目指す戦いを続ける。するとわずか五分後、ジャギエルカが今度はアグエロへのファウルでまたもＰＫを与えてしまう。キックを任されたアグエロは、デ・ブライネとまったく同じように、同じコースへ同じ強さ、同じ高さのシュートを放つ。ステケレンブルフもまた同じように対応し、一九七センチの体を存分に伸ばして再び両手で弾き出した。オランダ人ＧＫはさらに躍動的な活躍を続け、危険なシュートを何度もセーブ。デ・ブライネがエリア外から放った絶妙なシュートも触ってポストに逃れる。しかしノリートの至近距離からのヘディング弾を止めることはできず、最終的に試合はドローに持ち込まれた。

エヴァートンは、エティハドで獲得した勝ち点一を大成功だと喜んだ。一方のシティは、引き分けを大失敗であったかのように受け止め、ペップは広がる落胆の眼界にうなだれていた。これで三試合白星がなく、さらに四日後にはチャンピオンズリーグでカンプ・ノウを訪れてメッシのバルセロナと戦わなければならない。ペップの［3─4─3］のアプローチは、実に美しいハーモニーを響かせスタジアムを沸かせた。素晴らしく調和が取れ、ゲームを支配できることを示したが、決定力は伴わなかった。サッカーでは珍しいことではなく「今日は彼らの日ではなかった」と、解説されることもあるが、プレーシステムが適切であるかどうかは結果によって判断される。ドレッシングルームに向かう途中、ドメネク・トレントはクーマンに残りのシーズンの幸運を祈った。エヴァートンの指揮官は笑いながら「今日で今年の分は使い果たした。もう幸運は残っていないと思う……」と、答えた。

クーマンは試合について的確に分析している。「シティは私が監督キャリアで対戦した中で最高のチームだ。彼らが3バックで出てきたのを見て私は、3トップで戦ってセカンドボールを拾えるようにしようとドレッシングルームで伝えた。だが最初の二〇分間は一度もボールに触れなかった。シティは見事な戦いをしていた。ハイプレス、ハイテンポ。だが我々のDFは勇敢に戦い、GKは生涯最高の試合をしてくれた。シティはプレミアリーグで最高のチームだ。彼らの攻撃の仕方、動き方、中盤の支配の仕方、ボールの奪い方を見てみれば……。そして、それを最初の一分から九五分まで休むことなくやっていた。信じられない。最高レベルのサッカーだ。簡単ではないだろうが、こういう戦いができればバルサにだって勝てるだろう。誰もがはっきりとわかるように、もう一度言っておこう。シティは私が監督としてのキャリアの中で対戦した中で最高のチームだ」

スタジアムを出る際、私がペップにクーマンの言葉を伝えると、彼は大喜びでこう反応した。

「そんなことを言ったのか？　何てこった、ロナルトはどこまでエクセレントなんだ。一番の賛辞だ。トロフィーよりも！　タイトルよりも！　大好きな人たちから称賛されることこそ、この上なく最高だ！」

翌朝、コーチングスタッフは、リカバリートレーニングの前に長い話し合いを持った。チャンピオンズリーグのバルセロナ戦への準備はもう始まっている。「3―4―3」で戦うことはない。エヴァートン戦での戦いぶりは素晴らしかったとはいえ、選手たちから心地よくないという心の声が空気となり、そこら中に漂っているからだ。

ドメ（トレント）が最初の提案をする。「カンプ・ノウでは、DFを常に一人余らせておかなければならないだろう。三人のラインで戦えば殺されてしまう。一人余分にいる、つまり四人だ。彼らは間違いなく三人で攻めてくるのだから」

ペップはさらに強調する。

「DFにもう一人、中盤にももう一人いる必要がある。ボールを自分たちのものにしようとするには、それしかない。そうでなければ不可能だ。彼らの前線には『野獣』がいる。それをどうやって止めるか……」

ペップが最大の成功を収めたスタジアムに凱旋する試合に向けて、作戦の見解は一致している。DFを四人にして、中盤で優位に立つこと。メッシを止めるのはまた別の問題だ、と。

日曜日の練習では、ペップの親友であり、バイエルン・ミュンヘンのスカウト部長を務めるドイツ人のミヒャエル・レシュケも深い興味のもとに見学していた。この日は控え選手らのポジション練習のみだったため、この機会を利用して、私は出版したばかりの自著『ラ・メタモルフォシス』の見本誌を初対面のコーチングスタッフ二人に手渡した。真面目で厳格なバスク人のGKコーチ、シャビエル・マンシシドールと、将来の名監督を志すミケル・アルテタである。アルテタは選手生活を終えたあと、すぐにペップのアシスタントを務め始めた。彼の眼にシティの素晴らしい練習施設がどのように映っているのか、私はぜひ知りたいと思った。その意見を通して、ほんの数年後に彼を世界トップクラスの監督に引き上げる哲学がどのようなものであるかが明らかになるからだ。
「非常に素晴らしい巨大施設だが、中身を満たさなければならない。その中身を満たすのは人であり、人とはクラブそのものだ」

シーン三：あなたの望むメンバーを揃えることはできない

（二〇一六年七月三日、マンチェスター）

ペップが受け継いだチームには、三〇歳以上の選手が一二人いる。つまりチームの半分以上が三〇歳過ぎだ。それだけではない。二八歳を過ぎた選手は一七人おり、二五歳以下はわずか四人しかいない。これからチームに植えつけていこうとする競技上の要求と競争を考えると、メンバーの抜本的な刷新と大幅な若返りが必要であることは明白だった。

六月上旬にドバイで行われた会合で、ペップはカルドゥーン・アル・ムバラクとチキ・ベギリスタインに対して一〇人の新戦力と契約するよう求めたが、クラブはその半分との契約しか承諾しなかった。もちろん、これには理由があった。クラブは既存の契約を尊重し、適度な人件費を維持したかった。何よりも、中期的に高額な選手獲得を可能とする、バランスの取れた減価償却方針を継続したいと考えていたのだ。クラブ経営陣はペップとの契約を長期的プロジェクトと捉えており、そのためには「黄金世代」（アグエロ、シルバ、コンパニ、ハート、フェルナンジーニョ、トゥーレ……）を確かな代役と置き換えてシティをより高いレベルへと引き上げていかなければならず、多額の出費が必要となることが見込まれていた。ペップがマンチェスターで過ごす最初のシーズンは、既存の契約と未償却の資産を使い切ることを狙いとした実質的な過渡期にあり、その後に大型契約への投資のチャンスが開けてくるというのがクラブ首脳陣の想定だった。

ペップにとっては夢見ていたものではなかったが、大きく異なるものでもなかったことから、彼はその考えを理解し受け入れた。ＧＫ一人、ＳＢ二人、ＣＢ二人、ＭＦ二人、ＷＧ二人、ＦＷ一人の補強を要請していたが、ＧＫ一人、ＣＢ一人、ＭＦ一人、ＷＧ二人で自らを納得させるほかなかった。五〇％の大幅削減である。

前述したように、望み通りの選手が選ばれたわけでもない。彼が獲得を夢見ていたＧＫはマルク＝アンドレ・テア・シュテーゲンだったが、バルセロナは本人が退団希望を明言しているにもかかわらず売却を断固拒否した。バルサが認めたのは、前年に事実上ファーストチョイスだったクラウディオ・ブラーボを放出することだ。理論上は、彼はシティがＧＫに求める理想的なプロフィールを備えていた。

また、左利きのＣＢとしてアイメリク・ラポルテを獲得することもできなかった。それでも、三人の選手に関しては希望通りの補強が叶った。右利きのＣＢとしてジョン・ストーンズ。彼は奥行きのある素晴らしいボールを出してくれる。チームを導くメトロノームとしては、ペップがバイエルンでも獲得を長く待ち望んでいたイルカイ・ギュンドアンが選ばれた。シャルケの有望ＷＧであるレロイ・サネは、ペップが新たなアリエン・ロッベンだと目して期待していた選手だ。クラブのスポーツマネジメント部門は、低コストのＷＧとしてベテランのノリートを選んで補強を完了させた。

ペップの最初のシーズンに起こった一連の出来事は、チームの刷新を遅らせるというクラブの戦略的決断に沿ったものだった。このシーズンは経済面でもスポーツ的な面でも完全なる転換期であり、メンバーの欠点や欠陥は、さらなる悪化への坂道を転げ落ちることを意味した。ＧＫの層は薄く、ＣＢ陣には頼れる左利きもいない、ＳＢ陣は技術的クオリティ、フィジカル、エネルギーが大幅に不足していることが表面化し、改めて抱えていた問題点が浮き彫りとなる。一二月、ギュンドアンが重傷を負ってしまったことで中盤のポテンシャルは低下。ノリートは有望なスタートダッシュを切ったが、その後のパフォーマンスで、プレーレベルを持続させることができず、急激に水準を落としたことでゴールが不足した結果、冬の移籍市場で別のＦＷを補強しなければならなかった（実際にはガブリエウ・ジェズスを八月に補強していたが、二〇一七年一月までパウメイラスに残していた）。クラブが取った戦略を考えれば、起こったことはすべて予測可能だった。しかし、首尾一貫していたからといって、ペップがシーズンを通して感じる不安を軽減するものでは決してなかった。彼にとっては単に過渡期であるだけでなく、苦々しいシーズンとなった。

計画が五〇％削減されたことでペップは、より慎重にマンチェスターでの仕事に着手することになる。ミュンヘンでは、監督というのは必要以上に目立つべきではないと彼は考えていたが、イングランドではそれ以上にそうあろうとした。とはいえ、簡単に実現できることではない。

新監督発表会の基本的な目的は、サポーターとの距離を近くすることにあった。他にも目的はあったがそれ以上に、クラブはペップとサポーターとの間に親密なつながりを作りたいと考えていた。発表イベントの企画意図は、ペップの姿をサッカーの救世主やクラブの救済者といったような大げさなイメージから遠ざけ、すでに順風満帆なリズムで稼働しているマシンの新たな部品のひとつにすぎない存在にしようとするものだった。このイベントのカジュアルなスタイル、ファンからの質問、お祭りのように楽しげでシンプルな発表会のムードをペップは気に入った。ペップは何を話すにも慎ましやかな態度をとり、伝説的な舞台や挑戦的な環境、強大で屈強なライバルたちであふれたプレミアリーグの素晴らしさに触れられることを楽しみにする様子を見せた。

ペップは何を優先するかを明確に述べた。

「私の優先的な目標は、真のチームスピリットを生み出すことだ」

さらに続けて、その帰結としてこう付け加える。

「ファンがチームを見て楽しめるようなプレーをしたい。目標は良いプレーをすることだが、その前に我々の間に何か特別なもの、真のチームスピリットを作り出す必要がある」

優先事項の順番はランダムではない。第一に、チームスピリットを作ること。次に、良いプレーをすること。第一の点が満たされて初めて、第二の点が実現可能となる。こうして、チームスピリットが「シチズン」の新世界の中心として確立された。米国の伝説的バスケットボールコーチ、ジョン・ウッデンがかつて考案した有名な「成功のピラミッド」ではチームスピリットは中段に位置していたが、マンチェスターにやって来たペップは、それをピラミッドの基礎に位置づけたのだ。

その理由は数カ月前に示されていた。マヌエル・ペレグリーニ監督の率いたシティがチャンピオンズリーグ準決勝進出を果たし、そこでレアル・マドリードに敗れたときだ。クラブにとって歴史的な出来事ではあったが、同時に競争心が危機的なまでに欠如していることも露呈した。選手たちは活力に乏しく、肉体的にもそうだが、とりわけ精神的なエネルギーに欠けているように見えた。クラブのアル・ムバラク会長も躊躇なくそのことを認め、「レアル・マドリードに負けたことは気にならないが、我々は一〇〇%の力を出し切ったと感じたかった。それができていたとは思えない」と、クラブ公式ＴＶで語った。

クラブ首脳陣らもこの無気力さを深く憂慮しており、ペップと考えを揃えて、真のチームスピリットを構築することを何よりも大きな目標として設定したのである。

このスタート地点に立って初めて、良いプレーをすることを次に考えることができる。

「皆さんがマンチェスター・シティのプレーを見ることに誇りを感じてほしい。ファンにはスタジアムに来てほしい。試合を二時間見て過ごして、家に帰ったときには、我々が良いプレーをしていたと思ってもらいたい。最大の挑戦は、良いプレーをすることだ」

結果はこの二つの優先事項のあとについてくるものだ、とペップは繰り返した。「第一にチームスピリット。次に良いプレーをすること。それから試合に勝って、次のひとつ、また次のひとつと勝利を積み重ねていく」

ペップの要請に半分だけ応える代わりに、クラブ経営陣は彼を護り、短期的に発生し得る過度な期待を抑えようと試みた。「ペップが我々のチームを変革し、新たなレベルへと引き上げてくれることを期待しているし、そうなると確信している」と、アル・ムバラクは言う。「ペップの情熱とコミットメントがあるからこそ、我々は大きな期待を寄せている。今後数年間の大きな目標は、毎年プレミアリーグ優勝を目指して戦うこと、そしてもちろんチャンピオンズリーグ優勝を目指すことだ」。フェラン・ソリアーノCEOはさらに「タイトルの行方が決まる数カ月間に、すべてを争える位置にいたい」と、現実味がありそうな具体的な期待を口にした。メンバー刷新の計画を大幅に削減したクラブが、浮かれるファンの期待からペップを護ろうとしたのは明らかだが、新監督が当初希望したスカッドについて、公の場で説明することはしなかった。

ペップのアシスタントコーチであるドメは、彼が熱心に読み込んでいる兵法書を引き合いに出し、クラブがこの決定を下したことでシーズンに何が起こるかについて冷静な見通しを示した。

「最高の将軍は大事な戦に勝つことができるが、そのためには最高の武器を揃えることが必要である」

シーン四：輝かしいスタート

（二〇一六年九月二四日、スウォンジー）

シティはペップが指揮を執り始めて最初の公式戦一〇試合に勝利した。一〇戦一〇勝、得点は三〇、失点はわずか六。輝かしいスタートであり、スペクタクルだ。メンバーを抜本的に刷新できなかった監督の想像をはるかに上回っている。しかも、チームスピリットを生み出し、良いプレーをするという二つの優先すべき志と目標が順調に達成されている。選手の誰もが「チームスピリット」に言及しない日はない。プレー内容に関しても、シティの印象的なアプローチに対して称賛の声が高まっている。

旅路の始まりは六月末のミュンヘンだった。カール＝ハインツ・ルンメニゲとペップが合意を交わし、カルロ・アンチェロッティが率いる新生バイエルンと、ペップが率いる新生シティが対戦する親善試合で新時代の幕開けを飾るのが良いだろうということになった。七月二〇日、両者はアリアンツ・アレーナで対戦し、何万人ものファンが前監督に拍手を送った。ＥＵＲＯで活躍したベストメンバーをまだ揃えることができていないペップはこの試合を、マフェオ、アダラビオヨ、アンヘリーニョ、バーカー、イヘアナチョ、ツェリナ、ビティチらの若手や、ジンチェンコという名の金髪で童顔のプレーメーカーを起用する機会として利用した。ラーム、アラバ、シャビ・アロンソ、リベリ、ハフィーニャ、ファアン・ベルナト、ハビ・マルティネスを先発に起用したバイエルンは、メンバー構成の時点で圧倒的優位に立っていた。スタジアムに向かうアウェーチームのバスが渋滞に巻き込まれたことで、試合は三〇分遅れての開始となった。ホームチームが一対〇（オズテュルクのシュートがクリシに弾かれてネットに収まった）で勝利したことに大きな意味はなかった。バイエルンサポーターはこの数日間に、「アインマル・バイエルン、インマー・バイエルン（一度バイエルンになればずっとバイエルン）」というチャントの本当の意味を改めて見せつけた。ゼーベナー・シュトラーセのスポーツ施設で行われた翌日の練習には、ごく単純にペップがいるからという理由で、シティを見るために何千人ものバイエルンファンが集まった。このサポーターからのまごうことなき愛情こそが、何よりもペップにとってミュンヘンでの最高の思い出となった。

二人の選手が、体重オーバーによりペップの機嫌を損ねた。読者には、ペップが体重管理をチームの準備の前提のひとつにしていることを知っておいてほしい。バルセロナでもやっていたことだが、特にバイエルンでそのことを強調していた。そのため、シティでは夏の休暇に入る前に各選手の体重の詳細な表を作成するよう要求し、クラブのマネジメント部門との合意の上で、それぞれの許容範囲を設定した。チキがこのデータを各選手に送り、休暇から戻る際には指示された範囲内に体重を収めておくこと、コンディションを整えて全体練習に参加できるようにすることを求めた。

ゼーベナー・シュトラーセの練習場にいると、一目見てウエートオーバーの選手が二人いることがわかる。ロレンソ・ブエナベントゥーラが指示する練習メニューをこなそうとして息を切らしている。二人とも六キロの余分な体重を体に上乗せして戻ってきたからだ。これは、ペップが栄養学の専門家を雇用して問題の解決に当たらせることを加速するきっかけとなった。何人かの候補者の中から選ばれたのは、シルビア・トレモレダというカタルーニャ人の有能な専門家。彼女はそれから二年間、選手たちの身体データを微調整し、同時に練習場での食事を楽しむこともできるような栄養パターンとガイドライン、メニューのバリエーションを作っていくことになる。

新たなクラブでの最初の時期は、バイエルンでのそれとあまり変わらなかった。教えと学びが交差する困難な時期だ。最高水準のメソッドを理解することは無論、容易なことではないのだが、それを体に落とし込む作業は、そのレベルを軽く超越する。ペップの率いるシティは、最初の数歩として、習慣や特徴の重要な部分を変える必要があった。新たなプレーモデルを学び、リズムの異なる動き方を身につけ、より結束力を高め、大きな弱点として露呈されていた競争心、闘争心を引き出し、パフォーマンスの一貫性を達成しなければならない。つまり、ペップと彼のコーチングスタッフは、集団として精神と文化を築き上げるだけでなく、新たなアイデンティティを確立しなければならないのだ。

チームに導入すべきソフトウェアは多く、そのプロセスが正しく適度に吸収されるには忍耐が必要だ。導入すべきプロセスに近道はない。大木は誰かが望む速度で成長するのではなく、自然が命じる速度で成長していく。ペップはそれを知っている。それでも学習過程でつまずくたびに落胆はするが、このチームではるか先まで行きたいのであれば、ゆっくりと歩まなければならないことを自覚しつつある。マンチェスターでの最初の数週間を振り返ってどうだったかと訊ねると、彼は手短に答えてくれた。

「改善の余地は大いにあるし、実行すべき改革も多い」

中国ツアーは短くも波乱に満ちたものとなった。ジョゼ・モウリーニョ率いるマンチェスター・ユナイテッドとの試合は悪天候のために中止され、ボルシア・ドルトムントとの試合は引き分けに終わった（ＰＫ戦ではシチズンズが勝利）。ペップはすでに、各選手の特徴についてかなり正確な考えを作り上げていた。彼らの技術的・戦術的な特徴、体のケアや怪我に対するリハビリの仕方、どのように練習をし、体調管理をし、リカバリーをしているのか、そして各自が抱いている野心、向上心についても十分把握していた。ペップはクラブの医療と理学療法サービスを抜本的に変えることに成功し、一流の栄養士チームを加え、新たなフィジカルトレーナーやビデオアナリストらも招聘していた。練習場の施設はとても素晴らしいものだった。あとはチームスピリットを醸成するために、これらすべての要素が融合してハーモニーを奏でること、仕事に取り組む厳格な姿勢と最大限の緊張感を持ってそれを実行することが必要だった。アルテタが言うように、「クラブは人間」である。ペップは、たとえ最初のシーズンが全面的な刷新に向けた過渡期のみに終わったとしても、そのような習慣を築くことができれば、良い結果はついてくると理解していた。彼はカリキュラム以上に、選手の姿勢や、惰性や無気力が習慣となっている状況を打破したいという思いを重視していた。ハングリー精神にあふれ、力強い動きやポジティブな習慣をもたらす意欲を持った人材を求めていたのだ。彼はすぐさまチーム全員に誰もがポジションを保証されてはいないこと、そして同時に、どの選手も先発の座を手に入れる可能性があることを明言した。

八月にはデナイヤー、ナスリ、ボニーなど多くの選手たちのレンタル移籍が決まった。そして、チームの象徴的な選手でもあったハートもペップがGKに求める特徴を備えてはいないと考えられた。ハートは素晴らしいGKではあったが、足元のプレーに長けてはおらず、指揮官がそれを率直に彼に伝えたことが退団の理由となった。ハートはもっと別の決断が下されることを望んではいたが、正直に伝えてくれたからこそ、後々ペップについてはいつも肯定的な言葉を口にしている。これらの選手の退団と、ブラーボ、ストーンズ、ギュンドアン、サネ、ノリートの加入によりメンバーは二三人となったが、ギュンドアン、コンパニ、サネが前シーズンの怪我を引きずっていたため、出場可能なのは二〇人だった。

プレミアリーグのデビュー戦は簡単な試合だと思えた。デイヴィッド・モイーズの率いるサンダーランドをエティハドで迎え撃つ一戦だ。ペップはクラシックな［4―3―3］の布陣で、GKにはカバジェロ、CBにストーンズとコラロフ、中盤にフェルナンジーニョを起用。両SBのサニャとクリシがそのすぐ近くに置かれたのは、バイエルンで導入した革新的な陣形の再現だった。この五人の前ではデ・ブライネとシルバがライン間を自由に動ける一方で、スターリングとノリートはWGとして固定され、アグエロが攻撃の最前線に置かれた。この最初の布陣に、ペップは彼のプレーにおける四つの大事な基本事項を組み込んでいた。

一　ビルドアップに優れるＣＢ

二　ＳＢのＩＨ化

三　自由なＩＨ

四　両サイドに開いて固定されたＷＧ

理想的なゲームプランとしてペップが信じているのは、ＧＫがプレーの最初の方向性を決定し、ＣＢ陣はチームが相手陣内に入るまでボールを持ち上がり、ＣＨとフリーになった二人のＩＨがボールを相手エリア付近へ運び、両ＷＧがタイミングを待ってボールを受け、ゴールに向けた最後のパスを送るという流れだ。しかしサンダーランド戦では、すべてのプログラムが計画通りに実行されたわけではなかった。カバジェロは足元のプレーを完璧にはこなせず、攻撃陣の効率性も想定には程遠い。

試合開始三分でアグエロがＰＫを決めたものの、シティはエリア内に閉じこもった相手守備陣に食い止められてしまう。終了二〇分前、シティの守備は完全に連係が取れてはいないことを露呈し、サンダーランドが同点ゴールを奪う。このままペップのイングランドデビューは台無しにされるかと思われた。しかし試合がもう終わろうとするところで、ドリブラーとしてＷＧの役割を完璧にこなしていたヘスス・ナバスが何とか相手ゴール前へボールを入れると、デルフがそれをゴールへ押し込むのを阻もうとしたサンダーランドのＣＢマクネアが自ら押し込んでしまう。こうして苦しみながらもデビュー戦となるゲームを勝利で飾ることができた。

数時間後に私がペップと話をしたときには、平穏を取り戻した彼が、明晰な分析をしてくれた。

「非常に良いスタートを切ることができた。素晴らしいビルドアップができていたものの、攻撃の最後の部分は少しうまくいかなかった。もっと相手のＣＢを攻めるべきだったが、第一歩としては良かった」

翌朝、ペップはドメとアルテタとともにオフィスで試合を分析する。彼ははっきりとこう言い切った。「試合に勝てたのは、3バックにするというドメの提案のおかげだ。クリシをイヘアナチョに代えることでサンダーランドを打ち破った」

この日のように、ペップは自身をサポートする者たちの功績を認めることを決して惜しみはしない。シティが初戦で行き詰まっていたとき、ドメは戦術変更の提案を求められ、最後尾に一人余っていると答えた。ペップは頷くと選手を交替し、試合を勝利に導いた。彼は若い副監督アルテタの手柄を認めようとすることも多い。このような形で評価することも、チームスピリットを生み出すプロセスの一部なのだ。

今日のペップは上機嫌であり、リオ・デ・ジャネイロで開催中の五輪で彼のお気に入りのアスリートが成し遂げた偉業にも言及しようとするほどだった。「レデッキーの大ファンなんだ！」と、彼は言う。そう、ペップは、二〇〇メートルから一五〇〇メートルまで五輪と世界選手権のタイトルを積み上げてきた米国の超一流水泳選手ケイティ・レデッキーの熱烈なファンなのだ。ペップは、レデッキーが何年もの間、暑かろうが寒かろうが毎日朝五時前に起きて、苦しいトレーニングを積んでいることを忘れはしない。「彼女のやっていることは極めて価値があるものだ」

そこからの九試合は勝利が続いた。プレーの全体的なレベルも上がり、大勝を収めた試合もあった。チャンピオンズリーグ予選のステアウア・ブカレスト戦ではアグエロがハットトリック（二本のPK失敗もあった）を達成し、さらにポストを叩くシュート四本を放つなど、五対〇で勝利を飾った。ブリタニア・スタジアムでのストーク戦も四対一の勝利。英国の「解説者」たちが、同地域に吹き荒れる風がシティのプロジェクトに歯止めをかけるだろうと予想していた一戦だった。ペップは困難に沈むことはない。むしろその経験を財産に変えてさらに強くなるのだ。そのことについて彼と話をすると、ペップは皮肉を込めることも忘れず、解説者らの言葉を振り返った。

「風が我々を止めることはなかった。わかるだろう。『風に吹かれて』だ。見た目も美しいし、効率的でもある」。ストークでは彼のチャントが初めて聞こえてきた。スカイブルーズのファンは、新監督への愛情を示すために歌詞をアレンジした「ウィーヴ・ガット・グアルディオラ」を歌った。

私たちにはグアルディオラがいるから
そう、グアルディオラ
ベイビー、グアルディオラだ
君が私のものでいてくれてうれしい

続く二試合の勝利はもう少し静かなものとなった。チャンピオンズリーグではステアウアを一対〇で片づける。ウェスト・ハムにも三対一で勝利したあと、代表招集のためプロセスは中断される。ペップはこのタイミングで、チームの指揮を執って最初の一カ月を振り返ってくれた。

「我々はとても満足している。考えていたよりもずっと順調に進んでいる。次は全員が代表チームから無事に戻ってきて、チャンピオンズリーグのボルシアMG戦に向けて良い準備ができるかどうか。一年で最も大事な試合だ。一六強進出への最大のライバルになるだろうが、うまくいくと信じているし、マンチェスターで何か大きなものを築き上げられるだろう」

九月一四日に予定されている試合について、彼が最も重要な試合だと言及するのも不思議はなかった。シティは、チャンピオンズリーグでバルセロナ、セルティック、ボルシアMGと組み入れられたこのグループを一見すると明らかなように、メッシのバルサは手に負えないこと、スコットランドの相手は与し易いこと、つまりドイツのチームとの戦いに狙いを定めるべきであることをペップは理解している。ボルシア

MGとの二試合のうち少なくとも一試合に勝利できれば、一六強進出の可能性は十分に高くなってくる。

オフィスのホワイトボードに赤丸がつけられたその大一番の四日前に、ペップにはオールド・トラッフォードを訪問するというもうひとつの大きな挑戦が待っていた。初めてのダービーであること、相手の監督がほかならぬ宿敵モウリーニョであること、またアグエロが出場停止で起用できないことから、強いプレッシャーを抱いて臨む一戦となる。アグエロは前の試合でウェスト・ハムのDFリードの顔面を左肘で突いたが、主審はその行為を見ておらず、彼を罰することもなかった。しかし五日後になって、FAはアルゼンチン人ストライカーの「暴力行為」を理由として彼に三試合の出場停止処分を下した。これらの要素を総合すると、ペップは最大限の緊張状態でダービーに臨むことになる。彼はオールド・トラッフォードでの試合が、これまで問題なく手に入れてきた白星とはまったく別物であることも承知している。

ユナイテッドは「4―2―3―1」の陣形。ポグバとフェライニがムヒタリアン、ルーニー、リンガードの後ろをカバーし、イブラヒモヴィッチが最前線に立つ。対するペップはいつもの「4―3―3」を並べ、GKにはブラーボが初出場。ストーンズとオタメンディがCB、サニャとコラロフがSBで、今回はワイドに位置取る。中盤を占めるのはフェルナンジーニョ、デ・ブライネ、シルバの三人。WGにはスターリングとノリート、トップにはイヘアナチョが入る。

シティは強力な隣人の本拠地で勇敢に立ち向かい、開始三〇分で二点のリードを奪った。コラロフが最終ラインから出した非常に長いパスをデ・ブライネがうまく活かし、バイリーとの空中戦に競り勝ったイヘアナチョが頭で繋ぐ。デ・ブライネはブリントの先手を取り、明らかに相手のものになりそうだったボールを奪い取ると、エリア正面からデ・ヘアを破った。シチズンズのプレーの中では予想外のゴールだ。パスワークから生まれたものではなく、DFラインを起点とした六〇メートル以上の非常に長いパスから、イヘアナチョとデ・ブライネの小気味よいプレーが加味されたものだった。その数分後、またも同じ選手たちが絡んで二点目を奪う。デ・ブライネのシュートがポストを叩き、ゴールエリア内で完全にフリーとなっていたイヘアナチョがゴールに押し込んだ。モウリーニョは守備陣のパフォーマンスだけでなく、自分自身にもまったく満足できていなかった。シルバが、そしてとりわけデ・ブライネがホームチームの中盤を休むことなく崩し続けている。フェライニは自由に動き回る二人に翻弄され窒息寸前、ポグバは何が起こっているのか？　自分は誰なのか？　理解もできていない。アウェーチームが優位に立つ基礎となっていたのは、シルバとデ・ブライネが、スピードがなく混乱に陥ったホーム側のダブルCHに対して明らかに勝っていたことだ。特にデ・ブライネはアタッキングゾーンのあらゆるエリアを動き回り、守備陣の誰一人として彼に対処できなくなっていた。

しかし、アウェーチームによる華々しいゲームコントロールは、初出場のGKブラーボのミスによって四二分に破綻してしまう。離れた位置でのFKからシティのエリアに送られたボールに対し、ストーンズがヘディングしようとしていたところにチリ人GKも重なる形となりキャッチし損なう。そのプレゼントボールを彼からの贈り物としてありがたく受け取ったイブラヒモヴィッチに決められ、一点を返されてしまった。ブラーボはこれを皮切りに、その後の数カ月間で何度もミスを重ねていくことになる。ほんの五分後にも、再び中途半端なプレーからイブラヒモヴィッチに決められそうになるが、これはストーンズが阻んだ。さらに後半開始直後、ブラーボは足元でのコントロールを誤り、危険な形でルーニーとボールを競り合うことになったが、ルーニーはエリア内からあとわずかなところでフィニッシュできなかった。GKの不安定さがチーム全体に大きな動揺をもたらしていた。［読者への注記：本書全体を通じて、私はプレー中に発生したミスをたびたび引き合いに出す。いかなる場合でも、そのミスを犯した選手や監督やチームを批判したり吊し上げたりするつもりはなく、単純に試合においてどのプレーが決定的であったかに言及するものだ。ミスが存在しなければサッカーは退屈なゲームになると理解していたクライフが説いたように、私もミスをこのスポーツの本質的要素だと考えている。クライフはミスについて、優れたプレーを追求するために支払うべき代償であると考えていた。本書において私は、オランダの天才が我々に教えてくれたこの視点を用いてミスを指摘していく」

ペップとドメがベンチで言葉を交わす。「ドメ、我々は何かを変えなければならない。相手に支配されている」。アシスタントコーチは、ブラーボのミス以上に重要な問題があると指摘する。「アンデル・エレーラが（ハーフタイムにムヒタリアンに代わって）出てきてから、中盤で劣勢になっている」。両者は、手に入れたリードを失うリスクを冒してでも、この劣勢を直ちに修正しなければならないと結論づけた。イヘアナチョがピッチを去り、フェルナンドが入って中盤センターに位置取る。フェルナンジーニョが前に出てデ・ブライネと並び、シルバがチームのＦＷとなる。すぐにホームチームは中盤での優位性を失い、試合は均衡する。戦術面ではモウリーニョが良い動きを見せたが、ペップもまた別の良薬を処方し対抗した。

試合を決めてしまいたいペップは、新加入選手の一人であるサネを投入。以前の負傷から回復し、彼もまたこれがデビュー戦となった。若きドイツ人は、まるでこれが人生最後の試合であるかのようにオールド・トラッフォードに飛び込んでいく。一二〇％の力でプレーし、最初のスプリントですでに口を開け息を切らしていた。「何カ月もプレーしていない選手にはよくあることだ」と、ドメは数時間後に語った。「レロイは自分がどれだけ優れているかを見せたいという強烈な願望を抱いて必死でピッチに出ていき、最初のプレーでエネルギーをすべて燃やした。ガソリンのタンクは空っぽになってしまった。しかし、今日のことで彼を判断すべきではない。レロイはとても優れており、我々に大きな喜びをもたらしてくれるだろう」。もちろんオールド・トラッフォードでは、右サイドから一度繰り出した鮮やかな攻撃がデ・ブライネの見事なポスト直撃シュートにつながったのを除けば、その実力を発揮することはできなかった。試合のラスト二〇分間は、大きく異なる二つの部分に分かれていた。まずはシティが七つもの決定的シュートチャンスを積み上げるが、得点にはつながらない。続いて、モウリーニョは新たなストライカー（ショーに代えてマルシャル）を投入し、ユナイテッドがアウェーチームのエリアを攻め立てる。ペップはユナイテッドの四人のアタッカーを抑えるため五人での守備を指示。フェライニも中盤を離れて五人目のアタッカーとなると、ペップはデ・ブライネに代えてサバレタを投入し、六人の守備陣でスコアを維持した。

最終的に勝利を手にし、監督はあふれる感情を解放した。オールド・トラッフォードの威容もシティの連勝を止められはしなかった。モウリーニョとの再会は友好的なものであり、両者が存分に持ち味を出し合っていた。アグエロの不在がチームを崩壊させることもなかった。だがペップにとって悔いが残る点も二つある。ひとつはブラーボのミス。もうひとつはストーンズとオタメンディの両CBが一時的に見せた精神的な脆弱さであり、その気弱さがチーム全体に伝染していたのだ。それでも指揮官は晴れやかにスタジアムをあとにし、予定外の部分もあったとはいえ、素晴らしい試合だったとドメに告げた。

「それに、去年の選手が八人いる中でこれだけやれたんだ」

何より彼が満足していたのは、ホームチームが猛攻を繰り出してきたラスト一〇分間に勇敢な守備を見せられたことだ。

「我々は獣のように守っていた。良かった！」

自身はダービーに出場しなかったものの、クリシはペップが彼らに何を求めていたかについて明確に説明してくれた。「ペップが望むように攻撃的にプレーするため、DF陣にはボール回収を休まずサポートし続けることが要求される。これはチームにとって新しいことだ。以前はもっとオープンにプレーしていて、カウンターから何度もゴールを奪われていたから。ペップはチームをすごく攻撃的にさせようとしているが、守備が非常によく組織されるようにもしようとしている」。良い守備をすることは、ペップが監督になって以来、強くこだわり続けてきたことのひとつだ。チームが守備面で良い結果を出した際にいつも満足気にしているのは、意味のないことではない。バルセロナでは、通算二四七試合を戦って一試合平均〇・七三失点。カタルーニャのチームを率いた四シーズン中、タイトルを獲得した三シーズンも、モウリーニョのレアル・マドリードに次ぐ二位に終わったシーズンも、常にリーガで最も失点の少ないチームだった。バイエルンでは一六一試合を戦い、一試合あたり〇・六九失点とさらに良い数字を記録している。三シーズンのいずれも最も失点の少ないチームだった。つまりペップのこの時点での通算成績は、監督を務めた七シーズンのリーグ戦で、いつも必ず最少失点チームだったことを示している。それは彼にとって最大の誇りだ。

「誰もが私の攻撃の数字に着目するが、私にとって最も関心があるのは守備の数字だ。守備は監督としての仕事を反映する」

モウリーニョと繰り広げた戦術対決の素晴らしさについて、また試合を通して実行したさまざまな修正がどれも効果的であったことについて彼と話をすると、彼は、自身の最大の信念のひとつを口にした。

「戦術とは数字の組み合わせではなく、そのとき、そのときに何をすべきかを理解することだ」

九月一四日、シティはホームスタジアムにボルシアMGを迎え、この年の最も重要な試合を戦った。チャンピオンズリーグ一六強へ勝ち進めるかどうかは、このドイツのチームを相手にいかに良い結果を出せるかどうかにかかってくる。両チームが欧州のグループステージで出会うのは二シーズン連続だ。前年にはシチズンズがメンヘングラードバッハで二対一、マンチェスターで四対二と連勝を飾っていた。

この試合は実際には一三日に開催が予定されていたが、開始の数時間前からマンチェスターはとてつもない大嵐に見舞われた。ファンをエティハドに運ぶメトロリンクは運行を停止し、スタジアムの芝は降り続く大量の雨水を吸収できず、稲妻と雷鳴が飛び交う午後となった。ＵＥＦＡは天候が回復して開催可能となる翌日まで試合を延期せざるを得なかった。一方、カンプ・ノウではメッシのバルセロナがセルティックを粉砕（七対〇）。これでシティとメンヘングラードバッハの対戦がグループ二位を争う大一番となることが確定したと言えそうだ。ペップの緊張感は高まることになった。

ペップはダービーマッチから四人の選手を変更。サニャに代えてサバレタがSBに入る。ギュンドアンはついにデビューを飾り、オールド・トラッフォードで負傷したシルバに代わってIHを務める。前線はイヘアナチョに代わってアグエロが1トップ。その隣の右WGにはノリートに代わってナバスが並ぶ。試合はシチズンズの一方的な展開で、アグエロのショータイムとなった。マークについたDFクリステンセンの前に入り、左サイドのコラロフからの低いクロスに合わせてすぐに先制ゴールを記録。エル・クンは三〇分にもギュンドアンに対するクラマーのファウルで獲得したPKを成功させる。逆方向へ飛んだGKゾマーの右側へボールを突き刺した。七六分にはスターリングがスペースへ出した絶妙なパスを受け、ドリブルでGKをかわしてまたもハットトリックを達成。前回（八月一六日、ブカレストでステアウアに五対〇の試合）から一カ月も経たないうちにチャンピオンズリーグで二度目、この大会を通してキャリア通算三度目となるハットトリックだった（もう一回は二〇一四年一一月二五日、三対二のバイエルン戦）。

アグエロに象徴されるようにホームチームは試合を支配し、相手のわずか三本に対して二三本ものシュートを数える。ペップは終了のホイッスルが鳴るまで緊張の糸を緩めはしなかったが、納得できるチーム構成を見出し始めていた。最後尾にはストーンズとオタメンディのコンビが定着しつつある。コラロフはアウトサイドとインサイドのSB両方をこなせるクオリティを示している。フェルナンジーニョ、デ・ブライネ、シルバ、ギュンドアンは素晴らしい中盤になっていきそうだ。アグエロの得点力は言うまでもない。弱点は、技術的クオリティが十分ではない右SBと、さまざまな疑問を抱えている両WGのポジションにある。ノリートは最初こそ好調だったが、トーンダウンしつつある。ナバスも賢い選手でコンディションも良好ではあるが、ペップは彼のレベルを信頼できていない。スターリングについては、オールド・トラッフォードやメンヘングラードバッハで見せたように、アウトサイドに張ると同時にストライカーをサポートするプレーができそうだ。サネもデビュー戦のパフォーマンスは悪かったとはいえ、強く期待されている。この日はラスト一〇分間プレーし、デ・ブライネとのコンビネーション、エリア内でのクリステンセンに対するドリブル突破、クラマーへの股抜きを交えたイヘアナチョの四点目へのお膳立てなど、非常に輝かしいパフォーマンスを見せた。素晴らしい補強となることを予感させる動きの連続だった。

ペップは新たなロッベン、リベリを探しているが、サネとスターリングがそうなるのだろうか。

「難しいプロセスだ。口先だけで、明日にもうまくいくと信じているわけではない。謙虚で俊敏な一八歳の選手が活躍したりすることがよくあるのは、エゴを出せるからでもある。しかし、まずは選手たちを納得させなければならない。離れて、遠くで待つことだ。待ち続ければ、そのときはやって来る。さて、そのときが来たら、次に考える。今、何人の相手をドリブルでかわすべきか？　一人だけだ。明らかに我々は、WGの選手が相手選手を一人だけかわせばいいように、このすべての過程を生み出してきた。一人もかわさなくていい場合もある。逆に、何も考えずにプレーして中央で戦ったとすれば、何人ドリブルで抜かねばならないだろうか？　四人だ！」

ピッチに立ったわずかな時間で、サネはまさにそれをやってのけた。自分のタイミングを待ち、唯一の相手をドリブルで抜き去り、味方にゴールをプレゼントした。コーチングスタッフは満足しているが、慎重な姿勢は崩さない。オールド・トラッフォードでの勝利、そしてチャンピオンズリーグで直接のライバルを撃破したことで、開幕から七試合で七勝。チームのプレーにはまだ埋めるべき大きな穴や改善すべきポジションがあるが、良い巡航速度に達している。ペップとドメは何度もそのことを強調する。

「昨年からここにいた八人の選手と、たった三人の新戦力でうまくやれている。選手たちが新しいプレースタイルに移行するプロセスにうまく適応していることを示しており、非常にポジティブな兆候だ」

それでも、ひとつだけ暗雲を漂わせている要因がある。ペップは、トゥーレをチャンピオンズリーグのメンバーに入れないことを決断した。体重オーバーや練習での無気力さにより、戦うのに適したコンディションにないためだ。トゥーレの代理人ディミトリ・セルクは監督に対して厳しい言葉で反論し、それがペップの態度をさらに硬化させた。「監督として、出場できない選手一人ひとりの代理人が、メディアに出ていちいち決定を批判することは受け入れられない」。トゥーレは、代理人がクラブに謝罪するまでシティでのプレーを再開することはなかった。

就任初期の集大成となったのは、九月一七日、エディ・ハウ監督の率いるボーンマスにホームで勝利した試合だった。開始五秒、デ・ブライネが早くも強烈なシュートを放つが、ポーランド人GKボルツがゴールを守る。その後の九〇分間でシティは二〇本のシュートを放ち、うち一一本が枠内シュート。四対〇の完勝を飾った。この試合では、それまでの試合ではまだ見られなかった三つの重要な特徴が表れた。完成度の高いカウンターアタック、直接FKによるゴール、そして二列目からIHが飛び出してのフィニッシュである。プレミアリーグ第五節のこの日、エティハドのピッチ上で三つの要素が見事に花開いたのだ。

先制点はデ・ブライネ。相手エリア付近で得た直接FKから、壁の下を抜くシュートを放つ。ボールが足の間を抜けられる程度の隙間が空いたところを見逃さず相手ゴールへと突き刺した。喜びを爆発させたペップはドメのほうを向き、作戦立案の立役者として彼を称えて力強く抱擁する。この日までにデ・ブライネは、サイドのエリアから蹴り入れた二本のFKを二本のヘディングゴール（アグエロとフェルナンジーニョ）につなげてはいたものの、直接FKは何度か狙って決められずにいたからだ。

圧倒的な高揚感とともに芽吹いてきた次の要素は、正確で効果的な高速カウンターアタックだ。二度のカウンターはいずれもイヘアナチョが中盤でボールを奪ったところからだった。一度目はノリートを経由して、二度目は直接的に、チームの中心点に位置するデ・ブライネへとボールを渡す。赤い頬をしたベルギー人はこういった場面で、迅速なボール運びからの正確なパスという、彼の最大の長所のひとつを発揮してみせる。まるでボールに触れていないかのようなスピードで、何メートルも止まることなく前進する。カウンターで奪ったゴールの一点目では、デ・ブライネからパスを受けたスターリングが逆サイドへのクロスを上げてイヘアナチョが決める。二点目はデ・ブライネから受けたイヘアナチョが逆サイドへ送ってスターリングが決める。アシスト役とフィニッシュ役が入れ替わっただけで、まったく同じ形のゴール。ペップはこの二得点に大喜びだった。このカウンターアタックという武器が、彼の新しいチームにとって、何よりデ・ブライネの卓越したパスセンスと推進力を活用できるこのチームにとって、非常に重要なものになり得るとわかっていたからだ。一方で、あまり目立ちはしなかったが、イヘアナチョはプレミアリーグでわずか一四本のシュートしか放っていないにもかかわらず通算一〇ゴール目を記録。非常に素晴らしい得点率だ。

この試合で浮かび上がってきた三つ目の大きな要因は、シュートエリアで増したギュンドアンの存在感。ドルトムントで計一五七試合に出場して一五得点にとどまっていたドイツ人MFは、得点力が際立つ存在ではなかった。だがこの日プレミアリーグデビューを飾ると、シティでの初ゴールも記録。左インサイドに位置取ったデ・ブライネは、相手エリア中央へギュンドアンが上がっていくと、イヘアナチョが巧みな動きで守備陣を引きつけた瞬間にボールを供給。ギュンドアンがボルツを撃ち抜いてチームの四点目を挙げた。ギュンドアンが相手の意表を突いて現れるこの形は、チームのプレーに違いと選択肢をもたらす要素となる。以前からペップに予感はあったが、それが今確認できた。

ゴールラッシュ、連勝、連係の取れた攻撃、そしてチームのプレーの特徴となり得る三つの要因。だがそれ以上に指揮官は、一人の選手に焦点を当てた。

「ケヴィンのプレーは格別だった。ボールがない場所ではファイターであり、ボールを持てば千里眼のようにすべてを見通すことができる」

間違いなくペップは、「彼の選手」を選び出した。バルセロナではシャビ、バイエルンではラームがそうだった。シティでは、デ・ブライネがそうなると考えている。

スウォンジーのリバティ・スタジアムは、わずか三日の間に二度（九月二一、二四日）ペップのチームを迎え撃つ。まずはリーグカップの試合、続いてリーグ戦。ダブルヘッダーはシティの連勝に終わったが、二人の負傷者を出してしまった。五月初旬に右太腿の筋肉を断裂してEUROも欠場していたキャプテンのコンパニは、五カ月近い離脱を経てこの試合で復帰。だが九三分、ホームチームがシグルズソンのゴールで一点を返した（一対二）プレーで、ベルギー代表CBはまたも負傷してしまう。一二カ月で六度目となる今回は鼠径部の負傷である。チームメートらがボールをセンターサークルへ戻すのを横目に、コンパニは相次ぐ不運に気を落としピッチをあとにした。ペップは三つの交代枠を使い切っていたが、コンパニはもう一秒も続けることは不可能だった。ペップは一〇人になったことに気がついてもいなかったが、主審がすぐに試合終了の笛を吹いたため、彼の離脱がその場で影響を及ぼすことはなかった。シティにとって楽な勝利ではなかった。何より、二〇歳未満の選手五人（アンヘリーニョ、アダラビオヨ、ディアス、アレイクス・ガルシア、イヘアナチョ）を含む控えメンバーで戦ったためだ。

スウォンジーとの二戦目で発生した二つ目の負傷は、より痛いものだった。この試合の七九分、シティはすでに三対一とリードしており、そのままのスコアで勝利を収めることになるのだが、デ・ブライネのハムストリングが軽い拘縮を起こしてしまった。対照的に、アグエロは最初の二ゴールを挙げるなど素晴らしいパフォーマンスを披露。これで、わずか六試合の出場で一一ゴールを重ねたことになった（三試合は出場停止で欠場）。六本蹴ったPKから決めた四ゴールも含まれていたとはいえ非常に高い得点率であり、そのためペップは彼との契約更新が最終段階に入っていると公表することになった。

スターリングが決めたチームの三点目も、デ・ブライネを中心とした迅速かつ正確なカウンターから生まれた。「デ・ブライネを軸にすればチームはカウンターのマスタークラスになれる」という、ペップが構築し始めている理論をさらに固めるものだった。同時にペップは、サニャらの問題点も指摘した。サニャはわずか三分の間に、アグエロの得点につながる好パスを出す一方で、ジョレンテが決めた相手のゴールにつながる稚拙なミスも犯してしまった。リーグ開始から最初の六試合で六勝を飾ったペップは、二〇〇九年からチェルシーを率いたアンチェロッティが持つ、プレミアリーグのデビュー監督記録に並んだ。

ウェールズからマンチェスターに戻り、セルティックと対戦するためグラスゴーに移動する前に、ペップが成し遂げたことを彼と一緒に振り返る機会があった。シティは一〇試合を戦ってすべて勝利し、三〇得点を挙げる一方で失点はわずか六。ポストを叩いたシュートも一一本あった。バルセロナでもバイエルンでも、これほど文句なしに順調なスタートを切ってはいなかった。十二分に満足していいだろう。彼は息子のマリウスと話をして、次の代表戦による中断期間がミュンヘンに戻る理想的なタイミングになると判断した。マリウスはミュンヘンでできた仲の良い友人たちと再会し、ペップはオクトーバーフェストを楽しむことができる。それを聞いたドメも、息子のアルナウとともに旅に同行することになった。彼らは一〇月二日にロンドンを発つフライトを予約した。

一〇連勝はイングランドサッカー界の歴代記録に迫るものだ。次の水曜日にセルティック・パークで勝利すれば、シティはトッテナムが一九六〇–六一シーズン以来保持する一一連勝の記録に並ぶことになる。伝説的監督ビル・ニコルソンが率いたそのチームは一一戦連続で対戦相手を粉砕して計三六ゴールを挙げ、リーグ優勝も果たした。くしくもその連勝を止めたのは、六〇年一〇月一〇日にホワイト・ハート・レーンで一対一のドローに持ち込んだシティだった。当時の先発メンバーには、ドイツ人GKベルト・トラウトマンと偉大なるデニス・ローというクラブのレジェンド二人が名を連ねていた。今、ペップはスパーズの歴史的快進撃に並ぶことができる位置にいる。
天気予報によれば、水曜日はスコットランド全土で寒さと強風が見込まれるという。

シーン五：最初の大きな危機

（二〇一六年一〇月二九日、ウェスト・ブロムウィッチ）

グラスゴー訪問から今日で一カ月。わずか一カ月。ペップはこの一カ月間に一勝も挙げられず、何年も歳をとってしまったかのようだ。一〇連勝という驚異的なスタートを切ったあと、三引き分け三敗という暗黒期が到来した。だが幸い、忘れていた勝利の味をウェスト・ブロムウィッチの本拠地ザ・ホーソーンズで取り戻し、一息つくことができた。

この残念な一〇月を過ごしてもなお、シティはアーセナル及びリヴァプールと同勝ち点（二三）、チェルシーと一ポイント差でまだプレミアリーグ首位を守っている。リヴァプールと並ぶリーグ最多の二四得点を挙げており、失点はわずか九。リーグ最少失点ではないものの、失点をわずか五に抑えているトッテナムは、シチズンズより一〇少ない一四得点しか挙げられていない。シティとしては、ここ最近の足踏みがありながらも悪くない数字だろう。リーグ優勝を逃すかどうかは最初の八試合で決まる、というのがペップの持論だ。つまり、一〇試合を終えて順位表のトップを守っているのであれば文句はないはずだがペップは違う。彼はとても心配している。

今、シティのコーチングスタッフには深い不安が広がっている。彼らは結果が出ない大きな危機を初めて経験し、ペップは指揮官としての職すら危ぶんでいる。六試合連続で勝つことができず、そのいずれもが厳しく、ありのままをピッチ上に映し出すものとなった。グラスゴーでの予期せぬドロー、トッテナムのホームでの敗戦、エティハドでのエヴァートンとの苦々しい引き分け、カンプ・ノウでバルセロナ相手の大量失点、ホームにサウサンプトンを迎えてまたも惨めなドロー、そしてほかならぬ宿敵ユナイテッドに敗れてのリーグカップ敗退である。六試合未勝利という、ペップにとっては前代未聞の危機的状況だ。ひとまず、この日の快勝で傷口からの出血を一時的に止めることができたとはいえ、わずか七二時間後には大きな挑戦が待ち構えている。バルセロナがチャンピオンズリーグの試合のためマンチェスターに乗り込んでくるのだ。ペップは深く悩んでいるようだ。

「もし火曜日に負ければケツの穴を容赦なく蹴っ飛ばされるだろう。バラバラになった自分の体をオーストラリアまで拾い集めなければならないくらいに」

バルセロナにもう一度完敗するようなら、シティを追われることもあり得る。初めての監督解任が危惧される状況は、これまでにないほどペップを追い詰めた。

暗黒の一カ月が始まったのは、グラスゴーの九月の寒い夜だった。バルセロナに〇対七と手ひどくやられたブレンダン・ロジャーズのセルティックが、シティに対しても怯えながら戦うと予想した者がいたとすれば、それは完全に間違っていた。どんな相手であろうと慎重に対処することを常とするペップでさえ、これほどの波乱は予想していなかった。セルティックは並外れた積極性と魂の込もったプレーを見せ始め、完全にシティの意表を突く形でゲームは進むことになる。開始から一〇分のうちにリードを奪っただけでなく、ブラーボをさらに脅かした。ペップと彼のチームは白と緑のストームに行く手を阻まれた。

何とかチームを立て直し、すぐにフェルナンジーニョが同点としたが、ホームチームもまたすぐにスターリングのオウンゴールでリードを奪い返す。そのスターリングも三〇分になろうとするところで再び同点に追いつくゴールを決めた。シティにとってこれほど難しい試合は久しぶりだった。デ・ブライネを負傷で欠き、ストーンズもローテーションのため守備の中心にいなかったことが、チームの戦いぶりに影響したと考えられるかもしれない。だが実際にはペップは、まだ口には出さないものの、深いところで点灯する小さなサインに気がつき始めていた。既存メンバーで戦うチームにありがちな明白な限界というものが、緊迫した場面では極端に響いてくるとペップは考えていたのだ。両SBのレベルは今ひとつで、CBのレベルにも限界があり、中盤にはペップが意図するようにゲームを支配する力がまだなく、決定力もそれほど高くはない。そして何よりも、一瞬の隙が勝敗を左右する緊迫した激しい試合において、チームはペップが求めるような競争力をまだ見せてくれていない。チームスピリットは確かにあるものの、このグループにはまだ本物と呼べる強い個性が不足しているのだ。

個性の強さは、重要な存在でありたいと切に願うチームにとって不可欠な特徴である。スポーツの歴史上、チームの持つ活発で力強い個性が、実力的に期待できる以上の高みにまで到達することを可能にした事例が数多くある。逆に、十分すぎるほどのクオリティを持ちながらも、それを発揮し切れなかったチームの例も我々は数多く知っている。ペップはこれまでにバルセロナとバイエルンという二つのチームを率いてきたが、どちらも選手たちの個人的・集団的個性が、少なくとも能力面と同じレベルにあった。緊迫した場面での刺すような痛みに耐え、不利なスコアを克服し、燃え盛る熱気とテンションの中でも冷静さを保つ、たとえ顎を打ち抜かれようとも立ち続けることのできる闘志を持つ、強くてタフな二チームである。どんなチームであれ作戦は立てているものだが、問題は口元を殴られたあとのリアクションであり、それでも立ち続けられるのが偉大なチームというものだ。

しかし、この日のセルティック・パークでは、ペップは不安を抱き始めていた。彼のチームにはブラーボ、サバレタ、オタメンディ、コラロフ、クリシ、フェルナンジーニョ、シルバ、ギュンドアン、アグエロといった経験豊富な選手たちがいるが、彼らも皆ホーム側から発せられる爆発的な感情のエネルギーに圧倒され、試合は、三点を奪い合ってのドロー決着に。シティには終盤に勝ち越すチャンスもあったが、ペップが不安を抱きながらグラスゴーをあとにした理由は、この試合でつまずいたこと以上に、チームが期待を込めて想定していた成長曲線が停滞してしまったという感触にあった。彼は四日後に、ホワイト・ハート・レーンで再びそれを実感させられることになる。

公式戦で初めての黒星だった。マウリシオ・ポチェッティーノの率いるトッテナムはプレミアリーグで六試合を終えて二位につけているが、この暖かな快晴の日曜日（一〇月二日）には首位チームを明らかに上回ることに成功した。ローズのクロスをコラロフがオウンゴールにしてしまう。シチズンズの選手によるオウンゴールは二試合連続であり、明らかな守備のミスによる失点はここ七試合で五点目となった。三〇分にはミスのカウントがもうひとつ増えてしまう。コラロフ、フェルナンド、サバレタ、オタメンディが相次いでクリアミスやマークミスを犯し、ソン・フンミンとアリの正確なコンビネーションがホームチームの二点目につながった。アグエロがポスト直撃のシュートを放つ場面もあったが、シティは散発的にしか試合の流れを掴むことができない。追い上げる力もなく、六〇分にはラメラの蹴ったＰＫをブラーボが止めてくれたおかげで点差を広げられずに済む場面さえあった。

コーチングスタッフにも後味の悪さを残す敗戦ではあったが、問題が構造的なものなのか、それとも一時的なアクシデントにすぎないのかを判断するのはまだ早い。念のため、ペップとドメはミュンヘン行きをキャンセルし、オクトーバーフェストを祝わないことにした。彼らがドイツでビールを飲む姿は誤解を招きかねないとの考えから、インターナショナルブレークを利用してプレーを見直す目的でマンチェスターに戻ったのだ。

翌日、朝食をとりながらペップと話をした私は、グラスゴーでの戦いでは、選手たちがまるでバッテリーを使い果たしたかのように疲れていると感じられたことを伝えた。これは、三日置きに試合をする強豪チームの宿命ともいえるが、厳しく難しい試合が重なると、選手たちはしばしば認知的な面で疲労を示し、パフォーマンスを発揮できなくなる。しかし、ペップはそれ以上にプレー自体の問題によるものだと考えている。

「セカンドボールや、非常に強いプレスをかけたときに相手が我々のエリアに送り込んでくるロングボールへの対処にかなり問題があった。そういうボールをうまく弾き返すことができていない」

プレー面に焦点を当てると、セルティック戦とトッテナム戦で私が感じたのは、中央のエリアで食らいついてくるタイプのチームはプレスが強く、より厳しい戦いを強いられるということだと伝えた。

「それはおそらく、我々にはビルドアップの面でも多くの問題があるからだろう。あまり広くないピッチで、相手が襲いかかってくるような場合は特にそうだ。また、ロングボールの目標になるような長身ストライカーがいないことも我々を戦いにくくしている。この件についても何とかしなければならないだろう」

ここ二試合の結果を受けて、どの程度心配しているのかと訊ねてみた。

「実際のところ、一二試合を戦って負けたのはスパーズ戦の一試合だけであり、あとは一試合引き分けただけだ。決して悪いものではない。リーグ戦七試合を戦って六勝。これも悪くない。しかし、さらに上を目指していかなければならない。ドイツのサッカーやカウンターの鋭さを学ぶのに時間がかかったように、ここでも同じだ。私はまだイングランドのサッカーを理解していない。トッテナムがボールを繋がせてくれたときには優位に立てたが、彼らがマンツーマンでプレスをかけてくると、セルティック戦と同じようにかなり苦しくなった。結局のところ、想定していなかったことは何もない。解決策を見つけたいのであれば、こういったことは起こるべくして起こる。幸いこれから一〇日間の時間があるので、頭のメモリーをリフレッシュして、何をすべきか考えることができる。今回の代表戦の中断は我々にとって非常に良いものになるだろう。また一歩前進するための鍵が見つかると確信している」

コーチングスタッフはこの一〇日間に、プレーモデルを再構築し、エヴァートン戦で採用する「３―４―３」のフォーメーションを選び出した。そして、シティのアカデミーにいる若手選手たちの状況についても細かく把握できた。ジェイドン・サンチョ、フィル・フォーデン、ブラヒム・ディアス、ルーカス＆フェリックス・ヌメチャ、トシン・アダラビオヨ、ラビ・マトンドらを一週間半指導することができた。しっかりと準備のできた若いタレントたちだ。

「フォーデンという名を覚えておいてほしい。とんでもない選手になる」

エヴァートン戦でペップが採用した「３―４―３」は、中盤（フェルナンジーニョ、ギュンドアン、デ・ブライネ、シルバ）が優位性を持つことを可能とし、球出しのルートを増やしてビルドアップを容易にし、両ＷＧ（逆足のサネとスターリング）の価値を高めることができる。シティは力強く、柔軟で、刺激的で、ここ二試合で停滞していたチームとは大違いだった。「３―４―３」の意図がチームに別の顔を与え、相手を支配することであったとすれば、そのアプローチは見事だった。しかし、結果はついてこない。自陣に閉じこもったエヴァートンはエティハドで引き分けに持ち込むことに成功し、ペップはまたひとつ手傷を負わされた。

嘆いている時間はない。三日後にはバルセロナで試合をしなければならないのだから。

「ＤＦにもう一人、中盤にももう一人いる必要がある。ボールを自分たちのものにしようとするには、それしかない。そうでなければ不可能だ。彼らの前線には『野獣』がいる。それをどうやって止めるか……」

カンプ・ノウでＤＦを一人、中盤を一人増やすということは、「３―４―３」を棚上げし、ＭＦをダイヤモンド型に配した「４―４―２」を用いることを意味する。二人のＷＧを残すなら、前線にストライカーは必要ない。これが、ネイマール、メッシ、スアレスという現在、世界で最も強力なストライカー陣との対戦を三日後に控え、ペップとドメとアルテタが練っているプランだ。

実際に一〇月一九日の試合で、アグエロはカンプ・ノウのベンチに残った。ペップは最前線にストライカーを置かず、中盤のダイヤモンドは頂点にデ・ブライネ、その後ろにフェルナンジーニョ、ギュンドアン、シルバを配置。デ・ブライネの両脇にはスターリングとノリート。DFはサバレタ、オタメンディ、ストーンズ、コラロフの四人。試合開始前から、アグエロを起用しないペップの決断に対して批判が殺到していたが、批判する者たちは明らかにこの決断の戦術的理由を知らないようだ。

試合は四対〇でバルセロナの大勝に終わったが、試合内容はスコアが示す以上に拮抗していた。カンプ・ノウに立ったシティは、グラスゴーでのように大舞台に怯むこともなく、試合の大部分でボールを支配していた。それでも、最終的にはボール保持時間がより長かったのはバルサのほうだ。ペップのキャリアで、彼のチームのボール保持時間が相手チームを下回るのは、わずか三度目のことだった。バルサを率いていた二〇一〇年、カンプ・ノウでのヘタフェ戦では保持率四九・二%だったが二対一で勝利。一五年のドルトムント戦は四九・九%の保持率で、これも一対〇の勝利。この日はバルサに対して四七・二%。監督として四二二試合を戦ってきて、ペップのチームが相手よりボールを持てなかったのはこの三回しかない。

バルセロナのアタッカー三人は高い決定力を余すところなく発揮し躍動する。メッシのハットトリック、ネイマールのゴールに加えて、彼の放ったPKをカバジェロがセーブした場面や、スアレスの突破が危険なシュートにつながる数回の場面もあった。流れを作ったのは、間違いなく最初のゴールだった。シティは勇敢に戦い試合をコントロールしているかに見えたが、ワンプレーがホームチームの先制点につながった。イニエスタがエリア内へ走り込もうとしたところをサバレタがカットし、ボールはフェルナンジーニョのもとへ。だがフェルナンジーニョはボールをクリアしようとして足を滑らせ、芝の上に倒れ込んでしまう。足元にボールが転がってきたメッシは難なくゴールを奪った。そこに至ったプレーを考えれば滑稽で不条理なゴールではあるが、サッカーとはそういうものだ。試合時間は一五分を回ったところだった。

シティは意気消沈するどころか、今回は個性の強さを示した。ボールを要求し、確実に動かし、立て続けにチャンスを生み出したが、テア・シュテーゲンに阻まれる。ドイツ人守護神は同点ゴールになるかと思われたデ・ブライネ、ノリート、ギュンドアンのシュートを次々と弾き出し、バルセロナのベストプレーヤーに選ばれることとなった。さらに決定的だったのは四五分、サイドからのＦＫに頭で合わせたストーンズは、容易に決められるかに見えたシュートを枠外へ外してしまう。さらに四七分、スターリングのクロスをＳＢディーニュが手で弾いたが、エリア内でのハンドが取られることはなかった。

ドレッシングルームでペップは「勇敢であれ、結果を気にするな。ボールを要求し、パスを積み重ねろ」と、数時間前と同じ話を繰り返した。スコア上はリードされているとしても、彼のチームは完璧な印象を残していた。デ・ブライネはダイヤモンドの頂点をシルバに任せることを選び、スターリングと交互に右ＷＧのポジションを取ると、そのエリアからバルセロナのＤＦを何度も切り裂いて同点ゴールを狙った。しかし、フェルナンジーニョのスリップも痛手ではあったが、五二分にはそれ以上に悪いことが起きた。ブラーボがパスミスを犯し、スアレスのシュートをエリア外で両手を使って弾いてしまう。退場は当然だった。同時にサバレタが負傷したこともあり、アウェーチームのゲームプランは完全に崩れた。ペップはノリートを下げ、カバジェロにゴールを任せる。負傷したサバレタの代役はクリシが務めることになるが、ＤＦライン全員がひとつずつ右にズレなければならない。オタメンディがＳＢ、コラロフが左ＣＢへ。よくない事態だ。

シティはメッシの得点力に破壊されてしまう。数的優位を活かし、メッシはわずか八分間でさらに二ゴールを加えた。それでもアウェーチームは自分たちのゲームプランを貫き続け、テア・シュテーゲンの守るゴールに危険なシュートを何度か放つことができた。そのほとんどがデ・ブライネを起点としたものだ。ネイマールにもビッグチャンスが二度あったが、ＰＫを含めてどちらもカバジェロがセーブ。それでも三度目のチャンスでは、鮮やかなドリブル突破の連続から、四点目となるゴールを流し込んだ。

ペップと彼のプランは大きな痛手を被った。プレー面では勝利を収めた過去の数試合よりはるかに興味深いものを見せることができたとはいえ、サッカーにおいては何より結果こそが絶対であり、それ以外に議論の余地はない。試合後の記者会見で、ペップは厳しい結果以上にプレー内容を強調したが、彼に批判的な大勢の評論家はあざ笑うだけだった。「敗戦の責任は私にある。私がこのチームの責任者だからだ。しかし、考えを変えるつもりはない。この程度で考えを変えるくらいなら家に帰ってゆっくりしているほうがよっぽどいい」。ミュンヘンでも何度もあったように、周囲は彼がスタイルを変えるべきだと主張した。「私はこの考え方で、七シーズンで二一のタイトルを獲得した。一シーズンあたり三タイトルだ。変えるつもりはない。代替案を考えたことがないわけではないが、どれも私の提案以上に良い解決策とは思えない。将来的にうまくいかなければクラブを去るだろうが、今の戦い方が勝つために最善だと思っている」。さらに念を押すため、四日前にクーマンが彼について述べていた言葉を引用した。「エヴァートンでは、私の友人の一人であるロナルト・クーマンが、マンチェスター・シティのようなサッカーをプレーするチームと対戦したことはないと言っていた。これは私にとって最高の賛辞だ」

ペップはこれで四試合連続未勝利。彼の監督キャリアで三度目のことだ。ホテル・ベラでの夕食時、足元には海が広がり、遠くにはバルセロナの夜景が輝く中、ペップは赤ワインのグラスを手にし、自らのサッカー観に乾杯を捧げた。弟のペレ、テクニカルアシスタントのドメ、アルテタ、カルレス・プランチャルトとともに、ペップはその考え方の価値をさらに力強く主張する。

「本当に手ひどくやられたが、ただ勝ったからといって褒め称えられたいとも思わない。どう戦ったかを称賛されたい。勝者だけが称えられるわけではないことは、サッカーの歴史が示している。五四年のハンガリー、七四年のオランダ、八二年のブラジル……彼らは敗れたが、世界中から称賛されている。理念、倫理、そして自分自身に忠実であることは、大半の勝利以上に重要なものだ。トロフィーを獲得しても金属を積み重ねるだけだが、プレー内容では人々の心を掴むことができる。諦める必要はない。我々は我々の考えを貫いていく」

　憂鬱な心境で迎えたディナーではあっても、ペップの言葉は、まさに思想的マニフェストとしてコーチングスタッフの心に響いた。彼はシティで勝ちたいのであり、どんな困難が立ちはだかろうとも、自ら設計した道を外れるつもりはない。勝つことは彼にとって最も重要なことではあるが、勝つためには自分の考え通りにプレーしなければならないと考えている。ペップは他の考えやスタイルも尊重するが、自分のスタイルこそが勝利と人々の感動に最も近づけるものだと感じている。

　翌朝、バルセロナのスポーツマネジメント部門は定例会議を開いた。バルサは過去一〇年間、スペインサッカー界と、欧州サッカー界の大部分の偉大なる支配者であった。二〇〇六年から一五年の間に、チームは四回のチャンピオンズリーグ優勝（ライカールトで一回、ペップで二回、ルイス・エンリケで一回）と六回のリーグ優勝を果たした。それに加えて、彼らが発展させたプレーはサッカーの歴史に消えがたい足跡を残している。しかしシティを四対〇で粉砕した一二時間後、バルサ首脳陣には、前夜の戦いについて深い懸念があった。マネジメント部門のメンバーの一人が、この会合での話の概要を私に伝えてくれた。

「シティのプレーは本物のアイデンティティを示し、我々はそれができなかった。彼らは試合に負けたが、我々は自分たちのアイデンティティを失いかねない」

　二〇一六年一〇月二〇日当時、この反省が将来的にどれほど強烈な形で現実になるかを想像することは誰にもできなかっただろう。シティにとっては良いほうへ、バルセロナにとっては悪いほうへと。

　エティハドに帰還してリーグ戦でサウサンプトンを迎え撃つと、フォーメーションは［3―4―3］に戻された。そしてまたしても、よく組織化され調和の取れたプレーを見せながらも、結果は苦い引き分け（一対一）に終わった。ペップのチームはあらゆるエリアで整備が行き届いており、正確にボールを動かし、中盤を難なく制圧する。今回は長方形に配置され、フェルナンジーニョとギュンドアンが底辺、シルバとデ・ブライネが高い位置を取った。両WGは逆足のサネとスターリング。前線にはアグエロが復帰を果たす。3バックはストーンズ、コンパニ、コラロフ。晴天に恵まれた日曜日、すべてが甘美で穏やかに思えたが、それも二六分にストーンズがGKへの致命的なパスミスを犯すまでだった。サウサンプトンの快速FWレドモンドは今回も、DFラインのミスを見逃さなかった。

過去四試合と同じく、またしても逆流の中で船を漕いでいかなければならなくなる。さらにストーンズが決めたかと思われた同点弾は、実際には存在しないオフサイドで無効とされてしまった。サイドでのFKからデ・ブライネが見事なボールを入れ、イングランド代表CBが正確にフィニッシュしたが、背後ではゴールを認めないイエローフラッグが掲げられていた。

後半は完全にシティの試合となり、五四分にはデ・ブライネとの交代でハーフタイムから出場していたイヘアナチョのシュートで同点に追いつく。アグエロのような見事なフィニッシュでのゴールだった。ラスト三〇分間はホーム側ゴールへ猛攻を仕掛けたが、シュートはすべてサウサンプトンの威圧的な守護神（身長二〇一センチ）フォースターに弾き出されてしまう。ペップのチームは五試合連続でつまずいた。またしても苦い一日となった。試合が終わるとメンバーはピッチ中央に集まり、もう一度気を引き締め、改めてチームスピリットを喚起し、お互いを元気づけようと試みた。ペップにとってこの結果は、またひとつ新たなマイナス材料となった。彼が強く信頼する［3―2―2―3］は、求めるプレーを実現するためには理想的であることが示されたが、二度続けてよくない結果につながってしまったのだ。

オールド・トラッフォードに乗り込むリーグカップの試合では、ペップは［4―3―3］に戻すことにした。

「対戦相手を知り、その特徴に合わせた戦術を取ることが我々の義務だ。各選手が現実的に相手を理解し、状況に応じて何をすべきかわかるようにしなければならない」

システム変更の理由は、対戦相手の他にもうひとつある。ペップはマフェオ、クリシ、ガルシア、フェルナンド、ナバスなど出場機会の少ない選手たちでメンバーを組むことにしたためだ。同都市対決はフアン・マタのゴールによってユナイテッドに軍配が上がる結果となったが、九〇分間の戦いはボール支配、決定機、シュート、パスなどの点で非常に拮抗したものだった。最終的にはイブラヒモヴィッチ、ラッシュフォード、マタ、ポグバら大物選手の存在が勝負を分けた。ペップは戦い慣れない選手たちの好パフォーマンスを評価したが、六戦連続未勝利となった現実を見過ごすこともできない。これほど続けて結果が出ない時期は彼にとってかつて経験のないものだ。

一〇月二九日、シティはベンチスタートとなったデ・ブライネを除くベストメンバーでザ・ホーソーンズに乗り込む。四日後にはマンチェスターでバルセロナを迎え撃つが、プレミアリーグ首位を守るためにこれ以上の失敗は許されず、ペップはほぼ最高の顔ぶれでウェスト・ブロムウィッチと戦うことになった。唯一のサプライズは、フェルナンドの右SB起用だ。ホームチームの［5―4―1］に対し、シティはビルドアップ時には［2―3―2―3］、敵陣に入れば［2―4―4］の形を取る。フェルナンドとコラロフが中盤でフェルナンジーニョの隣に並び、背後はオタメンディとストーンズのコンビに任せる。この前者の陣形でボールを進めることで、試合の前半には実に八一％ものボール支配を実現させ、試合終了時点でも七〇％を維持した。要するに、シティはウェスト・ブロムウィッチを圧倒したということだ。四対〇という最終スコアだけでなく、数え切れないほどのゴールチャンス（シュートは二一本）を作り出した。六試合不発に終わっていたアグエロは二ゴールを挙げ、ギュンドアンも同じく二得点。ギュンドアンは組み立て役としての素晴らしいパフォーマンスに加え、これまでになかった得点力も備えつつある。チームはようやく、心から勝利を祝うことができた。失態が続きながらもリーグ首位の座を守っている。だがペップは浮かれず、会見では控えめな口調を崩そうとはしなかった。

「試合に勝てないときに問題になるのは、勝ち点を失うことだけでなく、次の試合に向けて自信を失うことだ。たとえ良いプレーをして、非常にうまくいったとしても、勝てなければ何を言っても言い訳にしか聞こえない」

　ザ・ホーソーンズをあとにするペップが、祝杯を挙げる気分でないことは見て取れた。彼は圧倒的な勝利についてほとんど語ろうとはしない。彼が考えているのは、間近に迫るバルセロナとの一戦だけだ。彼がこれほど試合に対して不安を抱いているのを見たのは初めてだ。おそらく、自分の監督としての未来が再び危機に瀕していると感じているのだろう。数年前、二〇〇八年夏にバルセロナでも同じことが起こった。デビュー戦でヌマンシアに敗れ（〇対一）、ホームでラシンと引き分けた（一対一）ときのことだ。このときはクライフが庇護者として彼を守り、クビを要求する者たちの矢面に立った。今はチキが彼を支えているが、シティでのチキがバルサでのクライフと同じほどの強さと立場を持つ存在になるのかどうかはまだわからない。さよならを告げるペップの声は、わずかに震えていた。

「もし火曜日に負ければケツの穴を容赦なく蹴っ飛ばされるだろう。バラバラになった自分の体をオーストラリアまで拾い集めなければならないくらいに」

シーン六：「拷問のようだった」

（二〇一六年一一月二三日、デュッセルドルフ）

「この二カ月間、強烈な痛みをここに抱えて過ごしてきた」

ペップは自分の胸を触りながら、表情を変えることなく心の内を口にした。吐き出すように、腹の底からの声だった。

「グラスゴーでの引き分け以来、拷問のようだった」

今になってようやく、彼はワインを口にすることを決めた。チャンピオンズリーグのグループステージが始まった九月以来、彼を縛りつけていた悪魔から解放されたのだ。最初は神経を蝕むプレッシャーと不安だった。次にやって来たのは苦悩と煩悶。一〇〇〇体の悪魔に襲われるような二カ月間は彼の内臓を鷲掴みにし、精神を傷つけ、毎晩のように眠れない夜を過ごさせた。そんな強烈な痛苦に歪む姿を知っていたのは、それを目の当たりにしていた家族だけだった。

ドイツの寒い夜に引き分けた試合は、ペップにとって大きな救いとなる。チームはすでにチャンピオンズリーグ一六強進出を決めているものの、それは、チームがあらゆる部分で継ぎ接ぎだらけではあっても、逃すわけにはいかない最低限のハードルだった。ボルシアMG戦でも浮き彫りとなったように、すべての食材はまだうまく調理されておらず、DFラインの脆弱さはまるで柔らかなプリンのようだ。本来レギュラーSBであるはずのサニャとクリシはベンチに座り、ペップは最終ラインを3バックから4バックに変更すると決めたときでさえ、ナバスをSBの位置に下げることを好む。中央のCBでは、オタメンディのスピードのなさ、ストーンズの競り合いの強度不足、コラロフのマークのまずさという三つの欠点がチームを苦しめ続けており、直近一二試合のうち一一試合で失点を喫してしまっている。中盤も、指揮官がフェルナンジーニョ、ギュンドアン、デ・ブライネ、シルバを揃えられたときに夢見ていたほどハーモニーを奏でオーケストレーションしているわけではない。フェルナンジーニョは、CHのポジションへの完全なコンバートを実現しつつあるが、まさにその開拓地に落ち着く上でさらなる困難に直面している。言い換えれば、フェルナンジーニョはポジションを離れることが多すぎる傾向がある。彼はデュエルやタックル、守備のマーク、トランジションのエネルギーが非常に効果的であり、足元のプレーも優れているが、彼がポジションを離れることがチームのバランスを崩している。この問題を補うためギュンドアンがカバーを広げているが、そこでまた新たな問題に直面する。デ・ブライネは目まぐるしく動き回る選手で、シルバが相手のエリア内へ足を踏み入れることをますます好むようになっていることを考えると、デ・ブライネは外へ出ていく傾向があり、それがインサイドのポジションを空けてしまう。こうして、シティがこの四人の素晴らしい選手たちによって理論上は達成できるはずの中盤での優位性は、各選手が生まれ持った前述の傾向によって希薄となってしまう。結果として、一一月末にメンヘングラートバッハで行われた試合のように、シティは大事な試合を力強くコントロールすることができない。そして攻撃陣においては、ペップは唯一のアンタッチャブルな存在であるアグエロの信頼できるパートナーを見つけることができていない。スターリングは高みを目指しており、実際に最も出場時間を積み重ねている選手ではあるが、ノリートは当初の好調が鳴りを潜めている。おそらくはフェイントやドリブルのパターンが非常に限られており、相手守備陣がすでに彼のことを知っているためだろうか。サネも調子が上がってこない。先発出場は三試合のみであり、この日を含めて直近五試合での出場時間はゼロ。メンヘングラートバッハでは、ナバスがWGの片割れに選ばれた。ナバスは並外れた選手ではないが、安定したパフォーマンスから不振に陥ることは決してないため、ペップは日に日に彼を重用するようになってきている。翌日、私はこの状況について、またナバスがSBとしてプレーする際の役割についてファンマ・リージョと話をした。彼の返答は、このアンダルシア出身選手の現状をよく表していた。「ペップはナバスに一〇〇%満足している。決してボールを失わず、何でもうまくやってくれる」

メンヘングラートバッハでシティの欠点が露呈した。最終的に引き分け（一対一）たことでペップのチームは数字的に突破を決めたのだが、二二分にはストーンズの甘い守備（シュティンドルに掴まれ、地面に引き倒された）

を突いたハファエウによってホームチームにゴールを奪われてしまう。そこから数分間、シティは精神面に不安を抱え、ぎこちない振る舞いに神経質な様子を見せた。ペップはナバスをSBに下げて4バックに変更し、デ・ブライネを右ワイドのエリアへ移すことで解決した。するとそのデ・ブライネが右サイドから敵陣深くを抉り、四五分のシルバの同点弾につながるパスを送る。シュティンドルとフェルナンジーニョが相次いで退場となったことで、ペップはさらにフォーメーションを変更。まずはナバスとコラロフを内側へ移してCHに並べ、デ・ブライネとギュンドアンをインサイドに、スターリングとシルバをアウトサイドに置く。続いてサニャとコラロフをアウトサイドのSBとし、ギュンドアン、デ・ブライネ、ナバス、シルバで中盤を厚くし、アグエロを1トップに残す。一〇人対一〇人で、シティは三度の絶好機を生み出したが、ゴールにつなげられなかった。それでも最終的に引き分けたことで目標を達成し、ドレッシングルームで祝うことができた。

その後、デュッセルドルフのメリア・ホテルで夕食会が催されたが、ペップはチームの抱える問題を短期間で解決することはほぼ不可能なミッションであることを理解していた。メンバーの半分しか刷新できておらず、戦術的な動きでは補えない深刻な構造的欠陥がある。しかし、少なくとも欧州の大会では二月まで時間を稼ぐことができた。彼が抱える苦悩を告白してくれたのはこのときだ。

「グラスゴーでの引き分け以来、拷問のようだった。というより、チャンピオンズリーグの抽選が行われ、一六強進出が義務づけられてからだ。この二カ月間、強い苦悩を抱えて過ごしていた」

ドメとアルテタの隣に座り、彼は本心を打ち明けていく。

「幸運なことに、引き分けで十分だったんだ。あの試合で我々は流動性を失い、確実なビルドアップができなくなり、結果、思い切りのよいプレーは影を潜めることに……その後、アグレッシブに戦えるようになったのはリードされてからだった。そのときになってようやく、バイエルンを率いていた頃のように大胆なチームになれた。吹っ切れたことで力が解放され、何度もチャンスを生み出し、良いプレーができる。だが積極性、果敢さが欠如したときは非常にやりにくく、プレーが硬い。バイエルンでも多少同じことがあったと思う。コントロールすることと、吹っ切ることの間でバランスを見つけるのに少し苦労する部分があるのだろう。だが、これで二月にチャンピオンズリーグで二試合を戦えることは保証され、これからはプレミアリーグに集中することができる」

ドメはこの機会にプレミアリーグの状況を分析した。

「チェルシーとリヴァプールはとても強い。そうだな、決して小さくはない要因をひとつ考慮に入れてほしい。我々は三カ月半で、彼らよりも七試合多く戦った。ステアウアとの予選試合と、グループステージの五試合。わずか一四週間で、チェルシーとリヴァプールよりも七試合多い。それでもほぼ並んでいる。これは良いサインだ」

ペップがこの夜を締めくくった。

「引き離されることなく、三チームが競ったまま三月や四月を迎え、ラストスパートを仕掛けられるかどうかだ」

一一月の間に、シティはプレミアリーグの首位の座を明け渡すことになった。一〇月最後の土曜日にウェスト・ブロムウィッチに四対〇と大勝した時点では首位に立っていたが、続いてホームのミドルズブラ戦では、またしても守備のミスから九一分に追いつかれて勝ち点二を失う。今度はデ・ローンに対するクリシのマークミスだった。試合自体はホームのシティが完全に支配し、二五本のシュートを放ち、パスの数は相手の三倍となった。アグエロのゴールにつながったデ・ブライネの見事なカーブを描いたパスは、この天才ベルギー人MFのトレードマークとなりつつある。しかし、次の代表戦による中断を首位のまま迎えることにはつなげられなかった。中断を終え、セルハースト・パークに乗り込んだシティは快勝（二対一）

を収める。これでユルゲン・クロップのリヴァプールと並び、勝ち点二八で首位に立つアントニオ・コンテのチェルシーとわずか一ポイント差で一一月末を迎えられることになった。クリスタル・パレスとの試合ではシチズンズに三人の選手が復帰。九月末から負傷離脱していたサニャ、ペップから出場停止処分を受けて八月二四日以来プレーしていなかったトゥーレ、そして相次ぐ負傷に見舞われ、一九試合でわずか二一三分間しかプレーしていなかったキャプテンのコンパニである。トゥーレとコンパニは、この試合の明暗を演じる二人の主役となる。まずはコンパニだが、二五分、ブラーボとの不慮の衝突によりノックアウト状態となり、志半ばでピッチを退くことに。一方のトゥーレは勝利をもたらす二得点を記録。一点目はノリートとの絶妙なワンツーから、二点目はデ・ブライネがＣＫから入れた地を這うクロスに合わせて、エリア内からフィニッシュした迷いのないシュートがゴールネットを揺らした。

トゥーレが復帰するためには、数週間前にペップが要求した前提が満たされる必要があった。選手本人は一一月四日に、クラブと監督に対して次のような声明で謝罪することで前提を満たした。「私と、私の代理を務める者たちの名において、クラブ経営陣に、またクラブで働くすべての人々に、過去の誤解について謝罪したい。あの（代理人セルクの）発言は、クラブ及びそこで働く人々に対する私の考えを表すものではない。私はマンチェスター・シティに尊敬以外の気持ちは抱いておらず、クラブの最善だけを祈りたい」。セルクが自ら謝罪したわけではなく、トゥーレも多少婉曲な表現を用いてはいたものの、ペップはこれで紛争を終結とし、セルハースト・パークで最初に訪れたチャンスで彼を先発起用することにした。

その数週間前、ペップは最初の「マッチボール」を経験していた。バルセロナがエティハドを訪れたときだ。ここでまた敗れたとすれば、プロジェクトは終わりを告げかねないとペップは感じていた。しかし、その危機感がチームを後押しし、この一一月一日の試合ではメッシ、ネイマール、スアレスを擁する無敵のチームに三対一の勝利を収める。スコアが示す印象とは異なり、試合はペップのチームにとって非常に難しいものだった。スターリング、アグエロ、デ・ブライネを前線に配し、バルセロナのビルドアップに対して積極的に強く鋭いプレスをかける。フェルナンジーニョ、ギュンドアン、シルバが中盤を構成し、SBにはサバレタとコラロフ、CBにはオタメンディとストーンズ。ホームチームの積極姿勢は一〇分に報われてもおかしくはなかったが、ディーニュがスターリングをエリア内で倒したプレーにPKの笛は吹かれず、それどころか逆にやられてしまう。アグエロのシュートをユムティティが弾いたボールを自陣エリア近くで拾ったメッシは、ギュンドアンがかろうじて警戒していたネイマールへロングボールを送る。メッシ自らが仕上げるカウンター攻撃をデ・ブライネも阻むことはできなかった。二〇分の時点でペップは窮地に立たされたが、その後はさらに追い詰められていく。シティはまたしても神経過敏に陥り、バルセロナに圧倒的な支配を許してしまうが、カバジェロがゴール前で大巨人のごとく立ちはだかり追加点を許さなかった。

とはいえ、サッカーはミスのスポーツであり、時の流れを変えてしまうもの。アウェーチームのひとつのパスミスからアグエロがボールを奪い返してスターリングへ渡し、スターリングがエリア中央へ戻したところに上がってきたギュンドアンが同点弾を決めた。三八分のことだ。スコアはピッチ上で繰り広げられるプレー内容と一致するものではなかった。バルセロナはプレー時間の七二％ボールを支配し、シティは称賛に値する信念と献身性を持って残像にも似た幻影を追いかけ続ける。そうして勝ち越したのはペップのチームだった。五八分、デ・ブライネが放った見事なFKで二対一。テア・シュテーゲンは、両チームの選手が密集した壁に阻まれボールを目で捉えることができなかった。観客は力の限り地を踏み締め、熱狂し、チームも喜びに沸く。その後、互いにゴールチャンスは増えていくが、アグエロの二度のチャンスも、カウンターからの好機にもデ・ブライネが決め切れず、反対にストーンズの致命的ミスを突いたアンドレ・ゴメスのシュートもクロスバーを叩いて同点ゴールにはつながらない。この歓声とため息のプレリュードに終止符を打ったのは、ますます点取り屋の様相を呈してきたギュンドアンだった。アグエロの素晴らしいプレーからデ・ブライネを経由し、ナバスのお膳立てしたボールを、中盤から駆け上がって仕留めた。三対一という結果は大きな障害を乗り越えたということであり、オールド・トラッフォードでのダービー勝利に続いて、ペップとシティにとって二つ目の素晴らしい勝利。また、選手たちが自分たちの真価を確信するために必要な勝利でもあった。

バルセロナを破ったその夜、ペップはまだ深い苦悩の中にいた。グラスゴーのドロー以来、彼を苦しめてきた苦悩と同じものだ。しかし、追い詰められる感覚はもはやなく、少しばかり心を休めて息をつくことができる。

「うれしい、うれしいよ！　もし前半のうちに二点目を決められていれば、今頃私はオーストラリアにいただろう。だがサッカーではこういうことがある。最初の三〇分間は完全にバルサのショータイムだった。手も足も出なかった。しかし後半になり、同点に追いついてからは息を吹き返し、勝ち点が必要だという我々の思いが違いを生んだ。もっとゴールを奪うことすらできたはずだ。これで我々は生き返る。間の抜けたことさえしなければ、あと少しだ。突破できれば気持ちを落ち着けて安心できる」

そして、迎えたメンヘングラートバッハでの試合は引き分けで十分。グループ突破を確定できた。ペップは自分の中の苦悩から解放され、穏やかに眠れるようになる。彼はそう考えていたのだが……。

シーン七：苦い聖杯を飲む

（二〇一六年一二月五日、マンチェスター）

幸先の良いスタートを切り、最初の危機を乗り越え、バルセロナ戦で「マッチボール」を乗り切り、メンヘングラートバッハで胸にのしかかっていた苦悩を振り払ったが、ペップはこのプロセスにふさわしいと考える安定をまだ手にしてはいない。空色のシャツを着ると決めた時点で想像していたよりも、はるかにつらく厳しい日々を過ごし、苦い聖杯を飲み続けているのだ。現在味わっている苦い経験について話をしようとすると、ペップは読んだり聞いたりして気に入った人物の話を持ち出した。彼にとってはよくあることだ。

「グレッグ・ポポヴィッチ（NBAの名指導者）のインタビューを読んだのだが、とても良かった。彼が言っていたのは、人々はすぐに勝利を求めたがるが、勝てるチームを生み出し作り上げるために何が必要であるかは気がついていないということだ。忍耐だ。忍耐力を持たなければならない」

数字的には、ペップのキャリアで最悪の時期だった。バーンリーの本拠地で勝利（二対一）を収めたあと、ホームでチェルシーに敗れ（一対三）、首位に七ポイントの差をつけられる。二四試合を終えて一四勝六分け四敗。得点は合計五〇、失点は二七。彼の率いるチームの通常の成績と比べればよくない数字（平均二・〇八得点、一・二二失点）だ。プレミアリーグでの勝率は六四・三％、チャンピオンズリーグでは五〇％にすぎない。ペップは忍耐を求め理解しながらも、深く苦悩している。

そんな彼の傍らにいるのが、マネル・エスティアルテだ。彼はいつも控えめで、陰に隠れてはいるが、常に鋭い洞察力で目の前のシチュエーションを冷静に分析している。

「ペップには、冷静になるように、バイエルンでの三年目と今を比較しないようにと言っている。バイエルンでのプレーも、ずっと三年目と同じように素晴らしかったわけではない。最初の頃の戦いぶりは今のシティよりひどかったほどだが、記憶力というのはとても儚いもので、最早みんな覚えてはいない。違ったのは、ミュンヘンでは選手たちの個々のクオリティで勝てることが何度もあったということだ。一人の選手の天才的なプレーにより、土壇場で勝利をもぎ取ったような試合がいくつもあった。ここではそれほどのクオリティはないし、わずかな幸運に恵まれたと呼べる日すら一度もない。チェルシー戦では三対一で完勝してもおかしくなかったが、逆の結果となり一対三で敗れた。六〇分まではわずか一本のシュートしか打たれていなかったのに」

エスティアルテは、結果に伴う感情の波から自分を切り離し、気を惑わされることなく道を見据えることができる。彼にとって、「プロセス」という概念こそがカギとなる。

「本当に重要なのは、自分たちが良い仕事をしていること、ここにいる全員がプロジェクトを進めようと目線を合わせ協力していること、正しい道を進んでいることだ。プレミアリーグ優勝を目指して戦うのは非常に難しいことではあるだろうが、我々は挑戦していく。チャンピオンズリーグはさらに難しいだろう。だが抽選に恵まれればチャンスはあるかもしれない。だが何より大事なのは、我々の辿っているプロセスと道のりが正しいかどうか。望み通りの結果が出ないとき、その過程にあるプロセスを信じるのは難しいかもしれないが、そうしなければならない。結果をあまり重視せず、プロセスがうまくいっているかどうかを見極めることだ。言い訳もタラレバも必要ない、うまくいっているのだから。この道を歩み続けるべきだ。さらに言えば、もし我々がどの試合でも少しの幸運に恵まれていたとすれば、この話をすることもなかっただろう。逆に、チームがペップのプレーにとんでもない速さで適応できたという話をしていたことだろう」

プロセスを重視するということは、表面化した欠点や短所に気づかないということではない。「もちろん、惑わされてはならない。ピッチ上の手綱を緩めてしまうポジションもある。新戦力もまだ目覚めてはいない。例えばストーンズは個人としてよくない時期を過ごしているが、彼はまだ二一歳であり、大きなクオリティを持っているということを考慮に入れなければならない。ペップは、自分が獲得した選手がうまく活躍できていないと心を痛め、自らを責めてしまう。だが私は、彼に心配するなと言っている。ストーンズもサネも、少しずつでも良くなっていくだろう。実際に、明るい未来を照らす小さな兆しはいくつか見え始めている。そして、ギュンドアンはとてもいい。今のところ、彼らの誰も本来のレベルを発揮できてはいないが、我慢することだ。良くなっていくだろう。ペップには、自分を責める必要はないと言っている。結局のところ、補強は不可欠だったし、我々は何もおかしなことはしていない。どの選手にも馬鹿げた金額を出したわけではないのだから」

時間とは偉大な彫刻家だ。エスティアルテの中期的アプローチ、プロセスへのコミットメント、そしてペップが獲得した選手たちに対する見方が正しいかどうかは、時間が教えてくれることだろう。今のところは、彼らの飲んでいる聖杯は非常に苦いものだが……。

シーン八：私は監督になりたいのか？

（二〇一七年一月一六日、マンチェスター）

マンチェスターでの最初のクリスマスは暗く残酷なものだった。ペップはそれを忘れてはいないし、これから忘れることもないだろう。ホームでチェルシーに敗れ（一対三）、セルティックと引き分け（一対一）、レスターに打ちのめされ（二対四）、アンフィールドで敗れ（〇対一）、グディソン・パークでエヴァートンに大敗（〇対四）……クリスマスの悪夢にうなされた。唯一良かったのは、エティハドでアーセナルに奪われた早い時間の先制点をひっくり返して二対一で勝利したことだ。ハーフタイムの時点で負けていた試合に逆転勝利したのは、シティにとって二〇一二年一一月以来のことだった。だが数多くの失望の中で、喜びはわずかだった。

ペップは沈んでいる。チームも沈んでいる。最初の数カ月の歓喜の輝きは、シューズにねっとりとこびりつく泥と化した。シティは足を動かすことができず、監督は敗北に縛られ、選手たちは「敗戦が我々を悪臭まみれにする」と、マルセロ・ビエルサが言ったような症状に陥っている。二〇一六年冬のドレッシングルームは、何もかもが悪臭を放つかのようだった。ペップには、辞めることも頭をよぎる。諦めることを……。敗北の中で、彼は監督として戦い続けることに意味を見出せなくなりつつある。

そんな折、ギュンドアンが膝の十字靭帯を断裂。今シーズンに別れを告げる。ペップのプロジェクトは、このドイツ人選手を基本的な柱として成功を築き上げるものだ。彼抜きではプロジェクトは頓挫する。キャプテンのコンパニは相次ぐ負傷から回復していない。サネとフェルナンドも離脱中。アグエロとフェルナンジーニョはそれぞれ四試合の出場停止処分を受けている。評論家たちは監督を厳しく批判し、出口の扉を指し示す。声を揃えて「出ていけ」のメッセージを何度も唱えている。シティは首位（チェルシー）と一〇ポイント差で、チャンピオンズリーグ出場圏外のプレミアリーグ五位。ペップは監督としてのキャリアで初めて、リーグタイトルを争うことができなさそうだ。年明け、彼は皮肉を交えながら、しかし確信を持っててこう言った。「私のキャリアの終わりが始まった」。まだ監督になって七シーズン半しか経っていないのだが、すでに別れを考え始めている……リージョが彼に言ったことを思いだしてほしい。

「ペップ、君が本当に監督になりたいかどうかを知るためには、もっと多くの敗北が必要だ」

リージョがこの言葉を発した場面を、私はよく覚えている。二〇一六年三月、バイエルンがチャンピオンズリーグで苦闘の末にユヴェントスを退けた試合の数時間後、ミュンヘンでコーヒーを飲んでいたときだった。ペップもこのことをよく覚えている。彼のチームはあと一分で敗退に追い込まれるところだった。リージョはその瞬間の幸福感を抑え、サッカーというスポーツの残酷な現実を浮き彫りにしようと試みた。それからわずか九カ月を経た今、ペップはその言葉が鏡に映し出された現実に直面している。

「私にそう言ったのはリージョだけではない。ドメも以前から、私が自分の本当の意志を測ることができるのは、敗北を味わったときだと言い続けている」

そして、敗北がやってきた。まるで草木をぬいながらあらゆるところを伝う柔らかな雨水が、硬い石へと変わり降ってくるように。ほとんど負けない（バルセロナでは全試合の八・五％、バイエルンでは一一・八％）ことに慣れていた男が、二二・五％の試合に敗れるという屈辱をマンチェスターで味わわされた。敗戦の一つひとつが、慣れない心に襲いかかった。ペップは敗戦と共存することを学ばなければならない。敗れるたびに引き起こされる肉体的な痛みと。本心から監督でありたいのか？　という人生の問いに答えなければならないからである。

一二月のある夜、彼は階段を上り、赤ワインのボトルを持ってドメのアパートに現れた。彼らはディーンズゲート一番地の、街の大通りを見渡せる高層住宅の隣人同士であり、コーチングスタッフもほとんどがそこに住んでいる。チキは一一階、ドメは一〇階、ペップは九階、アルテタは八階に。ドメがボトルを開け、二人はソファに座って朝方まで飲み、語り合う。サッカーの話ではなく人生の話をするが、それは時に同義でもある。子どもの話、学校の話、両親の話、病気の話……。久しぶりに、ボールのことが話題の中心ではなくなる。ペップは四五歳、ドメは一〇歳近く年上だ。ペップが家族や日常のことで感じているあらゆる心配事は、ドメが数年前にすでに感じていたことだ。年齢も経験も違う二人は、まるで友人のように話す。サッカーのことは忘れて、人生について語り合う。苦いクリスマスの時期を通して、試合日程が許す限り、ペップとドメはこういった夜を繰り返す。赤ワインのボトルを開けて乾杯し、ボールから離れて親密な会話を交わす。それ以上のものは何もない。大言壮語も格言もなく、こうしてペップは挫折の泥沼や敗戦の重苦しさから離れ、自分の経験しているすべての出来事となるプロセスに感謝し始める。そして彼は立ち上がり、前進を続けていくのだ……。

＊＊＊

今後、良い結果も悪い結果もあるだろうが、ペップはいつもそれが大したことではないと言葉にする。以前は、敗戦は彼にとって極めて大きな意味を持つものであった。誇張されたサッカーの世界では勝利のみが彼を正当に評価するかのようであり、敗戦に対しては大げさなほどの精神的落胆が付与された。それゆえに常に勝利することが不可欠な要素でもあった。だが、彼は少しずつ、勝利と敗北の価値基準を見直す必要があること、目標以上に道筋（エスティアルテの言う「プロセス」）に開眼を心がけ評価すべきであること、敗北を恐れるのではなく自分自身を裏切ることを恐れるべきであることを理解するようになっていった。

しばらくすればペップは、ドメとの夜やリージョの予言は心に留め置いたまま、クリスマスの悪夢を忘れられるだろう。気力と精神を取り戻し、辞任を誘惑していた悪魔のささやきを振り払うことができる。

「敗戦は私にとって沈むような感覚だった。まぁ、今でも敗れるたびに心に刺さった棘に触れて痛み、少し気も落ちるので、過去のものとして語れるわけではないが、これも私の成長過程の一部。気が緩むことに慣れてはいけないが、こういうスポーツであること、負けるのは当たり前であることを受け入れなければならない。それはわかっているのだが、まだ……そう簡単には受け入れられない」

シーン九：ジェズス加入に揺れるクン

（二〇一七年一月一九日、マンチェスター）

ペップがアグエロに関して抱えている問題は、一言で言い表すことができる。クンはマンチェスターの青の象徴として紛れもないアイドルであり、居心地が良くなりすぎているということだ。

ペップは自分のチームの選手たちが環境に慣れ切ってしまうことを望んでいない。サッカーを、一〇人プラス一人のスポーツと捉えているわけではない。強いて言えば、一〇人プラス一人が許されるのは、規格外の選手であるメッシだけだ。しかし、クンは違う。

アグエロは非常に優秀で偉大なストライカーであり、二〇一一―一二プレミアリーグの緊迫した最終戦で九三分二〇秒に決めた歴史的ゴールによってシティの伝説となった。エリア内の点取り屋であり、極上のフィニッシャーであり、他にも数多くの長所を持っている。しかし、彼はメッシではない。ペップは彼のチームが一〇人プラス一人で戦うことを受け入れることも、彼がここで向上への歩みを止め落ち着いてしまうことも認めない。デ・ブライネやフェルナンジーニョやスターリングに求めるのと同じ献身性を彼にも求めているのだ。

アグエロはペップに対して思いを打ち明けており、逆もまたしかり。サッカーに関しても、個人的な面でも、二人の間に見えない壁も距離もない。理想的で愛情の込められた関係であり、ペップとイブラヒモヴィッチやマンジュキッチとの間にあったような関係性ではない。しかし、指揮官は、彼の中に宿るストライカーとしての本能が覚醒すれば、今をはるかに上回る次元へ辿り着けること、そして何より、チームメートたちが築きつつあるチームスピリットに彼から全面的に歩み寄り適応することを望んでいる。

クリスマスの時点で集計すれば、アグエロはプレミアリーグの直近三四試合で三三ゴールを挙げていることになる。素晴らしい成績であるが、彼が二度の退場処分を受け、計七試合の出場停止となったこともまた事実である。チームの点取り屋がこのような過ちを犯すことを、シティは認めるわけにはいかない。彼の不在中に指揮官は一時的な解決策を求め、イヘアナチョ、ノリート、デ・ブライネ、さらにはスターリングまでも最前線に起用していたのだから。

アグエロが戻ってきてもチームプレーの連動性は改善されず、シティは一月半ばの試合でエヴァートンに圧倒された。クーマンのチームに〇対四で敗れるという結果は、ペップがキャリア全体を通してリーグ戦の試合で喫した最悪の敗戦となった。グディソン・パークのピッチ上で、彼のチームはKOされたボクサーのようだった。GKは危険なボールをまったく止めることができず、またしても相手チームの最初のシュートで失点してしまう（直近七試合で四回目）。バックラインは混沌としており、守備の切り替えはひどいものので、チーム全体を覆う精神的な脆さは深刻だ。アグエロの復帰がチームに何かをもたらすこともない。得点も、背中で鼓舞しようとするような積極的なプレスもない。

ガブリエウ・ジェズスはすでにシティに合流し、チームの練習にフル参加している。彼は現在最も有望なブラジル人FWである。まだ一九歳と若く、二〇一六年八月にチキが三〇〇〇万ユーロで獲得したが、一二月までレンタルでパウメイラスに残るという条件つきだった。契約は履行され、ジェズスは一月はじめにマンチェスター入りしたが、労働許可証が下りるまで二週間を要した。

ペップはこの若いブラジル人FWの加入を大喜びしている。彼がストライカーに求めるもの、つまり最大限のアグレッシブさ、疲れ知らずのプレス、チームメートとの極めて高い協調性をすべて示しているからだ。唯一の疑問点は、彼がアグエロほどハイペースにゴールを量産してくれるかどうか。ペップはクンを信頼し続けているが、彼にこのまま楽をさせるつもりはない。ジェズスは、地元の絶対的アイドルを目覚めさせる刺客とならなければいけないのだ。

そして、論理的に予想された通り、ジェズスの加入はクンの心を揺さぶる。

指揮官はその変化を見逃さなかった。それこそペップが意図するものであったからだ。数週間前に指揮官はアグエロへの称賛の言葉を口にしたが、同時に彼への注文も口にした。

「セルヒオはこれまでずっと我々にとって非常に重要な選手だった。特別な選手だ。彼には、自分が我々にとって非常に重要な選手であることを明確に示してほしい。我々は彼を必要としている。強く必要としている。ピッチ上で積極姿勢を見せ、貪欲に得点を狙いプレスをかけてくれるときにこそ、セルヒオは絶大な存在となる」。そのような姿勢を見せてくれなければ最悪だ。そうするとチームは一〇人のサッカー選手と一人の客人と化してしまう。

ペップはジェズスをすぐにでもデビューさせたいと考えているが、クンをベンチに座らせるのではなく、二人が良い形で共存することを望んでいる。互いに競い合いながらも、最終的にはチームが一一人でプレーできるようにサポートし合うことを望んでいる。これまで何度もそうしてきたように、ペップは夕食を共にすることで衝突を解決しようと試みた。

会食の場所は、中心街にあるピッツェリア「サルヴィーズ」。ジョン・ダルトン・ストリート一九番地にあるガラス張りの小さなピッツェリアで、トリコローレの味わいも素晴らしいが、ペップの行きつけの店ではない。彼が友人たちと食事に行く際には、コーン・エクスチェンジにある別のサルヴィーズを利用することが多く、そちらはより控えめで落ち着いた雰囲気の店舗だ。賑やかな市庁舎広場からすぐ近くの中心街にあり、通りすがりの人たちからもよく見えるこのピッツェリアを選んだのは偶然ではなく、アグエロの代理人側の計画的なものだったという印象だ。対立があることを世間に見せつけつつ、同時にペップとの合意に応じる姿勢があることも示そうとしているのだろう。

このディナーに、あまり隠しごとはない。アグエロは、あと数年はマンチェスターにとどまり、チームのスター選手としての地位を維持したいと考えている。ペップは彼を追い出したいわけでも、地位を下げたいわけでもないが、チームプレーへのコミットメントを今よりはるかに高めることを要求している。これまでの居心地の良い場所から旅立ち、チームのファーストDFになることを望んでいるのだ。

ペップは常々、守備は攻撃から始まると考えている。FWの積極的な守備は相手の出足を妨げ、チームメートを楽にさせる。アグエロはファンとクラブの絶対的なアイドルであり、華々しい栄光のセンターに君臨するゴールスコアラーではあるが、現状に満足しており、今以上のものは提供できないと感じている。だが、ペップはそうは考えず、今以上のものを要求している。より多くの働き、より良い働きを求めている。もちろんゴールももっと決めてほしいが、何よりももっとゲームに関与すること、特に相手DF陣にプレスをかけることだ。クンは、若く勢いのある代役がチームに加わった今、監督からもはや頼りにされていないと聞かされるのを心配していたが、ペップはそんなことは言わない。むしろ逆だ。彼を頼りにしているが、今よりはるかに協力的な「アグエロ二・〇」を望んでいる。

「セルヒオは、いるときもあればいないときもある。それではダメだ。いつもいなければならない。一時間しかもたないというのなら、その一時間だけ最高のプレーをすればいい。半端なクンはいらない。最高のクンが欲しいんだ」

＊＊＊

その二日後、アグエロはシティがトッテナムとホームで引き分けた試合（二対二）のCFを務める。ジェズスは八二分にスターリングと交代してデビューを飾ったが、その七日後にFAカップでクリスタル・パレスを破った試合（三対〇）には先発出場。そこで好パフォーマンスを見せ、ロンドンでウェスト・ハムに大勝した試合（四対〇）でも先発の座をもぎ取った。アグエロはベンチから、チームメートが得点とアシストを記録するのを見守っていた。さらに四日後にも同じ物語が繰り返される。スウォンジー戦（二対一）でジェズスは二得点両方を挙げ、アグエロは八三分にようやくベンチから登場。ペップはクンがこのメッセージを受け取り、意味を探り、理解してほしいと望んでいた。こうして事態は明らかになった。アグエロは目覚めるか、さもなくば新たなストライカーの控えになるかだ。

シーン一〇：我々には個性がない

（二〇一七年三月一六日、ニース）

ニース空港の座席はまるで拷問台だ。赤褐色で岩のように硬く、椎間板ヘルニアに長年悩まされ続けてきた彼を苦しめる。ペップは憔悴し、両目は沈んでいる。寝不足のせいだ。南仏コートダジュールでの気持ち良い一日となっていてもおかしくはなかったが、悪夢を見ていたような重苦しい目覚めだ。マンチェスターに戻るフライトの待ち時間は長引き、眠れぬ夜は続いていく。

アウェーゴールの差で欧州の舞台を去ることになった。準決勝でアトレティコ・マドリードと対戦した一年前のバイエルンでも同じことが起きていた。今回はモナコが勝ち進んだ。合計六対六の戦いに、一八〇分間の勝負を見守った全員が息を呑んだ。三週間前のエティハドでは大熱戦が繰り広げられ、ホームのシティが五対三で勝利。一進一退の熱い攻防が繰り広げられ、目まぐるしく荒れ狂う一戦だった。モナコはこのあと予想外の大躍進を見せ、準決勝でユヴェントスに止められるまで勝ち上がっていくことになる。

ちょうど三週間前、ペップは別の空港にいた。マンチェスター空港から、数日間のバカンスのためアブダビへ発とうとしていた。バイエルンでは代表招集の期間がくるたびにユースメンバーを指導していたが、シティではまったく逆の選択をした。陽光とゴルフを求め、タイやモロッコ、モルディブ、アブダビへと旅に出るのだ。別の待合室に座り、二時間前の試合を振り返るのにちょうど良い時間だった。

「とんでもない試合だ！　興奮の連続だ！」

選手たちがピッチ上で見せてくれた勇猛果敢なプレーのおかげで、クラブにとって歴史的な夜となった。クライフへの明らかなオマージュのような試合だ。両チームが手綱を緩めることなく解き放たれ、休まずゴールを決め続けた。雪崩のように押し寄せる攻撃への意欲は、前年のチャンピオンズリーグのバイエルン対ユヴェントス戦を彷彿とさせた。同じく一六強の試合だった。ユーヴェが二点のリードを奪ったが、ペップのバイエルンが終了間際に追いつき、延長戦でとどめを刺した。

「自信が足りないクラブではあっても、我々は強かった。このパフォーマンスは我々の未来に向けた大きなエネルギーを与えてくれる。これからわかるだろう。ミスは修正していく。来年は強力なDFを何人か補強できるかどうかだ。そうすれば良くなる。今年はとにかくやりくりしていくしかないが……」

レオナルド・ジャルディム率いるモナコと戦った狂気の九〇分間、ペップは興奮の連続だった。スターリングの先制点、ファルカオの同点弾、スペイン人主審マテウ・ラオスが取ってくれなかったアグエロのPK、世界的スターになることを約束された一八歳エムバペの抜け出しとゴール、左SBを務めたフェルナンジーニョの難しい役割。カバジェロがファルカオのPKをセーブし、モナコが決定的なリードを広げるのを阻む。アグエロが決めて同点。フェルナンジーニョに代えてサバレタを投入し、モナコのカウンターを食い止めることに成功する。再びファルカオが決め、再びアグエロが同点。そしてストーンズとサネのゴールで最終スコアを五対三としたが、終了間際にファルカオの至近距離からのシュートをカバジェロに救われる場面もあった。シティの選手たち、そしてモナコの選手たちも、攻撃は勇敢で積極的で獰猛で、守備は圧倒されていた。暴走して手に負えない荒れ馬であり、振るわれる勝負の賽は交互に最高のことも最悪のことも引き起こすが、ペップがプロジェクトの本質的な目的として提示した「チームスピリット」は体現していた。彼は選手たちを誇りに思っているが、幸福感に包まれたこの瞬間でさえ、2ndレグに向けては懐疑的だ。

「モナコでは絶対にゴールを決めにいかなければならない。彼らは間違いなく、最低でも二点は取ってくるからだ。野獣のような選手たちだ。今すぐにでも五人は獲得したいくらいだ」

彼は名前を挙げはしないが、自明だと感じられる。シディベ、メンディ、ファビーニョ、ベルナルド・シウヴァ、そしてエムバペだ。欧州中がこの五人の選手のクオリティを目撃した。そして、ラオスのレフェリングのレベルがひどかったことも。

「言わせないでほしいが……このレベルの戦いでは、チーム間の差はごくわずかであり、ほんの小さなことが命取りになる」

二〇日が過ぎ、空港が変わり、結果が変わり、ムードが変わった。ニース、赤茶けた座席、目の下のくま、不眠、絶望……。昨夜、チャンピオンズリーグのアンセムが流れたときに選手たちが見せた青白く緊張した顔は、起ころうとしていることへの恐怖を反映していた。最高峰の大会の試練を乗り越えようとする気概の欠如を表していた。

「何とかやろうとはしてみたが、こういう試合で勝つために必要となる気概を彼らに持たせる術を私は知らなかった……」

前半はモナコがシティを蹂躙した。後方は脆弱、前線には迷いがあり、アグエロはボールコントロールが定まらない。ペップのチームはアドバンテージを完全に失って（〇対二）ハーフタイムを迎え、どのような舞台でも戦う野心と勇気を手に入れたかに見えたチームにはふさわしくない顔をしていた。後半ははるかに良くなり、シティはいくつもチャンスを積み上げたが、アグエロもサネも決めることができない。七〇分にはようやくゴールが生まれ、シチズンズは笑顔を取り戻す。サネが決めて二対一とし、準々決勝進出を決めたかに思えたが、その幻想は六分間で打ち消されてしまう。バカヨコが三対一としてシティを敗退に追い込んだ。空港の座席でうつむきながら、ペップは声に出して振り返った。

「今回か……バイエルンでアトレティコに〇対四で負けた日か……どちらのほうが悪いかはわからない。あのときはミュンヘンで、試合前の三日間、とにかく攻めて攻め続けろという選手たちのスピリットだけに集中していたが、最初の失点のあと完全に崩れてしまった。それに対して今回は……」

こうなったのは驚くようなことではないと彼に伝えた。結局のところ、彼は自分が望んでいたようにチームを改革できなかったのだ。時間が必要であり、何より若い力と勇敢な魂を加えていくことが必要だ。

「数字よりも強い魂が必要だ。そして私は、選手たちが大舞台で怖がらないような気概を与えることができていない。選手は自分たちを信じていない。己を信じて初めて自信となる。ゲームに関与することを怖がり、受動的にやるより能動的にやるほうがやりやすいとは感じていないようだ。主役になりたがっていないように思える。彼らからその能力を引き出せると思っていたが、できていない」

しかし、まだ三月半ばであり、挑戦すべきことは残されている。

「来年のチャンピオンズリーグに出場できるように、立ち上がって戦わなければならない。楽なことではないし、確実なことでもない。今日の我々は精神状態が非常によくないが、明日にはもっと良くなるだろうし、自分たちを取り戻せるだろう。元気を取り戻し、前進し、未来には輝かしい日々を過ごすことができる。そう確信している」

彼の師匠であるクライフも、一九八九年にはバルセロナでの一年目にひどいシーズンを送り、彼の信じるプレーを植えつけるまではプレッシャーに耐える必要があった。そのことを彼に思いださせた。

「私を唯一苦しめているのは、我々が求めるものからそう遠くはないという考えだ。少しの時間、本当に素晴らしいプレーができることもある。バイエルンでもなし得なかったようなことができる。しかしペナルティエリア内での我々は、慈善奉仕に笑顔を振りまくシスターのようだ。どちらのエリアでも。我々がゴールを決めるのは大変だが、こちらは、ライバルを『人間トンネル』で出迎えては、ゴールというチップまで与えてしまう」

飛行機はマンチェスターに向けて飛び立つ。四日後にはリヴァプールがそこへ乗り込んでくる。続いてペップのチームはアーセナルとチェルシーの本拠地を訪れる。プレミアリーグの三大ライバルチームと戦わねばならないが、シティはモナコに敗れて打ちひしがれており、ギュンドアンとジェズスの離脱により戦力も落としている。有望視されたブラジル人FWは二月一三日のボーンマス戦で負傷し、加入以来三試合しかプレーできていない。

＊＊＊

このあとは良い結果と悪い結果が交互にやってくる。モナコ戦のショックにより、チームは脆弱で意気消沈した姿を見せるかと予想されたが、実際には勇敢で積極的な姿を見せた。まずはリヴァプールと引き分けに持ち込む（一対一）。この結果はペップを誇らしげな思いで満たした。「ここ数日は私の監督人生で最も幸せな日々だ。この選手たちのことをとても誇りに思う。昨日の練習ではまだモナコ戦のトラウマが残っており、誰も口を開かなかったが、今日は私の考えるプレーについてきてくれることを示してくれた」。良い試合ができたことは、非常にゆっくりではあるが正しい道を進んでいること、このチームを成功へ導く道を歩んでいることを確認させてくれた。ペップは自分の考えに必要な選手を手に入れつつあった。サネ、ギュンドアン、ジェズスに続き、今度はストーンズも前進を遂げてきた。素晴らしい選手だ。ジェラール・ピケのようなレベルのCBになれるかどうかはわからないが（おそらく隣にカルレス・プジョルのような存在が必要だろう）、彼には誇れる勇気がある。モナコでは恐ろしい相手に囲まれながらもボールを運び、リヴァプールでも再びそれを繰り返した。ペップも同意見だ。「ストーンズは誰よりも強い気持ちを持っていることを示した。私のチームでCBをやるのは非常に難しいが、彼は誰よりもボールを捌いている」。ペップはこういった言葉と交互に、チームに見られる欠点も指摘する。「何度も決定機を生み出したが、ゴールにつなげることができなかった。トップレベルの相手と勝負できないのはそういう理由だ。多くのチャンスを生み出し、相手には少ししかやらせていないが、それでも勝てない。今に始まったことでもない。だがそれでも、最後の最後まで攻め続け、走り続けた姿を見ていると、この選手たちと長く付き合っていきたいと思える」

その後の数週間、シティはアウェーでアーセナルと引き分け（二対二）、首位チェルシーのホームでは敗戦（二対一）。コンテのもと、チェルシーは力強くタイトル獲得に向けて前進していく。四月に入る頃には、シティはペップの求めるプレースタイルの象徴であるエリア外からの低いクロスで計二四得点を数えていた。だが一方で、ハーフタイムの時点でリードされたアウェーゲームに逆転で勝利できたことは過去二一年間で一度もない。九五試合のうち、引き分けに持ち込むことができた試合もわずか一一回だ。これもまた、ピリピリと緊迫した戦いに臨むため、強い気持ちを持った選手たちをチームに加えていかなければならない証拠だった。四月末にはFAカップ準決勝でアーセナルに敗戦（二対一）。ペップは監督としてのキャリアで初めて、一度もトロフィーを掲げずにシーズンを終えることになる。想定済みのプランではあったが、実際に確定するとつらいものだ。クラブは監督が要求したチーム改革を行っておらず、それは次の夏に完成させなければならない。

この数週間の間に、私はチームが抱える脆弱性とメンバー刷新の必要性についてエスティアルテと話をした。

「このプロジェクトを前進させるために二年はかかるとわかっていた。それは十分に論理的なことだ。それでも今年、ひとつはタイトルを獲りたかった。そうすればプロセスにかかる重みはもう少し軽減されていたはずだった。これからメンバーの改革を実現していかなければならない」

その改革の詳細に立ち入ると、エスティアルテは五つのポジションに狙いを定めた。

「来シーズンにはGK一人、SB二人、MF一人、FW一人が加わる必要がある」

すでに具体的な名前が挙がっているポジションもあれば、まだ疑問点の多いポジションもある。GKは、ブラーボが不調続きながらも残留を希望するかどうか次第だ。シティは優れたGKと契約する必要があり、ブラーボのスタンス次第で、カバジェロが残るかどうかが決まる。SBに関して疑問はない。モナコのレギュラー二人のうちどちらかまたは両方、あるいはトッテナムのカイル・ウォーカーがやって来るだろう。サニャもクリシも出ていくからだ。負傷続きのコンパニを常に起用できないようであれば、CBも一人補強することになるかもしれない。そして間違いなく、MFを一人獲得しなければならない。シルバ、トゥーレ、フェルナンジーニョは三〇歳を超えており、フェルナンドは去っていく。ペップがメインターゲットとして狙いを定めているのはベルナルド・シウヴァだ。「誰もがモナコの選手たちを狙っているが、大金がかかる」と、エスティアルテは言う。攻撃陣ではナバス、ノリート、イヘアナチョが去り、若いFW三人(サネ、スターリング、ジェズス)とアグエロが残ることになる。もう少し誰か必要だ。まとめれば、クラブが二〇一六年夏に一度に済ませたくはなかった改革を完了させるため、五人か六人の補強が必要というわけだ。今回はクラブが約束を守ってくれることを、ペップは信じて疑わない。アブダビでクラブの筆頭株主であるシェイク・マンスールからその確約を得ることができたのだ。

四月を終える前に、すでに新シーズンに目を向けているペップとの間で、彼が期待することについてもう一度確認し合った。

「もっと時間が必要だ。イングランドのリーグや欧州のビッグチームとは戦力的にまだ戦えない。来年に期待しよう。このチームは長年一緒にやってきた、歳を重ねたベテランのチームだ。モナコで戦った選手のうち九人が、クラブに長く在籍していた選手たちで、チームを刷新することはできなかった。このグループに望んでいた変化は一部であり、すべて実行できたわけではない。思っていたよりもうまくいっている部分もあるが、両エリア内で力強さが足りず、一貫性のある戦いもできていない。それが大きく響いている。だが、やれるようになるだろう。私は六カ月間仕事をするためにマンチェスターに来たのではなく、三年間やるつもりで来た。それくらいかかるだろう。だが最終的には、間違いなくこれらを進めていくことができる」

月日が経過し交渉が行われると、エスティアルテとペップの言葉は、スポーツディレクターのチキが行った補強によって実現することになる。チームの新たな守護神となるのはエデルソン。ＳＢの新戦力はウォーカー、ダニーロ、メンディ。ベルナルドはＭＦとしてもＦＷとしても起用することができる。さらに二〇一八年一月にはもう一人、新たなＣＢとしてラポルテもやって来る。そこにフォーデン、ディアス、ジンチェンコという三人の若手も加わり、これでメンバーの抜本的改革は完了となる。

シーン一一：壁か橋か？

（二〇一七年五月八日、マンチェスター）

「カラヤンとバーンスタイン、どちらになりたい？」

コーン・エクスチェンジにあるトラットリア「サルヴィーズ」のテーブルには、この質問が掲げられている。マンチェスターに来て一年弱が経過したペップは、彼にとって未体験の領域で戦い続けている。チャンピオンズリーグ、ＦＡカップ、リーグカップで敗退し、プレミアリーグで上位四チーム入りを目指してリヴァプール、アーセナルと接戦を繰り広げているところだ。最初のシーズンは予想以上に悪い結果となった。ペップが引き継いだメンバーは彼の意図していたものとはかけ離れており、半数以上が三〇歳を超えている。新戦力もまだその才能を発揮しインパクトを残せていない（サネ、ジェズス、ストーンズ）か、単純に大失敗に終わった（ブラーボ、ノリート）かのどちらか。冬の間に味わった精神的挫折から立ち直ったペップは、今季を良い形で終えてすぐに忘れ去り、新鮮な若い血を加えた新たな選手たちで来るべき次のシーズンをスタートさせ、今度こそ自身のプレースタイルを植えつけることを期待している。

家族との食事の場で、重要な問題が話し合われることはあまりない。ペップの最大の関心事は、美味しいイタリアンパスタを楽しむこと以外では、この日に誕生日を迎えるルイス・エンリケにお祝いのビデオを送ることだ。デザートを食べながら、私たちは音楽について、そして二〇世紀を代表する二人の偉大な指揮者、ヘルベルト・フォン・カラヤンとレナード・バーンスタインの心理的特性について語り合った。ペップとクリスティーナ夫人はクラシック音楽の専門家ではないが、彼らの人物像に強い関心を持っている様子だ。私は言う。「カラヤンは天才で、両目を閉じてオーケストラを指揮していた。楽譜を暗記しており、見る必要がなかったからだ。だから彼の写真のほとんどが目を閉じている。対照的に、もう一人の天才であるバーンスタインはまったく正反対だ。大きな目、大きく幅のある身振りと動きは、生命力に満ちあふれていた」

両者の人物像は交響楽団を指揮する上での二つの正反対の方法を示しているが、どちらの場合も、創造的な天才と芸術的卓越性という観点から見たものだ。最も印象的なのは、それぞれの指揮スタイルである。「カラヤンは、自分とオーケストラの間に越えられない壁を作った天才だった。最高の音楽は、指揮者と音楽家を隔てる壁から生まれると信じていたからだ。一方バーンスタインは、自分とオーケストラの間に橋を架け、その橋の上を音楽が流れるようにした天才だった」

イタリアントラットリアの薄暗い個室で、ペップの視線が輝く。新たな考えを消化しつつあるときに見せる態度だ。獲物を捕らえようとするその鋭い表情を、私は何度も見てきた。スタイルの違いを理解したことを確認するために、彼はコンセプトを簡潔に繰り返す。

「つまり、カラヤンはオーケストラから自分を切り離すために壁を作り、バーンスタインはオーケストラに近づくために橋を架けたと？」

「その通りだ」。ペップは微笑む……。

シーン二二：テロ

（二〇一七年五月二二日、マンチェスター）


ペップにとって、イングランドサッカーでの最初のシーズンはワトフォードで幕を閉じた。五対〇の気持ちの良い勝利であり、プロセスの大部分のピースが調和の取れた形で組み上がり始めた試合だった。シティは四試合で四勝を収めて合計一五得点、二失点という成績で五月を終え、三つのカップ戦で敗退して無冠に終わった不運なシーズンを立て直すことに成功した。王者チェルシーと二位トッテナムには大きく引き離されたとはいえ、リーグ終盤戦の好成績により、クロップのリヴァプールに二ポイント差をつけて翌シーズンのチャンピオンズリーグにグループステージから出場する権利を獲得した。

ペップのマンチェスターでの一年目は嵐のようだった。彼のやり遂げようとしていたプロセスは、クラブによって補強が五〇%カットされたことにより、深刻な困難を抱えてスタート。続いて幸福で楽しい時期を迎えたが、それもやがて歪んでいった。ペップの感情は激しく浮き沈みし、チームを率いる激務を担い続けるべきかどうか迷いもあった。不安と苦しみに苛まれ、首に縄をかけられているようでもあった。決定的な苦難を乗り越え、冬には残酷で苛烈な敗戦も交えた深く悩ましい時期を過ごした。試練の聖杯を飲み続けるかのようなクリスマスを経て、立ち直ったかと思えば地獄へ突き落とされ、絶望に沈んだ。また復活を遂げるが、モナコで痛めつけられ、厳しい試練に直面した際にチームが精神面の問題を露呈することが改めて確認された。最後は好感触でシーズンを終え、それまでの一二カ月間に経験してきた一連の試練を通して、この努力を続けていく意志を固められたと確信できた。そう、苦しんだ甲斐はあった。彼は監督になりたかったのだ。

そして突然、ドカンという強く恐ろしい爆発音。前代未聞のパニック。身震いするような恐怖、虚無感、戦慄……。

建物全体が揺れた。時刻は夜の一〇時半。ペップとマリウスは、家から目と鼻の先にあるマンチェスター・アリーナへアリアナ・グランデのコンサートを観に行っているクリスティーナ、マリア、バレンティーナが帰宅してから夕食をとろうと決めていた。すべてを揺らしガラスを砕く衝撃波に恐怖が広がる。テロだ……！　とペップは考えた。二人は一〇階から降りて飛び出し、大聖堂に向かって歩き始める。ペップの携帯電話が鳴る。クリスティーナだ。「何が起こったのかわからない。家に向かって走っている」と。通信は切れ、電話は使えなくなった。ペップは深呼吸をして立ち止まり、家の近くで待つ数分間は永遠にも感じられた。クリスティーナから再び電話がかかってくる。「大丈夫、私たちは外にいるから」。コンサートが終わり、会場をあとにする人々や家族を迎えに来た人々でホールがあふれかえっていたとき、マンチェスター・アリーナの入り口で自爆テロが起こった。犠牲者二三人、負傷者一一六人。クリスティーナと娘たちが助かったのは、バレンティーナがコンサート終盤に疲れて眠ってしまったため、アリアナ・グランデのアンコールを待たずに退場することにしたためだった。長女のマリアが文句を言わずに早く帰ることに同意したのは、小さな妹がもう限界だったからだ。三人がホールを通り過ぎたのは、テロリストが体に巻きつけた爆弾を爆発させる一分前だった。どれほど時間が経とうとも、クリスティーナもペップも子どもたちも、あの数時間を決して忘れることはないだろう。

翌日、クリスティーナとペップはアルバート広場で行われた犠牲者の追悼式に目立たないように出席した。詩人のトニー・ウォルシュが朗読した「Choose Love」には特に心を動かされた。その長く感動的な詩は、「ここがその場所だ……」と始まり、「ずっと覚えておこう。決して忘れないで。マンチェスターよ永遠に。愛を選ぼう」と、締めくくられた。彼らは深く胸を打たれ、これまで以上に自分たちがマンチェスター市民になったように感じられた。

マンチェスター、ここがその場所だ。ここが彼が生きると決めた場所だ。

〈2016-17シーズン〉

	試合	勝	分	敗	得点	失点	順位
プレミアリーグ	38	23	9	6	80	39	3位
FAカップ	6	1	1	1	16	1	ベスト4
リーグカップ	2	1	0	1	2	2	4回戦敗退
チャンピオンズリーグ	10	5	3	2	24	16	ベスト16
計	56	33	13	10	122	60	

◆シーズン勝率：58.9％

◆プレミアリーグ勝率：60.5％（バルセロナ時代は81.6％、バイエルン時代は85.3％）

◆シーズン得点率（1試合あたり）：2.17点（バルセロナ時代は2.58点、バイエルン時代は2.46点）

◆プレミアリーグ得点率（1試合あたり）：2.10点

◆シーズン失点率（1試合あたり）：1.07点（バルセロナ時代は0.73点、バイエルン時代は0.69点）

◆プレミアリーグ失点率（1試合あたり）：1.02点

◆シーズン得失点差：＋62

◆プレミアリーグ勝ち点：78ポイント（1位チェルシーは93ポイント）

◆プレミアリーグポスト直撃シュート：20本（うちデ・ブライネが9本）

◆シーズンボール保持率（1試合あたり）：63.3％（バルセロナ時代は66.1％、バイエルン時代は70.5％）

◆プレミアリーグボール保持率（1試合あたり）：65％

◆シーズン最高ボール保持率：77.9％（対レスター、2016年12月）

◆シーズン最低ボール保持率：34.6％（対バルセロナ、2016年11月）

◆シーズンパス本数（1試合あたり）：597本

◆シーズン最多パス本数：718本（対サンダーランド、2017年3月）

◆シーズンパス成功率（1試合あたり）：86％

◆シーズンシュート数（1試合あたり）：15.7本／枠内5.6本

◆シーズン被シュート数（1試合あたり）：8.3本／枠内3本

◆プレミアリーグ最多連勝：6連勝（バルセロナ時代は16連勝、バイエルン時代は19連勝）

◆シーズン最多得点：33点／アグエロ（プレミアリーグ20点）

◆シーズン最多アシスト：19回／デ・ブライネ（プレミアリーグ18回）

◆シーズン最多試合出場：49試合／デ・ブライネ（プレミアリーグ36試合）

◆シーズン最多得点試合：5対0（対クリスタル・パレス、ノリッジ、ステアウア・ブカレスト、ウェスト・ハム）

◆シーズン最多失点試合：0対4（対エヴァートン、バルセロナ）

二年目　二〇一七－一八

センチュリオンズ

第一幕：「エネルギーを買った」

（二〇一七年六、七、八、九月、バルセロナ／マンチェスター）

太陽とゴルフ。これが夏のバカンス中のペップの予定だった。

太陽とゴルフは彼の大きな心の栄養であり、新たな挑戦に立ち向かうためのバッテリーを充電するためのものだ。マンチェスターは陽光に乏しいため、彼は少しでも機会があれば太陽を求める旅に出る。ゴルフコースもあればなお良い。

バカンス中にもサッカーはついて回る。チキは毎日電話をかけてきて、補強に関して生じた困難について説明してくる。クラブは前シーズンに果たせなかったメンバー刷新の残り五〇％を実行すると約束したため、スポーツディレクターの夏は慌ただしい。トップチームの選手九人（カバジェロ、サニャ、サバレタ、クリシ、コラロフ、イヘアナチョ、ノリート、フェルナンド、ナバス）が退団し、サブメンバーの一〇人あまりが他クラブへ移籍したりレンタルに出されたりすることになった。その中で目を惹くのは、アカデミーの三大有望選手の一人であるサンチョだ。彼は契約更新に向けた交渉の中でトップチームでのプレーが保証されることを要求したが、ペップは、どれほど優れた選手であろうともそんな要求に応じるつもりはなかった。その結果、サンチョはドルトムントへ移籍。ドルトムントはシティに少額の補償金（一〇〇〇万ユーロ）を支払ったのみで、彼にトップチームの席を与えた。ペップとしては、この一七歳のWGをチームに残し、じっくりと育てていきたいところだった。それはディアスとフォーデンについても同じだ。二人はチームの練習に参加することになる。後者について、ゴルフの合間にもう一度ペップと話をすると、彼は目を輝かせた。

「フォーデンは天才だ。素晴らしい選手になるだろう。これまで見てきた中で最高の若手選手の一人だ。プレシーズンを一緒に戦い、予定している親善試合のビッグゲームにも出場する。アピールできればそのままトップチームに残る。本当にエクセレントな選手だ」

若手選手らとは別に、メンバー刷新を完了させるため、監督は五つの重要な補強目標を設定していた。GK一人、SB二人、MF一人、FW一人だ。ゆっくりと、しかし着実に、チキから補強完了の連絡が入ってくる。GKには、マンシシドールGKコーチの推薦する選手が加わった。エデルソンの獲得には四〇〇〇万ユーロを要したが、クラブはそれが安い買い物だと理解していた。並外れたポテンシャルを持ったGKだからだ。ペップも一年あまり前に、バイエルンを率いてベンフィカと対戦したため熟知した存在だった。エデルソンはペップが必要とする能力を完璧に満たしており、イタリアのドンナルンマのような有名GKに大金を投じる争奪戦を避けることもできるというのがチキとマンシシドールの考えだった。

その一週間前、ペップがまだマンチェスターにいて子どもたちの学校の年度末を待っている間に、クラブはベルナルド・シウヴァと契約を交わした。この補強だけでも、ペップにとってうれしい夏となった。ペップは彼を逆足のWGとしてだけでなく、チャンスがあれば偽9番としても起用する可能性を考えている。ペップはベルナルドの才能に惚れ込み、天才的な性質を持った選手だと見抜いていた。監督自身には比較するつもりはまったくなかったとしても、ベルナルドはあらゆるタレントの中で、最もメッシに近い存在となれるかもしれないと考えていた。両者の間には大きな隔たりがあるが、ペップはこの多才な選手を起用できるのを楽しみにしている。

彼のパフォーマンスをさらに高めることができると考えており、タイプや性質的にシルバの後継者を務める運命にあると目している。

GKとFWの獲得が決まり、チキはSBの補強に着手する。六月を迎えれば、前年のチームにいた四人はもういなくなるためだ。選手を売る側の各クラブは、そのことを知った上で、ほとんど受け入れ不可能なレベルにまで移籍金を釣り上げてくる。ダニエウ・アウヴェスとの契約が土壇場で破談となり、彼がPSGと契約したあとはなおさらだった。最終的には、カイル・ウォーカー、ダニーロ、バンジャマン・メンディの三選手と総額一億四〇〇〇万ユーロで契約を交わしたことは、最高級のフィジカルコンディションを持つ選手二人（ウォーカーとメンディ）と、高い技術的クオリティを持つ選手一人（ダニーロ）を獲得したことを意味する。ダニーロは、二〇一五年四月にバイエルンがポルトと対戦した際にもペップの目を惹いていた選手だった。

チキには、これ以上の補強をすることは認められていない。一カ月前、アル・ムバラク会長は全メンバーの前に立ち、確かにこう言っていた。「私は数年前にこのトレーニングセンターを作ると君たちに約束し、今ここにある。今は世界最高レベルのチームを作ることを君たちに約束する」。しかし予算には一定の上限があり、チキはすでにそれをオーバーしている。それでもどうにかやりくりしてもう一人、若いブラジル人MFドウグラス・ルイスと契約を交わした。ペップは彼の資質を気に入り、起用に乗り気ではあるが、当局が必要な労働許可を出さず、彼はジローナへレンタルされることになった。最終的なメンバー構成は、ペップが設定した五つの目標とは若干異なっている。望んでいたMFのもう一人の補強は実現できなかったが、SBは予定より一人多くなった。また、チームが必要とする左利きのCBも獲得することができず、チキは新たな予算がつく次の移籍ウインドーまで待ってほしいとペップに要請した。双方合意のもとで、シーズン前半戦はレンタルに出していた二人の選手を復帰させて戦うことになった。三人（ストーンズ、オタメンディ、コンパニ）しかいないDFの中央には、CBマンガラを加える。若手のジンチェンコも中盤である程度のチャンスを得られることになるだろう。バカンスは終わり、仕事が始まる。

「ボールは自分のもの、自分に属するもの」

「仕事と呼ぶべきではない。トレーニングは仕事ではなく練習だ」

パコ・セイルーロにとって、言葉はとても重要だ。不正確あるいは不適当な、表現したい概念にそぐわない言葉や用語を使えば、対話の相手を、そして自分自身をも混乱させることにしかならない。そのためセイルーロは、言葉の使用について最大限の正確さと深奥さを求める。

セイルーロは、ヨハン・クライフの登場以来、バルセロナの成功に欠かせない存在であった。はじめはフィジカルトレーナーとして、オランダの偉大なる巨匠だけでなく、ルイ・ファン・ハール、その後にクラブにやって来た監督たちとも、そして、最後はフランク・ライカールトとも一緒に仕事をした。二〇〇八年にペップがトップチームにやって来たことは、セイルーロにとって飛躍的なクオリティ向上を意味した。準備の方向性はそのままに、彼はクラブの方法論に基づく方向性を加えた。ペップは、セイルーロがそれまでの二〇年間に培ったサッカーのビジョンを、トップチームだけでなくすべての育成組織にまで完全に定着させたいと考えた。それは実行に移されたが、サンドロ・ロセイ会長からの軽視に嫌気が差したペップが出ていくと、セイルーロも徐々に練習場や試合から離れた役職へと追いやられていくことになる。

二〇一七年六月、エルネスト・バルベルデがバルセロナの新監督に就任すると、セイルーロはトップチームと、特にイニエスタ、ブスケッツ、メッシ、ピケ、マスチェラーノといったペップの偉大なチームを構成していた中心選手たちとの密接な関係を再構築した。そして彼はジョアン・ビラのサポートを得て、主にペップが指揮を執っていた時期にバルセロナが実行していたプレーに対する細心のアプローチを発展させた。フィジカルトレーナーとしても「構造化マイクロサイクル」や「ＳＳＰ（状況優先シミュレーター）」といった独自の方法論を考案していたが、方法論担当ディレクターとして視野を広げた彼はプレーのあらゆる奥義にまで踏み込み、自らの戦術的ビジョンの中心軸として「位相空間」というものを描き出した。

ペップがマンチェスターでの最初のシーズンを終えたあとバルセロナに滞在していたことを利用し、セイルーロとビラも交えて幅広い話をして、プレーのコンセプトを改めて見直すことができた。シーズン中のペップにはこのようなことをする時間はないが、バカンス中にはいつも知識の源に立ち返り、新旧のアイデアを吸収することを好んでいる。そしてセイルーロは、いつも必ず適切な言葉を使いながら、こう話してくれた。

「プレーの四つのフェーズ（セットプレーを加えれば六つ）などというものは存在しない。サッカーはひとつ、ひとつしかない。ボールを持っていないときもあるし、ボールを持っておらず取り戻そうとしているときもある。ボールを持っているときに攻めることもあれば守ることもある。ボールを持っていないときも同じだ。ボールなしで守ることもあるが、攻めることもある。プレーに対する私の考え方においては、常に主導権を握るということをする。ボールは自分のもの、自分に属するものであると理解しており、相手がボールを持っているときにはそれを奪いにいくのではなく、自分のものを取り戻しにいく。奪いにいくということは、ボールを自分のものではなく、他人のものと認識し考えていることになる。そうではなく、まったく正反対だ」

「我々はフィールドを縦方向に四つのゾーンとして視覚化する。自陣のゴールから相手ゴールに向けて並べるなら、警戒アラームゾーン（最も自陣側）、安全セーフティーゾーン、制御コントロールゾーン、完遂フィニッシュゾーン（最も相手陣側）と呼ぶことにする。したがって、ピッチ上を縦方向へ進むにつれて、警戒から快適な安全へと移り、それから制御、最後に仕留める。この前進は、ピッチ上に四つ（あるいは五つ）の縦の経路を設定し、そのいずれかを通って行うことができる。そして一方で、選手たちがプレーを展開する三つのゾーンを常に特定する。距離感に応じて、介入、相互扶助、協力の三つだ」

「このようにして、『ＢＥＣＡ』というものを定義する。ボール（balón）、スペース（espacio）、チームメート（compañero）、サポート（apoyo）だ。この四つがプレーの展開を左右する基本要素となり、そこには選手たちとボールの状況、チームメート間の距離とボールに対する距離、相手に対する距離、それぞれの移動経路、方向、組織など多くの変数がある。このすべてから、プレーの核となる要素として位相空間を定義し、ゲームにおいては常に自分たちを再編成していることを理解することが大切だ。一〇〇分の一秒ごとに新たな再編成が行われていくサッカーというゲームは、個々のプレーの連結ではなく、確率変数に応じて連続する位相空間なのである（※一）」

「我々のチームは、すべての変数、ゾーン、経路、定義要素を加えて描かれた位相空間を通して編成される。それを実行するのはユニバーサルな選手たちであり、全員があらゆることを行い、常に自分たち自身を再編成している。数的優位、位置的優位、社会感情的優位、質的優位、動的（時空間的）優位など、常に何らかの優位性を持つように努める。自分たちのプレーを『意図のプレー』と捉え、頭文字を取って『４Ｐ』と表す。すなわち知覚（percepción）、ポジション（posición）、ポゼッション（posesión）、（ボールを奪い返すための）プレス（presión）だ。そして、このすべてをトレーニングで繰り返し練習する。トレーニングとは仕事ではなく、連続的な位相空間と自分たちの再編成を鍛錬することだ」

※一　パコ・セイルーロは二〇一三年、ジョアン・ビラとマルセル・サンスの協力を得て、位相空間（EdF）の思想的集積体を完成させた。物理学に由来し、複雑系の内部挙動を説明する概念である。EdF理論は、サッカーにおいて発生する事象の複雑さを考慮し、チームの内部変動からプレーを観察することを提案している（二〇二〇年、アグスティン・ペライタ『位相空間 セイルーロはいかにして戦術を一変させたか』より定義を抜粋）

「もっとパスを出さなければならない」

セイルーロが発展させたゲームコンセプトに刺激を受け、ペップは二シーズン目に改善を実現しようと努める。

プレシーズンの計画を作成するにあたり、「ボールは我々のものであり、相手から奪うのではなく、自分たちのものを取り戻す」という概念が彼の頭の中に響き渡っていた。ペップは統計好きではないが、ある数字が目に焼きついて離れない。彼の一年目のシティは一試合平均五七九本のパスを出し、成功率は八六％。一見したところ決して悪くはないが、前年と比較してみれば、ペレグリーニの率いていたチームは五三九本のパスで成功率八三％。わずかな差でしかない。バイエルンでは平均七二六本のパス（成功率八七・九％）を記録していたのだから、差は歴然だ。つまり、チームはこの点で前年に比べて多少は進歩したものの、バイエルンで達成していた完成度には遠く及ばないということだ。この比較を踏まえて、ペップは二シーズン目に向けた基本目標のひとつを設定している。

「もっとパスを出さなければならない。パス、パス、パスだ！　パスを多く繋げば繋ぐほど、危険にさらされる機会は少なくなる。ボールを持って自分たちの間で回せば、相手はこちらを脅かす場所から遠ざかり、我々のほうが主導権を握ることになる。もっとパスを多く繋げるようにならなければいけない」

彼の意図するところは、プレシーズン初日からトレーニンググラウンド全体へと伝染し広がっていく。ペップにとって、プレシーズンは極めて大きな戦術的要素だ。フィジカルトレーナー陣のリーダーであるブエナベントゥーラとの息の合った連係により、トレーニングセンターでのプレシーズンセッションは、戦術的コンセプトの発展、ポジショナルプレー、三人目の探し方、ボール保持など、ペップが植えつけようとするプレーモデルのツール群に焦点が置かれる。選手のフィジカルコンディションの向上は、常に戦術的コンディションの発展のあとを追う形となる。これが彼の哲学であり、忠実に実践されている。ブエナベントゥーラは、プレシーズン中に行うトレーニングの九〇％はボールを使ったものとし、残りの一〇％を主に予防的トレーニングに充てると見積もっている。予防的トレーニング、個人的な負荷トレーニング、トレーナーが選手たちの能力を均等化し調整するための一般的なセッションが、各週に明確に割り当てられる。中心となるのは、監督の提示するプレーの基本を完璧に身につけることだ。「戦術的コンセプトはプレーしながら学んでいく。プレーこそが本物の要素が見え隠れするからだ。トレーニングは各自が決断を下す場となる。選手たちには、トレーニングを通して戦術的コンセプトを落とし込み理解させていく」と、ペップは説明する。

ペップは、この複雑な哲学を選手たちに浸透させるためには最低でも二〇カ月という期間を設定しているが、おそらくそれ以上の時間が必要だろう。実際にプレーをして、タイトルを争いながらそうしていかなければならないからだ。ここは抽象的戦術を学ぶ学校ではなく、勝利に向けて戦わなければならないチームなのだ。ペップは勝利のために戦うという目標から決して目を離さない。勝てなければ、たとえチームが天国のようなプレーをしていたとしても、彼は解任されることになる。つまり学習はタイトル争いと歩調を合わせていくべきであり、ペップが本当に成功したいのであれば、自身のプロジェクトのために余分に時間を割かなければならない可能性が非常に高いだろう。

私が著書『ラ・メタモルフォシス』で述べたように、すべての目標を達成するには三年では足りないことが明らかだと感じられる。二〇一六年夏に、私はそれをこう表現していた。「彼のプロジェクトは、相手が空けたスペースを突くことを優先するリアクションサッカーでもなければ、相手のプレーを破壊することに焦点を当てるものでもない。能動的で建設的なものだ。プレーの構造をゆっくりと確実に組み立てていくことを基礎とした攻撃モデルであり、防護手段としての優れた守備組織もそこに含まれる。シティの選手たちは、先を急がず落ち着いて、忍耐強く学ばなければならない。そうすることで初めて、ポジショナルプレーに要求されることを本当に理解し、それを優れた形で実行できるようになるのだから」

「グアルディオラとシティの目標があまりに野心的で、達成に三年では足りないというのであれば、それはまったく別の問題だ。確かに、グアルディオラが着手したような包括的なプロジェクトを完遂するには、三年では足りないかもしれない。このプロジェクトは、明確で詳細なプレーモデルを導入し、競争的で協力的なチーム文化《スピリット》を築き、揺るぎないアイデンティティを持ったサッカーを身につけ、アカデミー全体で独自の『言語』を設計し、そしてタイトルを勝ち取ることを意図している。非常に競争が激しく要求の厳しい環境の中で、多くの目標が同時に存在している。したがって、グアルディオラが自らの指針を抑制したほうが予定以上に長くマンチェスターにとどまることができると想像するのも、無理からぬことだと理解できる」

それから一二カ月が経った今でも、すべては変わらず継続されている。ペップは、より多くのより優れた戦術的コンセプトを選手たちに伝えることに集中した短くも濃密なプレシーズンを終えたところだ。パス、パス、もっとパス。これが新シーズンの目標である。

この日の午後、マンチェスターの日差しは強い。ペップと同じく陽光を求めてやまないエスティアルテはこの機会を逃さず、ディーンズゲートに近いコーン・エクスチェンジのテラスでカフェ・リストレットを味わった。明日には米国へ旅立つため、スーツケースを用意している。チームはそこで三試合のフレンドリーマッチを戦うとともに、数多くのPR活動に勤しむことになる。このカフェで、シーズン開幕に向けて構想されているアイデアを彼から聞くことができた。

「最初のシーズンは悔しい思いをした。多くのチャンスを作りながらゴールに結びつかず、逆に相手には最初のチャンスで決められてしまった。作り出したチャンスをもっとうまく活かすべきだったが、それができなかった」

しかし、彼の分析は単純に成功や不成功にとどまるものではない。

「ひとつ重要な要素がある。イングランドのサッカー界が、いまだにペップを攻撃的思考の持ち主として認識していることだ。しかし、それは我々の意図とはまったく異なる。だが非常にはっきりしている。彼らはペップを、自分たちの習慣、伝統、やり方に対する攻撃だと見ている。評論家も、審判も、メディアも……。誰もが彼を、現状に対する攻撃だと受け止めている。我々がバルセロナで仕事を始めたときにも似たようなことが起こったが、はるかに多くゴールを決めることで解決できた。ここでは、今のところそれができていない。すべてうまくいっていない。わずかな可能性さえすべてが我々の不利に働いた。空中に投げたコインはすべて裏を出した。イングランドでは、クラブのユニフォームにまだ重みがない。バルサやバイエルンのユニフォームではないし、マンチェスター・ユナイテッドのユニフォームでもない。誰がプレーしているのかによって、別の基準が適応されることを確認してみるだけでわかる。加えてイングランドでは、レフェリングや対戦相手やその他の問題について意見を述べるなど、クラブが積極的な形で介入する習慣がない。そのためペップは、彼を狙い撃ちしようと待ち構えている人たちの前でいつも一人孤立している。いずれにせよ、最も重要なのはこのことではないし、運不運でも、判定基準の違いでも、何もかもがうまくいかないような日々があることでもない。大事なのは、選手たちが最大限のモチベーションにあふれ、ペップとともに死力を尽くしてくれることだ。だから、私は強く確信した。ここでは対話によって誰かを納得させることは難しく、自分たちが指し示すプロセスの航路を旅して、勝利し続けなければならないということを」

プロセス、プロセス、プロセス……。

＊＊＊

プレミアリーグ初戦は、指揮官の意図をすべて満たすものとなった。三人のＣＢ（コンパニ、ストーンズ、オタメンディ）を並べたラインを維持し、フェルナンジーニョを軸とした中央の「壁」を築き、その両脇ではＳＢのウォーカーとダニーロがＤＦ、潰し役、ＷＧの三役をこなす。「ＳＢ陣にとっては非常に要求が大きなものになるだろう」と、ペップは言いながらも、このアイデアを進めていきたいと考えている。シルバとデ・ブライネが自由に動きやすくなるためだ。前線では、アグエロとジェズスが予想外のハーモニーを奏でている。アグエロは鋭く、これまで以上に機敏で、相手選手に非常に献身的なプレスをかけてくれる。ジェズスとの共存が、クンの向上につながっているようだ。

ブライトンは非常に低い布陣で待ち構えている。［４―４―２］の形から素早くＤＦライン六人の陣形に展開する相手に対し、シティは何度も攻撃を繰り出す。プレーを展開するサイドに応じて、どちらかのＳＢを非常に高い位置に置いている。ペップのチームは山ほどのパスを積み重ね、実に七六八本を記録。前年の最多本数（サンダーランド戦で七一八本）を五〇本上回った。ボール保持率は七八％以上。だがブライトンの極めてタイトな二本のラインの間からゴールを奪うのは容易ではなく、終盤になってようやく立て続けに二点が生まれた。ペップの狙いをすべて達成した上で、シティは好感触での白星発進を切った。

開幕戦に続く二試合は、相手のレベルというより守備構造によって厳しい二試合が続いた。エヴァートンもボーンマスも、この新生シティが以前よりはるかに危険で縦へ速いチームであることを認識しており、そのために二つのタスクを適用。自陣エリア付近で二つのラインを狭めることと、相手へのプレスを積極的に仕掛けていくことだ。ペップは［３―３―２―２］でエヴァートン戦に臨み、サネが左ＷＢを務める。前節の再現のような試合となったが、今回は相手に先制を許してしまった点が違った。シルバのシュートがポストを叩いたのに続いて、ルーニーにゴールを許した。ウォーカーが警告二枚で退場となったことでさらに困難な状況に追い込まれ、ペップはハーフタイム以降にさまざまな変更を加える。チームを変則的な［2―3―3―1］に並べ、CB二人（コンパニ、オタメンディ）、中盤のダイヤモンドは底にデ・ブライネ、頂点にスターリング、両脇にシルバとベルナルド。アグエロをトップとし、ダニーロとフェルナンジーニョが両WB。困難なミッションではあったが、後半のシティは一人少ないながらも試合を完全に支配し、八二分にはダニーロの好クロスに合わせたスターリングのシュートでゴールを奪った。

その五日後、若く聡明なエディ・ハウが率いるボーンマスは非常にアグレッシブな姿勢を見せ、早い時間のうちにダニエルズの素晴らしいシュートによる先制点につなげる。だがジェズスもファインゴールを決めてすぐに同点とした。この試合ではペップは［3―3―2―2］を用いず、CBを二人（コンパニ、オタメンディ）だけとして、ダニーロとフェルナンジーニョ、そして初出場のメンディが中盤のラインを形成してデ・ブライネを支える。デ・ブライネに対しては、ペップは再び相手陣内でのプレーを継続させるというタスクを与えた。シチズンズはゴールを奪われながらも明らかに試合を支配し、六〇四本のパスと一九本のシュートを記録。シルバとベルナルドがインサイドで動き回り、スターリングとジェズスがボックス内に侵入し、両SBがWGを兼ねることで縦の深さをもたらす。時間が経過するにつれスコアボードが示す同点の数字が重くのしかかり、またサネとアグエロが投入されたことで、圧倒的に試合を支配するシティはシステムを［2―1―3―4］にまで変更。そしてようやく九七分、またしてもダニーロのクロスからスターリングがついに決勝点を生み出した。チームはこのゴールを盛大に祝福し、観客席のサポーターたちとも抱き合う。これがこの日二枚目の警告を受けたスターリングの退場につながるが、それでも苦心の末に勝ち取った勝利が曇ることはなかった。前年から形作られ始めたチームスピリットをさらに高める勝利だった。シティは良いプレーができるだけでなく、どんな困難にも打ち克てる力があると感じ始めた。勝利のダイナミクスは、いつも小さな一歩から始まるものだ。

九月最初の一週間、シティは無敵の姿を見せた。合計一五ゴールを奪って一失点も許さず、七日間のうちにリヴァプール、フェイエノールト、ワトフォードを一蹴。プレミアリーグであれチャンピオンズリーグであれ変わらずチームは躍動し、ゴールを重ね、クリーンシートを守り続けた。マネのキックを受けて顔面に深い傷を負ったエデルソンに代わり、ブラーボが一時的にゴールを守っても同じだった。

ペップが［3―3―2―2］のアプローチに固執しないのは、その欠点にも気がついているからだ。守備に堅固さをもたらし、インサイドプレーヤーを自由にして前線に二人のストライカーを配することができるが、両SBの激しい消耗は避けられず、メンバー内のWGの選手たちは脇役となって（これはバイエルンで学んだ基本事項のひとつを壊すことになる）、人数をかけて守備を固められると相手エリア内で手詰まりとなりやすい。ペップはこのジレンマを我慢強く解決していこうとしている。クロップ率いるリヴァプールとの試合では［3―3―2―2］を維持したが、大勝（五対〇）に目を奪われてしまうわけにはいかない。チームのプレーは以前の試合ほど流動的ではなく、七三〇本というパスを記録できたことも、エデルソンにラフプレーを食らわせたマネが三七分で退場したことによる数的優位に理由があると考えるべきだ。加えて、八月末にはコンパニがふくらはぎの筋肉をまたも痛めてしまい、ドクターによれば回復には時間がかかるとのことだ。起用可能な二人（ストーンズとオタメンディ）にダニーロを加えるだけでは、三人のCBを並べることは早くも難しくなる。バレンシアへのレンタルから戻ってきたマンガラは、現時点ではペップの求めるCBの水準とはかけ離れている。

続く二試合は［2―3―2―3］で戦い、シティはアウェーでいずれも大勝を飾る。チャンピオンズリーグではフェイエノールトに四対〇。プレミアリーグではワトフォードを六対〇で下し、ペップにとってイングランドではこれまでの最多得点勝利となった。だがこの陣形も、攻撃のスタート時には［3―3―2―2］に戻ることになる。フェルナンジーニョが二人のCBの間に下がり、シルバも一段下がって両SB

の間に位置するためだ。これによりビルドアップの局面で望み通りの配球を維持することが可能となる。センターサークルを越えれば形を変え、ラインをひとつ下げていた二人が再び前へ出る。この柔軟性により、フェイエノールト戦ではベルナルド、ワトフォード戦ではスターリングをWGとして加えることが可能となり、ハイプレスを強めることができた。全体的に見れば、二試合で非常に良いパフォーマンスを見せ、さらに昨年の大怪我からギュンドアンが復帰したことも朗報だ。シティは相手を圧倒し、ゲームをコントロールし、効果的に戦い、前からプレスをかけ、ほとんど失点しない。さらに一週間後も躍進は続いた。まずはリーグカップでウェスト・ブロムウィッチを退ける（二対一）。この試合はペップにとって、マンガラ、デルフ、トゥーレ、ギュンドアンにプレー時間を与えられる機会となった。続いてクリスタル・パレスに大勝（五対〇）。これは、シーズンのその後の戦いに大きな影響を及ぼす一戦となった。

監督はワトフォード戦と同じ柔軟なシステムを再び採用したが、今回はスターリングとサネを前線でクンと組ませ、利き足側のサイドで大きく開かせる。ジェズスはベンチで出番を待つ。プレーの動かし方は変わらない。ビルドアップ時にはフェルナンジーニョがストーンズ、オタメンディと並び、シルバが二番目のラインでウォーカーとメンディの間に入り、サネも下がってデ・ブライネと並ぶことで、再び［3―3―2―2］の形を取る。ハーフウェーラインを過ぎるとチームは［2―3―2―3］の配置となり、パレスの堅固な［4―4―2］に相対する。相手は縦のレーンをしっかりと閉じている。サネとスターリングはすぐにサイドを入れ替えて逆足側でプレーするが、数日前から経験豊富なロイ・ホジソンが率いはじめていたチームを崩すことは簡単ではない。

そこで不幸が襲う。二七分、メンディがタウンゼントと接触し、左脛骨を強打したと訴えてピッチをあとにすることを余儀なくされた。ペップは代役にダニーロを投入し、再び両WGを入れ替える。サネは左サイドに戻り、アウトサイドから深い位置へ仕掛けていく。圧倒的に支配（パス七二四本、ボール保持率七二％）しながらもなかなかスコアは動かず、ようやくサネが決めたのは四四分。だが引き続き相手を圧倒した後半には点差を五倍にまで広げることになる。その後半にはダニーロが右SBを務め、CBにはウォーカーとオタメンディ、そして左SBには足元の巧みなMFであるデルフが入る。デルフは球出しの局面でフェルナンジーニョを助け、チームの五点目も挙げることになった。
イングランドのチームが五点差以上で三連勝を飾ったのは、一九五八―五九シーズンのブラックバーン以来のことだ。だがドレッシングルーム内で、ドクターのエドゥアルド・マウリは表情を曇らせる。メンディの膝について、最悪の事態を恐れていた。ペップも表情を変える。せっかく手に入れたアウトサイドのエネルギー源が、危うくなりつつある……。

第二幕：二人の負傷で［3―3―2―2］から［2―3―2―3］へ

（二〇一七年九、一〇、一一月、マンチェスター／ナポリ／ハダースフィールド）

キャプテンのコンパニは八月末にまたしてもふくらはぎを負傷し、一一月中旬まではプレーを再開できないとドクターは見ている。キャプテンを二カ月半欠くことになる。それはつまり、トップレベルのCBが二人（ストーンズ、オタメンディ）しかいないということだ。コンパニは高リスクの負傷歴を抱えている。二〇〇八年夏にシティに加入してから二〇一九年半ばに退団するまでにキャプテンは一一シーズンで二三回の怪我に見舞われた。その大部分はふくらはぎの負傷だが、鼠径部、ハムストリング、膝、外転筋、大腿四頭筋の怪我もある。コンパニの体格はDFとしては並外れたものだが、時間が経過するにつれて脆さを増している。シチズンズでは合計で八八〇日間チームから離脱。通算二六五試合に出場したが、欠場した試合も一五二試合に上る。

またも負傷したと診断されたキャプテンは、過去にも怪我の多い前歴があるため、指揮官は三人のCBで戦うという案を棚上げせざるを得ない。単純に選手がいないためだ。四日後には、さらに問題が大きく深刻化する。メンディが左膝の十字靭帯を断裂しているとバルセロナでラモン・クガット医師により確認されたのだ。これまで三八七分間プレーしていたメンディは、今季の残り期間中は出場できない。彼はチーム唯一の本職の左SBであり、今季の大型補強の一人であり、爆発的なエネルギーを体現する存在であり、ペップの描いた戦術的構想に不可欠なピースだった。だが完全に壊れてしまったことでペップの戦術案は実現不可能となって消滅することになる。

これほど影響の大きい二人を失っては、三人のCB、CHの両脇に二人のWBという構成は、もはや維持できない。そして、後方二つのラインの構成を変えるということは、残る二つのラインも作り直さなければならないことを意味する。［3―3―2―2］は、二〇一七年九月二三日、午後三時半に「その存在を消してしまった」と、ペップも認めている。

「我々の計画はすべて崩れた。これまでのシーズン序盤戦に多くのゴール（八試合で二七得点）を決められたのは、メンディがチームに幅を持たせてくれたおかげだ。ウォーカーとメンディは、止まることなく上下を飛び回る二つのロケットだ。私はSBをインサイドのMFだと見ている。ミュンヘンで君にそう言ったことを覚えているだろうか。今でもそう思っているが、アウトサイドに二つの大砲があるのなら使わない手はない。二人は、クラシックな『昔ながらの古き良きSB』だ。サイド全体を真っ直ぐに駆け上がり、チームに幅を持たせられる。守るときは激しく、攻撃になるとミサイルのように飛び出す。メンディがいなければ、計画は真っ二つに折られてしまうため考えを変えるしかない。ダニーロは異なるタイプのSBだ。アウトサイドに出ることもできるが、右利きなので中へ切れ込む傾向があるのは避けられない。デルフはメンディの代役だと考えているが、彼ほど走力があるわけではなく、コンバートを考え直さなければならないだろう。タイプが異なるプロフィールを持っているわけだから。攻撃のサポートに優れたＭＦであり、守備を学ぶ必要があるが、彼に奇跡を要求することはできない。つまり、これからの左サイドで、一体誰がチームに幅を持たせてくれるのだろうか？」

ペップに考えすぎる必要はない。攻撃ではサネが幅をもたらせてくれるはずだ。解決策は、彼のプレーの根幹にある。そのひとつは、前述のような幅を得るために開いたＷＧという形で表れる。メンディという飛び道具がないのなら、サネという別のロケットを使うことになるだろう。若いドイツ人ＷＧに、フランス人ＳＢが担っていたような守備の役割まで要求することはできない。

これらの理由から、ペップはイタリア式の［２―３―２―３］を採用した。これまで機能していたことの一部を残すためだ。チームを四つのラインに分ける。最初のラインは二人のＣＢ。二人のＳＢはＣＨに近寄り、中盤の壁を形成する。二人のＩＨは相手のライン間のスペースを占める。そして最後のラインは、場合によっては引き気味で偽９番のようにプレーする１トップと利き足側のＷＧ二人で構成される。ひとつだけ、三人の中盤のラインはメンディがプレーしていた頃とはニュアンスが異なり、非対称的な性質を持つことになる。右ＳＢ（ウォーカーまたはダニーロ）は引き続きアウトサイドから攻撃するが、左（デルフ）は内側のフェルナンジーニョの横へと絞り、自分の側のサイドからの攻撃はサネに任せる。これは非常によく考えられた非対称性である。左サイドではＷＧ（サネ）が深みをもたらし、ＳＢ（デルフ）を中に入らせる。右サイドではＳＢ（ウォーカー）がもうひとつ深さを与え、ＷＧ（スターリング）が中に入る。その代わりにペップは「ダブル９番」、つまりアグエロとジェズスのコンビを犠牲にすることになる。

ペップの［２―３―２―３］は、非常に特殊なプレーのダイナミズムを展開する。チームが敵陣内に入りビルドアップが完了すると、攻撃の慣性と守備の期待値が釣り合うことにより、最後尾と最前線のラインは非常によく似た振る舞いとなる。両ＣＢと両ＷＢは何かが起こるのを「待機」して待つため、ほとんど動かない。相手を打ち破るスペースを見つけるためボールを循環させるのは、真ん中の二列を構成する内側の六人。このインサイドの六人（ＣＨ、両ＳＢ、両ＩＨ、トップ）は、対戦相手のタイプによってスタートポジションを変え、同様に動きも変えるため、シティの配置は異なっているような印象を与えることもあるが、実際には［２―３―２―３］の基本コンセプトに変化はない。中央の六人がボールを動かし、残りの四人はサポートポイントとして、あるいは攻撃のフィニッシュ役として、プレーに関与するタイミングを待ち構えている。

インサイドの選手がパスを何本も繋ぎ、ＣＨと１トップを頂点とする六角形が連続的に大小の三角形に分割され、相手を混乱させる。小さな三角形と大きな三角形が異なる理由は非常に明白だ。チームは左サイドに小さな三角形、右サイドに大きな三角形を配置している。こうするのは、選手たちの特徴によるものだ。左サイドでは、シルバ（欠場時にはギュンドアン）が短いパスを数多く繋ぐことで、ＳＢ及びＷＧとともにポジションを前進させていくことが可能となる。右サイドのデ・ブライネ（欠場時にはベルナルドあるいはフォーデン）は、ＳＢや同サイドのＷＧとの間で、より広いスペース上で三角形を組むことを好んでいる。このように、左サイドと右サイドの三角形のサイズは大きく異なるが、創造のプロセスは非常に似ている。ボールの前方では両ＷＧがアクションに入るタイミングを待ち、ボールの後方ではＣＨと両ＳＢ、加えてもう少し下がったポジションにいる二人のＣＢが、相手のカウンターに対応する構造を作っている。

要するに、ペップの［２―３―２―３］はピラミッドの底辺土台から始まり、本格的に攻撃を繰り出すときには［２―３―５］という最大限の形に展開される。このシステム配置によってシティは相手陣内を支配し、ボールの後方に残る五人の選手がカウンターに対する防護体制を築くことで、ピッチの中央エリアでは内側の六人の選手たちがボールの循環による強烈なプレッシャーをかけることが可能となる。非対称な三角形を用いて前進し、最前線のラインを五人のアタッカーで構成することも珍しくない。

ペップの選手たちは、この［2―3―2―3］の中で自分自身を認識し、必死にポジションを確認し、集団への高レベルのコミットメントを保ちながらも流動性と自由を与えてくれるプレー様式の中で力強さを感じている。七〇％以上の時間帯でボールを保持する［2―3―2―3］は、さまざまなバリエーションを可能にしながら、効果的でほとんど止められないものとなっている。この大きな戦術変更が行われた二〇一七年九月は、それまでの五勝に加えてさらに二つの重要な勝利を挙げて幕を閉じた。チャンピオンズリーグのシャフタール・ドネツク戦での二対〇の勝利、そして前年王者チェルシーに対する一対〇の勝利である。チェルシー戦のゴールを挙げたのは、わずか三試合に出場しただけで一二年冬にスタンフォード・ブリッジのクラブから放出された選手、デ・ブライネだった。

一〇月にも［2―3―2―3］が唯一のプレーシステムとして用いられ続けた。相手が［5―4―1］のバーンリーやウェスト・ブロムウィッチであれ、「模範的［4―3―3］」のナポリであれ、ペップのチームはピッチ上の同じ配置を変えることはない。エデルソン、ウォーカー、ストーンズ、オタメンディ、デルフ、フェルナンジーニョ、デ・ブライネ、シルバという八人の不動の選手で構成される基本システムも変わらない。ただ前線のみ、チームにいる五人のアタッカーを入れ替えて起用していく。ベルナルドは時間をかけて適応していく過程で出場時間を増やし、徐々に完全復活へ向かうギュンドアンにはドルトムントで絶頂期を過ごした頃のようなパフォーマンス発揮が期待される。誰もが驚いたのは、デルフが左IHとして素晴らしいパフォーマンスを見せていたことだ。彼がフェルナンジーニョと組んでプレーをオーガナイズすることで、チームは止まることを知らない巡航速度に達する。決定的な攻撃プレーの主役にはサネが名乗りを上げている。ペップはアクシデントによって当初の計画を断念せざるを得なくなり、FWコンビを解散させた。即席のSBを起用し、サネに定位置を与えることになったが、チーム全体のパフォーマンスは期待を完全に上回っている。それまでの九戦に加えて一〇月も無敗を守り、四勝一分け（リーグカップではウルヴスと引き分けてPK戦勝利）を記録した。

一〇月中旬に行われたマウリツィオ・サッリ率いるナポリとの厳しい一戦では、シティの持つ長所と短所が示された。最初の三〇分間は息を呑むほどの素晴らしいプレーを披露。二ゴールを挙げたほか、クロスバーを叩くシュートや、レイナの守るゴールラインを完全には越えられなかったジェズスのシュートもあった。だが次の三〇分間は試合をコントロールできず、シティの前進を止めたナポリが優位に立つ。エデルソンのPKセーブに救われる場面すらあった。「今日のナポリほど（短く正確なパスを繋ぐという点で）良いチームと対戦したことはなかった」と、ペップは試合後にコメントしている。ストーンズはこれで二試合続けてほぼ完璧にパスを成功（ストーク戦では一〇九本中一〇八本、ナポリ戦では八五本中八三本）しており、「ジョンはパフォーマンスを大きく前進させた」と、指揮官も名指しで褒め称えた。チキは「ジョンはすでに世界最高のCBの一人であり、将来的にはさらに良くなるだろう」と、さらに大きく出る。ジェズスが、先発出場した二〇試合で計二一得点に何らかの形で関与していることも忘れてはならない。直近の一〇得点はすべて1タッチで記録している。

ストーク戦での圧倒的ゴールラッシュ（七対二）により、一八九四年の数字も引き合いに出された。この年にはエヴァートンがリーグ開幕から八試合で三〇得点を記録。シティは二九得点を挙げており、歴代二位の記録となる。一方でペップは監督として通算三〇〇試合に到達し、そのうち七六％で勝利を収めた。一試合平均二・五八得点。バーンリー戦ではアグエロが通算二五九試合で一七七得点を挙げ、クラブ歴代最多得点記録に並んだ。伝説的選手のエリック・ブルックが一九二八年から三九年にかけて同じ記録を達成するには、アグエロよりはるかに多い四九三試合を要していた。この時点でシティはクラブの最多連勝記録（一二）に並ぶ。そして数日後のウェスト・ブロムウィッチ戦では、パス数八四三本、ボールタッチ数一一一一回、ボール保持率七八・二%、リーグ開幕一〇試合で勝ち点三〇のうち二八を獲得する史上最高のスタートなど、プレミアリーグの記録をいくつも塗り替えることになった。「彼がイングランドに来たのは、プレミアのサッカーを変えるためでも、誰かに教えを施すためでもなく、イングランドサッカーに貢献して何かを加えるためだ。単に新たなアイデアをもたらすためだ」と、二〇一三年からペップのアシスタントコーチを務めるドメは言う。彼の言葉に迷いはない。「誤解のないように、もう一度言わせてほしい。ペップはサッカー界を変えるために伝道する救世主などではない。彼は自分のプレーを提案し、別の戦い方をする者たちから学び、ゲームに豊かさを加えようとしているだけだ」。ここ数週間、サネとスターリングは両サイドで交互にプレー。利き足側でプレーして幅を持たせることもあれば、逆足側でプレーして直接シュートを狙いにいくこともあった。サネは一五試合を戦って八得点、五アシストと非常に高いパフォーマンスを披露。練習後にはいつもアルテタが長い時間をかけ、サネ、スターリング、ジェズスとともに個別の攻撃練習を行っている。この練習の成果が実を結びつつある。ペップは左右非対称なSBを起用し続けているが、試合によってはウォーカーとデルフをインサイドに並べ、アウトサイドの攻撃をWGに任せることもある。この変更の理由は、あくまでも相手が特定のタイプのチームである場合だ。

難しい局面では、ペップは[2―3―2―3]にニュアンスを加え、チームを[2―1―4―3]や[2―4―4]に配置する。もちろん、無理をしてでも攻撃を繰り出すしかない場合にはピラミッド型([2―3―5])も取る。いずれの場合でもデ・ブライネとシルバは、その時々の必要に応じて、単独のCHからIH、トップ下、WGまでさまざまな役割をこなす。一方でベルナルドはWGとインサイドの二役を見事にこなして存在感を高めている。

一一月にもシティは無敗を維持。さらに六勝を加え、各種の記録をますます積み上げていく。ナポリ戦の二五分間は苦難を味わったが、先制点を許したあとは目を覚まし反撃し、堂々たる立ち居振る舞いを見せた。ナポリにとっては左SBグラムの欠場が大きく響いたことでシティも助けられ、最終的には四対二と手強いライバルを圧倒した。イングランドのチームがサン・パオロで行われたチャンピオンズリーグの試合に勝利したのは初めてであり、ナポリにとっては四月以来となるホームでの敗戦でもあった。アグエロは通算一七八ゴール目を挙げ、クラブの歴代最多得点者となった（二六四試合出場、一試合平均〇・六七得点）。

ボールを持っていないときにはチームは通常［4—1—4—1］の配置を取り、このときフェルナンジーニョは空中戦で秀でた守備を見せる。ボールを持っていない時間が総プレー時間の二八％しかないことを考えれば、守備組織のバリエーションはそれほど多くはない。相手チームに打たせるシュート数は非常に少なく、平均で一試合あたり六・二本（前シーズンは八・二本）。そのうち枠内に向かうものはわずか二・二本であり、リーグ内でも最少の数字として他の追随を許さない。アーセナル戦に三対一で勝利したことで、チームはプレミアリーグ史上最高のスタートを切ったことになり、ペップにとってもキャリアで最高のスタートとなった。一一試合を終えて一〇勝一分け、三八得点、七失点。選手たちは、リスクを冒さずにプレーできるゲームシステムにやりやすさを感じ、どのポジションにも常にチームメートが誰かいてくれることを理解している。大胆で積極的な攻撃と、どの試合でも求められるプレーを落ち着かせるべき時間帯を、調和の取れた形で組み合わせることができるとわかっている。その二つの異なるリズムでプレーすることにおいて、デ・ブライネほどエクセレントな選手はいない。ピッチ上のあらゆるエリアを動き回る許可を与えられた自由なインサイドプレーヤーとしてプレーすることで、彼が内面に持つ特性が高められている。システム内で六つの異なるポジションをこなせるマルチプレーヤーであるデ・ブライネは、新境地のドアを開き、非常に大きなスケールと可能性を感じさせるシーズンを過ごしている。試合のたびに優位性を発揮してプレーをコントロールし、ゲームのあらゆる局面を支配し、想像を絶する高みへとチームを導いている。彼という選手の本質が、固定ポジションという通念に勝利しているのだ。「フリーダムエイト」としてい躍動するデ・ブライネという存在自体が、自然界に属するサッカーの勝利を表している。

一一月中旬、ストーンズがハムストリングの肉離れを起こす。シーズンを通して、チームが見舞われた数少ない負傷のひとつだった。この負傷により、シーズン序盤の強烈な戦いぶりの土台のひとつであったストーンズとオタメンディの鉄壁のコンビが崩れることにもなる。くしくもストーンズの負傷は、キャプテンのコンパニが七七日間の離脱から復帰したのと同じ日に起こった。これによりコンパニがオタメンディのパートナーとなり、マンガラと交代でその役目を務めていく。キャプテンに怪我が多いことを踏まえ、ペップは試合によってはマンガラも先発起用することになった。ここからはオタメンディが台頭し、ポジショニング、予測、ボール運び、パスなどの面で素晴らしいパフォーマンスを見せるようになっていく。シティのコーチングスタッフは、オタメンディの進歩について、選手自身の向上心に加えて二つの要因があると考えている。チームがピッチ上で良いポジションを取ってパスコースを提供できていること、そしてポジショナルプレーへの取り組みが素晴らしい成果を表してきていることだ。ドメは、オタメンディのこの予想外の成長について次のように説明している。「選手は自分の中にスタイルと独自のプレーを持っているが、それを持っていることに気がついていない場合もある。だが好ましい環境を作り出すことができれば、やれると思っていなかったようなプレーが突如として選手の中から生み出され、誰もが驚かされる。それが今、オタメンディに起きていることだ。今の彼はポジショナルプレーとロンドのマエストロとなっている」

そのオタメンディだが、チームが今シーズン初めてセットプレーから奪われた失点の主役にもなってしまう。ハダースフィールド戦の四五分、アルゼンチン人DFはCKからのボールを自陣のゴール内に入れてしまった。よくない兆しだった。シティは一九九五年四月以来、ハーフタイムの時点でリードを奪われていたアウェーゲームでは、一度たりとも逆転に成功したことがなかったからだ。息詰まる後半、ハダースフィールドは［５－４－１］で鉄壁の守備を固める。シチズンズが後半に二九五本（支配率八五％）のパスを出したのに対し、相手はわずか一六本。試合は引き分けに終わるかと思われたところで、「スターリング・ファクター」が表れる。怪物「チェザリーニ・ゾーン（※二）」を彷彿とさせる現象だ。若きイングランド人ＦＷは、八四分に決勝ゴールを記録。この五日前のフェイエノールト戦（八八分）でも決めており、三日後のサウサンプトン戦（九六分）でも決めることになる。その前の数週間にもエヴァートン戦（八二分）とボーンマス戦（九六分）で決めていた。サネがある分野で優れているように、スターリングも別の部分で秀でているが、どちらも同じように効果的な仕事をしてくれる。前年には四七試合で一一ゴール。今季はわずか一七試合で同じ得点数に到達した。飛躍的な改善だ。

しかし、コーチングスタッフは常にそれ以上を求めている。チャンピオンズリーグでフェイエノールトに一対〇の勝利を収めてグループ首位通過を数字的に確定させ、今季二五試合連続無敗となったが、ドメは相手の分厚い守備に対する戦い方に不満を抱いている。

「今日のように守備を固めた相手に対しては、両ＷＧが逆足側でプレーするのは合っていないと思う。利き足側でプレーすべきだ。そうでなければ自分たちで手詰まりになってしまう」

※二　イタリア系アルゼンチン人のレナート・チェザリーニには試合終了間際にゴールを決める独特な力があり、その時間帯は「チェザリーニ・ゾーン」と呼ばれるようになった。本人の説明によれば、この言葉が生まれたのは一九三一年一二月一三日のトリノ。イタリア代表がハンガリー代表に三対二の勝利を収めたドクター・ゲレーカップの試合だった。イタリアはジュリオ・リボナッティとライムンド・オルシがゴールを決めたが、ハンガリーはイシュトヴァーン・アヴァルの二得点で同点に追いつく。そして九〇分のことだ。「私はＧＫの左側へ強くシュートを放った。とても勇敢だったＧＫには、正しい方向へ飛びつく時間がまだあったが、間に合わなかった。ボールは彼の手をすり抜けた。触ることはできたが、私のシュートが強かったので、止めることはできなかった。我々が三対二で勝ち越して、もうボールを中央に戻す時間もなかった。ハンガリーの選手たちは怒り心頭だが、私とチームメートたちはみんな大喜びだった。すごく称賛を受けた。『チェザリーニ・ゾーン』という言い方が生まれたときだ」

この日ペップは、シティでの通算五〇勝に到達。また、フォーデンが公式戦デビューを飾る試合にもなった。二〇〇〇年生まれでチャンピオンズリーグに出場した三人目の選手であり、シティでは最年少の出場選手だった。試合終盤には、同じく有望な若手選手であるディアスもデビューを飾った。

［5―4―1］は、あらゆる対戦相手が「シティ対策」の計画案として検討するシステムとなった。マウリシオ・ペジェグリーノ率いるサウサンプトンは自陣エリア内を一〇人で固め、この案はうまくいくかと思われたが、それも九六分までだった。時計がもう試合終了を指し示そうとしていたところで、怪物スターリングが三試合連続となる決勝ゴール。エティハドのピッチ上は熱狂に包まれた。

第三幕：シャーク・チーム～一八連勝

（二〇一七年一二月、マンチェスター／ロンドン）

メンディはドレッシングルームで大切な盛り上げ役であり、十字靭帯に重傷を負ってからはさらにそうなった。手術の頃から早くもチームメートたちに応援メッセージ動画を送り始め、それが延々と繰り返されるたびにジョークのトーンやユーモアが高まっていった。「シャーク・チーム」というニックネームを生み出し、それがチームによって採用されたほどだ。クラブは間もなく、この愛称と大口を開けたサメのデザインを入れたシャツやグッズを発売し、スタジアムの観客席もサメの応援グッズであふれることになった。「私たちは大きなサメで、他チームが私たちの近くを泳いできたらむさぼり喰うだろう」と、メンディは九月末に予言していたが、それから二カ月が経ってもこのサメは飽くことを知らない。

リーグ戦一二連勝となる勝利に興奮冷めやらぬペップは、膝の手術をしたにもかかわらずチームのゴールを祝うため「全力疾走」を見せたメンディについて記者団に冗談を飛ばした。「メンディは狂っている……完全にイカれている！　六カ月の怪我をしているのにもかかわらず走り出す……もう最悪だ！」。もちろん、彼はジョークとして言ったのだが、その夜のチキは多少の不安を抱きながら眠りにつき、ドクターの意見を知りたいと考えた。二人の会話が特に説得力のある結論を生み出すことはなかったが、メンディに対しては無理をしないように、前日のような不要なリスクを冒すことは、お願いだから避けるようにと頼み入ることになった。

一二月に九試合を戦わなければならないのは大きな挑戦であり、ペップは大幅なローテーション（コンパニを保護するためマンガラも起用）を行いつつ、それでも［2―3―2―3］のシステム構成を維持して臨みたいと考えていた。最初の相手ウェスト・ハムもゴール前に「バスを停車」させ狭く圧縮した［5―4―1］で戦う。そのためシティは八〇％のボール支配率を達成する時間帯もあったが、決定的なゴールチャンスを生み出すことができない。ペップのチームに対して壁を築いたフェイエノールト、ハダースフィールド、サウサンプトンといった最近の例はひとつの潮流を生み出しつつあり、今後もそれは続いていく。他の対戦相手もシチズンズに対して同様の守備構造を採用していくことになる。

ウェスト・ハムはシティの弱点のひとつであるニアポストへのCKを狙い、四四分にオグボンナのヘディング弾で先制。シティがこのシーズンにCKから喫したわずか二つ目の失点である。その後は容易に打ち壊せない守備の要塞を築いて閉じこもる。それでもまずはオタメンディ、そして最後はシルバがアクロバティックなシュートで勝利をもたらし、これで一三連勝。サンダーランドとプレストンが一八九一―九二シーズンと九二―九三シーズン以来保持していたリーグ史上最長記録に並ぶ。チームは一五試合で勝ち点四三を積み上げており、プレミアリーグ記録であるとともにペップのキャリア最高成績だ。これほどの栄光の時期を過ごしながらも、ペップは立てこもった相手を崩す難しさに直面していることに大きな不安を抱いており、守備を固めたチームをどう攻めるべきか考えている。

「ここ数試合、バスを停めてくるチームに対しては少し違った攻め方をしなければならないと学んだ。そのため二人の9番（ジェズスとアグエロ）を中に置き、WG二人を開かせ、ケヴィンとダビドがボールを供給するようにしている。この経験は今後に活かされるだろう」

プレミアリーグでは首位を快走し、チャンピオンズリーグではすでにグループ首位通過を決定済み。ウクライナのシャフタールとアウェーで対戦する消化試合では、必然的にローテーションを行う。ペップは［3―4―3］を選び、フェルナンジーニョがアダラビオヨ、マンガラとともに3バックを構成。CHには、夏の親善試合以来三試合で二〇七分間しかプレーしていないトゥーレが入る。さらにペップは若いフォーデンをWBに起用し、ボールを持っていない際には［5―2―3］の形を取るようにした。ラスト三〇分間にはディアスも投入して試合経験を積ませる。この短い時間で彼は一八回のドリブルを試み、そのうち八回を成功させるという驚くべき数字を残した。

一二月六日の夜にハルキウでシーズン初黒星（一対二）を喫し、これでチームは二八試合（前年のラスト五試合と今季二三試合）連続無敗、うち二四試合勝利という記録に終止符を打った。チャンピオンズリーグでの自身通算一〇〇試合目を迎えたペップにとって、何の意味も持たない試合に敗れたことはほとんどどうでもよかった。すでに大会史上最高の成績を残しているのだから、もう一勝を加えるよりも、メンバーを入れ替えてローテーションを行い経験を積ませたかった。ペップの通算成績は六一勝二三分け一六敗。モウリーニョ（五四勝）やファーガソン（五三勝）、アンチェロッティ（五〇勝）という偉大な監督たちを上回っている。

四日後、オールド・トラッフォードでシチズンズを迎え撃つのはそのモウリーニョ。スターリングがサイドではなく偽9番としてプレーするのが大きな変更点となる。右WGにはサネ、左にはジェズスが並ぶ。実際にはこの通りの形で試合をスタートさせたわけではなかったが、開始三分でチームに変更を加えてこのような形を取り、時間が経過するごとにホームチームの混乱を誘っていった。ユナイテッドも「赤いバスを停車」させ、シティは圧倒的に試合を支配。五四分に決勝点となるゴール（二対一）を奪った時点では七二％のボール支配率を記録しており、オールド・トラッフォードで戦ったアウェーチームでは史上最高の数字となった。

ペップのチームが七五％のボールを保持していた前半は、スターリングが偽9番の役割を理解するための独演会となった。ユナイテッドは本拠地で四〇試合連続の無敗を続けていた。ちょうど一五カ月前、ペップの初めてのダービーマッチに敗れた試合からだ。今回もその日と同じ二対一のスコアとなったが、シチズンズにとっては単なる一勝以上のものを得る試合となった。圧倒的に主導権を握り、平均身長ではユナイテッドが六センチ上回っているにもかかわらず、空中戦の勝利数（二九対一四）でも上回ったほどだ。それでもエデルソンは三度の好セーブを見せる必要があった。シルバのゴールで先制したが、デルフはロングボールを正確にクリアし損ねる同じミスを二度犯し、そのひとつからラッシュフォードに同点弾を許してしまう。ハーフタイムには筋肉を痛めたコンパニを下げざるを得なくなり、フェルナンジーニョがCBに下がってギュンドアンがCHとして投入される。オタメンディが至近距離からのシュートで勝ち越しゴールを決めたあと、指揮官はジェズスに代えてマンガラを入れ、すべてのラインを作り直した。CBはオタメンディとマンガラ、中盤を形成するのはウォーカー、フェルナンジーニョ、デルフ、両インサイドにはギュンドアンとデ・ブライネ、WGにサネとスターリング、そして偽9番にシルバ。

ダービーの勝利により、シティはまだ第一六節を終えた時点でモウリーニョのチームに一一ポイント、チェルシーに一四ポイント、リヴァプールに一六ポイントの差をつけた。この日の勝利でプレミアリーグ記録に並ぶ一四連勝。ペップはモウリーニョとの二〇回の対戦で九勝（四分け七敗）を挙げたことになり、オールド・トラッフォードでは二度目の勝利だった。ドレッシングルームでは盛大に勝利を祝った。七〇年代のリヴァプールの大スターだったグレアム・スーネスは、「我々のリヴァプールの全盛期でさえ今日のシティほどオールド・トラッフォードで試合を支配することはできなかった」と、コメントを締めくくった。

二〇一七年の最終月も、快進撃は休むことなく続いていく。ユナイテッド戦の三日後にはシルバが今季のベストゲームを披露し、スウォンジーにアウェーで四対〇の勝利。試合開始前に、アルテタがペップに向かって言った。

「ペップ、知らないだろう？　選手たちの状態を……野獣のようにウォームアップする彼らのコンディションは、想像をはるかに超えるものだ」

プレミアリーグで一五連勝を飾り、あの二〇〇三―〇四シーズンの「インヴィンシブルズ」アーセナルを記録から消し去ることになった。スウォンジー戦ではパス八三一本、ボールタッチ一〇〇六回、ボール支配率七八・二％を記録。トゥーレとジンチェンコに馴らし運転の時間も与えられるほどの快勝だった。スウォンジーのポール・クレメント監督は率直に考えを述べた。「シティのファンなら、彼らのプレーを見るのは素晴らしい気分だろう。私が今まで見てきた中でも最高のチームのひとつだ」

シルバのパフォーマンスは印象的であったが、彼は翌日に極めて困難な時間を過ごすことになってしまう。息子のマテオが妊娠わずか六カ月の早産で誕生したのだ。一二月一六日、チームはポチェッティーノ率いるトッテナム戦での四対一の圧勝を彼に捧げる。前節の記録を更新する勝利であり、シティは順位表の二位から九位までの全チームに勝利を収めたことにもなった。そして、デ・ブライネがシティの並外れた原動力となる時期の幕開けでもあった。シルバが欠場を余儀なくされる時期とほぼ重なるここからの三カ月間、このベルギー人はあらゆる面でチームの絶対的リーダーとなり、存在感と序列を大きく高めていくことになる。スパーズ戦では、デ・ブライネはあらゆる仕事をこなした。プレスをかけ、ボールを奪い、チームを指揮し、ボールを運び、パスを出し、シュートを打ち、ゴールを決める。完全に自由な動きを許された偽8番、「フリーダムエイト」だ。この圧倒的パフォーマンスにより、彼はチェルシー戦、ユナイテッド戦、リヴァプール戦、アーセナル戦に続いてまたしてもマン・オブ・ザ・マッチに選ばれる。「今日のケヴィンがやってくれたことを表せる言葉はない」と、ペップはスタジアムを出ながら口にしていた。その前にドレッシングルームでは、不在のシルバへのメッセージを込めたシャツを全員が着て写真を撮影。そこには若きフォーデンの姿もあった。まさにシルバの後継者と目されるイングランド人の若者は、この日の試合でプレミアリーグにデビュー。ペップが二七年前にリーガデビューを飾ったのとちょうど同じ日だった。偶然ではない。ペップはフォーデンの導き役となり、彼をイングランドサッカーの頂点へ導こうとしているのだ。

彼はいくつかの細かい点を見直したいとも考えている。「こういう戦い方は我々の選手の性質に最も適している。選手たちに確実性を与え、ピッチ上でほとんど疑問を抱かせないからだ。だが明日には試合を振り返り、いくつかの小さな点を修正するつもりだ」。不朽の勝利を手にしようとも、気を緩めることはない。

クリスマスの二日前、これからチームを助けるために何度も戻ってくることとなるシルバが帰ってきた。ラインを非常に狭めてわずかなフリースペースも与えようとしないボーンマスの［5―4―1］に対し、ペップは「魔術師」を先発起用し、中盤のダイヤモンドを構成（底にフェルナンジーニョ、頂点にスターリング、両脇にデ・ブライネとシルバ）。後半の戦いぶりは圧倒的であり、八〇％のボールを支配してアウェーチームを粉砕する結果となった。ファンもすでにプレーの意図を理解しているようであり、オタメンディからエデルソンに戻して逆サイドから再展開するプレーや、ハイプレスによるボール奪取に拍手を送る。クンはキャリアで初めて一試合でヘディングによる二得点を挙げることになった。

シティはホームスタジアムで二六試合を戦って無敗という素晴らしい成績で二〇一七年を締めくくる。この年一〇一ゴールを積み重ね、一九八二年（リヴァプールが一〇六ゴール）以来では初めて年間一〇〇得点を超えたイングランドのチームとなった。リーグ前半戦を終えての成績は一八勝一分け、六〇得点（平均三・一点）、一二失点（同〇・六点）、勝ち点五七のうち五五を獲得。強烈な数字ではあるが、それに関連すると思われるひとつのポイントにも言及しておきたい。試合の状況ごとに、一〇本以上の連続したパスを繋いだ回数というものだ。シティがリードしている時間帯には、連続したパスを繋ぐ時間はプレー時間の一三・四％に達するが、リードされている状況では六・八％に下がる。つまり連続したパスの数は、良いときには悪いときの二倍になるということであり、これはゲームをコントロールするための要素としてパスを使おうとしていることを示している。シティがリードしているときには、このような連続したパスが相手ゴールへのシュートにつながるケースは九％だが、負けているときには明らかに数字が上がり、三倍の二七％となる。一年前とは正反対に、ペップは気持ちを昂らせてクリスマスを迎えた。チームはユナイテッドを一三ポイント引き離しており、首位チームと二位チームの差としてはイングランド史上で過去最大である。

「このチームは夢のようだ」

一二月二七日には一八連勝を飾り、その差はさらに広がることになる。セント・ジェームズ・パークで行われた試合の開始三分でコンパニが負傷してしまうと、指揮官は予想外の動きで驚かせた。ジェズスを投入して「ダブル9番」を形成し、［2―3―1―4］の配置を取り、フェルナンジーニョはCBとCHの役割を交互に務める。もはやお馴染みとなった［5―4―1］で閉じこもるホームチームに対応するためだ。オタメンディ一人でニューカッスルのチーム全体（一一五本）を上回るパス数（一二二本）を記録し、シティは前人未到の記録を樹立した。リーグ開幕から二〇試合で勝ち点六〇のうち五八を獲得（一九勝一分け）して六一得点、一二失点というのは、欧州五大リーグを通して史上最高のスタートである。「シャーク・チーム」の挙げた一九勝のうち一一勝がアウェーでの勝利。ユナイテッドとの差は一五ポイント、前年王者チェルシーとの差は一六ポイントに広がった。

タイトルがシティのものとなることにほとんど疑いはないが、選手たちに疲労が蓄積し始めているのは避けられない。このシーズンで初めて、シティは試合の後半にゴールを決めることができなかった。回復する時間もないままロンドンへ向かったが、大晦日の試合ではクリスタル・パレスがスコアレスドローで青い機関車を止めることに成功。シルバは欠場し、デ・ブライネは疲労困憊の様子で、サネは正確性を欠いた。イングランドではどこでもよく起こることだ。ボクシング・デーを含めた年末は最も慌ただしく、シーズン全体の総試合数の一三%が行われる中で、スコアレスドローのうち二九%はこの時期に生まれる。競技のストレスと強度により生み出される精神的疲労と肉体的疲労の結果である。

ペップは駒を動かし、役割を変え、［4—5—1］ですべての経路を閉じようとするパレスを制圧することには成功したが、アタッカー陣がゴールを決められなかった試合はこの年の一月（エヴァートン戦）以来だった。プレミアリーグでのシティの一八連勝を止めた引き分け以上に最悪なのは、負傷者が増えていることだ。ジェズスは左膝の側副靭帯捻挫で二月末まで戦列を離れる。コンパニはふくらはぎの筋肉を伸ばしてさらに三週間の離脱。デ・ブライネは足首に強い打撲を受けた。シティの選手がここ数試合で非常に激しいタックルを食らわされたのはこのデ・ブライネで四度目だ。デ・ブライネはアリに「狩られ」、スターリングはケインに、ギュンドアンはマーフィーに、そしてデ・ブライネはこの日またパンチョンにやられた。「選手たちを守ってほしい。私の選手だけでなく、すべてのチームのすべての選手を」と、ペップは審判たちに訴えたが、聞き入れられることはなかった。

ピッチ上でラフプレーを見せる選手もいたが、それでもリーグ戦でシティの進軍を止めることは難しそうに思えた。二〇一八年が始まったとき、首位から一八ポイント引き離されていたリヴァプールは、ペップも欲しがっていた選手を補強した。サウサンプトンの恐るべきCBフィルジル・ファン・ダイクである。リヴァプールはサウサンプトンが要求する七五〇〇万ポンド（八五〇〇万ユーロ）を支払ってシティとの争奪戦を制した。彼を逃したチキはアスレティック・ビルバオに目を向け、六五〇〇万ユーロを支払ってアイメリク・ラポルテと契約。ついにペップは念願の左利きのCBを手に入れた。

第四幕：ペップ時代の初タイトル

（二〇一八年一、二、三月、リヴァプール／マンチェスター／バーゼル／ロンドン）

一月にはリーグ戦初黒星を喫した。やはりというか、アンフィールドでの試合だ。

三対四の激戦であり、運命を決定づけたのはシチズンズの最終ラインが犯した四つもの深刻な守備のミスだった。お得意の「狼の口」（［4―3＋2―1］）でペップのチームにプレスをかけ迎え撃つクロップの戦い方がまたも功を奏したが、それ以上にシティの選手たちが抱える精神面の欠点が浮き彫りとなった。シーズンのある時点でパニックに陥りやすい傾向はほとんど慢性的なものだ。リヴァプールでは九分間の崩壊がレッズの連続三得点を招いた。今シーズン最高の活躍を見せていた選手たちのうち三人、ストーンズとオタメンディとエデルソンが崩壊してしまったのだ。

試合開始直後、フェルナンジーニョが出そうとしたボールを失い、空いたギャップをストーンズが埋められず。オックスレイド＝チェンバレンの放ったシュートは距離こそあったものの、エデルソンの止められない角度でゴールに収まった。それでも首位のシティは動じず、今季の成功につながってきたプレーを展開して危険なチャンスを作り出す。リヴァプールは鋭いカウンターでそれに対抗する。クロップのチームは中をしっかりと閉じていたが、両サイドには隙が見られた。四〇分、まさにそのサイドでサネがボールを胸トラップし、ドリブルで相手二人を抜き去り、ニアポストへのシュートをネットに送り込んだ。ハーフタイムの時点で同点の試合は、リーグ戦の現状をよく反映していた。リヴァプールは自分たちの得意とする部分で非常に強く、シティはパス成功率こそ普段より低い（八三％）もののボールを支配している。デルフは右膝を負傷してしまい、三〇分以降はダニーロが左SBへ、デルフは数週間の離脱と診断された。

後半はCKに合わせたオタメンディのヘディングシュートがクロスバーを叩くプレーで幕を開けたが、すべてがペップの計画通りに進んでいると思われた矢先、守備陣がパニックに陥る九分間が訪れた。五九分から六八分までのことだ。まずはフィルミーノがストーンズに体をぶつけてエリア内でのデュエルを制し、そこからエデルソンを破る。直後にフェルナンジーニョが致命的なパスミスでマネにボールをプレゼントしてしまい、シュートはポストを叩く。またすぐにオタメンディがサラーへの甘いタックルを失敗し、サラーからパスを受けたマネが今度はシュートを決める。恐怖のフェスティバルの締めくくりはエデルソンのクリアミスがサラーの足元へ渡り、サラーはそのままボールを浮かせてホームチームの四点目を挙げた。ベルナルド（八四分）とギュンドアン（九一分）が二点を返したとはいえ、首位チームの敗戦はもはや決まっていた。シティはこのシーズンのプレミアリーグで二三試合を戦って初めての黒星。とはいえ二〇勝二分けで勝ち点六九のうち六二を獲得しており、イングランドサッカー界の最高記録（一九六〇—六一シーズンのトッテナムと二〇〇五—〇六シーズンのチェルシー）に並ぶ数字だ。ペップのチームがリーグ戦で四失点を喫したのはちょうど一年ぶり。前回もリヴァプールを舞台とし、グディソン・パークでエヴァートンが四対〇で勝利した試合だった。プレミアリーグでの連続無敗は二〇一七年四月五日から二八三日間に及んだことになり、その間三〇試合を戦って二六勝四分け。クロップはペップと通算一二回の対戦で六勝を挙げて勝ち越した（引き分け一回、ペップが五勝）。

アンフィールドでの一戦の前後、二〇一八年一月はシティの勝利で埋め尽くされた。年明け後の初戦は一月二日のエティハド。開始三八秒でサネからのスルーパスをスターリングが決め、シーズン最速のゴールとなった。ストーンズはハムストリングの重い肉離れから回復してチームに復帰。選手たちは疲れ切っていたため、ペップはシーズンで初めて、そしてこの一度のみ、試合前の慣例としているチームトークを行わないことに決めた。「彼らの頭を一杯にするためにここにいるわけではない。みんな消耗しているので、少なくとも頭だけでもフレッシュでいられるようにしよう」と、ペップは理由を述べた。

その四日後にはFAカップでバーンリーを撃破（四対一）したが、相手に先制ゴールをプレゼントしてしまったストーンズのひどいミスが復帰に影を落とした。ペップは彼を迷わず擁護する。「重要なのはミスではなく、そこからのリアクションだ。ジョンは縮こまったり気落ちしたりボールを欲しがらなくなったりするのではなく、プレーが良くなっていった。それこそがフォーカスすべき立派な点だ。ミスをすることに意味があるのではなく、どうリアクションを取るか、ミスを犯したあとにどう修正をし行動するかだ」。後半にはギュンドアンとアグエロの巧みなプレーがシチズンズに逆転をもたらし、最後はサネとベルナルドが仕上げた。シルバは誰よりも目立っていたが、彼は早産で生まれて非常に難しい状態にあった息子を気にかけなければならず、たびたびチームを離れざるを得ない。シルバは練習をすることすらできず、息子の状態が許すときのみチームメートたちの力になるため戻ってくるのだった。

シルバが途切れ途切れのプレーを余儀なくされたことが、ギュンドアンの完全回復を促す。プレー時間を積み重ね、調子を取り戻していったのだ。リーグカップ準決勝の二試合で戦ったブリストルは、ハイプレスと果敢なプレーにより、シティを最も悩ませたチームのひとつとなった。ホームでは、アグエロが九一分に挙げたゴールによってペップのチームが二対一で勝利。ブリストルでは三対二の勝利だったが、デ・ブライネがようやく決勝点を挙げたのは九五分だった。ペップは監督としての通算五〇〇試合を達成。三六五勝（勝率七三％）八三分け五二敗、一二五二得点（平均二・五点）、三八一失点（同〇・七六点）という猛烈な結果と成績を残している。この勝利によりイングランドで監督として初の決勝進出も果たしたため、二重の意味で喜ばしいものとなった。一方でシルバは非常に独特な偉業を達成。出場した二四試合で二四連勝を飾り、イングランドサッカー界では一八六三年以降で最長の連勝記録となった。

アンフィールドでの敗戦がもう過去の話となった一月末には、アグエロが通算一一度目のハットトリックを達成。ニューカッスルを相手に、一点目は頭、二点目は右足、三点目は左足で決めたパーフェクト・ハットトリックだった。同時にクンはシティでの二〇〇試合目を祝い、ペップはディアスにリーグデビューも飾らせた。次の試合、FAカップのカーディフ戦ではデ・ブライネがFKから直接ゴールを記録。壁の下を通す低いシュートを、彼はドメとプランチャルトに捧げた。「分析チームのおかげだ。カーディフの壁はFKの場面でいつもジャンプすると教えてくれた」。もうひとつ、起こると予感されていたことがあった。ラフプレーだ。相手選手が繰り出した乱暴なタックルのひとつが、スプリントで飛び出そうとしていたサネを「刈り取る」形となった。足首はゴルフボールのように腫れ上がり、ペップは審判に憤慨し、サッカー選手たちを守るべきだと改めて要求した。「審判たちは選手を守るためにいるんだ」。だが相変わらず、聞き入れられはしない……。

ラポルテが加入し、マンガラはエヴァートンへのレンタル移籍で去っていった。一度の練習と数本のロングパスを見ただけで、ペップがラポルテの左足に魅せられるには十分だった。練習後にはエスティアルテが私にこう告げる。「彼はとんでもない。無駄がなく、深みのある正確で印象的なキックができる。明日は先発で出場するだろう」。翌日のウェスト・ブロムウィッチ戦（三対〇）、ラポルテは準備もそこそこに先発出場し、並外れたプレーを見せた。デ・ブライネはチームのシーズン一〇〇ゴール目を記録。そして、この日で前年の勝ち点を上回った。前年のリーグ戦では全日程で六六ポイントを獲得していたが、今季はわずか二五試合で六八ポイントを積み重ねたのだ。シティはいくつもの記録を塗り替えようとしている。相手選手たちの乱暴なプレーも止まることはない。デ・ブライネ、ディアス、ウォーカーはそれぞれマクリーン、フィリップス、ニョムから暴力的なタックルを受けたが、主審は彼らをイエローカードで済ませたのみで、ここまでは許されるという感覚に拍車をかけてしまう。ユナイテッドとチェルシーが敗れたことで勝ち点差はそれぞれ一五ポイントと一八ポイントにまで広がり、シティのコーチングスタッフはカウントダウンを開始。あと八勝を挙げるだけでリーグタイトルを確定できる。「ペップについて君が次に書く本のタイトルは、『学びと忍耐力』にしなければならないだろう」と、ドメは私に言う。

＊＊＊

二〇一八年二月二五日、ペップはウェンブリーでイングランドサッカー界での自身初のトロフィーを手に入れる。ウェンブリーは彼にとってお気に入りのスタジアムのひとつだ。選手時代には、まだ二〇歳だった一九九二年に旧スタジアムで欧州カップのタイトルを獲得。監督としても二〇一一年にチャンピオンズリーグを制した。この伝説的な舞台で三度目となる決勝戦も彼に微笑んだ。シティはアーセン・ヴェンゲルのアーセナルを三対〇で下したのだ。

この最初のトロフィーを掲げる前に、チームは二月に四試合を戦っていた。三日の試合ではまたしてもセットプレーからゴールを奪い、ペップがドメを公然と称えることになった。バーンリーとのアウェーゲームで、ＣＫからダニーロの決めたシュートだ。シティの戦う姿勢は見事だった。数多くのチャンスを決めることができず、試合は引き分け引き分けに終わったとはいえ、シティの戦う姿勢は見事だった。特に素晴らしかったのはギュンドアンだ。試合は完全に支配し、圧倒的な戦いぶりで二〇本の危険なシュートを放ったが、フィニッシュの局面でのとんでもないミスや、無人のゴールに決められない場面もあった。終盤にはバーンリーに予想外の同点弾を許した。ペップは試合をこう評する。「我々は非常に良い戦いをしていた。引き分けたので、皆さんはそう思わないかもしれないが、ほぼすべてが完璧だった。ビルドアップも、ロングボールに対する守備も、セカンドボールも、勇気あるプレーも……だがあまりにもゴールチャンスを逃しすぎた」

このことが彼を悩ませる。プレーとゴールについて、彼と長く話をした。チームのプレーを見るのは楽しいと伝えた。彼自身も非常に満足している。

「我々はとても、とても、とても満足しているが、ゴールを奪うことが本当に大変だ。これでは欧州を制覇することはできないだろう。このレベルでは、一点を取るためには何度もチャンスが必要になる。欧州の舞台では、自分たちに決定機がなければ相手にやられてしまう。だが、それでも我々は非常に良いプレーができており、このグループ全員がその成果を喜んでいい」

私はビルドアップが素晴らしいことに触れ、ゴール前でのミスは疲労に理由があるのではないかと論じる。だが彼の考えは違う。

「欧州では負けるだろう。どうすることもできない。それでも我々がスペクタクルなサッカーをしており、他に誰も（本当に誰も）我々ほど良いサッカーをすることはできないという感覚は持ち続ける。もちろん、それで十分ではない。相手ＤＦ陣とのデュエルに勝てず、それでは欧州の舞台で勝つことは無理だ……メッシ、スアレス、クリスチアーノ・ロナウド、ネイマール、エムバペはそこで勝つことができる。彼らは容赦なく、半分のチャンスさえあれば勝利につなげられる。一方の私たちには……二ダースのチャンスが必要だ」

私は、ＦＷ陣がもっと元気を取り戻せばその部分は改善できるともう一度言ったが、彼は納得してくれない。

「疲れていても決めなければならないゴールがある……メッシのようなゴールを求めているわけでも、ダニーロが決めてくれたようなゴラッソを求めているわけでもないが、ゴールエリア内でフリーになったら決めてほしい……そうすればいろいろと勝ち取れる。そうならなければどうにもならない」

読者には、プライベートでのペップはほとんどいつもこんな調子だと知ってもらう必要がある。性格的に決して楽観的ではなく、むしろまったく正反対だ。試合が終わると、結果がどうであろうが、ポジティブ面よりもネガティブ面にはるかにこだわる傾向がある。だから私は、ポジティブな部分に話を戻して会話を締めくくる。若手選手たちが素晴らしいレベルのパフォーマンスを見せてくれていると彼に言った。「彼らは素晴らしい。ベルナルド、フォーデン、ブラヒム。それにジンチェンコも我々を救ってくれた。チームが後方にどれだけ問題を抱えていようとも。彼らは逸材だ」

いつも細かいところまで気を配るエスティアルテが、会話に入ってくる。

「なあペップ、我々は素晴らしい戦いをしていた。最高のプレーができた試合のひとつだったと思う。ビルドアップはとんでもなく良かった。トップレベルの試合で、今日のようなものはほとんど見たことがない。あと数センチが足りずに決められなかった？　確かに、それは間違いない。だが気にしすぎるべきではない。我々は素晴らしい戦いをしており、やるべきことは不安になることではなく、この流れを続けていくことだ」

ペップは、テクニカルスタッフを含むチーム全員に四日間の休暇を与えることを決めた。「全員が休んで、サッカーのことを忘れてほしい。頭をクリアにして、フレッシュになって戻ってくるんだ」。足と頭が疲れているだけでなく、ストーンズ、デルフ、ジェズス、サネ、フォーデンと五人の選手が負傷している。加えてシルバも、徐々に良くなりつつある息子の病院とチームを何度も行ったり来たりしている。バーンリーではベンチを埋めることすらできなかった。負傷はいずれも筋肉のものではなく、すべてが激しいタックルや試合中のアクシデントによる関節の外傷だ。ドクターのマウリは不安を抱えている。「彼らが回復してペップが選手を揃えられるようにするため、我々は人間的な範囲であらゆる手を尽くしている」。GKコーチのマンシシドールも忘れてはならない。ターフ・ムーアでの試合を終えたあと、二本の素晴らしいセーブを見せてくれたエデルソンの並外れたパフォーマンスについて彼と話をした。「彼は非常に良いが、さらに良くなれると信じている。世界のトップ5にもなれるだろう。我々は彼にとても満足しているし、ペップも同じだと思う」

ペップがすでに話を切り上げて試合分析という自分の内面世界に戻った今、エスティアルテはマンチェスターへの帰路の時間を利用し、今季の残りの試合に向けて設定した優先順位を説明してくれた。

「コーチングスタッフ全員で話し合い、はっきりとさせている。目標はプレミアリーグ。それ以外は二の次だ。チャンピオンズリーグで勝ち進むのは非常に難しいだろう。自分たちの仕事をしなければならない。つまりバーゼルを退けて、そのあとはなるようになる。特に組み合わせ次第となるが、チャンピオンズリーグのことは気にしない。目標は準々決勝へ進むこと、それだけだ。カップ戦は細かな部分で決まるものなので、我々はリーグ戦に集中しなければならない。しっかり狙って、優勝することだ。それができれば、これまで見せてきたような格の違いを見せつけながら、良いプレーをして優勝したい。この先はおそらく、それほど長く連勝できるものではないだろう。どの対戦相手も命がけだからだ。一八試合連続で勝つのはとんでもないことだったが、それに近いものをこれから再現するなどという夢を見ることはできない。それでもタイトルを勝ち取るべきであり、偉大なる王者として足跡を残さなければならない」

その七日後、ユナイテッドとの差は一六に広がった。シティはレスターとの試合の後半に素晴らしい戦いぶりを見せて五対一で勝利。アグエロは四得点（四点目はエリア外からの衝撃的な一撃）を挙げ、他にもさまざまな点で際立っていた。直近の七試合でゴールを決めているが、それ以上にチームプレーとの調和を実現することができた。前線を動き回り、中盤の選手たちに近いポジションへ寄り、ペップが彼に求めるものを理解できている。「基本的に、我々はゴールを決めるためにクンを必要としているが、試合中の場面、場面でも必要だ。非常に良いプレーで高いクオリティをゲームに与えてくれている」と、ペップは結論づける。ドクター・マウリは仕事を遂行し、フォーデンとストーンズが復帰を果たした。ギュンドアン、ベルナルド、デ・ブライネのコンディションは非常に良いが、ペップはそれでもピッチ上で気がついた問題点を指摘しようとする。「前半にはスピードのある戦いができなかった。適切なポジションを占めていなかったからだ。後半には位置取りが良くなり、しっかり支配することができた」。後半には貫禄ある戦いができていたと伝えたが、ペップはやはりこのような調子だ。

「称賛されるためにはトロフィーを掲げなければならない……」

まだ第二七節を戦い終えたところではあるが、リーグ王者のタイトルは目前に迫っている。日曜日の午後、ユナイテッドはニューカッスルに〇対一で敗れ、モウリーニョは同じ町のライバルチームとのタイトル争いに白旗を上げた。ドメはWhatsAppで友人たちに、中心に矢が突き刺さったダーツの的の画像を送信した。

チャンピオンズリーグ一六強のバーゼルとの1ｓｔレグは、最初の枠内シュート四本で三点を奪って決着をつけた。ザンクト・ヤコブス・パルクでは、ギュンドアンがかつてドルトムントで愛された頃の姿を取り戻し、シティサポーターからも「シルキー・ギュンドアン」と、命名されたほどだ。シティはボール保持率七四％でバーゼルを圧倒し、イングランドのチームとしてはチャンピオンズリーグのアウェーゲームで最多得点差となる勝利を達成。ドクター・マウリはもう一人選手（サネ）を復帰させることができたが、非常に慎重な姿勢を崩してはいない。エスティアルテもこう説明してくれた。

「ストーンズとフォーデンはもう完全に回復した。サネはチャンピオンズリーグで先発できるようにと間に合わせたかったが、ドクターは認めなかった。回復に必要な手順をまだすべて終えてはいなかったからだ。サネの場合は、より慎重な対応を取っている。ピッチ上のオープンスペースで非常にスピードを出す選手なので、予定を早めて復帰させることにはリスクがあるかもしれない。彼は若く、プレーしたがっているが、慌てず焦らず進むべきだと伝えている」

そのため、サネはバーゼル戦で最後の三〇分間のみプレーすることになった。シルバも同じだ。シルバは出場した試合の連勝記録を二八にまで伸ばした。次はデルフが復帰を果たすことになるが、ジェズスはもう少し時間がかかる。「一〇日以内には準備できるだろう。ちょうどリーグカップ決勝に間に合うが、先発でプレーすることはない。三月にはプレーできるようになる。メンディも順調だが、計算に入れることはできない。四月末にはチームに復帰できるが、まだ試合勘が戻っていないだろうから」。エスティアルテはそう言って、この点に関する優先順位を説明してくれた。「今何より大事なのは、負傷者を回復させることではない。すでに力を入れていることではあるが、これ以上誰も失わないようにすることだ」

その四日後、ウィガンが彼らをFAカップから敗退させた。ほとんど嘘のような話だった。八二％もボールを支配していたのだが、絶好のゴールチャンスを五つも無駄にしてしまい、ハーフタイム直前にはデルフが致命的なミスを犯して退場となった。一〇人で戦いながらもシティは試合を支配し続け（後半の保持率は八三％）、［2―3―2―2］の配置を取っていたが、ダニーロが右WGとしてプレーするようになり［2―2―2―3］となったほどだ。八四五本のパスを繋ぎ、二七本のシュートを放ち、一五回CKを獲得。だがウォーカーのひどいミスひとつでボールを失い、ホームチームの英雄グリッグに先制点を許してしまう。シティはシーズン三度目となる無得点に終わり、シーズン三敗目を喫した。

シチズンズはこのつまずきを引きずることはない様子で、二月の最終日曜日にはウェンブリーでのリーグカップ決勝でアーセナルと対戦。ペップと六〇〇〇人のシチズンズファンは、FAから処分を受ける恐れがあるにもかかわらず、襟に黄色いリボンをつけていた。スターリングはバーゼル戦以来、筋肉の違和感に悩まされているため、ペップはもはやお馴染みとなった［2―3―2―3］の右WGにデ・ブライネを配置。ベルギー人アタッカーは内側のレーンを動き回って外をウォーカーに任せる。一方で左SBの位置からインサイドへ動いていくダニーロは、おそらく彼にとって今シーズンで最高のパフォーマンスを見せた。前半には（フェルナンジーニョ、デ・ブライネ、シルバ、ギュンドアンのダイヤモンドが機能せず）硬くナーバスだったシティだが、ペップの選手たちは後半に素晴らしい戦いぶりを見せた。フェルナンジーニョの負傷によりギュンドアンは再びCHに移り、デ・ブライネがサポートする。チームはアーセナルに対して高いプレスをかけ、ボールを支配して的確な攻撃を繰り出し、後半はヴェンゲルのチームにわずかなチャンスすら許さない。特にコンパニの極上のパフォーマンスにより、アーセナルはノーチャンスだった。ブラーボが一気に前線へ送ったボールからアグエロが先制点を奪い、コンパニとシルバも決めてタイトルを決定づける。シティはこの大会五度目（一九七〇、七六、二〇一四、一六、一八年）の優勝。八週間離脱していたジェズスも短時間の出場で復帰を果たした。

マンチェスターにやって来て二〇カ月、ペップはついにイングランドサッカー界で初めてのトロフィーを手にした。監督キャリア通算では二二個目のタイトルだ。しかし、選手たちと一緒に壇上に上がってカップを受け取りはしなかった。「ピッチ上から見ているのが一番だ」と、彼は言う。祝っている時間はほとんどない。夜一一時にはもうみんな帰宅している。月曜日は疲労回復に充てられ、控え選手たちは瞬発力と最大出力増強のためのトレーニングを行う。火曜日は全員休養、水曜日は全体練習のあと再びロンドンへ。木曜日にはリーグ戦でもう一度アーセナルと戦うためだ。シーズンのこの時期になると、負担に耐えていくためのリカバリーマネジメントが不可欠となる。

エミレーツでは、シティが再び同じスコア（三対〇）で勝利。ペップにとってマンチェスターでの通算一〇〇戦目（六六勝二一分け一三敗）となる試合は、三つの素晴らしいゴールによって三三分の時点で決着した。四人の相手選手をかわしたサネのスラロームから、最後はベルナルドが弧を描くシュートをゴール隅に決める。さらに再びサネの二人をかわすドリブルからアグエロがシルバへと繋ぎ、逆足に持ち替えたシルバが狭い角度へボールを叩き込む。最後はアグエロ、デ・ブライネ、ウォーカーが絡んだ1タッチでの大きなコンビネーションからサネがシュート。若きドイツ人は前半に関与した九つの攻撃プレーをすべて成功させ、一ゴール、一アシストと「プレアシスト」ひとつを記録した。ペップが一年半前に予感していた通り、サネはビッグスターとしての地位を確かに固めた。まさに絶好調だ。アーセナルは吹き荒れる嵐を止められず呆然としていた。ホームゲームの前半だけで三失点を喫したのは初めてのことだ。シティはヴェンゲルのチームに対して放ったシュートを六本連続で得点につなげたことになった。後半はまったく別の試合だった。シチズンズの選手たちはトーンを下げた様子でドレッシングルームから現れ、「後半のスタートは恐ろしいものだった」と、ペップを怒らせた。エデルソンはオーバメヤンの放ったPKをストップ。シティのGKが相手のPKをセーブしたのは、PK戦を除いて直近一九本のうち一一本目だった。チームはリーグ戦二八試合ですでに八二得点を重ね、前年の総得点を二点上回った。

七二時間後、ペップのチームは王者を迎え撃つ。そのチェルシーが「青いバスを停めた」ことには驚いた者も多かった。「今のシティと戦うのは非常に難しい。彼らは非常に強く、素晴らしいクオリティを持っている。ライン間でスペースを与えてしまえば三点も四点も取られてしまう」と、コンテはその選択の理由を述べる。アザールをセンターサークルで孤立させたチェルシーの［5―4―1］に付け入ったシティはパスを重ね、歴史的記録を達成。九七五本のパスを出して九〇二本を成功させた（成功率九三％）。不在のフェルナンジーニョに代わってCHに位置した「シルキー」ギュンドアンは一七四本のパスを出し、これもイングランドサッカー界の記録を更新。チェルシーは二〇〇四年以来初めて、試合を通して一本も相手ゴールへのシュートを放つことができなかった。ペップは大満足だ。「枠内シュートを一本も打たせなかった。王者を相手にグレイトな試合をすることができた」。アーセナルに対してリーグで二戦二勝を飾ったのに続いて、シティはチェルシーに対しても同じ結果を達成。この第二九節を終えた時点で勝ち点七八を積み重ねており、一九八九、九七、九八年であればすでにリーグ王者となっている数字だ。ペップはアグエロを絶賛していた。「ハングリーさがある。ここ二カ月間のクンは考え得る限り最高の姿を見せてきた」

三月一一日、シティの第一トレーニンググラウンドは、シーズン最終盤を大きく左右しかねない場面を迎えた。アグエロが右膝に強い打撲を受け、半月板の部位にも影響が及ぶ。ドクター・マウリの診断では彼がプレーを続けられるかどうかは確定せず、最終結論は出されていない。翌日にはストークの敷いた［5―4―1］を、「魔術師」シルバの二得点で粉砕。スターリングも最高の姿を取り戻し、リーグ戦二六勝目を挙げたシティは、ユナイテッドに一六ポイント、トッテナムに二〇ポイントの差をつけた。だがアグエロの離脱がチームの気持ちに重くのしかかっていた。

ペップと選手たちは、短期キャンプのため陽光の降り注ぐアブダビへと向かう。プレミアリーグ第三〇節と第三一節の間に一九日間もの中断が設けられるというイングランドの独特な日程を利用してのものだ。

第五幕：暗黒の六日間と記録ラッシュ

（二〇一八年四、五月、リヴァプール／マンチェスター／ロンドン）

リーグタイトルを射程圏内に収めつつ、ペップはもうひとつ別の大きな挑戦に臨む。チャンピオンズリーグ準々決勝で対戦する相手は、ほかならぬクロップのリヴァプール。イングランドで過ごした最初の二年間で二敗一分け、わずか一勝と負け越している相手である。クロップ戦術の秘訣についてはドイツで苦しめられた時期から知り尽くしているにもかかわらず、ペップはまだゲーゲンプレスに対応する処方箋を見つけられていない。このカウンタープレスは基本的に、リヴァプールが［4―3＋2―1］の布陣の中に描く抜け道、いわゆる「狼の口」に相手が侵入するよう仕向けることで成り立っている。クロップは相手が自軍の構造の中央から自信満々で侵入してくるのを誘い、その狙いが成功すると、両端から閉じて絞め殺す。リヴァプールは相手陣内から数メートルの位置でボールを奪い返し、そのままシュートを放つ。相手が誘いに乗らずサイドから進撃してきた場合も、クロップは対応策を用意しており、両サイドで常に二対一の数的優位を生み出すことができる。彼のゲーゲンプレスはシンプルだが、非常に効果的だ。ペップはバイエルンとドルトムントが対戦した八回のうち四回でクロップを破り、引き分けが一回、敗戦が三回。「狼の口」への対処法については多くの情報を集めていたが、依然として非常に難しい仕事であることは変わらない。しかもクロップは、まさに羊の皮を被った狼であるサラー、フィルミーノ、マネといった強力な選手たちの存在によって自身の手法にさらなる磨きをかけることに成功しているのだ。

ペップはシステムを変更してアンフィールドでの試合に臨むことを決め、［2―3―2―3］は用いず。アグエロの欠場も決断の一因ではあったが、最大の理由ではなかった。そこには心理面で強力な理由があることを、数年前のミュンヘンでドメが私に説明してくれた。バイエルンがシャフタールとのアウェーゲームをスコアレスドローで終えたあとのことだ。「チャンピオンズリーグのアウェーゲームでは、我々は試合を支配しすぎていた。レアル・マドリード戦の〇対四が大きく響いて、今では逆方向の極端へ行ってしまった」。ドメが指しているのは、二〇一三―一四シーズンのチャンピオンズリーグ準決勝でレアル・マドリードに〇対四の敗戦を喫した試合だ。ペップが今でもその経験を引きずっていることは、どうしようもない。人間はそれまでに負った傷で形作られるものなのだ。

ペップがギュンドアンを選んだのは、クロップのゲーゲンプレスの落とし穴を回避できるようにボールコントロールを強めるためだったが、結果にはつながらない。中盤のダイヤモンド（フェルナンジーニョ、デ・ブライネ、シルバ、ギュンドアン）はまたしても低調なパフォーマンスを見せたあと、ウィークポイントが曝け出され、守備組織に起こった三つの重大なミスがシティを敗戦に追い込んでしまう。アンフィールドでは今回も二〇分間（一二分から三一分まで）の精神的パニックに陥り、シチズンズのすべてのラインが混乱し、サラー、オックスレイド＝チェンバレン、フィルミーノの三得点でほぼ勝負の行方を決められてしまった。シティは確かにゲームの後半を完全に支配（ボール保持率七一％）してはいたものの、無意味な支配にすぎず、本格的に危険なチャンスは生み出せなかった。単純にリヴァプールがリードを守るために閉じこもり、自陣エリア内に選手を密集させて開通不可能な網を張っていたためだ。八三分にはジェズスの正当なゴールが、ロヴレンが残っていてオンサイドポジションにいたにもかかわらず、オフサイドの誤審で取り消されてしまった。

そしてその数日後、今度はエティハドで、またしても手痛い一撃を食らわされる。

マンチェスターダービーである。この試合に勝てば数字的にシティのリーグタイトルが決まるという一戦で、ペップはいつもの［2―3―2―3］に戻すが、今回はスターリングがベルナルドとサネの間で偽9番を務める。インサイドにはギュンドアンとシルバ。ウォーカー、デ・ブライネ、ジェズス、そして半月板にひびの入ったアグエロはベンチに残る。圧倒的な戦いとなった前半は、スターリングがデ・ヘアとの一対一を三回外しながらも、シティが二対〇とリード。シティのシュート九本に対してユナイテッドはゼロという数字が多くを物語っている。スターリングが作り出した数多くの素晴らしいプレーのいくつかをしっかりフィニッシュできていれば、ハーフタイム時点のスコアは四対〇となっていたかもしれない。ひとつのプレーの中でまったく正反対の姿を見せるスターリングに、ペップは絶望し始めている。スターリングは非凡なプレーを実現できるが、同時にそれを目も当てられないようなフィニッシュで台無しにしてしまう。今シーズンに彼は自己最多のゴール数を記録したが、簡単な場面でのミスの数もおそらく最多だったことだろう。

ハーフタイムの時点では、プレミアリーグは決着がついたかと思われた。だがチーム全体がほんの一五分間集中力を切らしてしまっただけで、モウリーニョのチームが試合をひっくり返してシティの栄冠にブレーキをかけた。シティにとってはリーグ戦を通してエティハドで初めての敗戦（二対三）である。そして何より、宿敵を相手にホームでタイトルを手に入れることを夢見ていたシチズンズサポーターにとって非常に残念な結果となった。ダービーはさらに痛い傷を残す。ヤングがエリア内でアグエロに食らわせた残忍なタックルを主審は見逃し、ＰＫを取ることもヤングに警告を出すこともせず。アルゼンチン人ストライカーはこれで完全に半月板を損傷し、手術を受けなければならなくなった。アグエロのシーズンは終了である。チャンピオンズリーグでリヴァプールを迎え撃つにあたって理想的な状況ではなくなった。

わずか三日後、非常に厳しいと予想されたその戦いに向け、ペップはまたもシステムを変更。今度は攻撃的でリスクの極めて高い［２―１―４―３］で臨む。オタメンディとラポルテがＣＢに位置し、その前にはフェルナンジーニョ。もう一列前はウォーカー、デ・ブライネ、シルバ、スターリングで構成される。前線はベルナルド、ジェズス、サネ。二分にジェズスが奪ったゴールを皮切りに、シティが完全に試合を支配し、前半のうちにさらに四つの決定的場面を生み出した。ベルナルドのシュートはミルナーが明らかに手でストップ。ロバートソンにもスターリングとの空中戦でハンドがあった。ベルナルドはクロスバーを叩くシュートも放ち、サネのゴールはボールを出したのがミルナーだったにもかかわらずオフサイドで無効とされる。四つのうち三つは、選手たちの抗議に対しては非常に厳しい顔を見せるが、違反プレーの判断はよくないスペイン人主審ラオスによる重大なミスであった。二本のＰＫ無視と認められるべきだった一得点は、彼の審判としての経歴に刻まれるべきものだ。

前半のシティの優位は絶対的だった。左サイドからはシルバとサネのコンビが規格外の攻撃を繰り出し、右サイドからはベルナルドがフィニッシュに持ち込む。ジェズスは相手ＤＦ陣を翻弄し、スターリングは攻撃エリア全体を自由に動き回ってクロップのチームにとって頭痛の種となる。プレーの起点はデ・ブライネが担い、フェルナンジーニョとともにボールを前へ運ぶ。だが作り出したチャンスをものにできず、ハーフタイムには審判の判定に抗議したペップが退席処分を受け、そして六〇分にはレッズのカウンターからエデルソンの手をすり抜けたボールがシティの敗退を決定づける。ペップのチームは悲願の欧州で準決勝進出を逃して暗黒の一週間を締めくくることになった。七六分にはオタメンディがまたもミスを犯し、フィルミーノに決勝点をプレゼントしてしまう。前半の四五分間は快挙も予感させていたシティだが、最後は奈落へと転落していった。一八〇分を通して見ると、リヴァプールのほうがより良い守備をしており、決定力もより高かった。生み出したゴールチャンスはシティのほうが多かったものの、自分たちのミスや審判団のとんでもない判定に阻まれ、相手を上回ることはできなかった。試合を分析したペップは、選手たちの勇敢さには満足しながらも、判定と守備の集中力には不安を抱いている。このチームの浮き沈みの理由と、チャンピオンズリーグで発生する大量得点試合（※三）について話をすると、彼の返答は短くも明確だった。

「すべては心理的なものだ」

それから四日後、トッテナムがホワイト・ハート・レーンの改築中に一時的に使用しているウェンブリーで、チームは「普段通り」の［2―3―2―3］に回帰。ハイプレスも、的確なボール奪取も、ゲームの支配も、ペップのチームが圧倒的優位ではあった。だが九本の枠内シュートを放ってハーフタイムを迎えた時点のスコアは二対一の一点リードにすぎず、スパーズにほとんど何もさせなかったピッチ上での戦いぶりに見合うものではなかった。これほど圧倒的に支配しながらもスコアは僅差であり、ここ数試合の亡霊がシティのドアをノックしてくる。ハーフタイムに我々が抱いていた疑問は、シティがホームチームの追い上げに抵抗できるか、それとも直近二試合のように、精神的な脆さがまたも相手の逆転を招いてしまうのか、ということだった。後半開始から一五分間はホームチームに支配を許したあと、ペップは六四分にサネに代えてオタメンディを投入することで対応し、3バック（オタメンディ、コンパニ、ラポルテ）を敷いて「5―3―2」の陣形を取る。このシステム変更はすぐにスパーズを食い止め、絶好のチャンスをもたらしたが、スターリングとジェズスは決めることができない。最後はイングランド人FWがようやく勝利（三対二）を決定づけ、自己ベストを更新するリーグ戦一七ゴール目（公式戦合計二二ゴール）となった。スターリングにとっては素晴らしい結果だ。一ゴールを挙げるために要しているシュートの数は三・五本であり、これはリヴァプールのサラー（四本）を上回る数字だ。一得点にシュート七・六本を要していた前年と比べればスターリングは大きな前進を遂げたが、コーチングスタッフは誰も騙されてはいない。スターリングは多くのゴールを決めてくれるものの、相手ゴール前で、特に考えて決断する時間がある場合にこそとんでもないミスを犯してしまう。考えて実行するプレーは、時間がなく直感的にシュートしなければならない場合よりもはるかによくない。

残り一五分、ペップはまたもチームに手を加え、難攻不落の守備でリードを固める。トッテナムは（二〇一七年一二月以来）一四試合連続で負けておらず、本拠地で三失点を喫したことは一五年三月以来なかった。シティはこのシーズンにまたひとつ大きな勝利のシナリオを加えたことになった。スタンフォード・ブリッジ、オールド・トラッフォード、エミレーツに加えて今回ウェンブリーでも勝利し、またチェルシー、アーセナル、トッテナムに対して二戦二勝、ユナイテッドとリヴァプールからも一勝。プレミアリーグのビッグ6同士の直接対決で、ペップは一〇試合中八試合に勝利して勝ち点三〇のうち二四を獲得し、二七得点、

※三　この年のチャンピオンズリーグでは、バルセロナがチェルシーに三対〇、ローマに四対一で勝利したが、ローマは2ndレグで三対〇と逆転してメッシのチームを敗退に追い込んだ。レアル・マドリードはユヴェントスに三対〇で勝利したが、トリノでは一対三の敗戦。準決勝ではリヴァプールがローマに五対二で勝利したあと2ndレグでは二対四で敗れた

一一失点。勝ち点三〇のうち六ポイントしか獲得できなかった前年と比べれば大きな変化だった。

この四月一四日の夜、シティはまだプレミアリーグ王者ではない。そうなるのは翌日のことだ。ペップがトミー・フリートウッド（二〇一七年全米オープン四位）と一緒にゴルフをしていたのと同じ頃、ロドリゲスがオールド・トラッフォードのネットにヘディングを叩き込み、ウェスト・ブロムウィッチにユナイテッド戦の勝利をもたらす。前週にはエティハドで三〇〇〇人のユナイテッドサポーターが、シティがクラブ史上七度目のリーグタイトルを本拠地で獲得するのを阻んで大いに盛り上がっていたが、今回は七万人以上のユナイテッドサポーターがオールド・トラッフォードで悪夢を味わった。同じ町のライバルチームにタイトルを差し出してしまったのだ。

＊＊＊

ペップのシティは王者となった。

考える時間がやって来るのはもう少し先のこと。リーグ戦はまだ五試合残されており、ペップはタイトルに気を緩めることはない。

四月二〇日の朝一番、彼はトレーニングセンターの部屋に選手たちを集める。相手チームのビデオをいつも見ている場所だ。

「みんな、我々は信じられないようなシーズンを過ごしたが、私はバルサでもバイエルンでも、リーグ優勝後に気が抜けてしまったという経験がある。リーグ優勝を飾ったあと、残りの試合に敗れてしまうのは悲しい感覚だというのをみんなに伝えたい」

今回の対戦相手のプレーを映し出すものではなく、三つの数字のシンプルな画像が映し出された。プレミアリーグの史上最多勝ち点記録、勝利数記録、得点数記録の三つだ。すべてチェルシーが保有する記録ではあるが、シーズンは異なっており、それぞれモウリーニョ、コンテ、アンチェロッティを指揮官として達成している。ビデオには他にも多くの数字が示された。アウェーでの勝利数、得失点差、二位チームとの勝ち点差など一〇に及ぶさまざまな項目だが、ペップは最初の三つにのみ注目している。勝ち点、勝利数、ゴール数だ。

「今、我々は歴史を作ることができる。この三つの記録を破り、イングランドサッカーの歴史に永遠に名を残すことができる。この三つを破れば、他の記録は自ずとついてくるだろう。どう思う？」

四月二九日にはスターリングの三アシストにより、ウェスト・ハムのホームでもまた新たな一勝を挙げた。シティは選手たちがやりやすさを感じている［2―3―2―3］のシステムを維持し、またしてもこのシーズンらしい戦いぶりを見せた。試合の二点目となったのは、デ・ブライネのクロスから、元チームメートのサバレタが決めてしまったオウンゴール。これはシチズンズのリーグ戦一〇〇ゴール目でもあった。二つの異なるシーズンでこの大台を達成したチームは、イングランドサッカー界初である。二〇一三―一四シーズンには一〇二得点を挙げ、今季は現時点で同じゴール数を記録している。チェルシーが保持する一〇三ゴールという最多記録は風前の灯となった。ペップは若きルーカス・ヌメチャをプレミアリーグデビューさせる。トゥーレは二〇分間にわたってちょっとした独演会を繰り広げ、何本ものパスを繋ぎ、相手選手を抑え、彼がいかに素晴らしい選手であったかを見せつけた。三五試合を終えて（チェルシーの歴代記録に並ぶ）三〇勝を挙げ、そのうち一五勝がアウェーでの勝利（これもチェルシーに並ぶ）。チームは勝ち点九三を獲得し、その他にも圧倒的な数字を示している。リーグのアシストランキング上位はデ・ブライネ（一六）、サネ（一五）、シルバ（一一）、スターリング（一一）と、上位四人をシチズンズの選手たちが独占。一シーズンで四人の選手が二ケタのアシストを記録したチームは過去に存在しない。今季のリーグ全体で、二ケタ得点と二ケタアシストを記録している選手はサネ（一〇得点、一五アシスト）とスターリングのみ。二九試合しか出場していないシルバ（九得点、一一アシスト）もあと一歩だ。シティがリーグ戦で四得点以上を挙げた試合は一〇回もある。

ハダースフィールド戦は、コンクリートの壁にぶつかり続けるような試合の末にスコアレスドロー。続いてエティハドでのシーズン最終戦はブライトンに勝利（三対一）を飾った。ベルナルドが決めた二点目で、プレミアリーグの最多得点記録を更新し、今季一〇四ゴール目。フェルナンジーニョの決めた三点目で、セットプレーからの得点数はシーズン二三点目という驚異的な数字に達した。この勝利で勝ち点を九七に積み上げてリーグ記録を更新し、三一勝で最多勝記録も更新。ペップが目標として設定していた三つの記録をすべて塗り替え、チャンピオンはユナイテッドに二〇ポイント、スパーズに二三ポイント、リヴァプールに二五ポイント、チェルシーに二七ポイント、アーセナルに三七ポイントの差をつけた。だがペップに声をかけてみると、彼は決して流されようとはしない様子だ。

「記録にはとても満足している。我々が今年良い戦いをしてきた成果だ。だが今は、勝ち点一〇〇を狙いたい。完璧なリーグにできるように一〇〇ポイントが欲しい。しかし、一〇〇ポイントを獲得したとしても、我々はイングランドサッカー史の最高のクラブに名を連ねられるわけではない。もっと何度もリーグ優勝しなければならない。ファーガソンのマンチェスター・ユナイテッドや八〇年代のリヴァプールのようなレベルに到達するには、もっとタイトルを勝ち取る必要がある。記録やスタッツの点では我々はすでに歴代最高だが、さらに上を目指さなければならない。すぐにでも休暇が必要なところではあるが、その前に勝ち点一〇〇を達成しなければならない」

五月一三日、サウサンプトン湾が晴れ渡った午後、シティのシーズンは幕を閉じた。前人未到の軌跡を描いたリーグ戦は、やはり最後も歴史的な結末を迎えないわけにはいかなかった。クラブに二一世紀初のリーグタイトルをもたらしたアグエロの歴史的ゴール（二〇一二年五月一三日）からちょうど六年目のこの日、そしてアディショナルタイムのほぼ同じ時間（アグエロは九三分二〇秒、今回は九三分二秒）に、デ・ブライネが五〇メートルの距離から送ったボールをジェズスが左足でトラップし、右足で放った柔らかな浮き球でシティの勝ち点を一〇〇に乗せる。シチズンズは伝説のチームとなった。すべての記録が打ち砕かれ、ペップのチームはイングランドサッカーの歴史にその名を黄金の文字で刻み込んだのだ。

その四日後、ペップの契約延長が発表された。もともと三シーズン（二〇一六〜一九）の契約を結んでいたが、二一年までさらに二年の延長である。彼の求めるプレーを発展させ、真のレガシーを築き上げるため、さらに時間が必要となることは明白だった。

〈2017-18シーズン〉

	試合	勝	分	敗	得点	失点	順位
プレミアリーグ	38	32	4	2	106	27	優勝
FAカップ	3	2	0	1	6	2	5回戦敗退
リーグカップ	6	4	2	0	11	5	優勝
チャンピオンズリーグ	10	6	0	4	20	12	ベスト8
計	57	44	6	7	143	46	

◆シーズン勝率：77.2％

◆プレミアリーグ勝率：84.2％

◆シーズン得点率（1試合あたり）：2.51点

◆プレミアリーグ得点率（1試合あたり）：2.79点

◆シーズン失点率（1試合あたり）：0.81点

◆プレミアリーグ失点率（1試合あたり）：0.71点

◆シーズン得失点差：＋97

◆プレミアリーグ勝ち点：100ポイント

◆プレミアリーグポスト直撃シュート：23本（うちデ・ブライネとスターリングが4本）

◆シーズンボール保持率（1試合あたり）：66.2％

◆プレミアリーグボール保持率（1試合あたり）：71.9％

◆シーズン最高ボール保持率：83％（対スウォンジー、2018年4月）

◆シーズン最低ボール保持率：51％（対ナポリ、2017年11月）

◆シーズンパス本数（1試合あたり）：743本

◆シーズン最多パス本数：978本（対バーゼル、2018年3月）

◆シーズンパス成功率（1試合あたり）：89％

◆シーズンシュート数（1試合あたり）：17.5本／枠内7本

◆シーズン被シュート数（1試合あたり）：6.2本／枠内2.2本

◆プレミアリーグ最多連勝：18連勝

◆シーズン最多得点：30点／アグエロ（プレミアリーグ21点）

◆シーズン最多アシスト：21回／デ・ブライネ（プレミアリーグ16回）

◆シーズン最多試合出場：52試合／デ・ブライネ（プレミアリーグ37試合）

◆シーズン最多得点試合：6対0（対ワトフォード）

◆シーズン最多失点試合：3対4（対リヴァプール）

三年目　二〇一八—一九

赤いウサギを追いかけて

二カ月目

（二〇一八年八月、ロンドン／マンチェスター／ウルヴァーハンプトン）

八月五日、ペップがイングランドサッカー界で三つ目のタイトルを獲得し、ウェンブリーでは自身四つ目となるトロフィーを掲げる。イングランドのスーパーカップにあたるコミュニティ・シールドは大きなタイトルではないとはいえ、これを獲得したことは「一〇〇ポイント」のシーズンを終えたのと同じ勝利の勢いに乗って新シーズンをスタートさせることを意味する。シティはあまり練習を積むこともないまま、FAカップ王者であるチェルシーとの対決に臨んだ。チェルシーは三週間前にコンテから同じイタリア人のサッリに監督を交代し、そのサッリはナポリからジョルジーニョという素晴らしい選手を連れてくることに成功していた。ペップも非常に気に入っているMFである（※四）。

ウォーカーやストーンズらの選手たちは、ワールドカップを終えたあとコミュニティ・シールドの二日前までしっかり休暇を取り、まったく準備もしないままチェルシー戦に臨むことになった。関節をほぐす軽いセッションを二度ほど行っただけだ。ペップはそれを一切問題にすることなく認めた。「選手たちにはバカンスを満喫してほしい。シーズンは非常に長く、これからのことに立ち向かうためには休んでもらったほうがいいからだ」。そのため、試合前週のトレーニングはごく軽いものとした。「ワールドカップ帰りの選手たちとは、試合に向けた戦術に取り組んだだけだ。フィジカル面は何もやりようがなかった」

ロンドンらしくないムッとするような暑さ（三七度）の中、メンディは一一カ月ぶりに先発出場を果たす。アグエロの二得点によりシーズン最初のタイトルを掲げたが、この二得点は、もはやイングランドサッカーに馴染んできたペップが要求するプレーを象徴するものでもあった。一点目は、ストーンズとフェルナンジーニョを起点としたDFラインからの緩急をつけた正確なビルドアップと、フォーデンとマフレズそれぞれの縦への動きから生まれたものだ。二点目はストーンズから始まった素晴らしいカウンターであり、ギュンドアンを経由し、マフレズとベルナルドがお膳立てしてアグエロが仕上げた。パスゲームをじっくり組み立ててのゴールと、電光石火のカウンターからのゴール。これこそ、ペップがこれから始まるシーズンに望んでいるコンビネーションだ。シュート数はチェルシーの五本に対してシティは一八本を放ち、前シーズンの平均と同程度を維持。シチズンズにとってはクラブ史上五回目（一九三八、六八、七二、二〇一二、一八年）のコミュニティ・シールド獲得であり、ペップの監督キャリアで二五個目のタイトルとなった。

ベルナルドは、一年目は控えめだったが二年目に爆発したサネのあとに続く心構えでクラブでの二シーズン目をスタートさせた。ウェンブリーでペップの用いた［2―3―2―3］の中で、ベルナルドはあらゆるエリアを動き回る。最初は左ＩＨを務めていたが、ハーフタイム後は右ＷＧへ移り、マフレズが左へ。ベルナルドは七五分には右ＩＨとなり、最後は左ＷＧとして試合を終えた。試合後にペップが私に伝えてくれたメッセージにも驚くことはなかった。

「今のこのチームはベルナルドと他の一〇人だ」

七日後、チームは再びロンドンを訪れ、前年王者として臨むプレミアリーグの戦いをウナイ・エメリ率いるアーセナルとの対戦でスタートさせる。シティは3バック（ウォーカー、ストーンズ、ラポルテ）で［3―1―3―3］の陣形を取り、一人で軸となるのはフェルナンジーニョ、その前にマフレズ、ギュンドアン、メンディのミックスライン、前線は中央にアグエロとベルナルド、左サイドにスターリングという非対称的

※四　ジョルジーニョはトゥーレの退団の穴を埋めるためペップが最初に候補としていた選手だが、サッリがチェルシーの新監督に就任したことで同選手の加入も決定的となり、チェルシーは六〇〇〇万ユーロで彼と契約を交わした。その数日前にはブラジル人のフレッジも同じく六〇〇〇万ユーロでマンチェスター・ユナイテッドに加入していた

な三人のアタッカーを配置した。ボールを持っていなければ、［4―4―2］に絞り込む。スターリングの位置取りは試合のカギを握ることになる。ゴールを狙えるわずかな隙間を見つけるまで、水平方向へのドリブルを続けたビジョンあるプレーから先制ゴールを奪った（スターリングがエリア外からのゴールを決めたのはキャリアを通してわずか三点目）。さらに二点目にも関与する。中へ切り込んだプレーでサイドを空けたところからメンディへのキラーパスを通し、ベルナルドがフィニッシュに持ち込んだ。試合のラスト三〇分間にはデ・ブライネが復帰を果たしたが、彼はこの三日後の筋力トレーニング中に膝の側副靭帯を痛めてしまう。チームの中心となる選手だが、最初の診断では一〇週間の離脱が見込まれることになってしまった。

エティハドに戻った八月一九日にはハダースフィールドをゴールラッシュ（六対一）で粉砕し、シーズン最高の試合のひとつとなった。システムは［3―3―4］でストーンズ、コンパニ、ラポルテの3バック、中盤はフェルナンジーニョ、ギュンドアン、シルバの三角形。前線の四人はベルナルド、アグエロ、ジェズス、メンディ。ボール保持率七七％と圧倒的にゲームを支配し、シルバがしばしば攻撃陣に加わって［3―2―5］の形を取る。試合には注目に値するポイントがいくつかあった。エデルソンはアグエロまで一直線に送ったパスでシーズン初アシストを記録。クンはプレミアリーグで九度目となるハットトリック。復活を果たしたメンディはゴールにつながる三本のパスを送り、試合終盤にはサネとジェズスが中心となって猛烈なカウンターアタックを繰り出した。シティのシュート数は通常の倍となる三二本を記録。記者会見でペップは、二人のCFを併用した理由について次のように説明している。「去年はラインを下げてしっかり閉じこもるチームに対して苦戦していたので、2トップを試してみることにした」。その後、彼はアグエロについてこう話してくれた。

「手術を受けたあと、彼に膝の痛みはもうない。クガット医師が素晴らしい仕事をしてくれた。今の彼は素晴らしい。ゴールを決めてくれるだけでなく、すべての動きも、作り出してくれるスペースも。今のように絶好調のときには、クンは世界最高の選手の一人だ」

三カ月目

（二〇一八年九月、マンチェスター／リヨン／カーディフ／オックスフォード）

九月の幕開け試合は、ラファエル・ベニテスのニューカッスルをエティハドで迎え撃つ。サネはこの試合でペップからの招集を受けることもなかった。シティは［2―3―1―4］の配置を取り、両サイドにマフレズとスターリング、2トップにアグエロとジェズスのコンビという四人の前線の後ろでシルバがフリーマンとなる。二対一での勝利というスコアは、二四本というシュート数と照らし合わせれば少し物足りないが、王者との対戦では大敗を避けたい相手チームが二重に鍵をかけて閉じこもることは、もはや見慣れた光景となっていた。

膝の靱帯を断裂した日から不吉な一周年を迎える一五日前、メンディはフランス代表に招集された際に第五中足骨を負傷してしまう。またしてもペップは、左SBの離脱によりプレーの再構築を強いられる。二人のCFを含めた前線四人という形を取りやめ、メンディの代役にデルフを置いた上で、サネを左WGに復帰させた。中央寄りの左SBがインサイドで仕事をするため、サネが左サイドに張ることになり、スターリングは右サイドへ戻る。チームの基盤は維持されたが、何人かの選手は良好なコンディションを保つことができず、パス精度の面でミスが多発。ペップは苛立ちを抑えられない。それでも九月半ばのフラム戦には三対〇の勝利を収めたとはいえ、四日後にエティハドで迎えたチャンピオンズリーグ初戦ではそうはいかなかった。

リヨンが一部選手らの不調ぶりとミスの多さを浮き彫りにした。リヨンはシティのビルドアップに対して積極的にプレスをかけ、ミスを多発させる。ポストを叩いたラポルテのヘディング、後方から素晴らしい連携で組み立てながらもスターリングのシュートの狙いが定まらなかった場面など、ペップのチームが早い時間に先制できるチャンスはあったことも確かだ。だがリヨンは力強く反撃を繰り出し、フェルナンジーニョの二度のミスを突いて二対〇のリードを奪う。ベルナルドのゴールで一点は返したが、シーズン初黒星を回避することはできなかった。これでシティはチャンピオンズリーグで四連敗、イングランドのチームとしては初の不名誉な記録である（※五）。

プレミアリーグ昇格組であるカーディフとの試合では、［2―3―2―3］のシステムの中で、シティでの通算三〇〇試合目を迎えたアグエロをまさかの偽9番で起用。パス八〇〇本、成功率九一％、保持率七九％、シュート二一本が記録されたこの試合で、ギュンドアンはチームの五得点中四点に関与し、ラスト一五分はストーンズがこのシーズン二回目となるCHに起用された。彼には状況次第でフェルナンジーニョの代役を務められる資質があるとペップは見ていたが、本格的にこなすためには、まだ必要な経験が不足していた。

そして実際にストーンズは、リーグカップ初戦のオックスフォードでの試合で先発のCHに起用される。この試合では若きフォーデン（一八歳）がチームでの初ゴールを挙げ、二〇〇〇年以降に生まれてシチズンズの公式戦でゴールを決めた初めての選手となった。フォーデンは膝滑りでゴールを祝ってエンブレムにキスをし、サポーターも「あいつはオレたちの仲間だ」という心からのメッセージで彼を祝福した。オックスフォードを三対〇で下したこの試合には他にも若手のムリッチとディアスが出場したが、フォーデンがアカデミー出身選手の最高傑作となっていることにもはや疑いはなかった。

九月最後の試合でもシティは同じ［2―3―2―3］の構成で、ブライトンに二対〇の勝利。二八本のシュートを放ち、八〇%のボール保持率を記録し、九〇〇本のパスを出した試合だった。デ・ブライネとメンディは欠いているものの、チームはリヨンでの挫折を乗り越えて巡航速度を取り戻していた。ペップは非常に明らかな部分で改善の兆候が見られることを感じ取っている。

「ここ三試合で一本も相手にシュートを許していない。ボールを失うたびにそれを取り戻しており、相手はカウンターを繰り出すことができない。良いポジショナルプレーをすることができている」

四カ月目

（二〇一八年一〇月、ジンスハイム／リヴァプール／マンチェスター／ハルキウ／ロンドン）

一〇月のカレンダーは興奮を掻き立てる。プレミアリーグでは、シティはリヴァプールとトッテナムの本拠地を訪れなければならない。チャンピオンズリーグでは二戦連続の遠征でホッフェンハイム、シャフタールと対戦。リヨン戦でのつまずきにより、決定的な意味を持つことになった二試合だ。

ホッフェンハイムは試合開始から四五秒、ペップの用意した守備組織を吹き飛ばしてしまう。シティの布陣は3バック（コンパニ、オタメンディ、ラポルテ）、CH（フェルナンジーニョ）、中盤三人（ウォーカー、シルバ、ギュンドアン）、アタッカー三人（スターリング、アグエロ、サネ）。優秀な指揮官ユリアン・ナーゲルスマンがチームに植えつけていた、縦に速く深いスタイルを抑えることを意図した［3―1―3―3］だった。試合開始直後にチャン

※五　シティは前年のラウンド一六でバーゼルとの2ndレグに敗れたあと準々決勝でリヴァプールに二連敗していた

ピオンズリーグから追い落とされる危機に立たされたシティだが、この手痛い一撃に対してすぐさま反撃。わずか六分後、シルバが「あり得ない」パスをスペースへ送り込み、サネのアシストからアグエロが同点ゴールを挙げた。そこから六〇分間、チームはギリギリの戦いを強いられ、大惨事まで一歩手前の状態だった。ホッフェンハイムは非常に深く引いて待ち構え、フェルナンジーニョのわずかな躊躇を見逃さずにボールを奪って電光石火のカウンターを繰り出してきた。これに対し、ペップは予想外の動きで悪い流れを断ち切る。オタメンディに代えてストーンズを投入し、そのイングランド代表DFをフェルナンジーニョと並べてダブルCHに置き、ウォーカーを下げて三人目のDFの役割とした。これでホッフェンハイムのもたらす危険な洪水を食い止め、ラスト三〇分間はシティが躍動。二対一と逆転に成功したが、生み出したチャンスを考えれば物足りないほどのスコアだった。ストーンズはここ四試合で三回目となる予想外の役割を務め、CHを見事にこなした。足元の技術とゲームセンスに優れたCBであれば、試合の状況に応じてそのポジションに適応できるというのがペップの考え方だ。

「私が何を感じているのか、もうわかるだろう。できることなら、一一人のMFで戦いたい。偽9番によって中盤で数的優位を作ることができ、両SBがMFとしてプレーできるのなら、足元の優れたCBにそれができないはずがあるだろうか？　というのが私の考えだ」

一〇月の次の試合はアンフィールド。ペップは「ユーゴスラビア式」のゲームプランを提示した。これは、DFラインの戦術的規律、クリアの力強さ、執拗なマーキング、決して途切れない集中力を備えたチームを指して使われる呼称である。メンディはまだ本調子ではないものの、ちょうど復帰を果たして左サイドに入り、これによりサネがベンチに戻る。ペップは［3―3―3―1］を採用し、DFにウォーカー、ストーンズ、ラポルテ、中盤のラインにベルナルド、フェルナンジーニョ、メンディ、二列目にマフレズ、シルバ、スターリング、1トップにアグエロ。予想された通り、序盤はリヴァプールが圧倒的優位に立つ。相手ボール時には［4―4―1―1］の形で守るシティは、最初の一五分間は、わずか三七％しかボールを持てなかったが、本格的に危ない場面を迎えることはなかった。一五分以降はシティがボールを持つ。ストーンズとラポルテは極めて安定しており、ベルナルドはDFから前線までボールを運んでくれる本格的CHに変貌していた。突破力のあるWGから創造的なCHへと、これも異例のコンバートである。

後半開始からの一五分間は前半同様ではあったが、シティが危機に陥ることはほとんどない。マフレズは、サイドでボールを受けてパスワークの起点となりチームメートらを前に集めていくという仕事を完璧にこなしていた。試合のペースは落ち着いており、ペップは何も手を加えるような兆しを見せず、我慢を好んでいる。八五分にはシティがPKを獲得したが、マフレズはこれを失敗。シチズンズは二ポイントを逃したものの、アンフィールドでは一九九二年以来初めて無失点を守ることに成功した。ストーンズはパス成功率九七・五％、デュエル八回中六回に勝利という出色の出来だった。エデルソンはリーグ開幕から八試合で五度目のクリーンシートとなる。

インターナショナルブレーク明けの一〇月二〇日に行われたバーンリーとのリーグ戦では、ペップは選手たちの戦い慣れた［2―3―2―3］に戻す。右SBの二人がどちらも負傷し、ストーンズにサイドを任せなければならなかった。五対〇という最終スコアは、シティ攻撃陣が二四本のシュートを放ち、バーンリーにわずかなシュートチャンスさえ与えなかった戦いぶりをよく表している。シルバ、サネ、メンディの左サイドでのコンビネーションは何度も素晴らしい場面を生み出し、インサイドとアウトサイドの選手たちがパスとポジション変更をし続けていた。特にメンディは、負傷による離脱があったにもかかわらず、今季リーグで五つ目のアシストを記録してランキング首位に浮上。一試合平均六本のクロス成功という数字を結果につなげている。プレミアリーグは開幕から九試合を終え、二〇一一―一二シーズン以降では初めて三チーム（シティ、リヴァプール、チェルシー）が無敗を維持。アーセナルとトッテナムも含め、上位五チームが勝ち点差わずか二の中に収まっている。
「私がこのチームを率い始めて以来、三年間で最高の前半だった」
ハルキウでシャフタールに三対〇の勝利を収め、リヨン戦の失敗を挽回してチャンピオンズリーグのグループ首位に立ったことにペップは満足している。ウクライナの地で見せた戦いぶりは実に見事だった。二四本放ったシュートのうちいくつかは非常に危険なもので、二本はポストを叩いた。この日の三得点を加えてペップはシティでのチャンピオンズリーグ通算五〇ゴールを達成したが、コーチングスタッフは解決されないゴール前でのプレーの問題に頭を悩ませている。「チャンピオンズリーグでは何度もチャンスを外してしまうわけにはいかない。優勝するためには容赦なく決めなければならない」と、プランチャルトは言い切る。

素晴らしかった一〇月の締めくくりとして、シチズンズは、凸凹と荒れ果て「ホラー」と呼ばれたウェンブリーのピッチでトッテナムに勝利。グラウンド状態が最悪だったのは、その前の四日間にアメフトの試合が三度開催されていたためだ。ロンドンの芝はジャガイモ畑と化していた（※六）。試合の唯一のゴールは五分にマフレズが記録。エデルソンがゴール前から送ったロングボールをスターリングが受けてマフレズに送ったプレーからだった。その後の八五分間はシチズンズが完全に試合を支配し、ポチェッティーノのチームに何もやらせはしなかった。

これでプレミアリーグでは六試合連続のクリーンシートであり、一〇試合中七試合が無失点。アーセナル、リヴァプール、トッテナムのスタジアムを訪れ、チェルシーとのスーパーカップも戦ったが、どのライバルチームもシチズンズのゴールを破ることができていない。リーグ戦一〇試合での失点はわずか三点であり、歴史上二番目に少ない数字だ（※七）。

一〇月はペップにとって三つの興味深い結論を残した。一試合平均わずか一・七本のシュートしか許していないという数字が示すように、見事な守備の安定を達成している。だが逆に、攻撃時の決定率は非常に低い。シュートのうち三八・六％が枠を捉えているが、一〇本中一本のシュートしか得点に結びついていない。「もっとゴールが必要だ。ゴールが足りていない」と、エスティアルテは語る。そして最後に、相手のビルドアップに対するハイプレスが効果を表している。チームの守備的プレーの実に一九％が相手側のファイナルサードで行われているのだ。「ボールは自分のもの、自分に属するものであり、相手がボールを持っているときにはそれを奪いにいくのではなく、自分のものを取り返しにいく」ということをシティは理解している。

実現することはないかもしれないが、ペップが頭の片隅にしまっているアイデアの萌芽が宙に漂っている。ストーンズを中盤に置くのはどうだろうか。ＳＢをインサイドで起用することに加え、同じことをＣＢとＣＨでもやったとすれば？

※六　一〇月二五日にはニューイングランド・ペイトリオッツとタンパベイ・バッカニアーズが対戦。二六日にはサンディエゴ・チャージャーズ対ニューオーリンズ・セインツ戦。最後に二八日にはニューヨーク・ジャイアンツ対マイアミ・ドルフィンズ。トッテナム対シティ戦はその二四時間後に行われた

※七　チェルシーが二〇〇四―〇五シーズンの開幕一〇試合で喫した失点はわずか二点だった

五カ月目

（二〇一八年一一月、マンチェスター／ロンドン／リヨン）

一一月に予定される六試合のうち、最初の四試合はエティハドで行われ、四試合とも快勝を収めて合計一七得点、失点はわずか二という結果を残した。

この月の初日にはデ・ブライネが一〇週間の離脱から復帰したが、九〇分間を戦い切ることはできなかった。負傷したのと同じ膝を痛めてグラウンドをあとにする。ピッチ上では悲観的な見方が頂点に達した。「最低でも六週間の離脱だ」と、エスティアルテがドレッシングルームの入口で教えてくれた。その先にいたプランチャルトはさらに悲観的だ。「ケヴィンは少なくとも二カ月だ」。ディアスの二得点でフラムを倒したリーグカップの試合だったが、その代償はあまりに高い。

この痛手は大きかった。前年の歴史的シーズンのベストプレーヤーがクリスマスまで欠場することになり、指揮官は緊急対応策を探し続けなければならない。三日後のサウサンプトン戦ではシルバとベルナルドの二人がインサイドを形成。六対一というスコアは誤解を招くものだ。シティは攻撃面で力強さを見せ、前半だけで四点を奪った。これは前年にはなかったことだ。だがサウサンプトンにもエデルソンの守るゴールに五本のシュートを打たせてしまった。それまでのリーグ戦一〇試合で合計一七本しか打たれていなかったことを考えれば多すぎる数字だ。ペップは満足していない。「時折あまり安定感のないプレーを見せてしまうことがある。今日はそれが表れた」

その三日後の試合には、指揮官も不満はなかった。シャフタールをゴールラッシュで粉砕（六対〇）。彼の率いるシティが五得点以上を挙げた試合はこれで一三回目であり、チャンピオンズリーグでのクラブ最多得点でもある。チームにとってほとんどすべてがうまくいった試合だった。決して慌てることなくゲームをコントロールし、ペースダウンと素早いカウンターをうまく織り交ぜ、枠内シュート六本で六点というとてつもない決定力も発揮。二試合連続で六ゴールを挙げ、良い形でマンチェスターダービーに臨むことができる。

モウリーニョ率いるマンチェスター・ユナイテッドとの最初の一五分間は素晴らしいものだった。シティはボールを持ってパスを繋ぎ続ける。ライバルチームのわずか一九本に対し、シティは一〇七本のパスを成功させた。八二%というボール保持率がシルバとベルナルドの生み出した先制点につながる。左サイドが攻撃の強みであることは明白だ。こちら側ではメンディ、ラポルテ、シルバ、スターリング、アグエロが連係してユナイテッドを切り裂く。一方逆サイドではマフレズがアイソレーションの形を取り、ボールを受けて一人で勝負を挑むチャンスを待っている。三対一の勝利を決定づけた三点目のゴールはギュンドアンが決めたものだが、フィールドプレーヤー一〇人が関与したチーム全体のクラシカルな大作だった。チームは一分五四秒間にわたってパスを繋ぎ続け、ユナイテッドに催眠術をかけて眠りに落とす。四四本の連続したパスを繋ぎ、最後は「シルキー」ギュンドアンが柔らかなフィニッシュでネットに収めた。ペップが自らのチームに求め続け、夢見てきた「完璧なゴール」である。

プレミアリーグで開幕から一二試合を終えて三チームが無敗を守っているのは、二〇一一―一二シーズン以来のことだ。シティ、リヴァプール、チェルシーの勝ち点差はわずか四だが、数日後にはサッリのチームがトッテナムに敗れて引き離されることになった。

そして、またしてもメンディがペップの戦術的プランをすべて狂わせてしまう。これで三度目だ。この月の半ばに半月板を手術し、また一シーズンを事実上棒に振ることとなった。これまでにメンディはチームが戦った一九試合中一一試合に出場し、重要なピースのひとつだった。彼がピッチ上にいるときには、ペップはいつも［2―3―2―3］のシステムを維持していた。その母体となるアイデアが確立された前年のほとんどを欠場していた彼にとって、務めるのが大変な役割であったことは事実だが、それでもメンディはペップのチームにおけるインサイドＳＢの役割の何たるかを徐々に学びつつあるところだった。いつも正しい判断ができるわけではなくとも、優れた身体能力と技術力で理解不足を補っていた。うまくポジションを維持できてはいなかったが、突如として持ち場を離れて予想外の形でインサイドへ向かうと、それが相手を混乱させていた。

六カ月目

（二〇一八年一二月、マンチェスター／ロンドン／レスター）

イングランドサッカー界にやって来て以来、ペップは一二月という月に深い敬意を抱いてきた。彼にとって良い思い出があるわけではない。一年目にはチェルシー、レスター、リヴァプールを相手に三敗を喫してしまい、雨と寒さに見舞われたその暗黒の数週間でシーズンの行く末を決められてしまった。翌年には、はるかに楽に障害を乗り越えることができた。勝ち点一〇〇を獲得することになる彼のチームは、シャフタールとの消化試合に敗れたのみだ。だがそれでも、リーグ戦での一八連勝を止められてしまったのは一二月。大晦日の日にセルハースト・パークで引き分けた試合だった。今回、ペップが頭を悩ませているのは、二〇一八年一二月には九試合も戦わなければならないためだ。地獄のような挑戦の連続が三日ごとに待ち受けている。

八日までは、シティにとってすべてが素晴らしく順調だった。ボーンマス戦（三対一）（※八）とワトフォード戦（二対二）に勝利を収め、一三勝二分けで勝ち点最大四五のうち四一を獲得（二引き分けはウルヴス戦とリヴァプール戦）。チームはアウェーで一四戦連続無敗を維持し、直近七試合で二八得点を挙げているという状態で、スタンフォード・ブリッジに乗り込んだ。内転筋を痛めたアグエロと、鼻を骨折したジンチェンコを欠いての試合となる。

サッリのチェルシーは、コンテのチェルシーとは似ても似つかない。この見方はいくつかのシンプルな数字でも裏付けられている。ニューカッスル戦では八二％のボール保持率を達成し、九一三本のパスを出して九一％成功。真新しい新戦力のＣＨジョルジーニョは、ウェスト・ハム戦で一八〇本のパスを出したギュンドアンの持つ記録を上回った。つまりこのチームは、サッリがナポリで導入して成功させたゲームの基本要素を身につけつつあるチームだということだ。シティが前年にナポリと対戦し、簡単には勝てなかったことも記憶に新しい。

アグエロの負傷により最前線の役割はスターリングが担うが、二〇分には右サイドのマフレズとポジションを入れ替える。メンディの不在によりサネが左ＷＧに入り、ＳＢの代役はデルフが務める。シティは前半に素晴らしい戦いぶりを見せたが、ハーフタイム間際にはダヴィド・ルイスの見事なパスとサネのわずかに不注意なマークがカンテのゴールにつながってしまう。〇対一となってからは、［４―１―４―１］の構造を取るサッリのチームの見事な守備組織も一因となり、シチズンズは力を十分に発揮することができなくなる。攻撃に専念するシティはゴールに迫りはしたが報われず、ホームチームの一本目のＣＫからダヴィド・ルイスに二点目を許した。リーグ戦初黒星を喫したペップは、試合後には気持ちを奮い立たせよ

※八　一二月一日の試合で、スターリングはボーンマスに対して六試合連続でゴールを奪った初めての選手となった

うとする様子でこう言う。「去年よりはるかに良いプレーができていた。だがあのときはデ・ブライネが決勝点を決めてくれた」。わずか一敗ではあるが、チームは痛みを抱えてマンチェスターへ戻ることになり、ハムストリングを負傷したシルバの離脱にも見舞われてしまった。

四日後、シティはチャンピオンズリーグでホッフェンハイムを撃破。サネが極上の活躍を見せ、直接ＦＫから「フォーリャ・セーカ（枯れ葉）」での素晴らしいゴールも決めた。ペップはチャンピオンズリーグを一〇シーズン戦い、そのうち九回で自らのチームをグループ首位通過に導いた。七二時間後には、エティハドで二〇一四年以来負けていないエヴァートンとの対戦。雨と寒さの中、試合開始前にエスティアルテに話を聞くと、彼は不安げな様子を見せた。「この試合は罠だ。リーグ優勝に向けて非常に大きな勝ち点三を落とすことにもなりかねない。エヴァートンは、プレスをかけ攻めてくると非常に危険なチームだ。今日はそうならないことを願いたい」。優秀なポルトガル人監督マルコ・シウヴァが率いているエヴァートンはリーグ七位。シウヴァは［5―4―1］で守ることを選択したが、ペップのチームとしてはこれでやりやすくなった。不動の［3―2―2―3］でゲームのあらゆる面を支配して三対一の勝利。そして息をつく暇もなく、滑りやすくなっているレスターのグラウンドでリーグカップの試合に臨む。ペップはここでまた、フォーデンやディアス、そして弱冠一七歳のＤＦエリク・ガルシアらの若手を混じえた「ジンチェンコ・チーム」を起用。ガルシアは素晴らしいパフォーマンスでデビューを飾り、ストーンズは、再びＣＨとしてプレー。ペップは彼がこのポジションの基礎を身につけてくれることにこだわっているためだ。二年続けて同じスタジアム、同じ大会で、レスターとシティは一対一のドロー。そしてＰＫ戦では今回もシチズンズに軍配が上がることになった。一年前にはブラーボの読みが当たったことが勝負を分けた。今回は、マディソンとソユンジュのシュートを阻んだムリッチが勝利の立役者となった。

チームはチェルシー戦の敗戦を忘れて気分を一新し、クロップのリヴァプールとわずか勝ち点一差でクリスマスの時期を迎える。リヴァプールはリーグ開幕から一七戦無敗を守っている。だがここでペップは、完全に予想外の形で、立て続けに大きな痛手を被ってしまう。

一二月二二日、［4―5―1］で守備を固めるクリスタル・パレスをエティハドに迎えた試合では、またシティが勝利を飾ることになるだろうと誰もが予想していた。試合序盤は保持率八〇％を超える時間帯もあるほど圧倒的に支配し、三〇分になろうとするところでギュンドアンが先制ゴールを挙げる。ホームチームはすべてが順調だったが、ウォーカーのミスと、CKからのクリアミスをタウンゼントの見事なシュートで決められたプレーで、アウェーチームに衝撃的なリードを許してしまう。後半にはまたもウォーカーの致命的なミスでPKを与え、パレスが追加点。ウォーカーは基本的には素晴らしいパフォーマンスを見せてくれるのだが、時折パニックに陥る時期が足を引っ張ってしまうことがある。どうやら……その時期に入ってしまったようだ。終盤はシティが必死に攻撃を繰り出したが、試合は敗戦（二対三）に終わる。シーズン二敗目であり、エティハドでは初黒星。最悪なのは、四日後にも同じシナリオが繰り返されてしまうことだ。

ボクシング・デーに再びレスターのスタジアムを訪れた試合は、開始一分でベルナルドがゴールを奪い、これで十分なアドバンテージになるかと思われた。だがDF全員が揃ってミスを犯し、すぐにオルブライトンに同点とされてしまう。デ・ブライネとベルナルドをインサイド、スターリングとサネを利き足側のアウトサイドに置き、レスターを自陣エリアに押し込めようとするがうまくいかない。CKからまたもクリアを誤り、エリア外からのシュートで相手チームに勝ち越しを許してしまうと、それが最終スコアとなった（一対二）。シティは敗者の顔を見せ始める。この時点でリヴァプールは勝ち点五一を積み重ねており、四のシティとすでに七ポイント差。トッテナム（四五）までもがシティを上回っている。ここ四試合のうち三試合は相手の放った最初の枠内シュートでゴールを奪われてしまった。キング・パワー・スタジアムを出るペップと選手たちの表情を注意深く観察してみると、急転落の予感を色濃く感じさせる。気力は再びどん底に沈んでいるが、一二月はまだ終わってもいないのだ。四日後には負傷したデ・ブライネとギュンドアンを欠いてサウサンプトンに向かわなければならない。そして年明け後の初戦では、エメリのアーセナルを五対一と粉砕して無敵に感じられるリヴァプールを迎え撃たなければならない。

同じ台本を読み続けているのだろうか？　確かに、サウサンプトンでの試合も同じ展開だった。シルバが開始九分でゴールを決めながらも、三六分にはジンチェンコのミスからホームチームに同点ゴールを許す。ここ二試合の記憶が蘇ることは避けられない。シティはまたも逆転を許すのか。だが今回は違うことがすぐにわかった。ハーフタイムの時点で三対一とリードしたペップのチームはそのままのスコアで試合を終える。後半には相手に一本のシュートも許さなかった。

二〇一八年は、リヴァプールが勝ち点七差（五四と四七）で文句なしの首位に立って幕を閉じた。一二月とクリスマスは、ペップにとってまたも息の詰まるような時期となった。一月三日のエティハドでクロップのチームが勝利することになれば、プレミアリーグの勝負は決するかもしれないからだ……。

七カ月目

（二〇一九年一月、マンチェスター／ニューカッスル）

チャンピオンになれる者となれない者の距離を、正確に測ることができるだろうか。

答えはイエス。「一一ミリメートル」だ。これが成功と非成功、タイトルとノンタイトルを隔てる距離である。

シティを致命的な敗北から隔てる一ミリ。リヴァプールを決定的な勝利から隔てる一ミリ。すべてを手に入れるか、すべてを失うか。シティ対リヴァプール戦はそういう一戦だった。決勝戦だ。クロップのチームが勝利すれば、それで終わり。ペップのチームが勝利すれば、タイトル争いはまだ続いていく。

両巨頭が激突する二〇一九年一月三日、プレミアリーグは真っ赤に染まっていた。首位は勝ち点五四のリヴァプール、対するシティは四七。クロップのチームは止めようのない無敵のマシンであり、リーグ戦二〇試合を戦って一七勝。強敵のチェルシー、アーセナルとのアウェーゲーム、そしてアンフィールドでのシティ戦の三試合のみ引き分けている。それ以外には勝利を重ね、計四八得点、八失点。優れた守備組織の賜物であり、GKのアリソンと、年間最優秀選手となるDFファン・ダイクの補強の成果でもある。同じ二〇試合で、ペップのチームは偉大なライバルを上回る総得点（五四）を記録しているが、失点も二倍（一六）。「暗黒の一二月」には三試合（チェルシー戦、クリスタル・パレス戦、レスター戦）に敗れてしまったほか、苦い引き分けも二つある。八五分にマフレズがPKを外してしまったリヴァプール戦と、ボリーに手でゴールを決められてしまったウルヴァーハンプトン戦だ。

厳しい寒さとなった一月三日、すべてはクロップのチームに微笑むかのようだった。勝ち点七の差は逆転不可能に感じられ、両チームから受ける印象はまったく別の雰囲気である。トッテナムとチェルシーに肉薄されるシティが沈痛な表情を見せるのに対し、エティハドの入口でバスを降りるクロップの選手たちは喜びに満ちていた。まさに決勝戦となるこの試合に、ペップは非常に慎重な姿勢で臨む。何よりメンディとデ・ブライネが長期離脱しており、ウォーカーも絶不調に陥っているためだ。この頃の定番としていた「3―2―2―3」ではなく、シティはより保守的な「4―3―3」の形を取り、危険なエリアでのボールロストを避けようとする。ダニーロが右SB、ラポルテが左SBを務め、CBにはストーンズとコンパニ。

シルバとベルナルドがフェルナンジーニョの前でＩＨの位置につく。スターリングとサネがそれぞれ利き足側のＷＧに入り、アグエロは偽９番として動き回る。シチズンズのビルドアップは極めて慎重だ。ペップのチームの通常の戦い方とは異なり、両ＳＢは開いたまま、縦には仕掛けない。ベルナルドはＣＢ陣から直接ボールを受ける役割を担う。ダニーロとラポルテが中盤より前に出ることはほとんどない。それほど慎重でありながらもパス成功率は八一％にとどまり、いつもより一〇ポイントは低い。クロップの意図と、彼がピッチの中央地帯に仕掛ける「狼の口」を知るホームチームは、計画的にプレーを両サイドへと向ける。インサイドのベルナルドとフェルナンジーニョを頼りとし、ボールを受けてプレーに連続性を与えるため、下がってくるアグエロへパスを送る。

一七分、リーグ戦のカギを握るプレーが起こった。サラーとフィルミーノの絶妙なコンビネーションから、フィルミーノのスルーパスを受けたマネがシティのエリア内へ抜け出し、ファーポストへのシュートを放つ。ボールがポストを叩いてマネのもとへ戻るまで、五万人のシチズンズサポーターはスローモーション空間の中で数百分の一秒、息を呑んだ。だが間一髪で反応したストーンズが必死にボールをクリアしようとしたところ、ＧＫもボールを確保しようとしていたため、ボールは不運にもそのエデルソンに当たってしまう。守護神の体に跳ね返ったボールは、嫌らしいバウンドでゴール方向へと向かう。体を投げ出したストーンズは、サラーからのプレッシャーを受けながらもボールをクリアできたが、ボールはゴールラインを越えていた。完全に越えたのか部分的なのか、誰にもわからない。不安の募るしばらくの時間を経て、主審はボールがラインを完全に越えてはいなかったことを確認した。あと一一ミリメートルのところだった……。

偽９番の役割を完璧にこなすアグエロは、何度もセンターサークルまで下がって体の正面でボールを受け、ベルナルドが安全に相手陣内まで上がることを可能とする。四〇分、クンはシティでの通算二五〇ゴール目を記録。サネが素晴らしいカウンターを仕掛け、リヴァプールが何度か跳ね返し、最後はベルナルドからのお膳立てをアグエロが活かす。ゴールエルア内にはわずかなスペースしかなかったが、アリソンがニアポスト脇に空けたわずかな穴を通す見事なコントロールショットだった。アグエロ、ベルナルド、サネによるリヴァプール守備陣への見事なプレスが功を奏していたが、後半にはクロップのチームが徐々に優位に立ち、フィルミーノが決めて同点とする。その一七分後、リヴァプールが攻撃につなげようとしていたボールをフェルナンジーニョが奪うとスターリングが鋭いカウンターを発動し、サネがフィニッシュ。シティが勝利を収め、リヴァプールの無敗に終止符を打った。サネは二シーズン半でクロップのチームから四点目を挙げたことになる。

　ストーンズ、フェルナンジーニョ、ダニーロ、サネ、アグエロも素晴らしいプレーを見せていたが、特に印象的だったのはベルナルドのプレーだ。彼ほどの特徴や技術や才能を持ったＩＨが、この夜に最多のボール奪取数を記録したという数字を見るだけでもわかる。フェルナンジーニョよりひとつ多い一〇回のボール奪取を記録し、走行距離はこのシーズンのプレミアリーグ全体で最多記録となる一三・七キロ。才能ある選手が走ってくれるのなら、それは無敵の選手だ。ペップが期待する選手像がこれほど明確になるのも珍しい。天才的な技術と高い戦術理解力を持ちつつ、必死に努力できる力も持っているような選手だ。ベルナルドはまさにその典型である。

八カ月目

（二〇一九年二月、マンチェスター／リヴァプール／ゲルゼンキルヒェン／ロンドン）

二月が始まる時点で、勝ち点差は五ポイント。ここからの一四試合は決勝戦であり、シティがタイトルを防衛したいのであれば、そのすべてに勝たなければならない。ペップは明言している。

「リーグ戦はラスト一〇試合で決まるものだ。リヴァプールはほとんど落とさないだろう。我々がチャンピオンになりたいのなら、残り一四試合、すべてをものにしなければならない」

この挑戦は、過去にイングランドのどのチームもシーズン終盤戦に達成したことのない偉業を実現することを意味する（シティ自身は前年に一八連勝していたが、それはシーズン前半のことだ）。リヴァプールはタイトルへの道をひた走る赤いウサギだが、ペップは銃を構えて彼らを狩るつもりだ。

シティはリーグカップ決勝の出場権を得たため、エヴァートンとのリーグ戦は前倒しされることになり、空いていた水曜日に移された。アーセナル、チェルシーとの厳しい連戦の間に挟み込まれた形だ。この日程変更は、シティとリヴァプールの間に危険なメンタルゲームを引き起こす。二カ月にわたって、両チームの戦い終えた試合数は揃わないことになるのだ。ペップのほうが一試合多く終えたことになる状況もあれば、クロップのほうがライバルより一試合多く消化した状況となることもある。

長いラストスパートは、エメリ率いるアーセナルとの試合で始まる。マンチェスターに乗り込んできたアーセナルは、ラカゼットとオーバメヤンを前線に配した「4―4―2」。ペップは予想外の「4―1―2―3」でこれに対応し、フェルナンジーニョは相手ボール時にはCB、マイボール時にはCHという二役を務める。SB兼IHと同じような動きだが、それをCBが実行する形だ。両サイドにはウォーカーとラポルテが入り、最終ラインでフェルナンジーニョとコンビを組むのはオタメンディ。ライン間のプレーはギュンドアン、デ・ブライネ、シルバに委ねられ、これにより中央のエリアで数的優位を生み出す。両WGのベルナルドとスターリングは逆足側に位置する。

開始わずか四八秒でアグエロが先制点を奪ったが、アーセナルも一〇分後にCKから同点とする。以後はシティがガナーズを圧倒。ギュンドアンはここから数週間の「アリウープ祭り」の幕を開け、アグエロはプレミアリーグで通算一〇回目のハットトリックを達成。後半はシチズンズが一三本のシュートを放って相手に一本も打たせず、完全に試合を支配していた。一方でデ・ブライネが痙攣に見舞われたことは、膝を二度負傷したあと安定を取り戻したとは言い難い彼のフィジカルコンディションを表していた。翌日、リヴァプールはウェスト・ハムとアウェーで引き分け（一対一）に終わった。

シティがグディソン・パークを訪れるのはハイリスクな試合だ。ペップは［3－2－2－3］に戻し、DFはストーンズ、オタメンディ、ラポルテ。中盤のラインではウォーカーがフェルナンジーニョをサポートする。だがフェルナンジーニョに対するエヴァートンのプレッシャーによってシティの意図はことごとく潰され、ペップは対応を迫られることになる。解決策は今回もストーンズだ。二五分以降、イングランド代表DFはフェルナンジーニョが四日前の試合で行っていたことを再現する役割を任される。つまり、チームがボールを持っているかいないかに応じて、CHとCBの二役をこなすことだ。このシンプルな動きによってエヴァートンの戦略はすべて崩れ去る。シティはほとんどゴールを脅かされることもなく、また一勝を挙げた（二対〇）。マンチェスターへ戻るバスの車内では、一試合を多く消化しているとはいえ、順位表の上では勝ち点六五でリヴァプールと並んでいることに誰もが気がついていた。赤いウサギはすぐ近くにいる。

二月一〇日にチェルシーがエティハドを訪れた試合は、リーグの歴史に残るものとなった。六対〇というスコアは、チェルシーにとってプレミアリーグで史上最悪のスコアである（一九九一年にはノッティンガムに七対〇で敗れたことがあったが、まだプレミアリーグ設立前）。アグエロはリーグ一一度目のハットトリックを達成し、あの伝説のアラン・シアラーに並んだ。シティはボールを持っていれば［3―2―2―3］を維持し、相手ボール時には［4―5―1］で守る。わずか二四分の時点でホームチームは四点のリードを積み重ね、もはやすべてが決していた。シティは試合を通してわずか一度の危ない場面しか許さず、ペドロがエデルソンと一対一となったその場面もブラジル人守護神が阻んだ。

FAカップ一六強のニューポート戦は、引いて守るチームに対しては定番の［2―3―2―3］で難なく乗り切る（四対一）。四日後、ゲルゼンキルヒェンのフェルティンス・アレーナを訪れた試合では［3―2―2―3］に変更し、チャンピオンズリーグ一六強のシャルケとの1ｓｔレグに臨む。アグエロ（チャンピオンズリーグのアウェーゲーム七試合連続でゴールを決めた初のプレミアリーグ所属選手となった）のゴールで先制したことも含め、シティにとってすべて順調に進んだが、オタメンディとフェルナンジーニョが立て続けに二本のPKを与えて優位が揺らぐ。六七分にはオタメンディの退場がさらに事態を悪化させたが、数的不利となったことがペップのチームを予想外に好転させる。［4―4―1］の形を取ったシティはサネの決めた鮮やかなFKと、またしてもエデルソンがゴール前から直接供給したアシストをスターリングが決めて勝者となる。ピッチ上ではチーム全員が喜びを爆発させて勝利を祝った。

二月二四日、ペップはお気に入りのウェンブリーを再訪し、シーズン二試合目の決勝戦を戦う。激突するのは前年七月のコミュニティ・シールドと同じ二チーム、チェルシーとシティ。決勝戦開始の三〇分前、シチズンズのドレッシングルームには、オールド・トラッフォードに乗り込んだリヴァプールの結果が伝えられた。クロップのレッズはスコアレスドローに終わり、リーグ戦は試合数が並んでわずか一ポイント差（六六と六五）というのが実際の状況となる。

人は成功からも失敗からも学ぶものではあるが、大小を問わず敗北からこそ学ぶことのほうが多い。傷を負うからこそ、自分が何をしたのか、なぜその致命的な失敗を犯したのかを反省し、学ぶことを強いられる。それこそが、サッリという知将がこの二週間に行っていたことだ。エティハドで味わわされた〇対六の大敗は彼の攻撃意識を傷つけ、サッリはケパ・アリサバラガの守るペナルティエリア周辺を自軍の選手たちで固めることを決めた。チェルシーがゴール前に「サッリ・バス」を停車させ、この新たな決勝戦に臨んだことによって、シティのシュート数は抑え込まれ、枠内シュート数はいつもの見慣れた平均値とはかけ離れたわずか三本にとどまる。当然ながらその代償として、チェルシーは相手の脅威となることを放棄し、エデルソンの守るゴールの枠内には一本のシュートを打つこともできない。ロンドンのチームは内側のパスコースをすべて塞いでおり、要塞の中に入り込むごく小さな隙間すらも見つけるのは非常に困難となった。フェルナンジーニョとラポルテは負傷してしまい、ペップのチームは延長戦になってようやく本格的なゴールチャンスを迎えたものの、結局スコアは試合開始から動かないまま一二〇分間を終えた。ケパがサッリに反抗し、足の筋肉に違和感を抱えながらも控えＧＫカバジェロとの交代を拒否したのも延長戦中（一一八分過ぎ）のことだった。ＰＫ戦が始まるといきなり、ジョルジーニョのシュートをエデルソンがストップ。その五本あとにはケパがサネを止めたが、続いてダヴィド・ルイスのシュートはポストを叩き、シティがタイトルを防衛した。シティの歴史上、防衛することに成功した初めてのトロフィーだった。また、チームはこれでＰＫ戦に六連勝。コンパニ、シルバ、アグエロ、フェルナンジーニョにとっては四度目のリーグカップ優勝であり、ペップは一二のカップ戦を戦って一一回優勝、監督として通算二六個目のタイトル獲得となった。

　シティとチェルシーはこのシーズンに四回対戦し、ペップのチームは計八得点を奪って二失点という成績。二つのタイトルを争って両方を手に入れた。だが一方でサッリのチームは二試合でシティを完封することに成功しており、守備の組織力が非常によく示されている。

プレミアリーグで二週間半試合がなかったシティは、ウェスト・ハムに勝利（一対〇）を収めて二月を締めくくる。アウェーチームのゴールを守るファビアンスキが輝いた試合だった。追撃は続いていく。同じ試合数を戦い終え、リヴァプールが勝ち点一差（六九と六八）を守っている。

九カ月目

（二〇一九年三月、ボーンマス／マンチェスター／スウォンジー／ロンドン）


三月三日、リヴァプールは狩られた。

ハウはシティに楽な戦いをさせてはくれなかった。シーズンを終えるまでほとんどすべての対戦相手が同じではあるが、ハウの率いるボーンマスも極めて守備的なゲームプランを練り、スペースを閉じて大量失点を回避しようとする。実際にそういったチームの多くは成功し、ペップのチームの得点数は減少するものの、それでも勝ち続けることに変わりはなかった。例えばボーンマスは［5―4―1］で立てこもり、シティは支配率八二％、パス八一一本、そのうち成功七三五本、シュート二三本と完全に圧倒しながらも、マフレズのゴールで一点差勝利を収めることしかできなかった。試合は完全に支配され、ホームのボーンマスはシュート一本さえも、エデルソンの守るゴールから外れるシュートすらも打つことができない。それが当たり前となりつつあった。プレミアリーグの直近五試合で、シティは相手にわずか八本のシュートしか許していない。ペップはそのことが何よりも気に入っており、こう話してくれた。

「我々にとって今年最高の試合のひとつだった。相手にシュートを一度も打たせなかったことが私としてはうれしい」

試合のペースは途切れることなく、選手たちに負担をかけ続けている。ストーンズは膝を負傷し、四月までの離脱。デ・ブライネはハムストリングの肉離れでピッチをあとにし、月末までプレーすることができない。ブランチャルトは不安げな様子を見せた。

「ここ一週間は異常なペースだった。六日間で三試合を戦い、しかもひとつは延長戦だ。誰もが疲労困憊で、負傷につながっている。それでも我々は、すべてを狙っていく」

翌日、三月三日の昼過ぎには、ここまで来ればさらなるサプライズが起こらないとは誰にも言い切れないものの、プレミアリーグのタイトルの行方は決したと見られる状況となる。グディソン・パークで行われたリヴァプールダービーは、両チームともにほとんどチャンスのない（枠内シュートは三本ずつ）スコアレスドローに終わった。ペップの側ではこのドローを、ほとんど自分たちの勝利のように祝った。彼のチームは、同じ試合数を終えてすでに首位に立っている（勝ち点七一と七〇）。わずか二カ月でシティはリヴァプールより八ポイント多く積み上げ、新年の時点では絶望的かに思われた状況をひっくり返したのだ。だが事態を一変させながらも、まだすべてが終わったわけではないことを誰よりも理解しているペップは冷静な様子を崩さない。

「満足してはならない。まだ九試合も残っている。チャンピオンになるための道のりはまだまだ長い」

フェルナンジーニョは三月いっぱい欠場することになる。代わってギュンドアンがＣＨのポジションを務めると、シチズンズのプレーの流動性は大幅に向上した。実際のところギュンドアンは、シーズンを終えるまでに何度も自己最高のパフォーマンスを披露してみせた。守備面での信頼性はフェルナンジーニョには及ばないものの、プレーの指揮と非凡なラストパスの面ではまさにトルコ系ドイツ人ＭＦの独演会となり、相手守備陣を混乱に陥れる「アリウープ」を連発していく。ギュンドアンへの守りを固めるため、ペップは彼に二人の「ボディガード」をつけた。三月を通して［2―3―2―3］を採用し、彼の両脇にウォーカーとジンチェンコを配置。ジンチェンコはデルフを抑えて左SBのポジションを完全に自らのものとした。

ワトフォード戦（三対一）ではシルバとベルナルドが躍動し、それに助けられたスターリングはわずか一三分間でハットトリックを達成。続いてチャンピオンズリーグでシャルケを迎える試合は、コンパニ、メンディ、デ・ブライネ、フェルナンジーニョ、ストーンズが負傷、オタメンディが出場停止と欠場者が続出。DFラインではダニーロが、チェルシー戦での負傷から復帰したラポルテとコンビを組む。ギュンドアンのパフォーマンスは、CHとして稀に見る高みに達している。シティはシャルケを圧倒し、チャンピオンズリーグでドイツ勢史上ワーストとなる大敗（七対〇）を喰らわせた。トータルスコアは一〇対二となり、イングランドのチームにとってチャンピオンズリーグ新記録であり、ドイツ勢にとっては過去最悪の敗戦となる。この試合で三アシストを記録したサネは、フランク・リベリが二〇一二年以来保持していた記録に並んだ。

一〇カ月目

（二〇一九年四月、マンチェスター／ロンドン／バーンリー）

栄光から地獄への道のりを歩むには、どれくらいの時間がかかるのだろうか。

正確に言えば一分と七・四二秒である。これが恍惚から落胆へ、歓喜の絶頂から完全なる挫折へと至る正確な所要時間だ。

一分七秒の時間が運命を分け、シティはチャンピオンズリーグの準決勝に再び進むことができなかった。決定的なゴールの叫び声から、VARにより得点が無効とされるまで六七秒だった。

この劇的な一分間を過ごす前に、ペップのチームはクロップのリヴァプールと果てることのない争いを続けていた。リヴァプールは勝ち点二をリードしているが、一試合を多く戦い終えているため見かけ上の差にすぎない。競り合う両チームはどちらも四月を通して星を落とすことはない。シティにとっては、カーディフ戦でのプレー中にジンチェンコがハムストリングを痛めたことが大きく響いてくる。代わって起用されるのはメンディとデルフだが、満身創痍のメンディは再び膝の関節鏡手術のため手術室に戻ることになり、デルフのパフォーマンスは物足りない。ほんの三週間の離脱ではあるが、ジンチェンコの不在は決定的な意味を持つことになる。このウクライナ人はシルバ、サネ、スターリングと強力な連係を形成し、彼の存在がプレーの流動性を高めていたからだ。

プレミアリーグでカーディフ、カップ戦の準決勝でブライトンが築いた壁は互いに酷似していた。どちらも［4―5―1］の陣形で、インサイドのパスコースをすべて塞ぎ、徹底的に引いた守備からボールを奪ってカウンターのチャンスを窺う。大差はつけられなかったとはいえ、シティはどちらの試合にもさほど苦しむことなく勝利を収めた（二対〇、一対〇）。

四月九日、チームは改築されたホワイト・ハート・レーンを訪れる。チャンピオンズリーグでのトッテナムとの対戦に向け、シティはチーム編成を変更。ベルナルド、ジンチェンコ、メンディが負傷離脱し、デ・ブライネとストーンズも痛めている状況で、指揮官はリヴァプールとの二試合と同様に慎重に試合をコントロールする選択を取った。クロップのチーム相手に好成績を収められたことを裏付けとして、またポチェッティーノ率いるスパーズの力強さへの警戒も込めて、ペップはサネとデ・ブライネをベンチに残す。五日後に迎えるリーグ戦の重要な一番、クリスタル・パレス戦に向けた温存策だ。ペップはチームを

［3―3―2―2］に配置。メンディに負傷が相次ぐ前にかつて構想していた形である。最終ラインはウォーカー、オタメンディ、ラポルテが形成。中盤でプレーするのはギュンドアン、フェルナンジーニョ、デルフ。マフレズとシルバはライン間を動き、アグエロとスターリングは最前線に残るが、左右非対称の配置となる。ペップの狙いが「何も起こさない」ことだったとすれば、九〇分間の大半はその通りになった。最終的な数字を見れば、シティの枠内シュートはわずか一本、スパーズも二本だけ。リスクもチャンスもほとんどなく、二つのミスにより決定づけられた試合だった。一二分にはアグエロがPKを失敗。ペップとしては、過去にメッシとミュラーが同じミスを犯してバルセロナとバイエルンのチャンピオンズリーグ準決勝敗退につながったことを思いだし、表情が引きつる場面だった（※九）。そして七七分、デルフが過信からミスを犯し、ソン・フンミンにこの試合唯一のゴールを許してしまう。シティとしては本来の姿を捨ててまで慎重に戦いながらも、つまらない試合の末に残念な結果となった。もちろん、アグエロがPKを決めてさえいれば試合後の感情は逆になっていただろうが。

ホジソンのクリスタル・パレスに対する恐怖心は、過去の戦績の悪さに起因している。前シーズン、シティはセルハースト・パークでスコアレスドローに終わり、一二月にはマンチェスターでパレスが勝利を収めていた。フェルナンジーニョがまたも欠場を強いられ、ギュンドアンが見事に代役を務める。メンディはチームに戻ってきたが、一〇分で息が切れてしまった。ベンチからは力をセーブするよう指示が出され、メンディは出来る限りのことはやったものの、完全に疲労困憊して試合を終えた。それでも彼は際立つ奮闘を示し、三日後にも欧州に舞台を移してトッテナムとの第二戦を戦うことになる。パレスに対しては、エデルソンの壁の置き方がよくなかった直接FKから一点を奪われたものの、その前にスターリングの二得点でリードを奪っていた。さらにジェズスが決定的な三点目を加える。四月一四日の時点で、シティはシーズンを通して一四〇ゴールを記録。サネは一見したところ低調なシーズンを過ごしているように見えながらも、すでに一七アシストを重ねている。

敗北に等しい勝利というものもある。

四月一七日はこの年最も重要な試合のひとつ。シティはトッテナムを四対三で撃破したが、アウェーゴール数の差によりチャンピオンズリーグ敗退に終わった。1stレグでアグエロの失敗したPKが、この夜になって大きな意味を持つことになる。両チームにとってまさに夢のような一戦でもあった。

ペップは全身全霊で挑み、その時々の戦況に合わせてチーム構造を変えていった。リードされているスコアのときには完全に攻撃的な［2―3―5］へ変化させ、リードしている状況では［4―2―3―1］の配置を取る。まずは四分にスターリングのゴールで先制。今や彼にとっての代名詞となる形でアウトサイドからエリア内へ切り込み、ファーポストへ突き刺すフィニッシュだった。だがこの予測不可能なスポーツではよくあるように、最高のスペシャリストが自分の得意な分野で失敗を犯してしまう。ラポルテはシーズンを通して最も安定したDFであり、安心性を体現する存在であり、難攻不落の壁であったが、わずか三分間で立て続けに二つのミスを犯してソン・フンミンに逆転の二得点を許した。

シティは諦めるどころか、追いついて逆転することにまで成功する。ベルナルドが決めて二対二の同点としたとき、試合はまだ一一分。目まぐるしい狂乱の前半はそのままのスコアで折り返した。六〇分を迎

※九　二〇一二年四月二四日、カンプ・ノウでのチェルシー戦で獲得したPKを、メッシはチェフの守るゴールのクロスバーに当ててしまう。チャンピオンズリーグ準決勝2ndレグの四八分、この時点でバルセロナは二対一とリードして試合を支配していた。1stレグに〇対一で敗れていたバルサは、このゴールを決めれば優位に立てていたはずだったが、結局敗退に終わる。一六年五月三日のアリアンツ・アレーナでは、ミュラーがオブラクの守るゴールへPKを放つ。これもチャンピオンズリーグ準決勝の試合であり、同じく1stレグではアトレティコ・マドリードが一対〇で勝利していた。バイエルンはPKを獲得した三一分の時点で一対〇とリード。決めていれば大きな勝ち越しゴールとなるはずだった。四年前と同じく、ペップのチームは決定的なPK失敗により敗退することになった

えるまでにスターリングとアグエロが決めて四対二とし、そのままならシティが準決勝行きのチケットを手にする。ギュンドアンがCHとして、デ・ブライネとベルナルドがフリーマンとしてさえわたっていたが、CKからジョレンテが決めたゴールにより再びチケットはスパーズの手中に（※一〇）。シティの最後の猛攻も四対三の最終スコアを変えることはできず、アウェーゴールのルールによりトッテナムがこのラウンドの勝者となった。九二分二五秒にはスターリングが奇跡のゴールを挙げたかと思われたが、スタジアムには爆発的な歓喜のあと深い失望が訪れる。一分七秒間のうちに、審判団が確認を行ったあと、アグエロのオフサイドによりゴールは無効とされた。

シチズンズの落胆は計り知れない。意気消沈し打ちひしがれた選手たちは、体を動かす気力もないまま一時間近くドレッシングルームで塞ぎ込んだ。ペップは呆然としている。チャンピオンズリーグの夢が絶たれただけでなく、チームの士気を下げ、まだ二つ残っているタイトル争いからも脱落しかねない痛手を負ったからだ。一分足らずで、栄光から地獄へ……。

落胆が広がるムードの中、エティハドには三日後にも同じ相手がやって来る。再びポチェッティーノ率いるトッテナムと、今度はプレミアリーグの試合だ。この奇妙で難しい試合を戦うため、ペップは戦い慣れた［3―2―2―3］に戻す。両チームにとってやりにくい試合だった。シティは痛手を引きずっているため、スパーズは手に入れた喜びに浮かれているためだ。シティにとってはリーグタイトルのかかる一戦。リヴァプールとの差はわずか一ポイントであり、引き分けることすら許されない。ペップは若きフォーデンをIHに抜擢し、そのフォーデンが四分にこの試合唯一のゴールを決めた。以降はホームチームの攻撃とアウェーチームのカウンターが続けられていく。特に何も起こることはなかったが、デ・ブライネがまたも筋肉を痛めてしまう。シーズンを通して、ピッチ上で過ごすより病院で過ごすことのほうが長くなってしまった。アイドル選手の負傷は、チームの動脈を流れる疲労感を悪化させるものでしかない。この四月二〇日の試合は、精神的な意味で言えば、おそらくシティにとってシーズン全体で最も難しい試合だっただろう。

そして目前には、もうひとつの「マッチボール」が迫る。ペップのチームは街から出る必要もない。延期されていたシチズンズの試合を消化するため、四月二四日にはマンチェスターダービーが組まれているのだ。チームはチャンピオンズリーグ敗退後に陥った「ブラックホールのメンタル」から抜け出せるのだろうか。

ダービーの前半は非常によくなかった。緊張の塊だったシティは試合をコントロールできず、パスミスを繰り返し、わずか八五％というパス成功率で前半を折り返す。決勝戦らしい緊迫感が伝わってくる。五〇分にはフェルナンジーニョが膝を負傷し、これで完全にシーズンを終えることになってしまうが、交代で投入されたサネがチームと試合のリズムを変える。サネは試合の単調さを打破し、悲観的なムードを払拭してみせた。オールド・トラッフォードのピッチ上を自在に飛び回り、自信とプライドをチーム内に広げて伝染させていく。ギュンドアンがＣＨのポジションへ戻らざるを得なかったこともプレーのダイナミクスを変化させ、より速く正確で深みのある戦いが再び見られるようになった。変化はあまりにも劇的であり、すぐにベルナルドとサネのゴールという形で結実する。ペップはオールド・トラッフォードで三連勝を飾った初の監督となり、シルバにとっては歴代最多記録の六勝目。シティはカウンターからのゴールをますます増やしており、またダービーでの二得点によりイングランドのチームによる年間最多得点の歴

※一〇　ジョレンテはＣＫからのボールを右肘で決めたが、トルコ人主審ジュネイト・チャクルはＶＡＲでプレーを確認したあと得点を認めた。違反を明らかに示すテレビ映像は主審に見せられていなかった

代記録を更新。計一五七ゴールで、ペレグリーニが率いていた二〇一三―一四シーズンのシティを一点上回った。

悲観の深海を漂った一週間を終え、ペップは幸福を手にオールド・トラッフォードをあとにする。「このチームは恐ろしいほどの精神力を持っていることを示した。チャンピオンズリーグでのショックは信じ難いほど大きく、次のトッテナム戦は勝ったとはいえ良いプレーができたとは言い難い。今日の選手たちは非常に大きな重圧の中でも素晴らしい勝利を挙げてくれた。オールド・トラッフォードで三連勝というのは素晴らしい成功だ。私はこの選手たちを最大限に称えたい。今は落ち着いて、新聞も読まずテレビも見ず、休み、食べ、眠らなければならない。そして残る四つの決勝戦へ向かう」

一一カ月目

（二〇一九年五月、マンチェスター／ブライトン／ロンドン）

プレミアリーグは残り二試合、タイトルを争う両チームはどちらも非常に危険な試合を迎える。アウェーでニューカッスルと対戦したリヴァプールは、あと一歩でまたも失態を犯すところだった。二度のリードを奪いながらも、そのたびにベニテスのチームに追いつかれてしまうが、八六分のオリジのゴールによってクロップは何とか勝利を手に入れた。三七試合にわたって苦しみ抜いてきたリヴァプールには、まだ望みがある。翌日にはシティが、ペップの「天敵」レスターを迎え撃つためだ。エティハドでのシーズン最終戦となる。赤いウサギがニューカッスルでつまずくことをシチズンズが期待していたのと同じように、リヴァプール側も狩人が足を滑らせてくれるのを待ち構えている。

シーズン終盤のこの時期、ペップはほとんどチームに変化を加えない。最も調子の良い一一人がプレーすることになる。コンパニがラポルテのパートナーとしてDFラインで不動の存在となり、オタメンディはおろかストーンズもベンチに置く。ウォーカーとジンチェンコはSBとして不動。CHのギュンドアン、IHのシルバも同じだ。逆足WGのベルナルドとスターリング、トップのアグエロも動かしようがない。実際のところ、チームは試合ごとに一人だけ選手を入れ替えるのがお決まりとなっていた。右インサイドのポジションだ。デ・ブライネが不在の中、ペップはこのポジションでチームにバリエーションを加える。レスター戦では「目に入れても痛くない」フォーデンがまたしても選ばれた。

レスターには、ロジャーズが描いた非常に緻密なゲームプランがある。シティの邪魔をすることなくボールを回させるが、中盤まで来たところでヴァーディー、ディディ、ティーレマンスの三人がボール保持者を取り囲む。ボールを奪うたびに、このシーズンに飛躍した選手の一人であるマディソンから正確なパスが繰り出され、カウンターを狙っていく。GKシュマイケルの守るペナルティエリアにシティが近づいてくれば、狙われる可能性のあるスペースを九人の選手がことごとく埋めてしまう。ペップのチームは、重圧からプレーに正確性を欠きながらもたびたびチャンスを生み出し、アグエロのヘディングがポストを叩くシーンもあった。成果が報われぬまま時間が経過していくことに業を煮やしたペップは、五六分にフォーデンに代えてサネを投入し、アグエロの後ろのインサイドエリアでスターリングをセカンドトップとして自由に動かす。ほんの数分のうちに非常に危険なプレーが二度生まれた。マグワイアのカウンターからマディソンの放ったシュートはエデルソンのポスト近くに外れ、反撃としてアグエロが至近距離から放ったシュートはシュマイケルが止めてみせた。シティには時間切れが迫り、赤いウサギが手の中から逃げ去っていく……。

そのときだ。誰一人予想していなかったまさかの形で、キャプテンにゴールが生まれる。時間は七〇分。

エデルソンを除く選手全員が、相手エリア側の三〇メートルの範囲に集まっていた。コンパニはもう五年以上も、エリア外からシュートを放ったことがなかった（※一一）。その位置から最後にゴールを決めたのはもう一二年以上も前のことだ（※一二）。だがそんな記録を持つキャプテンが、レスターの警戒が甘いピッチ右側のレーンから上がっていく。彼のことは誰もが知っている。シュートを狙ってくることはないとわかっている。チームメートたちもわかっている。「やめろ！　血迷うなヴィニー！　打つな！」と、アグエロは叫ぶ。相手チームもわかっており、マディソンもディディも止めようとはしない。キャプテンは迷わず前進し、シュートを打つと見せかけてさらに二歩前へ……そして、最も予想外のことが起こる。コンパニが、三〇メートルの距離からシュートを放ったのだ。足の甲にしっかりと乗せたシュートは、ボールに信じられない力を与え、唸りを上げながらゴールネットに突き刺さる。

エティハドでのシーズン一〇〇ゴール目であり、スタジアムの歴史上九〇〇ゴール目。チームはまたも熱狂に取り憑かれた。ペップも含めた大勢が「やめろ！　ヴィニー！　打つな！」と、叫んでいた声は、のちに何度もジョークのネタにされることになる。この結果はシティのタイトル獲得をほぼ決定づけるものとなるが、元シティのＦＷイヘアナチョが決定的なシュートを大きく外す場面もあり、試合を終えるまで気を抜くことはできなかった。

主将コンパニが長年の無得点記録に終止符を打ち、エティハドでのシーズン最終戦は忘れがたいものとなった。シティは二シーズン連続で、リーグ内の他の一九チームすべてに少なくとも一度は勝利することに成功し、プレストンが一九世紀に残していた記録に並んだ。

五月一二日の英国時間一六時、さまざまな意味で歴史的なシーズンとなったプレミアリーグが幕を閉じる。リヴァプールはウルヴァーハンプトンに二対〇で勝利し、アメックス・スタジアムを訪れたシティはブライトンを四対一で粉砕。アグエロはプレミアリーグで五シーズン連続二〇得点以上を挙げ、絶頂期のティエリ・アンリが二〇〇一年から〇六年にかけてアーセナルで達成していた記録に並んだ。ブライトンが引いて守ることが予想されたため、ペップはスターリングを右IHに、ベルナルドとマフレズをWGに起用。今季全体を象徴するかのように、二六分にはCKからマレーのゴールでホームチームに先制を許して心許ない時間を過ごしたが、六〇秒後にはアグエロが同点とし、さらに一〇分後にはラポルテが逆転弾を決める。マフレズとギュンドアンも決めてタイトル防衛を確定させた。狩人は赤いウサギを最後の最後に仕留めてみせた。

しかし、シーズンは終わっていない。ほんの数カ月で六回目となるウェンブリー訪問で、シティは六勝目を挙げる。FAカップ決勝でワトフォードに六対〇の勝利。ペップはまたも［3―2―2―3］で、ここ数週間と同じ先発メンバーを起用した。右インサイドにはベルナルド、同サイドのWGにはマフレズ、最前線のFWとしてはジェズスがプレーする。ウェンブリーの爽やかな午後、デウロフェウの鋭いカウンターからペレイラが放った至近距離のシュートをエデルソンが弾き返すと、ワトフォードは精神的に切れてしまった。そこからは試合を終えるまで、他には一本のシュートを放ったのみ。ペップのチームは一一本を放って六ゴールを挙げ、一九〇三年決勝（ベリー対ダービー）の歴史的記録に並んだ。そのうち二点は電光石火のカウンターから決めたものだった。

一五連勝（プレミアリーグ一四試合とカップ決勝）という偉業を達成し、ペップにとって忘れがたいシーズンが幕を閉じた。アウェーゴールの差で敗退となったチャンピオンズリーグを除いて四つのタイトルを獲得。六

※一一　コンパニが前回エリア外からのシュートを放ったのは二〇一三年一二月、シティ対クリスタル・パレスの試合だった
※一二　コンパニは二〇〇七―〇八シーズンのブンデスリーガで、ハンブルガーがデュイスブルクを破る決勝ゴールを三七分に記録。〇七年一〇月二八日のことだった

一試合で五〇勝（他にPK戦で二勝）を重ね、一六九ゴールを奪って失点はわずか三九。そしてもうひとつ素晴らしい記録を塗り替えた。リーグ戦の勝率八四・二％という数字は、ペップの一〇年間の監督歴の中でも断然の最高成績である。

ヒルトンでのパーティー

シーズン四つ目のトロフィーとなるFAカップを掲げた二時間後、チームはレイクサイド・ウェイを通り、ウェンブリーの入口に屹立するボビー・ムーアの銅像からわずか四分の距離にあるヒルトン・ホテルの裏口に向かう。ペップにとって縁起の良いスタジアムでシーズン六度目の勝利を挙げた選手たちは、トロフィーを抱えている。疲労の大きさからか、ガレージから祝勝パーティーの開かれるホールへ向かうエレベーターを共にした彼らは、ほとんど談笑することもなかった。四つのトロフィーをスポンサーや友人たちに披露し、シャンパンとカナッペで業績を祝いながら一緒に写真を撮り合う。

ペップは喜びに浸っていた。彼の選手たちが見せてくれた戦いぶりについて、スピリットについて、最後の一息まですべてを懸けて勝負を続けてくれたことについて熱く語る。ホールの中央ではアル・ムバラクが指揮官に賛辞を送り、さらなる成功を約束する。ペップの父親バレンティ・グアルディオラはファンから写真撮影を求められ、子どものように楽しんでいる。

あまりにも疲労が大きかったため、祝賀会は一時間足らずで切り上げられた。翌日にはマンチェスターの街中で盛大なパレードが行われる。そしてわずか七〇日後には、イングランドサッカー界がまたもシチズンズ一色に迫るのを阻もうとする、より強力でより攻撃的な相手との戦いが戻ってくる。ペップはチャンピオンズリーグでやり残した宿題にも再び直面する。メンバーはほとんど変わらないが、すでに素晴らしい彼らのパフォーマンスをさらに向上させ、もう一歩前へ進めたいと考えることだろう。

欧州の大会はイングランド勢が完全に支配していた（※一三）。新たなイングランド王者にもちろん休息はない。

※一三　クロップのリヴァプールはポチェッティーノのトッテナムを二対〇で下してチャンピオンズリーグ優勝。ヨーロッパリーグではサッリのチェルシーがエメリ率いるアーセナルを破った（四対一）

〈2018-19シーズン〉

	試合	勝	分	敗	得点	失点	順位
プレミアリーグ	38	32	2	4	95	23	優勝
FAカップ	6	6	0	0	26	3	優勝
リーグカップ	6	4	2	0	16	1	優勝
コミニュティ・シールド	1	1	0	0	2	0	優勝
チャンピオンズリーグ	10	7	1	2	30	12	ベスト8
計	61	50	5	6	169	39	

◆シーズン勝率：82％

◆プレミアリーグ勝率：84.2％

◆シーズン得点率（1試合あたり）：2.77点

◆プレミアリーグ得点率（1試合あたり）：2.50点

◆シーズン失点率（1試合あたり）：0.64点

◆プレミアリーグ失点率（1試合あたり）：0.60点

◆シーズン得失点差：＋130

◆プレミアリーグ勝ち点：98ポイント

◆プレミアリーグポスト直撃シュート：21本（うちアグエロが8本）

◆シーズンボール保持率（1試合あたり）：67.4％

◆プレミアリーグボール保持率（1試合あたり）：67.9％

◆シーズン最高ボール保持率：82％（対ボーンマス、2019年3月）

◆シーズン最低ボール保持率：49.6％（対リヴァプール、2019年1月）

◆シーズンパス本数（1試合あたり）：699本

◆シーズン最多パス本数：872本（対ウルヴァーハンプトン、2019年1月）

◆シーズンパス成功率（1試合あたり）：89％

◆シーズンシュート数（1試合あたり）：18本／枠内7本

◆シーズン被シュート数（1試合あたり）：6.2本／枠内2.1本

◆プレミアリーグ最多連勝：14連勝

◆シーズン最多得点：32点／アグエロ（プレミアリーグ21点）

◆シーズン最多アシスト：17回／サネ（プレミアリーグ10回）

◆シーズン最多試合出場：55試合／エデルソン（プレミアリーグ38試合）

◆シーズン最多得点試合：9対0（対バートン）

◆シーズン最多失点試合：0対2（対チェルシー）

四年目　二〇一九―二〇

ディナーと葬儀

ディナー一：ペップ邸にて〜職人

（二〇一九年八月一八日、マンチェスター）

彼はマンチェスターを足元に見下ろしている。

単なる比喩ではない。フラットの大きな窓から、ペップはマンチェスター全体を見渡せる。左手には大聖堂と、静かで緩やかなカーブを描くアーウェル川、少し先には国立フットボール博物館があり、足元にはディーンズゲート通りが伸びているほか、鋭く描かれたラインが街を横切り、四六時中賑やかで慌ただしい大動脈が姿を現す。その通りに面した一四階で、ペップは未来に乾杯し、マンチェスターには夜を告げる緞帳が下りようとしている。八月だというのに今日も、この街から決して離れられない「三人の親友」である雨、風、寒さに見舞われた一日であった。

彼は、ファーガソンが「騒がしい隣人」と呼んだシティのリーダーである。リュックいっぱいの希望を携えてやって来たこの街を、今では展望台から見渡している。この三年間でシティサポーターはすでに、七つの新たなトロフィーの獲得を祝うことができた。二シーズン目に獲得した二つのタイトルに加え、昨季は四つを追加。そして二週間前にはリヴァプールを破ってコミュニティ・シールドを勝ち取った。タイトルを狙う以上に、ペップは選手たちのプレー内容を気にかけている。昨日はリーグ第二節の試合でトッテナムに勝つことができなかった（二対二）が、彼のチームは三〇本のシュートを放ち、スパーズはわずか三本。スパーズが相手エリア内で五本のパスしか出せなかったのに対し、シティは五二本だった。ゲームを支配することが勝利とイコールではないサッカーというスポーツでは、よく発生するパラドックスである。もどかしい現象ではあるが、ペップは自らのチームのプレーが完璧であるよう取り組む。職人的な完成度を追求する道を歩み、自分自身と戦っているのだ。

「昨日のゲームにはとても満足している。我々がここに来て以来、最高の試合ができた。三年を経てお互いのことがよくわかっており、一人ひとりが自分の成すべきことを知っている。素晴らしいポジショナルプレーができている。あれほどのプレーができたことはバルサ時代以来なかったことだと思う。昨日はトッテナムをしっかりと支配していた。七対二で我々が勝っていてもおかしくない試合だったことは、スパーズのファン全員がわかっていると思う。フィニッシュのチューニング精度を高められれば、今季はうまくやれるだろう。運にも恵まれたなら、チャンピオンズリーグでも同様の結果を得られるはずだ」

私が彼の家に着くと、ペップはキッチンの簡素なスツールに座り、ノートパソコンで昨日の試合を何度も見返していた。アシスタントたちの用意したビデオクリップを何度も見返し、一人、あるいは二人の選手に焦点を当て、その作業の繰り返しから何か小さな結論を引き出していく。

「我々はとても良い試合をした。うまく攻撃を繰り出し、ボールロストにしっかりと備えていた。両ＳＢがインサイドにいることで非常に助かるが、左右非対称（ジンチェンコは中、ウォーカーは外）でなければならない。ここまで来ればもう全員が何をすべきかわかっており、ポジショナルプレーが各選手のパフォーマンスを高めていく」

クライフが彼に教えたように、常にはるか先を見据えなければならない。彼の視線は、マンチェスターの霧に覆われた地平線の奥、かろうじて垣間見えるブリッジウォーターの赤みがかった工業倉庫群に迷い込んでいる。彼に取り憑いて離れない古いテーマが、静かに蘇ってくる。栄光に満ちた夜にもかろうじて指でかすめることしかできなかった、あの完璧な卓越性の追求というテーマが。

「リーグ二連覇を飾った今、私にとって何より重要なことは、良いプレーの遺産を築くことだ。昨日見せられたような、人々を興奮させるプレーだ。これが私の遺していくものとならなければいけない」

一言で表そうとするなら、ペップはサッカーの職人だと言えるだろう。職人的な完璧さを求めている。彼の中に、卓越性の追求に優る問題はない。どんな運命にも立ち向かい、サッカーの持つ不確実性の表出を最小限に抑え、そして栄光を勝ち取ることを可能とする、プレーの完璧なる調和を見出すことだ。

リチャード・セネットが確立した定義は、彼の性質によく一致している。「クラフツマンシップ(職人的技能)とは物事をうまく行う能力であり、我慢強く基本に忠実な人間的衝動だ。仕事をそれ自体のために立派にやり遂げたいという願望のことだ」(※一四)。セネット以前にも、プラトンは卓越性のパターンについて、「品質への希求が職人を進歩させ、できるだけ少ない労力でこなすのではなく、向上する原動力となる」と、表現していた。ペップはサッカーに、そのプラトン的な情熱を感じている。

すべての職人的技能は、高度に発達した能力の上に成り立っている。ペップの最も特殊な能力は、相手を読み解く技術、未来を観る眼である。彼は相手チームの微細な行動を分析し、自分のチームにとって危険をもたらしたり有利につながったりする行動や位置や関係性のパターンを見つけ出すまで、途方もない時間を費やすことができる。この翌日、彼はマフレズやフォーデンやデ・ブライネと話をし、相手守備陣の弱点はどこにあるのか、あるいは特定のプレーに直面した際に具体的にどう対応するのか、どのように攻撃を仕掛ければ成功するのか、相手守備陣の小さな癖をマフレズが利用できるようにするためにはデ・ブライネがどのような作戦で相手を欺くべきか、といった点を細かに説明することになる。ペップは相手のミスや欠点、振る舞いのエッセンスを抽出し、それを小さな瓶に詰めて選手たちに配る。「ペップは何が起こるのか言ってくれる。そしてそれが起こる」と、メッシが簡潔な言葉で言い表したことがそれだ。

これこそが職人性の真髄である。相手のごく小さな行動を読み解き、それを用いて自らのチームに実質的な優位性を築くことだ。

卓越性を求める者は過度に野心的であったり対立姿勢であったりするのが一般的なパターンであり、それはしばしば職人性と衝突する。何かをただ純粋にうまくやり遂げたいと望んでいようとも、競争のもたらす重圧や、フラストレーションや強迫観念がそれを妨げることもある。「クラフツマンとしては、能力不足によって失敗するよりも、強迫観念を統制できないことにより失敗する可能性のほうが高い」（セネット）。これもまた、ペップに見られる紛れもない特徴である。彼の強迫観念が多くの問題を引き起こしているのだ。英国人はペップのこの強迫観念を「オーバーシンキング」、つまりひとつの試合に対して考えすぎであると表現した。しかしセネットが論じるように、それは避けられない強迫観念なのだ。「職人の品質への欲求は、動機づけを危うくする。完璧なものを達成しようとする強迫観念は、仕事そのものを台無しにしてしまうかもしれない」（※一五）

そして、高名な建築家レンゾ・ピアノが書いたように、あらゆることを熟慮しなければならないのが職人の仕事の本質である。

「職人的アプローチにおいて、非常に典型的なものが循環性だ。考えると同時に作る。描いて、作る。描いたものは……修正される。作って、作り直して、また作り直す」（※一六）

サッカーにおけるペップもこの通りだ。やって、やり直して、また創り直す。確かに考えすぎて失敗することもあるが、その卓越性への執着こそが彼を非凡な職人としたことに誰も異論は唱えないだろう。

彼のワインに関する能力についても同じことが言えるわけではない。数カ月前にある客からプレゼントされたボトルを開けようとして、結構な時間がかかっている。シャトー・クラーク・バロン・エドモン・

※一四　リチャード・セネット『クラフツマン』Anagrama, Barcelona, 2009 (p.20)
※一五　同上（p.21）
※一六　エドワード・ロビンス『なぜ建築家は描くのか』Cambridge, Mass., MIT Press, 1994 (p.126)

ドゥ・ロートシルト・リストラック＝メドックの一九八四年ものという楽しみなワインだが、コルクの状態が悪く、開栓は容易ではなくなっている。南米でサッカークラブのディレクターをしているジョアン・パッツィは丁寧に開けるようアドバイスするが、ペップは栓に無理な力をかけたことからコルクがひどく崩れてワインに混ざり込んでしまう……。エスティアルテと私の妻ロレスはペップの不器用さに大笑いし、ペップはパッツィの助けを借りてガラス製のデキャンタにワインを注いで難局を切り抜けようとする。それができたかと思えば、さらに最悪の事態に気がつく。ワインは傷んでしまっていた。ペップにそれをプレゼントしてくれた者は善意で贈ったのだが、最高のコンディションで保管はしておらず、ワインの品質は完全に失われてしまっていたのだ。飲めたものではない。

ペップは落ち込んでいるが、パッツィはすぐに話題を変える。「私の持ってきたボトルで満足してくれ。そんなに高級ではないが、とても美味しいワインなんだ」。そう言って、パッツィは持ってきたボトルを手際よく開け、フェルナンドの準備してくれたディナーの準備はすべて整った。フェルナンドは、ペップが自宅を客に招く際に雇うコックである。

当然ながら話題は、開幕したばかりのシーズンに集中する。プレミアリーグではリヴァプールが大きなライバルとなるだろう。何しろ前年のタイトル争いも、両チームを分けたのは勝ち点わずか一ポイントの差だったのだ。ではチャンピオンズリーグは？　「ディテールの問題だ。ひとつのディテールでそれが手に入るか、失ってしまうか」と、エスティアルテは言う。チャンピオンズリーグについては、辛抱強くやっていくしかない。ペップとエスティアルテは、彼らにとって合言葉のようになっている中国の諺をイタリア語で口にする。「中国人は待つものだ……」（※一七）。忍耐は戦い続けるために欠かせない資質となる。

忍耐と粘り強さは、ペップを定義する二つの特徴である。

他に効率性（ワインボトルの開栓は別として……）、確固たる信念、折衷主義、貪欲さなども挙げられる。彼は決して満足はしないし、勝利に浮かれてしまうこともない。思い出の中ではなく、今を生きている。極めて競争心が強く、常に勝ちたがるが、負けなければならないとしても負け方にこだわる。彼の熱狂的なフォロワーたちは非常に教条主義的ではあるが、彼自身は教条主義を避ける。記者会見では、陰湿な質問や明らかに対立を引き起こしそうな形式の質問の場合を除いて、真実を語る（もちろん、布陣を明かすことはない）。スタッフ内では批判しているような選手や、近々ベンチに降格させるような選手の場合でも、公の場ではいつも称賛することを常としている。彼はゲームを通して人々に与えられる感動を大切に思っている。

ギュンドアンは隣り合うフラットの、向かい側の部屋に住んでいる。長い廊下と多くの部屋があり、非常に質の高い大型フラットだ。ペップはその一角に肘掛け椅子を置き、そこからマンチェスターの景色を一望できるようにしている。時折彼はそこに座り、自分がサッカーに注ぎ込む職人的意志を振り返る。

ペップ邸ディナー

〈メニュー〉

- **白インゲン豆とアサリの煮込み**
- **キノコ・ジャガイモ・トリュフ入り卵焼き**
- **アンコウの車海老添え**
- **タルトタタンとアイスクリーム**
- **ムートン・カデ・ポイヤック、二〇一八年（赤）**

※一七　「川辺に座って待て。遅かれ早かれ敵の死体が流れてくるのを見るだろう」。孔子による格言とされている

ディナー二：タスト・カタラにて～愛情

（二〇一九年一〇月二三日、マンチェスター）

「一カ月間プレーさせない選手との間で、どうすれば心からの愛情を育むことができるだろうか？」

答える者はいない。

今日はキング・ストリート二〇番地のビル三階にあるレストラン「タスト・カタラ」の個室でのディナー。柔らかなブルーでペイントされた壁の中に、ダークブルーの椅子とシンプルなニス塗りの木製テーブルが置かれた快適な空間だ。ペップやソリアーノ、チキらをパートナーに持ち、ミシュランで五つ星を獲得したシェフのパコ・ペレスを監修につけて二〇一八年七月に開店したレストランである。この店の目的は、本物のカタルーニャ料理を英国に紹介することにある。レストランの個室は「エンサネータ」と呼ばれる。これは、カタルーニャで最も独特で美しい伝統行事のひとつである「人間の塔」の頂点を飾る者の呼び名である。

ペップの修辞的な質問には誰も答えない。

「どうすればそれができるのか、誰か教えてくれた人には大金を払う……これができる者はすべてを成し遂げられることになるだろう」

この言葉には、彼のサッカーに対する考え、そして彼の抱くすべての違和感と矛盾が集約されている。試合に招集しなかった選手、出場時間を与えなかった選手のことを気に病んでいる。勝負のときが訪れる試合日こそが彼にとって最高の瞬間ではあるが、同時に一週間の中で最悪の日でもある。自分にとって最高のメンバーである選手たちの中から数人をベンチに、ましてやスタンドに残さなければならないなんて。

「私にとって何よりつらく、何より心が痛むことだ。それぞれの試合に最適な決断を下そうとしているが、多くの選手たちから仕事を奪っているのはわかっている。彼らが何よりも好きなサッカーで、プレーする機会を奪っているのだから。それが当たり前だと全員がわかっていることではあるが、ピッチ上で全力を尽くしている選手たちの中から誰かを外すのがとてもつらいことに変わりはない。だから、彼らが私に本当の愛情を抱くことは不可能だと思う。自分を仕事から外す者を愛することはできない」

ペップがなぜ、時には常識に反するほど少人数の選手たちでチームを組むことが多いのか、理由を知りたければ彼のこの言葉に答えを見つけられるだろう。誰も仕事から外さずに済むように、チームを少人数にすることを望んでいるのだ。多少のローテーションを行うだけで、選手全員を参加させることができる。とはいえ、選手たちを満足させるために布陣を変えるようなことはなく、可能な限りベストな形で試合に臨むことを常に優先しているのはもちろんだ。

同じ理由で、誰か選手を獲得する際には「まず良いチームメートになれるかどうかを考える」。もう長い間、彼はこの考えについて思いを巡らせている。「素晴らしいチームが勝つためには、良い控え選手が必要だ。私が選手について最も関心を持つのは、控え選手としての経歴、困難の中でどう振る舞うかだ。良い控え選手であったなら、私には興味がある。そういう悪い時期を過ごさなければならなかったときの振る舞いが悪かったのなら、おそらく契約はしないだろう」。しかし、出場機会の少ない選手や、自分にふさわしいと思っているほどの出場機会を得られない選手は常にいるものだ。例えば新キャプテンとなったフェルナンジーニョもシーズン五試合目でようやく初出場、しかもラポルテが膝の内側軟骨を痛めて五カ月の離脱を余儀なくされたためであった。監督の「秘蔵っ子」であるフォーデンは、開幕から八試合で一二分間しかプレーしていない。

「一カ月間プレーさせない選手との間で、どうすれば心からの愛情を育むことができるだろうか?」

ペップは魔法のような答えを出してくれた者に一〇〇万の懸賞金を出すが、誰も答えることはない。

昨夜、シティはイタリアのアタランタを五対一で下したが、少しばかりできすぎたスコアだった。ハットトリックを達成したスターリングの嘘のような決定力の産物であり、アグエロも二得点を加えた。本当の意味で際立っていたのは、CHでのプレーを余儀なくされたギュンドアンと、才能あふれるフォーデンである。フォーデンは八二分にイエローカード二枚で退場となったが、IHとしてそれまでに四度のゴールチャンスを生み出していた。そのフォーデンは開幕からの公式戦一三試合で、わずか一度しか先発出場していなかったのだが……。「私以上にフォーデンを信頼している者は誰もいない。トップチームでプレーするように彼を呼んだのは私だ。もっと出場するべきではあるが、私ほど彼を評価している者はいない」と、ペップは試合後に言う。チームのフィジカルトレーナーであるブエナベントゥーラは、重要な数字を教えてくれた。「フォーデンが時速二一キロ以上の速度で走った距離は一六〇〇メートル。他の選手たちよりプレー時間は一〇分短かったが、彼より長い時間スプリントした選手は誰もいなかった」

八月からこの一〇月末まで、チームの進行速度は一定していなかった。ボーンマスとブライトンに快勝を収めたかと思えば、ノリッジでは衝撃的な敗北を喫し、続いてウクライナでシャフタールに三対〇で勝利し、つい四カ月前のFAカップ決勝でも六対〇のスコアだったワトフォード戦は八対〇で大勝。さらに三勝（プレストン、エヴァートン、ディナモ・ザグレブ）を挙げたが、ウルヴァーハンプトンにはホームで手痛い敗戦（〇対二）を喫し、順位表ではリヴァプールに八ポイントのリードを許してしまっている。選手たちの精神的エネルギーが過去二シーズンより低下して見えることをペップは懸念している。

欧州でアタランタを破った試合では、シティのビルドアップ手法が強く目を惹いた。アタランタは相手チームに対して非常に積極的なプレスをかけることを特徴とするチームであり、そのためペップは想像もできなかった布陣を選択。ウォーカーとメンディが両SB、ロドリとフェルナンジーニョがCB、ギュンドアンがCHに入る。相手のプレスに対抗してうまくボールを出せるようにしたかったのは明らかであり、［3＋1＋1］の形で次のようなビルドアップが構想されていた。ウォーカー、フェルナンジーニョ、メンディが第一のラインを形成し、ロドリはペナルティエリアより数メートル前に出て、彼らのパス回しの軸となる役割を果たす。フリーになるギュンドアンは、プレーを相手陣内まで回していく。ロドリは二〇一八―一九シーズンに向けたシティの最大の補強であり、将来有望な本職CHに指揮官は大きな期待をかけていた（※一八）。

アタランタとの試合では、ロドリはCBとCHの二役を務めた。ペップが前年にもストーンズでテストしていたものだ。数年前のバルセロナでもブスケッツで試していたが、大きな成功は収められていなかったアイデアだった。ストーンズのほうがかなりうまく機能したが、数試合にとどまった。

この日はロドリでもう一度それを実行に移す。彼にはこのダブルミッションを遂行する能力があるとペップは見ている。だが実行に移されたプランは、指揮官の期待には程遠いものとなってしまう。ウォーカーとメンディには場面ごとに適切な受け手を見つけるビジョンがなく、厳しいマークを受けているロドリにいつもボールを渡してしまうからだ。そのためビルドアップは何度も失敗に終わってしまう。ロドリをギュンドアンとほぼ同じ高さにまで上げれば明確な優位を作り出せるため、構想自体は素晴らしいものなのだが、両SBがうまく実行できていない。何度かヒヤリとさせられる場面を味わったあと、二〇分には結局ペップはロドリとデ・ブライネを一段下げ、ビルドアップの形を［4＋2］に変更するよう指示を出した。

※一八　このシーズンのもう一人の補強は、ユヴェントスからやって来たポルトガル人SBのジョアン・カンセロ。ダニーロの譲渡に加えて二八〇〇万ユーロを支払ってのトレードだった。主な退団選手はコンパニがアンデルレヒトへ、デルフがエヴァートンへ、そしてドウグラス・ルイスがアストン・ヴィラへ完全移籍

タスト・カタラでの夕食会では、ペップがまず選手たちから愛情を得る術について考えたあと、このビルドアップの構想が話題に上った。パッツィがプレーについてコメントした上で、「カンセロがいればビルドアップは良くなる」と、付け加える。ジョアン・カンセロは、ロドリに加えて、このシーズンのもう一人の大型補強である。ペップは彼の創造的な才能を気に入っており、それを活かしたいと考えているが、守備面の欠点を改善する必要がある。このポルトガル人SBに対しては、懸命なトレーニングに何週間も取り組んできたことを彼は説明した。「彼は非常に頑張っている。彼の後ろへ下がる動きや、上がり方、カバーのやり方のビデオを何度も見直して……」。エスティアルテも口を挟んで念を押す。「ここに来てから四年間いつも、二週間に一度、後方からのビルドアップや中盤の選手たちとのプレーを繰り返している。こういうことは、取り組まなければ忘れてしまったり薄れてしまったりするものだからだ」

タスト・カタラでのディナー

〈メニュー（シェア）〉

- **アヒルの卵、イカとポテトスフレ添え**
- **ヴィエイラ・デ・フリカンド**
- **ブティファラ（カタルーニャ風ソーセージ）の白インゲン添え**
- **カタルーニャ風ライスとソカラット**（※一九）
- **ダルマガレイ「エル・チリンギート１９３９」**
- **トマトのパン、エクストラヴァージンオリーブオイルをつけて**（※二〇）
- **クリームのチュチョ（揚げパン）、ホットチョコレート添え**

◆イドゥス・デ・バイ・リャック、二〇一五年（赤）

ディナー三：ウィングスでのディナー〜遮断

（二〇二〇年一月八日、マンチェスター）

昨夜は偽9番ベルナルドの独壇的なリサイタルだった。ペップはオールド・トラッフォードで偽9番を置いて戦うのを好んでいる。三年前にも同じ一二月にスターリングをこの位置で起用して大成功を収めた。昨日のベルナルドも同じだ。リーグカップ準決勝の1stレグ、ペップはまたもオールド・トラッフォードで勝利を飾った（三対一）。ここで五試合を戦って四勝目となる。

我々はリンカーン・スクエアの広東料理レストラン「ウィングス」を再び訪れた。今日は試食メニューを味わうことになる。ここ数日、私はペップの助けを得て、偽9番の適切で正確な定義を作り上げようとしている。サッカーの起源からの戦術進化に関する本を執筆中であり、偽9番はその進化過程の道標となるものだからだ。リージョとセイルーロもその作業に携わってくれており、最終的に偽9番を次のように定義することで全員の意見が一致した。

※一九　ソカラットとは、自家製ブイヨンで米を炊き、炭火オーブンで仕上げたあと、鍋の底に固まってできるカリカリの層（「おこげ」）

※二〇　カットトマトではなくホールトマトをパンの上にこすりつけて作る

偽9番とは、以下の目的のひとつ、または複数を達成するため、ポジションを大きく下げるCFである。相手DF陣の監視の目をかわすこと。DF陣を影響圏外に引きずり出すこと。チームメートらが縦に侵入するためのスペースを空けること。攻撃組織の構築に積極的にサポートすること。相手守備陣に疑念と不調和を引き起こすこと。中盤で自チームに数的、位置的、質的、運動的優位を常に生み出すこと。

偽9番は、これらの目標を達成することと、すべてのCFの優先的な基本使命、すなわち得点を取ることを両立させるよう試みる。大人しく気が抜けているように見えたり、漫然と漂うMFを装っているように見えたり、微妙な欺きの作戦でゴールから遠ざかったりするかもしれないが、意識は常にゴールを奪うことに集中している。繰り返すが、得点こそが基本的目的である。

偽9番のプレーはピッチ上の決められた領域に限定されるのではなく、その責任はさまざまな役割、空間、目的を包含し、その中には一見するとお互い調和しないように見え得るものもある。エリアから遠ざかることは、ゴールを奪うこととは矛盾するように見えるためだ。偽9番は正真正銘のCFであるが、エリア内に住んではおらず、ゴールを決めるためにのみエリアに足を踏み入れる。偽9番をポジションではなく役割だと定義しなければならない理由はそこにすべてがある（※二一）。

歴史上初めて偽9番としてプレーした選手はウルグアイのホセ・ピエンディベネであり、実に一九一〇年のことだ。以後、五〇人を超える名選手たちがこの役割を務めてきた。マティアス・シンデラー、ジェルジ・シャーロシ、アドルフォ・ペデルネラ、ナーンドル・ヒデクチといった伝説的な名前は、世界のサッカー界に金文字で刻まれている。その後も並外れた選手たちが、例えばアルフレッド・ディ・ステファノや（西ドイツ代表での）ゲルト・ミュラーのように継続的に、あるいはボビー・チャールトン、クライフ、マラドーナ、メッシのように特定の場面で、偽9番としてプレーしてきた。

ペップは、二〇〇九年にレアル・マドリードとの決定的な試合でメッシを起用したように、特別な場面で偽9番を採用することを好んでいる。そして、マンチェスター・ユナイテッドを下した二回のチャンピオンズリーグ決勝（二〇〇九、一一年）でも用いていたためか、オールド・トラッフォードを訪れるたびに偽9番を実践しようとする。昨日はベルナルドを使うと、そのベルナルドが先制点を奪い、マフレズによる二点目をアシストし、三点目につながるカウンターの中心にもなった。すべてが三〇分あまりの間に起きたことだ。ユナイテッドは二〇年以上ぶりに、ホームで〇対三のリードを奪われてハーフタイムを迎えることになった。オールド・トラッフォードをあとにするベルナルドは、「偽9番の役割はすごく気に入った。ペップは中盤にもう一人選手を置きたがっているし、二役をこなすのは楽しかった」と、語っていた。

偽9番のカギは、それがポジションではなく役割であるということだ。

ディナーが開始され、二〇二一年に出版される私の著書のため定義を決めるという仕事を片づけたあと、ペップが偽9番（彼はこう呼ばず、「プンタ・ファルソ＝偽トップ」と言う）の採用を好んでいることについて話をした。

「プンタ・ファルソはすべてを解決してくれる。いつも使う必要はないが、エリアを固めたりマンマークをつけたりしてこないようなチームとのビッグマッチでは、トップが中盤に下がってきてプレーすることを気に入っている。ベルナルドのようにそういうプレーができれば、相手には止めようがない」

ディナーのこの時点で、我々はサッカーにおける発明について話をし、そこにある深い迷路のような混乱を解消しようと試みた。

※二一　マルティ・ペラルナウ『サッカーの戦術発展（1863―1945）　偽9番を通してサッカーの遺伝子コードを読み解く』Córner, Barcelona, 2021（p. 17-18）

発明とは存在していなかったものを作り出すことであり、革新とはすでに存在する発明品に新たな用途を与えることだ。サッカーにおいては、一九四五年までにすべてが発明された。その時点ですでに、選手たちや監督たちによって、主要な戦術的動きや実践技術が生み出されていた。以降に生み出されたものは革新である。つまりペップは、サッカーにおけるいかなる戦術的動きについても「発明者」とは定義するわけにはいかないが、「革新者」ではある。彼自身もそう理解している。

「より先進的で他のスポーツで開発された多くの改善点を採り入れていかなければならない。我々が他競技に追いつくには、まだまだ長い道のりがあるのだから。すべてとは言わないけれども、いくつかの面は間違いなくそうだ。改善と革新の余地は多く残っている」

ペップには偉大な教師たちがいた。最も大きな存在はクライフだ。彼から伝えられた考えは、ジャック・レイノルズやヤニー・ファン・デル・フェーンなどの名選手たちや、ヴィク・バッキンガムやリヌス・ミケルスなどの名監督らが築き上げてきた先人の知恵を内包していたからだ。彼らは皆、オーストリアの「ヴンダーチーム」や五〇年代の「マジック・マジャール」といった素晴らしいチームからもたらされた大きな影響について、直接的あるいは間接的に知っていた。のちにクライフは、それまでに学んだことのすべてを統合し、やがて「ポジショナルプレー」と呼ばれるようになる非常に特殊なプレー方法を編み出した。ペップは彼から多くのことを学ぶ。チーム内での偽9番の用い方もそのひとつであるように。クライフはオランダ代表で偽9番を務め、バルセロナでも時折そうしていた。「ドリームチーム」を率いた際にはミカエル・ラウドルップを使ってその手法を適用した。後年にペップはメッシを使い、そして今も時折偽9番の役割を使い続けている。

現在、彼は、二月末に予定されるチャンピオンズリーグのレアル・マドリードとの対戦を迎える際にそれを使おうと考えている。

「昨夜、オールド・トラッフォードから帰宅したあと、マドリーを分析するためスーペルコパを見ていた(※二二)。彼らはとても、とても強く見えた。我々はアンラッキーだ、まったく。いつも彼らがピークを迎えたときに対戦している。とても良いチームだ。少なくとも多少のダメージを与えられるように、どういう準備ができるか考えてみよう」

パッツィとエスティアルテは顔を見合わせ、マドリー戦は偽9番で戦うつもりだというペップのメッセージを読み取った。私はあまり知られていないトリビアを口に出した。歴史全体の中で、偽9番の役割を特に多く使ったチームとは、ウルグアイのペニャロール、ハンガリー代表、そしてシティである(※二三)。

この一五日前、アルテタはロンドンへと旅立っていった。一一月にエメリが解任されたあと、暫定的に指揮を執っていたフレドリック・ユングベリの後任としてアーセナルの監督に就任するためだ。アーセナルを率いることがアルテタの夢であることはペップも最初からはっきりとわかっており、アシスタントの彼を手助けすることに何も問題はなかったが、その代償としてシーズンの残り期間はかなりスタッフが手薄となる。アルテタの穴はロドルフォ・ボレルとブエナベントゥーラがカバーする。

一〇日前にウルヴスのホームで敗れた(二対三)あと、プレミアリーグでの戦いはうまくいっていない。エデルソンの退場により試合のほとんどを一〇人で戦わなければならなかったとはいえ、厳しかったのはそ

※二二　スーペルコパ準決勝で、レアル・マドリードはバレンシアに三対一の勝利

※二三　ペニャロールの偽9番はホセ・ピエンディベネ(一九一〇年)、ルイス・フェイティソ(三五年)、ペドロ・ラゴ(三六年)、セバスティアン・グスマン(三八年)。ハンガリー代表はジェルジ・シャーロシ(同年)、ペーテル・パロターシュ(五〇年)、フェレンツ・スサ(五一年)、ラヨシュ・ティヒ(五五年)、フェレンツ・マホシュ(五六年)。シティはフレッド・ティルソン(三一年)、エリック・ブルック(三六年)、ジョニー・ウィリアムソン(五三年)、ドン・レヴィー(五四年)、ラヒーム・スターリング(二〇一七年)、セルヒオ・アグエロ(一八年)、ベルナルド・シウヴァ(二〇年)、フィル・フォーデン(同年)、イルカイ・ギュンドアン(二一年)、ケヴィン・デ・ブライネ(同年)

の負け方だ。四八分の時点では二対〇とリードしていながらも、たった二つのミスでチームは崩れ去ってしまう。特にメンディのミスはひどかった。ペップのチームにとってこの四年間でワーストの数字となる二一本ものシュートを放たれた末に、ウルヴスは最後の一分で逆転に成功。順位表では、リヴァプールはすでに一四ポイントの差をつけており、今回こそはリーグタイトルを逃すことはないと誰もが感じていた。

そのためペップはカップ戦に集中しており、リーグカップ決勝での再度の決勝進出に向けてほぼ決定的な一歩を踏み出した翌日には、すでにレアル・マドリードのことを考えている。

しかし、プレミアリーグでの三連覇を争うことができない悲しみに沈んでしまうことはなく、監督は幸せな日々と変わらぬ熱心さで議論を続けている。話題はプレーの進化だ。

「もちろん今はもう、二〇〇九年と同じようにプレーするわけではない。監督たち全体が変わってきている。クロップもコンテも私自身も、みんな以前よりも良い監督になっている。それは経験に基づいて学んできたからだ。そして、中心選手たちの核を維持できているチームも良くなっていく。四年間一緒にいれば、プレーの細部がはるかによくわかってくるからだ」

実際にペップの率いるチームは、バルセロナから始まって、バイエルン時代を経て、そしてシティでのこの三年半と、素晴らしいニュアンスを採り入れてきた。

「自分のチームに柔軟性を持たせたいという気持ちがどんどん強まっている。自分のチームがその場、その時々に応じて異なるプレーをできるようにして、そのどれも問題なくこなせるようにしたい。ポジション的な意味で良いプレーができるようにしたいが、同時にゲームの展開次第では、自陣で守ることもできるようにしたい」

ディナーの話題は、破壊的イノベーションという概念へと移っていく。これは、重要な変化を引き起こしたり、劇的な変化を生み出したりするような考え方を適用することだ。適切なタイミングで偽9番を使ってプレーすることだけでなく、SBとは何か、WGとは何か、CBはCHを兼ねることができるのか、と問いかけることでもある。

「ただ何もせず、静かに立ち止まっているわけにはいかないと思う。毎年、選手を誰か入れ替えてチームに新たな血や新たな期待を加えるだけでなく、プレーのやり方にもニュアンスを加えていかなければならない。そうしなければ、我々のトリックをライバルに見破られてしまう」

ペップは、チームがうまくいかないときではなく、すべてが順調なときにこそ変化を与えなければならないと理解している。その意味で、彼の考え方はスティーブ・ジョブズに非常に近い。ジョブズは決して携帯電話の発明者ではないが、自分の成し遂げたことに満足することなく、製品に新たなニュアンスを加え続けた天才的イノベーターだった（※二四）。

サッカーの進歩は常に、破壊的な思考、旅と移住、アイデアと知識の共有と議論、そしてたゆまぬ行動と対応によって生まれてきた。

そして、サッカー選手の目を輝かせることだ。

夕食会の最後には、またチェスの話をした。チェスはゲーム性においてサッカーと類似点を持つスポーツであり、オープニング、ミドルゲーム、エンドゲームといった同様の局面がある。チェスのプレーヤーは最高の存在となるより不朽の存在となることを目指す場合が多いと私が言ったことについて、ペップはこう考えた。

「不朽とまではいかなくとも、自分のプレーの美しさを記憶してもらえることは、どんなタイトルを勝ち

※二四　携帯電話は一九七三年にエンジニアのマーティン・クーパーによって発明された

取れることよりも重要だ。結局のところタイトルは、単なる金属片にすぎないのだから」

ウィングスでのディナー

〈試食メニュー（シェア）〉

- 点心盛り合わせ
- クリスピーダック
- 海老の塩胡椒和え
- スズキの生姜・玉葱・醤油蒸し
- チャーハン
- 仔羊とブロッコリーの黒豆ソース
- 広東風ステーキ
- 季節のフレッシュフルーツ
- シャンパン　テタンジェ・ブリュット・レゼルヴ

ディナー四：ホテル・ユーロスターズ・マドリードでのディナー～不可能

（二〇二〇年二月二六日、マドリード）

標高が高ければ寒いものだ。頂点はいつも孤独だ。ペップはマンチェスターで四シーズンを過ごしてきた。勝利し、敗北し、苦しみ、感動の涙を流し、成功を祝う究極の形として何本もの葉巻を吸った……彼は満ち足りており、幸福だ。しかし、昔からの思いにいつも立ち戻る。どれほどの成功を収めようとも、あのバルセロナでの一年目のような素晴らしさを再現することは果たしてできるのだろうか？　できると考えることもあれば、不可能だと思えることもある。この内心の議論は一〇年近く続いており、彼は他者とも自分自身ともそのことを論じ続けてきた。

この夜我々は、ユーロスターズ・マドリード・タワー・ホテルで夕食をとった。選手たちは腹を空かせて一階のラウンジにやって来た。クラブのシェフであるホルへ・グティエレスと他の三人のコックが、トム・パリーの定めた栄養ガイドラインに沿って、試合後のいつものディナーを用意してくれた。この夜の王様は、イベリコ豚の生ハムだ。料理長は、ホテルの厨房と調整しながら、選手たちに毎回何らかの地元料理を提供することに心を砕いている。二〇一七年、アグエロがクラブの得点記録を塗り替えたナポリとの試合後、テーブルに並んだ印象的なナポリパスタの盛り合わせを思いだすと、今でも涎があふれてきそうになる者もいることだろう。グティエレスはいつも、試合後のディナーに地元色を出そうとしている。激闘によって消耗したグリコーゲンを素早く回復させるためだ。

ペップは喜んでいる。シティはベルナベウでレアル・マドリードを破り、ペップはこのマドリードの伝説的スタジアムでの通算勝利数を六に伸ばした。彼の戦術的判断の数々にホームチームが対抗し切れなかったことで勝ち取った、インパクトある勝利だ。「ダメージを与えられるように、どういう準備ができるか考えてみよう」という彼の言葉を覚えているだろうか。

もちろん、マドリーを苦しめるためのペップのアイデアというのは、「ウィングス」でのディナーで示唆したように、ベルナルドを偽9番として起用することだった。ギュンドアンをロドリと並ぶラインまで下げ、両WG（マフレズとジェズス）を大きく開き、トップのポジションを空けることで、マドリー守備陣が上がるべきかエリア付近にとどまるべきかを迷わせるというゲームプランだった。シティはボールを持つと「4―2―2―0」の形を取り、ベルナルドが偽9番の役割を見事に遂行し、デ・ブライネが並外れた機動力を発る。七三分にベルナルドに代えてスターリングを投入するとペップは構成を変え、デ・ブライネとギュンドアンをロドリの前で純粋なIHとして、ジェズスを前線の1トップに据えた。

チャンピオンズリーグらしい好勝負のひとつだった。こういう試合では、プレーを支配することが必ずしも得点を保証はしない。例えば前半は最初の三〇分間をマドリーが、残りの一五分間をシティが支配していたが、チャンスの数という点ではマドリーはひとつ。ベンゼマの強烈なヘディングをエデルソンが弾き出した。シチズンズは、ジェズスの二本のシュートをそれぞれクルトワとバルベルデが防いだ二度のチャンスがあった。後半に入るとペップのチームが試合の主導権を握り、決まったかと思われたマフレズのゴールはまたもクルトワに阻まれる。しかし、シティが最高のプレーをしていた時間帯にマドリーにゴールが生まれた。ロドリ、オタメンディ、ウォーカーが立て続けにミスを犯したところをイスコに突かれてしまった。だがやはりサッカーとはわからないもので、ペップのチームは最悪だった時間帯にジェズスのゴールで追いつくことに成功。続いてデ・ブライネがPKからクルトワの右側へ低く強烈に蹴り込んで勝負の行方を決定づけた。プレミアリーグではシティのPKキッカーが直近の七本中四本を失敗していたことを考えれば、これは小さなことではない。ラスト一分でリードはさらに広がってもおかしくはなかったが、見事なカウンターからマフレズが決め切れなかった。いずれにせよ、そう簡単には攻略できない難解なスタジアムであるベルナベウでの勝利をチームは盛大に祝った。

夕食は、薄暗い照明に照らされた茶色い壁の部屋で提供される。白いテーブルクロスがかけられた八人掛けの丸テーブル、ダークブラウンの椅子、ベージュのカーペット、そして部屋の中央にはクラブの調理チームが用意した料理が置かれるサービスコーナー。優先的に料理を取りにいくことができるのは選手たちだ。三日半後には三年連続となるウェンブリーでのリーグカップ決勝を戦わねばならないため、疲労回復を早める助けとなる栄養が補給できるメニューとなっている。スタジアムのドレッシングルームでも炭水化物、プロテイン、クレアチンのシェイクを飲んでおり、夕食後にも試合後のR＋Sプラン（補給と補食）の仕上げとして、タルトチェリー四グラムとクルクミン一グラムを配合したシェイクをもう一杯飲む。

三年近くが経過し、レアル・マドリードの魔法のスタジアムで勝利を収め、シティで七つのタイトルを積み上げてきた。四日後には八つ目を狙う。彼のチームは尋常ならざるレベルで試合を戦い続けている。私は改めて彼に、不可能であるかどうかを訊ねてみた。

「複雑な感覚だ。一方では、あれ（バルセロナでの素晴らしさ）は再現できないという感覚があり、そのことに大きな不満を覚える。しかし他方では、やってみたいという思いもあり、別の異なるチームでも素晴らしいプレーをすることが可能だという確信もある」

あぁ……友よ。神よ。見方が変わった。彼はまだ可能だとは言っていないが、もはや不可能だとも言っていない。このことは、ペップにとって内なる大きなジレンマだった。可能か、不可能か。さまざまな選手たちや大会が生み出すあらゆるニュアンスの中で、職人的な完璧性を、プレーの卓越性を追求していくこと。それはペップという人物の内面を流れる川のようで、時には上流へ、時には下流へ流れていく。彼は不可能だと考えていたが、可能だと考え始めている。地平線の彼方から明確な答えが返ってくるのを望むかのように、彼はそこからいつも遠くを見据えている。

夜も更けた午前三時近く、ペップは明日まで別れを告げた。私はこの夜の最後の時間を利用して、チキに未来の見通しについて聞いてみた。ペップは最初の契約を二年ほど前に延長し、二〇二一年夏までシティにいることになったが、ペップの次は誰だろうか。

「時折考えはするが、適切な人物を見つけるのは簡単ではない。プレーのやり方を気に入っている者や、方法論を気に入っている者、効率性を気に入っている者などはいるが、ペップに近い誰かを見つけるのはことさら難しい。まだ一年残っており、考える時間はある。いずれにしても、ペップに続けてもらうことができれば、それが最善の解決策だろう。それが難しいことはわかっている。二〇二一年になれば五年間このチームにいたことになるが、彼がひとつのクラブにそれほど長くいたことはない。しかし、よく考えてみれば、それこそが完璧な解決策だ。ペップにもう一度延長してもらう。うまくいくかどうか……」

延長しようがしまいが、いつかそのときが訪れれば、クラブにとってペップの後任探しが深刻な問題となることは論を待たない。ペップは師に恵まれていた。クライフから驚異的な直感とプレーモデルを学んだ。ファン・ハールからは華々しい方法論を学んだ。リージョは彼にゲームの本質を伝え、知的理解を助けてくれた。セイルーロは選手たちにとって理想的なエコシステムの設計と知識を提供してくれた。他にも、サッカー界や他の分野に属する大勢の師匠から知識を得て、アイデアを「盗み」、自分自身をまばゆく輝く監督として構築するに至った。ペップがすでに、二一世紀で最も影響力のある監督であることに一切の疑いはない。それでも彼は、いつまで経っても苦虫を噛み締め、疑いを込めた苦笑を浮かべては、絶対的な傑作を追い求め続ける。職人的な完璧さの追求を続けていく。可能なのか、不可能なのか。いつまでも満足することはない彼の永遠のジレンマである。

三月一日、シティはウェンブリーでアストン・ヴィラに二対一で勝利し、三年連続となるリーグカップ優勝を飾った。決勝のビッグスターとなったのは一九歳のフォーデンだ。ベルナベウに続いて先発に名を連ねた選手はウォーカー、ロドリ、ギュンドアンのみ。チームとしては六つ連続となるイングランド国内タイトルの獲得であり、ペップのキャリア通算では二九個目のタイトルだ（※二五）。

プレミアリーグは失ったが、国内トロフィー二つを手に入れ、FAカップに集中したチームはシェフィールド・ウェンズディを撃破。そしてチャンピオンズリーグ制覇に挑戦すべくレアル・マドリードの襲来を待つ。

しかし、三月五日には英国で新型コロナウイルス感染による初の犠牲者が出てしまい、その日から感染者数は爆発的に増加。三月一六日、すでに死者五五人、感染者一五〇〇人以上という事態を受け、ボリス・ジョンソン首相は重要ではない人的接触をすべて控えるよう勧告を出し、サッカーの競技開催も延期されることになった。

恐るべきパンデミックが世界を席巻した。何十億もの人々が見えない敵に直面している。ペップとの会食も、当分の間はないだろう……。

ユーロスターズ・マドリードのビュッフェ・ディナー

〈メニュー〉

- **イベリコ豚の生ハム、スフレパン添え**
- **スプラウト、山羊のチーズ、オレンジヴィネグレットとクルミのサラダ**
- **マグロの赤身のタルタル、柚子ジェル、わさびマヨネーズ**
- **チキンとチーズのマカロニ（「リヤド・パスタ」）**（※二六）
- **寿司の盛り合わせ**

※二五　シティは前年の国内四タイトルすべてと、この年のコミュニティ・シールド、リーグカップをすべて連続で獲得

※二六　「リヤド・パスタ」はマフレズにちなんで命名された。このチキンとチーズのパスタを彼が毎日注文し、トレーニングセンター内の食堂で流行らせたためだ

◆天然スズキのペッパーソース
◆イベリコ豚のグリル、サツマイモクリーム添え
◆フルーツのシャーベット添え
◆キャラメリゼしたブリオッシュのフレンチトースト、ドゥルセ・デ・レチェ、リンゴ
◆パゴ・デ・ロス・カペジャーネス（赤）

ディナー五：ホテル・シェラトン・カスカイス〜葬儀

（二〇二〇年八月一五日、リスボン）

アル・ムバラクはペップの肩に腕を回し、近くの者に聞こえるよう大きな声でこう言った。「君はベストだ、ペップ、君は最高だ！」

ペップの目はうつろで、ボスの話を聞いているようには見えない。彼は今、シティでのどん底を味わっている。

リスボン郊外のカスカイスにあるシェラトンホテルの真夜中。落胆はあまりにも大きい。世界中がパンデミックに見舞われる中、UEFAが最大の大会であるチャンピオンズリーグを何とか終わらせるための方式として考案した決勝大会。ペップのチームはそこで、予想に反してリヨンに敗退させられてしまった。

悲劇的な時期だった。二〇二〇年から二一年にかけて、一五〇〇万人近くが新型コロナに関連する原因によって命を落としたと見られている。これほどの激動の中で、サッカーにおける浮き沈みなど茶番にしか思えないかもしれない。周囲で多くの人々が亡くなっている中でプレーを続けるのは選手たち本人にとっ

て難しいことではあるが、それでも三カ月の中断を経て競技は歩みを再開した。各クラブは選手たちを可能な限り守ろうと試み、常に監視の目を光らせている。施設や用具は常に清掃され、選手たちは最大限の注意を払い、誰もが厳重な警備態勢を敷き、あらゆるチェックを何度も何度も行って、病に冒されることを避けようとする。我々は暗黒の時代に生きることになった。終わりがないように思える暗黒期は、人々の姿勢や習慣を変えてしまい、自分たちの生活を相対化することを強いられる。今では生命の価値がかつてないほど高まっている。あまりにも簡単に失われてしまうことがその理由なのかもしれない。

パンデミックによって、無数の人々が精神衛生上も影響を受けている。数週間前とは何もかもが変わってしまった。誰もが危機によって疲弊し、不安に苛まれ、自由を奪われ、致死的ウイルスの囚人となっている。シティのチームマネージャーであるマルク・ボイシャサが、この長い数カ月を的確に表現していた。「精神的疲弊。疲労と幻滅。すべてが良くなるという希望と、再発による絶望。一つひとつの段階を越えるたびに期待を抱くが、数日のうちにすべてが振り出しに戻ってしまう。制約だらけの数カ月間だった。何より素晴らしかったのは、日々の生活のリズムを取り戻した喜びだ。一番の思い出は、ピッチ上で再びボールに触れることができたときのマフレズの笑顔だ。今まで見た中で最高の笑顔のひとつだった。ただ日常に戻って、もう一度ボールに触れられただけだというのに」

これから長い間、サッカーはファン不在となり、それが主役たちの行動や態度を左右することになる。録音した音声をスピーカーから流してファンからのサポートを模すクラブもあるが、まるで『トゥルーマン・ショー』の新たなエピソードのひとつであるかのような、フィクションの香りがそのすべてから漂ってくるのは避けようがない。

サッカーは、六月一七日から無観客で再開された。シティはプレミアリーグで一〇試合を戦って八勝を収め、二試合に敗戦（チェルシー戦、サウサンプトン戦）。しかし、最終的に文句なしのリーグ王者となるリヴァプールに四対〇で勝利した試合も含めて、すべてが静かに進んでいった。新チャンピオンは、シティの記録にあと一ポイントまで迫る勝ち点九九を獲得。ペップのチームは一八ポイント差でシーズンを終えた。クロップが三二勝三分け三敗を記録したのに対し、シティは二六勝三分け九敗。総得点数では上回り（リヴァプールの八五点に対して一〇二点）、失点数はほぼ同じ（三五対三三）だったにもかかわらず、タイトルを争えていた時期はまったくなかった。そのことは、常にリーグ戦こそが彼のチームにとって最重要なタイトルであると考えてきたペップを非常に苛立たせている。

七月二六日、四三四試合に出場して七七得点、一四〇アシストという数字を残したレジェンドのシルバは、無人のスタンドに向けて拍手を送りながらエティハドに別れを告げた。その一週間前、チームはウェンブリーでカップ戦準決勝を戦い、アルテタのアーセナルに敗戦（〇対二）。一部の選手たちがピッチ上やドレッシングルーム内で見せた態度が非常に残念な試合だった。結果は意外なものだ。パンデミック前とパンデミック中に行われたリーグ戦の二試合では、アルテタが再構築に取りかかったばかりのチームに手こずることもなく、シチズンズは三対〇で勝利していたのだから。シティが一五本のシュートを放ったのに対してアーセナルはわずか四本、そして当然ながらボール保持率も七一％と高かったことを考えれば、ますます予想外の敗戦だ。だがそれぞれウォーカーとメンディのミスを突いたオーバメヤンの二得点で、ペップの夜を台無しにするには十分だった。その二週間後、アーセナルはチェルシーを倒してＦＡカップを制することになる。

六月九日以降は、アルテタの空けた穴を埋めるためやって来たリージョがペップの隣に座る。アルテタは選手たちとの間で、ほとんど一対一の関係といえるような素晴らしいつながりを築き、イングランドサッカー界の細部にまでわたる知識を提供してくれていた。彼はスタジアムや審判や対戦相手に関するあらゆるコツを知り尽くしており、ペップにとって大きな助けとなった。アルテタの穴を埋められないまま数カ月が過ぎたが、ようやくそのときがやってきた。しかもペップにとっては恩師を雇用した形だ。

その六月九日の午前中、私はペップと電話で話をした。当然ながらディナーは不可能だったためだ。ペップは喜んでいた。

「ファンマが来てくれることはとても大きい。私には知的な挑戦が必要であり、ファンマがその挑戦相手になってくれるだろう。ここ数カ月熟考してきた上での決断だ。最もやりにくくなるが、最も適切な決断だと思う。私にとっては、月並みなアシスタントがいたほうがやりやすくはあっただろう。しかしここまで来れば、自分に矢印を向けて、もっと重圧をかけて向上する志を磨くことが必要だ。監督として成長することができると思うし、もっと遠くまで行けると思うが、それを実現するためには自分にプレッシャーをかけてくれる誰かが隣にいなければならない。私以上に多くを知っており、私に挑戦してくれるような誰かだ。わかってくれるだろうか」

もちろん、彼の求めているものは明白だ。しかし、私が正しく理解できていないのではないかと思い、彼は自らの構想をもう一度繰り返そうとする。

「ファンマは多くのことを知っている。サッカーにおいて、他の我々には見えないものが見えている。彼は長年生きており、私に挑戦を突きつけてくれるだろう。おそらく喧嘩もするだろうし、何であれ言い争うこともあると思う。しかし日に日に、彼は私にすべてを見直すこと、自分のやっていることが正しいかどうか自問することを強いるだろう。私には知的な挑戦が必要なんだ。私が正しいと言ってもらえる必要はない。むしろ逆に、私が正しくないと言って、物事にはもっと別のやり方があると言ってほしい。ファンマはそのために理想的なタイプだ。楽にやりたいのなら、別のタイプの誰かが必要だっただろう。だが私は楽に生きるためでなく、向上を目指していくためにここにいるのだ」

彼との会話はもっぱら知的挑戦を中心に展開する。ペップは何度でも主張する。

「それが必要なんだ。本気で言っている。この知的挑戦が必要だ。もう一段上に上がりたい。もっと良い監督になりたい。もっとうまくやりたい。私がそれを実現するために一番力になってくれるのはファンマだと思う。やりやすくはないが、必要なものだ」

一五分後、我々は別れを告げた。リージョに電話をしてお祝いを述べると、それに対する返答は、彼のことを知っている私には想像できたものだった。

「私は新人だ。クラスの新入生だ。誰にも迷惑をかけるつもりはない」

＊＊＊

八月はチャンピオンズリーグの月となる。UEFAは大会方式を変更し、八チームによるトーナメントを開催することになったが、その前にレアル・マドリードを片づけて勝ち進まなければならない。八月七日にエティハドにやって来るマドリーを迎え撃つため、ペップとリージョは二週間かけて準備をしてきた。一週目は選手たちに試合に向けたコンディションを整えさせるため。二週目は選手たちと一緒に試合に備えるため。結果はまたもシティに微笑み、半年近く前のベルナベウと同じく二対一で勝利を収めた。

ペップはフォーデンを偽9番とする［3―2―2―3］の布陣で強力なプレスをかけていく。八分にはそれが功を奏し、スターリングがシティでの公式戦一〇〇ゴール目となる先制点を奪った。シチズンズは良い形でチャンスを積み上げていくが、三〇分になろうとしたところで同点ゴールを決めたのはベンゼマ。後半にもホームのシティに決定機が続く。フォーデンを右サイドへ下げ、ジェズスが1トップを務めるようになっていたが、そのジェズスがチームをリスボンでの決勝大会へと導く決定的なゴールを挙げた。欧州王者に対する見事な勝利であり、ジネディーヌ・ジダンにとってはチャンピオンズリーグで初の敗退となった。一方でペップにとっては、マドリーと五回のノックアウトラウンドを戦って四回目の勝利（※二七）。欧州最高峰のチャンピオンズリーグでマドリーを二度敗退に追い込んだ三人目の監督にもなった（※二八）。欧州最高峰の戦いでノックアウトラウンドを勝ち上がったのは通算二九回目であり、これは過去に誰も成し遂げていなかった偉業となる。「前半にスターリングとジェズスを内側のWGとして閉じ込めてしまったのは間違いだった。スペースを見つけられなかったからだ。その後、スターリングとフォーデンを大きく開いたことで、はるかに良いプレーができるようになった」と、ペップは語る。

デ・ブライネもチャンピオンズリーグでまた新たな記録を達成し、一試合で九回のチャンスを生み出した初めての選手となった。ジェズスはマドリーに対して1ｓｔレグと2ｎｄレグの両方でゴールを決めた選手としてルート・ファン・ニステルローイに唯一並んだ。

一三日、準々決勝のためマンチェスターからリスボンへ旅立つチームには笑顔があふれていた。準々決勝で待ち構える相手は旧知のリヨン。しかし、ペップはリヨンのカウンターアタックを非常に警戒している。前シーズンのグループステージでは倒せなかった相手であることを忘れてはいないからだ。ポルトガルへの首都に向けた移動中に、試合に向けた準備についてリージョに話を聞いた。

「ペップの頭の中には試合の構成が明確に入っている。実際に我々は、相手の動きを確認するため、シェフィールドの試合をいくつも一緒に見た。シェフィールドはリヨンと非常に似た戦い方をするからだ。ペップの見方ははっきりしている。ボールの後ろに四人、前に六人を置く。これが我々の構成だ。ＤＦが二対二の状況を迎えることにはなりたくないからだ。リヨンはそういう状況では非常に危険なチームだ」

※二七　バルセロナでは二〇一〇―一一シーズンのチャンピオンズリーグ、一一―一二シーズンのスーペルコパ・デ・エスパーニャ、一一―一二シーズンのコパ・デル・レイで勝利。一〇―一一シーズンのコパでは敗れた

※二八　マルチェロ・リッピは一九九五―九六シーズンと二〇〇二―〇三シーズン、オットマー・ヒッツフェルトは〇〇―〇一シーズンと〇六―〇七シーズンに達成

リスボンのジョゼ・アルヴァラーデ・スタジアムでは、ペップが起こってほしくないと考えていたことが起こった。3バック（フェルナンジーニョ、ガルシア、ラポルテ）でエデルソンの前を固め、ウォーカーとカンセロを中盤のラインへ上げ、ジェズスの両脇に配したデ・ブライネとスターリングがインサイドから攻撃を繰り出す。だが選手たちのプレーリズムは非常に遅く、リヨンの中盤の裏にまったく誰も入り込むことができない。二三分、ガルシアが何とかクリアしたボールをコルネに狙われて先制を許し、シティは追う展開を強いられる。ゲームを支配しているのは間違いなくシチズンズだが、決定的なチャンスは生み出すことができない。それでも前半に非常に低調だったフェルナンジーニョに代えてマフレズを投入したことで流れが変わり、より良い形でチャンスを作れるようになると、デ・ブライネが同点ゴールにつなげる。だが一〇分後にはラポルテ（ファウルで倒されたが笛は吹かれなかった）のパスミスから生まれたゴールで再びリヨンがリード。ジェズスが至近距離からのシュートを外してからわずか三分後のことだった。さらに大きかったのは八五分のスターリングのミス。ジェズスからのパスを受け無人のゴールを狙ったシュートを決められなかった。ごく簡単なはずのシュートであり、決められれば延長戦がほぼ確実だっただけに、ショックは大きかった。その二分後には今度はエデルソンがミスを犯してリヨンに三点目をプレゼントしてしまった。

大惨事は極まった。厳しく不安定だったシーズンは、落胆と失望で色塗られ幕を閉じた。カスカイスのシェラトン・リゾートは緑豊かな森の中に建てられ、精神を落ち着かせるのに理想的な素晴らしいホテルだ。ここでのディナーは、美しいギリシャドラマの景観を連想させるものでもあった。

それまで味わってきた敗退の悲しみがディナーに重くのしかかり、誰も言葉を発しようとはしない。ペップにも彼の仲間たちにも、非常に強い痛みが残っている。過去数年間のチャンピオンズリーグ敗退によって積み上げられてきた痛みだ。おそらくその始まりは、バイエルンがマドリーに〇対四で打ちのめされたあの試合だろう。誰もが味わうプロセスである。行き場を失った自分たちの精霊は彷徨い、リスボンの夜に大きな傷みと空嘘を残した……。

打ちひしがれたペップは、テーブルの上に感情を吐き出す。「あと一歩が足りない。四年連続で準々決勝敗退だ（実際には一年目は一六強敗退）」

ボレルも頷く。「準々決勝で敗れるということは、これが我々のレベルだということだ」

チキは首を横に振り、手を動かして否定する。彼は同意していない。リージョも同じだ。「そうではない。我々はかなり良いチームだ。選手たちの大半は、準決勝に進んだライプツィヒの選手たちと同じか、より優れている。もちろんリヨンの選手たちと比べても同じかそれ以上だ。その他の準決勝進出チームのどれがより優れているかという話をするなら……」

二つの考え方が、テーブルクロスの上で交差し固まったまま動かない。これまでになく沈んでいるペップは、自分のチームがこれ以上は進めないと感じている。パートナーが落ち込む様子を見て憤慨したリージョは、まだ大きな改善の余地があると繰り返す。知的挑戦はすでにテーブルの上に乗せられている。

ボスのアル・ムバラクは、シンプルではあるが力強いスピーチを行い、ペップを抱きしめて肩を抱きながら元気づけようと試みる。「君こそベストだ、ペップ、君は最高だ！」

しかし、この夜のペップには誰の言葉も届かない……。

〈2019-20シーズン〉

	試合	勝	分	敗	得点	失点	順位
プレミアリーグ	38	26	3	9	102	35	2位
FAカップ	5	4	0	1	11	3	ベスト4
リーグカップ	6	5	0	1	14	5	優勝
コミニュティ・シールド	1	0	1	0	1	1	優勝
チャンピオンズリーグ	9	6	2	1	21	9	ベスト8
計	59	41	6	12	149	53	

◆シーズン勝率：69.5％

◆プレミアリーグ勝率：68.4％

◆シーズン得点率（1試合あたり）：2.52点

◆プレミアリーグ得点率（1試合あたり）：2.68点

◆シーズン失点率（1試合あたり）：0.89点

◆プレミアリーグ失点率（1試合あたり）：0.92点

◆シーズン得失点差：＋96

◆プレミアリーグ勝ち点：81ポイント（1位リヴァプールは99ポイント）

◆プレミアリーグポスト直撃シュート：27本（うちデ・ブライネが6本）

◆シーズンボール保持率（1試合あたり）：65.8％

◆プレミアリーグボール保持率（1試合あたり）：66.2％

◆シーズン最高ボール保持率：81％（対ディナモ・ザグレブ、2019年12月）

◆シーズン最低ボール保持率：38％（対ウルヴァーハンプトン、2019年12月）

◆シーズンパス本数（1試合あたり）：692本

◆シーズン最多パス本数：870本（対ディナモ・ザグレブ、2019年12月）

◆シーズンパス成功率（1試合あたり）：87.1％

◆シーズンシュート数（1試合あたり）：18.5本／枠内6.3本

◆シーズン被シュート数（1試合あたり）：7.1本／枠内2.8本

◆プレミアリーグ最多連勝：5連勝

◆シーズン最多得点：31点／スターリング（プレミアリーグ16点）

◆シーズン最多アシスト：22回／デ・ブライネ（プレミアリーグ20回）

◆シーズン最多試合出場：
53試合／ガブリエウ・ジェズス（プレミアリーグ35試合：エデルソン、ロドリ、デ・ブライネ）

◆シーズン最多得点試合：8対0（対ワトフォード）

◆シーズン最多失点試合：
0対2（対ウルヴァーハンプトン、トッテナム、マンチェスター・ユナイテッド、アーセナル）

五年目　二〇二〇—二一

世界の頂点に立つシーシュポス（ユーゴスラビア人たちのシティ）

シーン一：発明は失敗

（二〇二〇年九月二七日、マンチェスター）

フェルナンジーニョを外すことは、足場全体を支える小さなピースを取り去るようなものだった。彼がいなければ、作り出したものすべてがバラバラになってしまうからだ。

だが、ペップは逆の見方をする。前週のウルヴス戦では良いプレーを見せていたとはいえ、彼はキャプテンのパフォーマンスに満足していなかった。今日はそれがはっきりと見てとれたのだ。ウォームアップの段階で漂う異なる雰囲気にコーチングスタッフの一人が彼に訊ねる。「自信はあるか？　自分を信じているか？」

フェルナンジーニョのプレーには、ある種の無気力さがあった。デ・ブライネのＦＫに合わせて放ったシュートの軽さは不可解だった。別の機会であれば、彼はエネルギーと気合いを込めたヘディングを放ち、相手ゴールに叩き込んでいたことだろう。今日は目測が定まらず、軽く頭を当てただけであり、シュマイケルを脅かすこともなかった。

試合開始から三〇分間はシティがレスターを圧倒した。三分、ＣＫからマフレズが右足で放った強烈なシュートがシュマイケルの守るゴールの隅に突き刺さる。このゴールでホームチームはさらにゲームを支配しやすくなり、何度もチャンスにつなげるが決めることはできない。ロドリのシュートは枠を高く外れ、スターリングが抜け出して放ったシュートもＧＫが体でブロック。そして何よりフェルナンジーニョは、外しようがないと思われたデ・ブライネからのプレゼントパスを力ないヘディングで無駄にしてしまった。チームは試合時間の四分の三でボールを保持し、ガルシアが巧みに対処したカウンターを一度許したのみ。

すべてをコントロールできているかに思えていたが、ウォーカーがヴァーディーに対して不要なＰＫを与えてしまい、そこから崩壊が始まった。ハーフタイムの時点で同点というスコアは、ほとんど支配しながらも一発でやられてしまうという、前年に何度も味わった悪夢を蘇らせた。

後半の立ち上がりには、シティがシュマイケルの守るポストを二度かすめる。ホームチームの支配は続いていたが、ペップは普段よりはるかに早い五一分という時間に予想外の選手交代を行う。数日前のボーンマス戦でスーパーゴールを決めていた若手デラップが投入されるが、下げるのは元気がなく消えていたフォーデンではなくフェルナンジーニョ。ペップは自ら組み上げていた中盤の組織を解体してしまったのだ。ウルヴァーハンプトン戦で非常によく機能していたダブルＣＨの構成を、偶然決められたような一点だけで崩してしまった。

ペップにとっては異例の処置である。第一に、彼には公の場でこのように特定の選手を、しかもキャプテンを名指しするような習慣はなかったからだ。第二に、適切なタイミングでもなかった。結局のところ同点というのは悪いスコアではないし、チームは順調に流れて機能していた。その裏にあるのは別の何かだ。挫折体験の後遺症による巨大な痛みが消えてはおらず、顎を軽く一撃殴られるたびに浮き上がってきてしまう。このフェルナンジーニョからデラップへの交代を通して、九〇分間自陣エリアに閉じこもった相手にわずか一度のシュートで不当な敗戦を喫してしまうという、過去数年間の古傷が顔を覗かせる。シティのチーム全体とペップが長年蓄積してきた不満と失望の塊であり、それが不要なミスを引き起こしている。

交代の時点でチームは順調な戦いをしており、直前にも新たに二つのチャンスを生み出したばかりだった。試合の五〇分間を通して、ヴァーディーに一度抜け出された以外には相手に何もやらせていなかった。なぜこのように劇的にシステムを変更する必要があったのだろうか。

その二分後、邪魔をしてくるフェルナンジーニョがいないおかげで、レスターは数本のパスを繋ぐことに成功する。ロドリも奮闘はしているが、中盤に空く穴をすべて埋めることはできず、レスターはあらゆる場所を狙ってくる。持ちこたえられなくなったメンディが容赦なくバーンズにかわされ、そのバーンズが入れた鮮やかな低いクロスから、ヴァーディーが芸術的バックヒールで二点目を奪った。呆然とするシティはボールを落ち着けられなくなり、攻めるレスターはバーンズの強烈なシュートがエデルソンに阻まれる。そして五八分、ガルシアがヴァーディーを倒してしまい、ヴァーディーが再びＰＫから三点目。今度はＧＫの左側へ蹴り込んだ。

シティは完全に苛立っている。ミスを犯すたびにそこを相手に突かれてやられてしまうという、前シーズンに何度も味わったのと同じ話がコピーされたように繰り返される。この時点でもうロドリは限界を超え、デ・ブライネは調子が狂い、ＦＷ陣は混乱に陥ってしまっている。デラップのヘディングがクロスバーを叩く場面もあったが、次のゴールとなったのはマディソンがトップコーナーへ突き刺した素晴らしい一撃。ＣＫからアケのヘディングで点差を縮めたが、悪いことは重なるばかりで、メンディが三本目のＰＫを献上してしまう。ティーレマンスがエデルソンの左へ低いシュートを突き刺した。

二対五というスコアは、それ自体が破滅的なだけではない。ペップの率いたどのチームも五失点を喫したことは過去一度もなかったが、それ以上に、優勝した二シーズンと比べて勝ち点を二〇ポイント近くも失った苦い昨シーズンと同じ欠陥、失敗、不足点が浮き彫りにされてしまった。ドレッシングルーム内には、ほとんど絶望にも似た不穏な空気が戻ってくる。

ペップと選手たちは集まり、三〇分あまりにわたってこの大敗について振り返った。ロドリが口を開く。「いつも美しく、良くプレーして、一〇分間で三点を取ることを義務づけられているかのようで……」。そんな必要はないのだと彼は言う。一対〇でリードしているのであれば、プレーの流れを変えなければならないのは相手のほうなのだと。プレッシャーに襲われなければならないのは負けている側のはずであり、勝っているチームではない。もっと何かを見せなければならないのは負けている側のはずだ。待っているだけではリードを奪うことはできないのだから。こういう場合にはとにかく我慢をして、とにかくパスを繋いで、焦ることなく、パニックに陥ってはいけないとロドリは付け加える。対応策について、チーム内の意見は一致している。落ち着いて、我慢して、ボールを回すことだ。

その後に召集された危機管理内閣（ペップ、エスティアルテ、リージョ）では特にこのことが議論されたが、ゲームにおけるリズムと意図の葛藤という、徐々に表面化しつつある考え方についても話し合われた。確かにシティは基本的に勝つためにプレーしているのであり、そのために常に敵陣内で戦い、相手を押し込んで自陣のゴールから遠ざけておきたいと考えているのだが、落ち着くことが必要となる時間帯もある。この日はそれができなかった。敗戦はのしかかる何かと焦りによって引き起こされた。万全な状態の選手は一三人しかおらず、これから負担の大きな試合の数々が控えている中で、忍耐強くプレーすることが望まれる。ひとつのプレーの流れの中で両SBがボールに触るほどパスが回り、前方だけでなくもっと外側に向かってプレーをし、幅広く縦へと繋げていくことだ。

差し迫るプレッシャーのもとで冷静さを保つことは容易くない。しかし、それこそが挑戦なのだ。

シーン二：リズムと意図

（二〇二〇年九月三〇日、マンチェスター）

トレーニングに新たな要素が二つ追加された。ミニゲームと、タッチ数無制限のロンドである。前者は、極めて具体的な目的を追求する練習ばかりでやや飽和状態にあった選手たちに、ナチュラルな動きと自由をもたらすためだ。小さめのコートでの試合形式の練習を週に一、二度行うことで、選手たちは本来の自分を解放し、制約を忘れて楽しみ、自発性や感情面への領域にアプローチするプログラムが組み込まれた。内面にある心情の本質を表に出すことができる。全体的な雰囲気もポジティブなものとなり、よりリラックスしたムードですべてを受け入れられるようになる。

フリータッチのロンドには、より大きな戦術的意図がある。1タッチや2タッチに制限して行う場合、選手は素早く効率的にパスを出さなければならないため明らかな技術的スキルが身につくが、同時にそういったパスは、スキルが高く抜け目のない相手には比較的楽にインターセプトされやすい。タッチ数を自由にするとプレーの流れは遅くなるが、ボールを奪おうとする相手を欺きやすくなる。相手が1タッチしかできないとわかっていれば、相手が何をするかわからない場合よりもパスをカバーしやすいからだ。もし相手が3タッチしたら？　足裏でフェイントをしてきたら？　弄ばれたら？　とフリータッチに加わる事細かさに頭を巡らせることで、ロンドに緊張と緩和という新たな次元がもたらされる。技術スキルを見事に補完し、広げるものだ。今後の数カ月間で、これらの利点は実際にいくつかの試合に反映されていくことになる。

この二つの新要素が導入されたのは、選手の備えている本能へのアプローチと自由度を高めるためだけでなく、リージョが打ち出したシンプルなアイデアをコーチングスタッフが支持しているためでもある。「スポーツに関して言えば、単に空間的な戦いだけではない。意図とリズムの戦いでもある」

サッカーの進化は三つの大きな節目を通過してきた。最初の節目は、ゴールマウスこそがゲームの基本軸であると確認されたこと。二つ目は、フリースペースがゲームを発展させる新たなパラダイムであると決定づけられたこと。そして三つ目は、ボールこそがすべての判断の基礎となる基本的要素として指定されたことだ。第一の軸はルールから、第二の軸はハーバート・チャップマンの洞察から、第三の軸はヨハン・クライフの直感から生み出された。

ゲームの意図とリズムは、新たな進化を生み出す次の中心軸となり得るかもしれない。

シーン三：ルベン・ディアスの加入

（二〇二〇年一〇月三日、リーズ）

六週間にも及んだ長くタフな交渉の末に、チキは補強ターゲットとしてリストアップしていたDFの一人と契約することに成功した。リストにあったのはホセ・マリア・ヒメネス、カリドゥ・クリバリ、ジュール・クンデ、そしてルベン・ディアスの四人。最初の三人はそれぞれが所属するクラブの要求額が高すぎて手が出せず、シティのスポーツディレクターは最後の一人に狙いを定めた。コレクティブに正しくボールを扱え、その人間性から溢れ出るエネルギーが目を惹く若きポルトガル人DFである。金銭的にも最も手が届きやすい契約であった。ベンフィカに六八〇〇万ユーロを支払ったとはいえ、オタメンディを同クラブに売却したことで一五〇〇万ユーロを受け取るため、実質の投資額は五三〇〇万ユーロに抑えられる。これに加えて四五〇〇万ユーロでナタン・アケを獲得し、DF陣全体の再構築を行った（前線についてはフェラン・トーレスを二三〇〇万ユーロで獲得し、レロイ・サネは五〇〇〇万ユーロでバイエルンに売却された）。

目的は、DFライン全体を再構築し、毎年のようにたじろぎ崩れてしまうウィークポイントを立て直し、一貫性を手に入れることだ。「ユーゴスラビア式ディフェンス」を建設することがコーチングスタッフの考えだった。ユーゴスラビア人選手と、ユーゴスラビア崩壊後の後継各国の選手たちは、チームスポーツにおいて非常に優れたＤＦとして際立っている。勇敢さ、連帯感、献身性、そして力強さに満ちたエクセレントなＤＦラインである。史上最高の水球選手であったエスティアルテは、同様の資質を持つハンガリー人選手たちへの言及も含めて、いつもこのことを口にしている。「ユーゴスラビア式ディフェンス」とは、一貫したハードワークで亀裂のない守備をすることを意味する。ペップにとって、「ユーゴスラビア式ディフェンス」と言えば、彼の率いたバルセロナで主将を務めたカルレス・プジョルである。ラポルテ、ストーンズというビルドアップに優れた二人のＣＢはすでに揃えているが、屈強なパートナーが必要だ。守ることを心から楽しみ、嵐の中での戦いに闘争本能を呼び起こせるようなＤＦが。

その「ユーゴスラビア式ディフェンス」への変革を導く存在として選ばれたのが、ルベン・ディアスである。一〇月一日にマンチェスターにやって来た彼は、その四八時間後にはリーズで先発デビューを飾り、九年前の一戦を思いださずにはいられないような試合を披露してみせた。

＊＊＊

二〇一一年一一月六日のことだ。豪雨の降り注ぐサン・マメスでアスレティック・ビルバオとバルセロナが対戦したリーガの試合は引き分け（二対二）に終わった。ペップにとっては「サッカーへの讃歌」であり、「私の見てきた中で最高の試合のひとつ、素晴らしいスペクタクル」でもあった。

ビエルサのチームとペップのチームが激突した名勝負の記憶が、同じく大雨に見舞われたこの日のエランド・ロード・スタジアムに蘇ってきた。リーズとシティの両チームを率いるのは、お互いをよく知るビエルサとペップの二人。ペップが監督を志したとき、助言を求めた相手がビエルサであった。それから一五年を経て二人は、まったく異なるとはいえ、それぞれ実り多き道を歩んできた。つい三カ月前、ペップはビエルサをマンチェスターに招待し、コーチングスタッフらと食事を共にした。ペップが株主であるレストラン「タスト・カタラ」でテーブルを囲んだのだ。

プレミアリーグ開幕から間もないこの日、シティが相対したのは驚くべきチームだった。リーズはリヴァプールに敗れた（三対四）とはいえ、アンフィールドでアグレッシブかつ積極的な戦いぶりを見せ、続いてホームでフラムに、アウェーでシェフィールド・ユナイテッドに勝利を収めていた。ペップは依然として多くのメンバーを欠いており、カンセロ、ジンチェンコ、ギュンドアン、アグエロ、ジェズスが欠場したものの、過去一五カ月もの間、不安定だった守備陣に安定感を与えてくれるCBをついにチームに加えることができた。ディアスはさっそく先発起用され、ラポルテのパートナーを務める。

試合に向けた見通しを立てる中で、コーチ陣の意見は一致していた。ゲームを落ち着かせコントロールすることもままならない一進一退の試合であり、殴っては殴り返されるという見方だ。「その上で、我々のほうが良いチームなら試合をものにできるだろう」と、リージョは結論づける。現実的にシティはリーズより良いチームではあったが、九〇分間を通して一貫してそうであったわけではない。だからこそ、このビエルサとペップの再戦も引き分け（一対一）に終わることになる。今回も雨の中、壮絶な空気と決して途切れない戦いの香りが漂う一戦だった。

シティは三〇分間素晴らしい戦いを見せた。開始から三〇分間である。そのうち最初の二〇分間はパスとシュートの祭典だった。二分にはスターリングのシュートがゴール上へ。三分にはGKメスリエの位置が悪いと見たデ・ブライネが天才的な直感で直接FKを放ってポストを叩く。一〇分にはデ・ブライネのゴールを相手DFが阻む。その六〇秒後にはCKからディアスのヘディングがポストのわずか外へ。一二分、トーレスのシュートをリーズDFがストップ。一三分、ウォーカーのマークミスからアリオスキのヘディングは抑えられず上へ。一五分、スターリングのキラーパスからトーレスがシュートを放つがクリヒが止める。そして一七分、ついにスターリングが均衡を破った。

中盤でボールを奪い返したメンディが縦へ切れ込み、トーレスとのコンビネーションから左サイドのスターリングへキラーパスを送る。イングランド代表WGは、切れ味鋭いドリブル突破を仕掛け、相手のペナルティエリアに浮かぶフィニッシュゾーンを駆け抜けライバルたちをかわしていくと、メスリエが手を伸ばそうとも届きようがない威力で低弾道のシュートをネットに突き刺した。スターリングはリーグ戦でのシーズン初ゴールとなる。得点後もアウェーチームのアグレッシブかつ勢いのある攻撃はやまず、ラポルテやフォーデンがさらなるチャンスを迎える。フックからの右ストレートとなる二点目も時間の問題かと思われたが、三〇分以降はすべてが変わった。シティはどう見てもライバルを上回り優位に立っていたが、スコアボードに示されたのは一点のみであった。その後、リーズが反撃のときを迎える。メンディが自身のキャリアを脅かすレベルの致命的ミスを犯したことがそのスタートとなったが、エデルソンがアイリングとの一対一を制してチームを救ってくれた。

エランド・ロードに大雨が降りしきる中、四〇分にはビエルサがハッ！　とした表情を見せると突然テクニカルエリアを離れ、シティのエリアを横切っていく。何かに取り憑かれたかのような迷いのない歩様はどこか勇ましく、真っ直ぐ一点を見つめたまま、ペップの横を通り過ぎてベンチへ向かう。見慣れぬ光景に言葉を失うと、辺り一帯を緊張が走り抜ける。誰もが息を呑んだ次の瞬間、ビエルサは表情を崩し、初対面のリージョに挨拶をした。そのすぐ後ろでは、試合は続いており、両チームは依然として激しい攻防を繰り広げているが、ビエルサは止まらない。リージョに事前に挨拶していなかったことを一分近くかけて丁重に謝罪している。マナーある行動や尊敬すべき振る舞いよりも決闘が行われるのに適したシチュエーションとタイミングにも思えるが……ビエルサによる模範的なマナーの実演は、益々熱を帯び止まる気配はない。ペップはというと自分の後ろでそれが行われるのを、驚きつつも半ば面白がりながら温かく見守っていた。

ハーフタイム以降は、ビエルサの模範的な振る舞いが功を奏したかのようにリーズがあらゆる面でシティを上回る。四五分から六〇分までのボール保持率は六八％に達し、ペップの試合ではほとんど前代未聞の現象が起こる。この驚異的な展開の締めくくりとして、シチズンズのエリアに侵入したホドリゴ・モレノのシュートがポストを叩く。その三〇秒後にはCKからのボールをエデルソンがクリアミスをして、パンチングを下へと弾いてしまうと、そのボールが不運の神と化したメインキャスト、メンディの背中に当たり、直前にポストに嫌われたホドリゴ・モレノの足元へ転がる。幸運の女神からのギフトとも呼べるこの機会をホドリゴ・モレノは逃さず同点弾となるシュートを叩き込んだ。

後半のラスト三〇分間は、もうひとつのフェスティバルが開演し、一進一退の攻撃やカウンターパンチが入り乱れるエキサイティングな展開となり、どちらがゴールを奪ってどちらが勝利してもおかしくないほどにチャンスが相次いだ。スターリング、フェルナンジーニョ、マフレズ、デ・ブライネにゴールチャンスが訪れたが、リーズもシュート数を増やし、エデルソンやディアスやゴールポストが得点を阻む。スターリングがメスリエとの一対一を「考えすぎて」逃せば、バンフォードもエデルソンに対する同様のチャンスシーンで「深く悩んでしまい」ミスを犯してしまう。

シティにとっては悔しさが残ったとはいえ、引き分けは素晴らしい結果であったと考えるべきだろう。現在のチームは最高レベルのパフォーマンスには程遠く、これほど積極果敢な相手との試合で勝ち点を積み上げられるのは十分以上にポジティブな結果だろう。もちろん数字的にはほとんど楽観視できない状況ではある。ペップのチームは勝ち点九のうち四ポイントを獲得するにとどまり、一四位に位置している。降格圏とは四ポイント差。アンチェロッティ率いる野心的なエヴァートンが首位に立ち、シティは八ポイント差をつけられている。エランド・ロードではボール保持率四八％にとどまり、繋いだパス数も相手より少なかった。パス成功率（八二％）も普段の水準と比べれば異常なほど低く、決定機を作り出した回数も少なかったものの、カウンターの回数は六回とまたも多かった。これらの数字を前に、コーチングスタッフは楽観的な様子を見せている。「もう少し冷静になれればいいだけだ。欠場している選手たちがみんな戻ってくればいい。我々のゲームビジョンとプレーは確かで、選手が足りていないだけなんだ」。あらゆる証拠に反して、ペップは明るく元気であり、たとえ途切れ途切れにゆっくりではあってもチームは離陸し始めていると感じている。アシスタントの一人はこう言う。「我々は思っている以上にずっとうまくいっている。一見したところ良くは見えず、これ以上良くなれないようにも思えるだろう。バーンリー戦では十分に素晴らしい戦いで勝利できたが、ミスが多かったのもまた確かだ……。このため我々は、今でも守備面にフォーカスして気を配っている。一つひとつのミスが大きな代償を伴うことが明らかだからだ。こちらは二〇〇回攻め込んでも決められないのに、相手は一回で決めてしまう。それがすごくつらいし、傷口をさらに深くさせる」

翌日、リヴァプールはアストン・ヴィラのホームで二対七と衝撃的大敗。マンチェスター・ユナイテッドはオールド・トラッフォードでトッテナムに一対六で敗れ、レスターもホームでウェスト・ハムに粉砕された（〇対三）。

自分自身を過度に批判することほど悪いことはない。

シーン四：フリーエレクトロン・カンセロ

（二〇二〇年一〇月一七日、マンチェスター）

代表戦の中断が明けて試合が戻ってくると同時に、いくつかのニュースがあった。デ・ブライネは負傷から復帰。そして、アグエロが半月板損傷による四カ月の離脱から戻ってきたのも朗報だ。他にも二人、ポルトガル人コンビのベルナルドとカンセロがシーズン初先発を飾った。

ペップはアーセナル戦で、今シーズンの基礎となるアイデアの最初の素案を実践に移した。3バックに加えてダブルCHを置き、その片方はSBの一人が兼任する。ビルドアップ時には「3—2—2—3」となる可変的構造である。これは試合を重ねるごとに完成度を高め、シティの選手たちにとってもコーチ陣にとってもお気に入りのシステムとなっていく。

この日の3バックはウォーカー、ディアス、アケ。ロドリのパートナーを初めて務めるカンセロにはペップによって新しい役割が用意されており、彼はここから華々しいキャリアを見せていくことになる。二重の役割だ。カンセロは、危険なエリアで相手を抜き去ると同時に、相手を引きつけてチームメートをフリーにできるという稀有な能力を持っている。このポルトガル人選手はチームのシステムにおいて重要な存在となりつつある。右SB、左SBのどちらでプレーしようとも、ゲームの軸となる重要な選手の一人として大きな存在となっている。高度な戦術的センスと優れたテクニックを持っており、彼が中央寄りの前目のポジションを取ることでインサイドの選手たちが起点となる役目から解き放たれ、攻撃のオーガナイズに集中することができる。カンセロは同サイドのインサイドプレーヤーを前に押し出し、ほとんどトップ下へと変貌させる。それが、ますますゴールゲッターとして磨き上げていくギュンドアンの得点力向上にもつながっている。カンセロはロドリを助け、3バックにもうひとつのパスコースを提供するだけでなく、ペップのプレーの核である中盤での優位性、相手エリア前ではクオリティをもたらし、前線には常に少なくとも四人いることが可能になる。この場合は大きく開いてプレーできるようになる両WGと、ストライカー、そしてトップ下と化したIHとなる。

CH・SB・IHの役割を兼ねるカンセロの存在は、漂い始めているシティの急激な進化のカギを握っている。彼がこのような変貌を遂げるまでに何が起こったのか。無気力そうで無愛想だった選手から、どのようにしてこれほど官能的で決定的なサッカー選手となれたのだろうか。

その答えはコロナウイルスにある。二〇二〇年三月のパンデミック発生以前には、カンセロはマンチェスターで不満を抱いていた。チームのプレーを理解せず、ペップから要求されたことをこなせず、献身的に守ることも攻撃に貢献することもなかった。自分のポジションでレギュラーになることを目指してはいたが、パフォーマンスは極めて平凡であり、増していく失望と不快感を募らせていた。プレミアリーグは三月八日を最後に中断され六月一七日まで再開されなかったが、最初の世界的ロックダウンに入った時点で、カンセロが先発出場していた試合数は二二試合。悪くない数字ではあるが、コーチングスタッフは彼のパフォーマンスに落胆しており、クラブに残留するより出ていく可能性のほうが高まってきていた。だがロックダウン中にカンセロは、自身の選手としての資質について内省し反省する期間を過ごし、別人になってマンチェスターに戻ってきた。ロックダウン明けの最初の練習に笑顔で楽しそうに参加し始めた彼を見た者は、劇的な変化が起きつつあることにすぐに気がついた。そのときから、活力にあふれる姿勢で新たなサッカー選手として成長した彼は、今ではペップのゲームプランにおいて重要で不可欠なピースとなっている。

アーセナル戦の攻撃時には、マフレズがこのシーズンの大半を通してそうするように、右サイドに張りつく。スターリングとアグエロはストライカーとトップ下を交互に務め、左サイドに残るフォーデンはしばしば上下動を繰り返す。したがってこの［3—4—3］にはさまざまなニュアンスやディテールが込められており、アルテタがアーセナルを再構成するのに合わせて、ペップはそれらを導入したり修正したりしていく。アーセナルはボールを持ってゲームを支配することを好むチームではあるが、シティの力強さに対しては苦戦を強いられる。

開始三〇秒でマフレズにゴールチャンスが訪れるが、カーブをかけたボールはレノの守るポストのわずか外へ。二二分にはアグエロがセンターサークルから抜け出し、マフレズからボールを受けてターンし、縦へ抜けてフォーデンの決定的シュートをお膳立て。フォーデンが右足で放ったボールをGKが弾き返したが、ペナルティスポット付近にこぼれたボールをスターリングが左足でゴールに押し込んだ。アーセナルは三度の反撃を繰り出し、サカが至近距離から二本、オーバメヤンが一本のシュートを放つが、いずれもエデルソンがセーブ。逆にマフレズとフォーデンの決定機もレノの素晴らしい活躍に阻まれてしまう。

後半はプレーの勢いが弱まり、シティはゲームをコントロールして客人たちのカウンターを防ぐことに専念。アーセナルはシチズンズの網に絡め取られた。エデルソンは、多くのシーンでチームのプロセスをずっと飛ばしてゲームを組み立てていくが、これもガナーズのプレスを無力化するためであった。［3＋2］のビルドアップを選ぶのではなく、マフレズに何度もロングボールを送り、それがアーセナルを後方に押し戻していた。

一〇月も半ばを過ぎたところで、シティは勝ち点七で一一位に甘んじているが、ペップは今後素晴らしいものになり得るアイデアを見つけ出しており、これから数カ月をかけて発展させ完成させていくことだろう。カンセロをフリーエレクトロンとした［3＋2］がそれだ。

シーン五：ペップの契約更新

（二〇二一年一月二〇日、マンチェスター）

八〇日後、シティはプレミアリーグで一試合未消化ながらもすでに三位まで浮上し、マンチェスター・ユナイテッドと四ポイント差。素晴らしい状況に見えるが、クラブにとって最高のニュースはこのことではない。

一一月末、ペップは次の夏に満了が予定されていた契約を更改し、二〇二三年六月までさらに二年間延長した。数カ月前にチキと話をした際に、彼が望んでいたことだ。「それが難しいことのように聞こえてしまうことはわかっている。二〇二一年になれば五年間このチームにいたことになるが、彼がひとつのクラブにそれほど長くいたことはない。しかし、よく考えてみれば、それこそが完璧な解決策だ。ペップにもう一度延長してもらう」。チキの意図は十二分に達成された。ペップが五年どころか七年もクラブに在籍するのは、居心地がよく、十分にサポートされ、仕事に満足していることの紛れもない証左だ。我々がいつも言ってきた通り、本当に質の高いレガシーを築き上げるには時間が必要なのだ。

ペップには大きな敵がいた。自分自身である。成功という呪縛から忍び寄る焦りや不安、苦悩や傷を負ったことから、長らく自分自身を否定し続けてきた。最初に成し遂げたことはエベレスト登頂のようなものだったが、彼はいつもこの比喩を用いて、過去の業績を上回ることは不可能であると言い続けてきた。しかし今、彼は自分に時間を与えている。自分自身に時間をプレゼントした。この慌ただしい社会の中で自分に時間を与えるというのは、彼が下した中でも最高かつ実りある決断となった。
一一、一二月、そして一月の大半を過ぎるまでにチームは一九試合を戦い、負けたのはアウェーのトッテナム戦（〇対二）の一試合のみ。リヴァプール、ポルト、ユナイテッド、ウェスト・ブロムウィッチとは引き分け、その他の一四試合には勝利を収めたことでリーグ三位につけており、リーグカップでは四大会連続の決勝進出。チャンピオンズリーグでは一六強でボルシアMGとの対戦が決まり、FAカップでも順調に勝ち進んでいる。多くの離脱者を抱えながら、プレー内容も振るわず落胆ばかりの幕開けだったシーズンとしては悪いものではない。
［3＋2］によるビルドアップも、チームがボールを持っていないときの［4―4―2］も、変わらず順

調に機能している。ともにペップが進化させたシステムであり、選手たちの自由度を高め、攻撃面のポテンシャルを高めていくことができる。サネがいなくなってからシティのカウンターは以前ほどの迫力もなく効果的でもなかったが、今ではＩＨ、ＷＧ、トップの選手たちが、外連味なく自然に動けるようになっている。

「ニューカッスル戦以降、我々は本当に良いプレーができるようになった」と、ペップはボクシング・デーに収めた二対〇の勝利を思いだしながら言う。しかし、彼をこれほど上機嫌にさせているのはゴールでも試合結果でもなく、チームが指揮官の望む方向に成長しているという認識なのだ。効果的なビルドアップ、第二のＣＨ、「ユーゴスラビア式ディフェンス」、タッチラインからの指示を待つことなく自主的にプレーすることが可能だと感じている選手たち……。

シーン六：アンフィールドでの勝利

（二〇二一年二月七日、リヴァプール）

「次は観客の入ったアンフィールドで勝ちたい」と、ペップは試合を終えてから語った。シティが四対一の力強い勝利を飾った試合だった。

アンフィールドでのいつもの戦いとは異なり、開始二〇分間のリヴァプールは爆発的なエネルギーを発揮して圧倒するような戦いができず、シティがライバルを制圧、難なくゲームをコントロールしていた。非常にリスクの高い試合だったため、ペップはより慎重な［３＋３］のビルドアップを採用。ストーンズ、ディアス、ジンチェンコを最終ラインに、カンセロ、ロドリ、ベルナルドをホームチームのプレスラインの後ろに配置する。カンセロのポジショニングがマネを惑わせ、センターサークルの高さでカンセロへのチェックに行くべきなのか、サイドに残るべきなのかを迷わせていた。チェックに行けば、ストーンズとマフレズに右サイドで連係されやすくなってしまう。行かなければカンセロはディアスからのボールを容易に受けられる。リヴァプールはロバートソンを前に出すことでこれに対応した。

二〇分以降、両チームが調整を加えるとサイコロの目はリヴァプール側の優位に働く。ボールを持ったシティの［4―3―3］にはゴールを匂わせる怖さがなかった。インサイドを厚くしてリヴァプールの中央エリアを進軍して攻める狙いではあるが、うまく疎通が取れず息が合わない。逆にボールを持っていないときのシティは、両サイドを相手SBに手渡してしまう。フォーデンが最前線に位置するファーストディフェンスとして行うチェックが、うまくいっていないためだ。スターリングとマフレズが内側寄りの位置を取っていることで、リヴァプールはいつでも斜めに出すだけで両SBのどちらかがフリーになっているところへパスを通すことができる。ただ、そこからのクロスはストーンズとディアスの安定した守備が阻止。三八分にはファビーニョがスターリングに与えたPKをギュンドアンがクロスバーの上へ飛ばしてしまう。シティはリヴァプール戦で蹴った直近四本のPKのうち三本を失敗したことになった（※二九）。

前半にはペップのチームが枠内シュートを打てなかったのに対し、リヴァプールはフィルミーノ（エデルソンがセーブ）とマネ（ヘディングがゴール上へ）がゴールに迫る。ハーフタイムにコーチングスタッフは、クロップが仕向ける両SBの前進を阻むため、システムを変更することを話し合った。ペップ、リージョ、ボレルは［4―5―1］にしてはどうかと議論したが、結局［4―4―2］を選択。ボールを持っていないときにはフォーデンとベルナルドをトップに置き、スターリングとマフレズをロドリ、ギュンドアンと同じ高さにまで下げる。

この采配によって後半はリヴァプールの攻撃を封じ、シティはリスクを冒すことなくゲームを支配できるようになった。試合を通して守備面で苦戦していたアレクサンダー＝アーノルドのサイドから人数をかけた攻撃を繰り出し、ギュンドアンが先制ゴールを決めると、リヴァプールもサラーのPK弾で同点とする。相手の最終ラインから送られたロングボールをきれいにクリアし損ねるという、ディアスのらしくないミスから与えたPKだった。この日のディアスのパフォーマンスは、過去数週間と比べると今ひとつさえないものであったが、ジェズスの投入でまた物語の筋書きは変わった。ジェズスの積極的なプレスと、ベルナルドとフォーデンもそこに連動することでアリソン、ファビーニョ、ワイナルドゥムのミスを誘い、わずか一〇分間（七三分から八三分）でシティの三得点につながる。ギュンドアンはシーズン九ゴール目、スターリングはペップ体制で通算一〇〇点目となるゴールを挙げた。ペップのチームで大台を達成した選手は三人目（メッシ二一一点、アグエロ一二〇点）である。

ペップにとってアンフィールドで初めての勝利であり、シティとしてもここでの勝利は二〇〇三年以来だった。これでリヴァプールより一試合を多く残して一〇ポイントリード。シチズンズがアンフィールドでリヴァプールから四点を奪ったのも一九三七年以来であり、シティはこれで公式戦一四連勝となる。プレミアリーグでは一〇連勝。一月に戦った九試合すべてに勝利を収めたイングランド初のチームという、数日前に達成していた記録にもうひとつの勝利をコレクションする。

ペップはいつも、大勝を収めた機会を活かして選手たちに改善すべき点を指摘する。この日はフォーデンの番だ。「フィルは前半のプレスでうまくいっていなかった。中央でプレーする際には時折、自分のポジションを理解し切れないときがある。この点を改善しなければならない」

※二九　二〇一八年一〇月七日にはマフレズがアンフィールドで失敗。デ・ブライネは二〇年七月二日にはエティハドで決めたが、二〇年一一月八日には同じ状況で外してしまった

シーン七：快進撃

（二〇二一年二月一三日、マンチェスター）

シティがホームスタジアムで六試合続けての無失点というのは、一九〇二年以来なかったことだ。この日はモウリーニョ率いるトッテナムに三対〇の勝利。三カ月前に、ペップのチームが最後に敗れた相手もまたトッテナムだった。一一月末のその試合の時点ではトッテナムが首位に立っており、シティは八ポイント引き離されて一三位に沈んでいた。ペップのチームは首位よりも降格圏に近い状況だった。

あのロンドンでの最悪の午後以来、シティはプレーの質と量、守備の堅さ、フィニッシュの精度、全体的なパフォーマンスを劇的に変えてきた。そして、今日の試合でさらに好成績の連続を伸ばし、これで公式戦一六連勝。リーグ戦では一一連勝となる。状況は一変し、今ではペップはモウリーニョに一四ポイントの差をつけてプレミアリーグ首位を独走。三カ月間でトッテナムより二二ポイントも多く勝ち点を積み上げてきた。

シティの快進撃を牽引しているのは、ゴールを量産するゴレアドール（点取り屋）というこれまでにない一面を見せているギュンドアンだ。「ギュンドアンは偽９番としてプレーできると私が言うと、笑い飛ばされていた。今日の彼はＰＫを獲得し、二点を決めてくれた。一月の最優秀選手であり、二月もそうなろうとしている」と、ペップは言う。実際にその通りだ。三月一二日には、二月もプレミアリーグの月間最優秀選手に選ばれたことが発表された。この賞を二カ月連続で獲得した選手はクラブ初である。一方、六戦六勝を挙げたことでペップ自身も一月に続いて二月の月間最優秀監督に選出された。

チームはプレーのやり方に関して安定した道筋を見つけ出している。ビルドアップは「３＋２」と「２

＋3」を使い分け、守備時には「4―4―2」またはその変形である「4―3―3」。守備を固める相手に対しては攻撃的な「2―3―5」で仕掛け、ベルナルドとギュンドアンが相手SBとCBの間に生まれるレーンを使う。だがこの日の試合のように、フォーデン（右）とスターリング（左）が逆足側に位置取ることが攻撃の流動性を損なう場合もある。彼らがエリア内側に向けた動きを取ることで、相手DFを密集させてしまいシュートの選択肢を潰すためだ。ちなみにフォーデンは、わずか五九試合の出場でプレミアリーグ五〇勝目を達成し、ラポルテの保持する記録に並んだ。

トッテナムを倒すため、まずはペナルティスポットからゴールを奪う必要があったが、過去に嫌な記憶を積み重ねているシティにとって、これは口で言うほど簡単なことではなかった。ロドリは試合後に、PKを蹴ったのは単純に自分がボールを手に取ったからだと語った。チームメートは誰一人「オレに蹴らせろ！」と、言わなかったことも獲得したPKがシティにとってトラウマにも近いものだということを示していた。ペップも認めている。「このことについて考えなければならない。ロドリが勇気を持ってくれたことは称えたいが、それほど良いシュートを蹴ったとも言えない……」

リードを奪ったことで、ペップは両WGのポジションを変更してサイドを入れ替える。これによって相手エリア内に作り出されていた罠は消え去った。また、ホームチームが試合を支配することによってスターリングはフィニッシュの局面でポジションの拘束から解放され、相手エリアのあらゆるゾーンを動き回ることができる。そうして生まれた二点目のゴールは、スターリングが右から左へと大きくポジションチェンジ、フォーデンがゴールエリア内へとスルーパスを繋げ、ギュンドアンが左足爪先でフィニッシュしたものだった。さらに一五分後、ハイプレスを強めてきたトッテナムに対し、エデルソンが見事な形でギュンドアンと連係。DF陣全員が相手FW陣からのプレッシャーを受ける中、守護神はエリアからエリアへのロングボールを送り、サンチェスのマークを受けていたギュンドアンがこれを活かして三点目のゴールを奪った。八〇メートルの距離から飛んできたボールの受け方、そこから二つのタッチ、そして飛び出したロリスを破ってのシュートと、すべてが凝縮された極上のクオリティとフィニッシュだった。これでギュンドアンはリーグ戦でのシーズン一一ゴール目（公式戦合計一三ゴール）を記録。二〇二一年に入ってからの九試合では九点目である。その数分後に彼は、鼠径部に軽い違和感を覚えたため交代を申し出た。

シーン八：一〇日間で勝ち点一六

（二〇二一年二月一八日、マンチェスター）

朝の九時、チキはいつものようにトマトとハムのパンで朝食をとっている。トップチーム棟一階にある食堂内、エスティアルテのオフィスから最も近いテーブルで、クラブのスポーツディレクターがペップ、エスティアルテと朝食を共にするのは変わらぬ日常であり、重要な決定はその席で下される。

シェフのグティエレスが作るメニューがバリエーション豊かであるのと同じように、コーチングスタッフのスケジュールもそれぞれ異なる。例えばリージョは朝五時に起床し、六時頃にはトレーニングセンターに到着する。最初にやることは、思わずサイクリングチームの給水係と勘違いしてしまうほどである。貯蔵してある水のボトルが詰められたケースを、ペップの隣室にある自分のオフィスの低いキャビネットの上へ上げることだ。次にマテ茶を準備し、これを一日中補充しながら飲んでいくことになる。彼のオフィスは最終的にコーチングスタッフの中枢拠点となるのだが、その第一の理由は、リージョが全員の父親的存在であるという感情的な側面に付随する。第二に、他の者たちも水のボトルを補給するためそこを利用するからだ。

少し遅れて、GKコーチのマンシシドールがやって来る場合が多い。口数は少ないが、必ず意味のあることを言うコーチだ。控えめで、人に注目されることを好まないが、マンシシドールもまたテクニカルチームの中心人物である。エスティアルテも早い時間に出勤するのがルーティンだが、ペップはまったく違っており、何か特定の理由がある場合のみ早めにやって来る。早起きをした日には、「今日の私は『リージョ』だ……」と、いつも冗談を言う。

チームは昨夜グディソン・パークで勝利し、トレーニングセンターに戻ってきたのは午前一時だったため、今日の朝食はいつもより遅い。ただしリージョは例外だ。オフィスに泊まった彼はかなり早いうちから自分のオフィスでマテ茶を飲み、練習に採用するコンセプトを練っていた。

昨日のエヴァートン戦は一二月二八日に行われるはずだったが、多くの選手がコロナウイルスの陽性反応を示したことで開催不可能となる（※三〇）。それから八週間が経過する間、シティはまさに絶好調であり、戦ったすべての試合に勝利した。一方でエヴァートンは安定せず、素晴らしいパフォーマンス（オールド・トラッフォードで三対三のドロー、リーズとウルヴァーハンプトンに敵地で勝利、FAカップでトッテナムを撃破）を見せたかと思えば、ホームでウェスト・ハム、ニューカッスル、フラムに敗れるなど非常に低調なパフォーマンスを見せることもあったために首位チームを迎え撃つ試合は、アンチェロッティのチームにとって難しい夜となることが予想された。

そして、その通りになった。シティは素晴らしい印象を残した。チームの絶対的スターであるギュンド

※三〇　ウォーカーとジェズスは一二月二三日に罹患し、その五日後にはエデルソン、ガルシア、トーレス、ドイル、パーマーも新型コロナウイルス感染が明らかになった。一月八日にはアグエロもそこに加わった

アンが不在ながらもシティのプレーのダイナミクスは損なわれず、3バック（ウォーカー、ディアス、ラポルテ）はピッチの幅全体に大きく開く形を取り、カンセロは左サイドをスタート位置としてロドリと連動しながらビルドアップを行う。ディアスの持つ大きな長所のひとつは、DFを統率する能力、チームメートに対して示すリーダーシップである。ストーンズが劇的な復活を果たす上でも、飛ばしすぎるきらいがあるウォーカーを落ち着かせておくためにも、集中力を失いがちなラポルテを集中させるためにも彼の存在は不可欠であり、彼の天性の資質は全幅の信頼を勝ち得ている。ディアスは最終ラインのリーダーであり、威圧感と闘志を発揮する、試合のあらゆる場面で最大限の集中力を要求し、主審が試合終了の笛を吹いて初めて勝負師としての手綱を緩める。

3バックを大きく開いて配置する上での基本となる考え方は、ピッチの横幅全体を占めるというものだ。ペップが試合や練習を通してテストしてきたコンセプトである。三人のDFがこのように十分に離れることで相手FW陣からのプレスを和らげ、中央のレーンを広げることで、ビルドアップの最初に中盤の選手たちがボールを受けやすくする。チームが相手陣内に進めば、カンセロがベルナルド、フォーデンとともに攻撃の組織に加わり、ペップがプレーの基本形としていつも要求する数的優位をあらゆるエリアで実現する。そのためにカンセロはロドリの近くに位置し、完全な自由を得られるIHの選手たちは内側から攻撃に加わったり、前線のラインにまで上がっていったりすることができる。中盤のラインに柔軟性を持たせた「3―4―3」である。カンセロが第二のCHまたは「偽IH」のポジションを取ることでIHの選手たちがこのような自由を得られるというのは、チームの好調を支える基礎的要因のひとつだ。IHが前方へ突破していく能力は、三役を務めるカンセロが防護壁を提供してくれることで初めて発動可能となる。シティはビルドアップ時の使い慣れた形のひとつである「3―2―2―3」の陣形を取り、マフレズとスターリングはタッチライン際まで極端に大きく開く。これによりチームは試合を圧倒的に支配し、エヴァートンは前半にわずか一五〇本、後半にも一五六本のパスを出すことしかできなかった。圧倒的支配は何度も相手エリアへの侵入につながるが、決定的なシーンやフィニッシュという形には至らない。ＣＫから何度も弾き返されたところをフォーデンが決めてようやく均衡を破ったが、五分後にはエヴァートンも追いつくことに成功する。マフレズとウォーカーの連係不足によりディーニュのシュートを防ぎ切れなかったプレーだった。

いくつかの微調整をハーフタイムに行うことができた。ペップは、ベルナルドが右サイドのマフレズにもっと近寄り、チーム全体がパスを通してまとまることを望んでいる。「フィニッシュの局面では急ぎすぎている場合もある。我々が挙げた二つ目のゴールはとても良い見本でありポジティブなもの。また、何本か余分にパスを繋いだのは、状況が明白ではなかったからだ」と、ペップは試合後に語る。前半の三三九本から後半は四一四本へと、パス本数は大きく増えた。各ラインを連結し、三人目の選手を見つけやすくするという意図によるものだ。ベルナルド、マフレズ、ジェズスが特にその点で才能を発揮し、エヴァートンを崩し切って二点目と三点目のゴールにつなげた。シティがリヴァプールとエヴァートンのホームスタジアム両方で勝利を収めたのは一九八一年以来のことだ。チームは記録を重ね続けている。これでもう公式戦一七連勝となり、プレミアリーグでは一二連勝。年明けからは史上初の一〇連勝を飾っている（※三二）。ベルナルドの素晴らしいパフォーマンスは際立っており、六一本のパスで九四％の成功率を記録しただけでなく、チームの構造内で再び重要な選手となっている。「ベルナルド、何てフットボーラーだ！」と、ペップは言う。「すべてだ！　何をやっても信じられないほど素晴らしい！　止まることを知らないベルナ

※三二　一九〇九年のボルトンと二〇〇九年のマンチェスター・ユナイテッドは年明けから九連勝を飾っていた

ルドが戻ってきた！」。その後方では、ロドリがまたしても圧巻のパフォーマンスを披露。不安定な選手だった昨年からの進歩を示している。

チームはこれから二日間の練習を行ったあと、いくつか重要な遠征を控えている。ロンドンではアーセナルのホームに乗り込み、ブダペストではボルシアMGと対戦。ロンドンへの遠征には、いつも予想外の展開と驚きが待っているものだ。例えば、スタンフォード・ブリッジを出てルートン空港方面へ向かうと軽く一時間半はかかるため、マンチェスターまで全行程をバスで移動してしまったほうがいいのではないかという話になることもある。だがペップはいつもそれを否定している。いかなる条件であれ、彼は選手たちがバスの車内で三時間以上も過ごすことは望まない。筋肉が固まり、悪化して怪我につながるのを避けるためだ。

しかし、ロンドンを再訪するのはまだ二日先のこと。今は朝食の時間だ。コーヒーを飲みつつ、ペップ、エスティアルテ、チキの視線は、プレミアリーグの現在の順位表を映し出す食堂のテレビに向けられている。シティは五六ポイント。それを追うユナイテッドとレスターは四六ポイント。チキは言う。

「我々が順位表の上半分にいなかったときのことは覚えているか？」

スポーツディレクターが指しているのは、チームが一三位まで後退していたシーズン序盤のあの苦しい数週間のことだ。続けてこう付け加える。

「アンフィールドで戦ったのは一〇日前だ。もし負けていればリヴァプールとは四ポイント差だった。今は彼らに一六ポイント差をつけている。たった一〇日で……」

朝食の残りの時間、チキとペップはアグエロの来季の後釜候補となる二人の選手の力量について評価を話し合った。テーブルの上にメッシの名前はないが……。

シーン九：「ヒューマン化」

（二〇二一年二月二四日、ブダペスト）

ロンドンでの対決は一瞬のうちに決着した。

開始四〇秒、スターリングがゴール前数メートルからのシュート二本を立て続けに外してしまう。その三五秒後、同じくスターリングがマフレズからの柔らかいクロスに頭で合わせ、この試合唯一のゴールを記録。シティは一分でアーセナルをノックアウトしてしまった。

ペップはシステムを［3―2―2―3］に戻す。再び3バック（ストーンズ、ディアス、ジンチェンコ）を大きく開いてピッチの横幅全体を占め、相手のマーカーの陣形を引き伸ばすことでプレッシャーを緩める。前方ではフェルナンジーニョとカンセロまででビルドアップを完了させ、その役割を免除されたデ・ブライネ、ギュンドアン、ベルナルドは完全に自由にピッチ全体を動き回ることができる。マフレズとスターリングは両アウトサイドに張りつき、ホームチームの守備陣を引き離そうとする。スタメンに本職のCFがいないことで、シティは最大五人の選手が集まる中盤での数的優位を作りやすくなり、同時にアーセナルのCB陣に何も仕事を与えないようにする。

アルテタは、ビルドアップの段階でシティのMFたちにマンマークをつけることを計画していた。サカがカンセロに、ウーデゴールがフェルナンジーニョにつくことで、ビルドアップは三人のDFたちの仕事となり、彼らはボールをガナーズのエリア付近まで持ち上がるか、リスクを冒しつつデ・ブライネやベルナルドへ直接パスを送ることを余儀なくされる。アルテタがシティの戦いを熟知していることは明らかであり、このマンマークは試合序盤のシチズンズを大いに苦しめ、三〇分以降はアーセナルが試合を支配するようになっていく。特に左SBのティアニーが攻め上がると、シティが守る際の［4－3－3］の弱点を突く形で何度もカンセロと一対一になり、ジャカは難なくターンして攻撃を組み立てることができる。ペップはハーフタイムにプレスのかけ方に変更を加え、GKレノに対してベルナルドあるいはマフレズ、ティアニーに対してカンセロが飛び込んでいく形に集中する。アーセナルは後半を通してエデルソンが守るゴールに一度もシュートを放つことができなかった。

フェルナンジーニョは、またしても記憶に残る試合をしてみせた。「フェルナンジーニョ！　あぁ、神よ！　フェルナンジーニョは何て試合をしてくれたんだ！」と、ペップは試合後に言った。ディアスは、六五分にチーム内での立場を明確に見せつけた。この試合でペップ体制での通算一〇〇試合目を迎えたストーンズが、ヘディングでのクリアを誤ってボールを外へ出してしまった場面だ。続いてそのストーンズがミスを埋め合わせるプレーを見せると、ディアスは彼に近づいて暖かく祝福した。間違いなく、彼こそがDFのリーダーだ。

シティは記録を伸ばし続けている。公式戦一八連勝となり、またアウェーゲームで一一連勝。これはペップ自身のチームが二〇一七年五月から一一月にかけて達成した記録に並ぶものだ。また、プレミアリーグではアーセナルに八戦連続の勝利。二一年に入ってから勝ち点三三を獲得しており、トッテナム、リヴァプール、アーセナルの合計勝ち点（三二）より多い。シティはこのシーズンに戦った三八試合のうち二三試合を無失点に抑えており、前年に戦った全五九試合で残した数字と同じ。リーグ戦では二五試合でわずか五五本しか相手にシュートを打たせていない。

強さとコーディネートされたハンサムさを自覚しつつ、その数時間後にはボルシアMGとの戦いの場となるブダペストに降り立つ。新型コロナウイルスの影響により、ドイツ当局が英国人の入国を制限しているためだ。

寄せては返すカンセロのリズムに乗って、過去最高クラスに調和の取れた交響曲が奏でられ、チームメートらもほとんど本能的に調整を繰り返す。チームは、ペップが最初の数年間にもたらしていたような、ほとんど数学的でゲルマン的ともいえる厳格な組織はすでに失っている。リージョの影響を受けたカタルーニャ人指揮官は、選手たちのパフォーマンス向上と解放につながる無秩序なプレーが増加することを受け入れている。現在のシティは、以前ほど機械的ではない。ロボット的な公理を捨てて「ヒューマン化」している。人間らしく失敗することもあるが、この解放のおかげで頂点に立つこともできるのだ。

ビルドアップの形は［3―2―2―3］で変わらず、攻撃は［3―3―4］で展開され、相手ボール時には二タイプのプレスが併用される。ハイプレスは［4―2―4］で実行し、中盤でプレスをかけるなら［4―3―3］だ。このシンフォニーに欠けているのは、フィニッシュの精度だけだ。コーチングスタッフはそのことを口にしており、プスカシュ・アレーナの地下でも「ゴールが足りない」と、繰り返す。ジェズスは素晴らしいオールラウンダーだ。誰よりもプレスをかけ、相手に対していつどこで飛び込むべきかを正しく読み、中盤に下がってヘルプし、ボールを見事に操ることができ、彼ほど三人目の役割を演じられるＦＷはほとんどいない。しかし、フィニッシュに関しては怖がってしまう。多くのゴールを決めている（一七八試合で七七得点、さらに三三アシスト）にもかかわらず、フィニッシャーよりもチームプレーヤーとして好パフォーマンスを発揮している。スターリングの場合と同じく、ジェズスも得点数は多いものの、難しいシチュエーションからのフィニッシュを得意としている。複数の選択肢の中からプレーを選ぶ時間がなく、シュートを失敗するのではないかという恐怖に駆られる余裕もない場合だ。それはブダペストでも起こった。五三分にはエリア内でフリーとなったが、適切な角度を見つけたいと考えタイミングを待ちすぎた。ＧＫが自滅してくれるのを期待したものの、その条件がすべて整ったときには、すでに相手ＤＦによって有利な状況を潰されてしまっていた。逆に六四分には、はるかに困難でゴールする可能性が低い状況でのプレーからチームの二点目を記録。ボルシアMGのGKが迷いながら見守る中、ベルナルドが頭で繋いだボールを、相手DFから厳しい対応を受けながらもスパイクの裏で押し込んだゴールだった。これぞジェズス。体の中に獣と控えめなフィニッシャーが共存しているのだ。

この二点目は、ベルナルドが決めた一点目とも間違いなくよく似たものだった。どちらの場合もカンセロが相手エリアの右隅の角でターンし、ボルシアMG守備陣の裏へ鋭いボールを送った形だ。そしてどちらも、キャリア屈指の好調期を過ごしているベルナルドがそこへ現れ、正確なヘディングでボールを捉える。一点目は角度をつけたボールをネットに押し込み、二点目はジェズスのシュートにつなげた。爆発力があり、大胆で、積極的で、疲れ知らずのベルナルドはチームの大黒柱となっており、不可欠な選手だ。デ・ブライネが復帰してきた今、ペップはベルナルドに新たな定位置を見つけてやらねばならない。ここ一〇試合でベルナルドは三得点、五アシストを記録し、チームの八ゴールに関与している。

シーン一〇：エゴイズム

（二〇二一年三月一〇日、マンチェスター）

スターリングはベンチに座っている。

この朝、彼とペップの間で大きな事件が起きた。何が起こったかについては彼ら二人だけが正確に知っていることであるため、私としては外部からの証言に基づいて事件の顛末を推測するしかない。当然ながらその証言者たちも、トレーニングセンターの監督室の中にいたわけではない。いくら話を聞こうとしても、ペップはこの件について決して話そうとはしなかった。「選手と私の間の個人的な会話だ」と。

ペップの怒鳴り声が二度聞こえてきた。彼はスターリングに対し、監督室に戻ってきて話し合いを続けるよう求める。部屋の近くにいた全員がこれらの声を聞いた。ペップは、この夜のサウサンプトン戦で彼を先発起用しないことを説明するためスターリングを呼び出していた。自分の選ぶスタメンについて決して説明することのないペップとしては完全に異例の行動だった。しかし数週間前、スターリングはある試合に出場しない理由を知るためペップに面会を求めたことがあり、そのためこの日彼は先発入りしない理由を説明することに決めたのだ。ペップはフィニッシャー陣の決定力に不安を抱いており、可能な限り調和の取れる形を見つけ出すため数週間前から前線に変化を加え続けていた。どうやらスターリングはその説明に納得がいかなかったようであり、監督室を出たところで、ペップは彼に戻るよう命じた。これが二度続けて起こり、最終的にスターリングは強い怒りを抱えて立ち去っていった。

ペップも大激怒だ。彼は長い間、電気を消して監督室に閉じこもっていた。

チームにとってごく一般的な決定に対して選手が過剰反応したことについて、私が聞かされた説明によれば、スターリングは自分が他のどのＦＷも抑えて不動のレギュラーであるべきだと考えているとのことだ。会話内容を知っている者たちによると、ペップがベルナルドやデ・ブライネなど特定の選手たちに賛辞を送っていたことが彼は気に入らなかったようだ。スターリングは自分も監督から同様の賛辞を受ける資格があると考えているが、ここ数試合でそういった言葉はなかった。

この事件はチーム内の多くの者を不安にさせた。キャプテンのフェルナンジーニョは早い段階で介入し、選手と監督の両方をなだめようとした。サウサンプトンとの試合前の戦術ミーティングは、とりとめのないものとなった。ペップは集中力を欠いており、苛立ちを隠せず、そのため疑問を抱くことになったチームはあまりよくない形でピッチに出て行くことになる。スターリングはメンバーから外れたわけではないがベンチに残り、一分もプレーすることはなかった。

水曜日の午後、非常にコンディションの悪いピッチの上で、シティは悪夢の一日から立ち直ろうとしている。

最初の一〇分間でサウサンプトンがボールを持った時間は六九％。前代未聞だ。ペップのチームは完全に抑え込まれている。アウェーチームはインサイドのレーンをすべて閉じ、シティの3バックによるビルドアップにプレスをかけて窒息寸前まで追い詰めている。

幸い、ピッチ上には一人冷静な男がいた。明晰な頭脳を持つジンチェンコは、「カンセロ役」の遂行をサウサンプトンに阻まれていること、つまり彼のSB兼IHとしての役割が効果を発揮していないことを理解していた。ジンチェンコは自らサイドに開き、ワイドなSBとしてプレーし始めることを選んだ。これは見事に的中し、一四分には速攻の気配を感じ取ったディアスがジンチェンコに長いダイアゴナルパスを送る。ジンチェンコはこれを受けて縦へ仕掛け、エリア内へマイナスに折り返したボールからフォーデンが強烈なシュート。GKマッカーシーの弾いたボールを、ベルナルドと交互に偽9番を務めていたデ・ブライネが押し込んだ。このゴールは完全に、インサイドからのプレーが阻まれていると見て取るやいなや外でプレーすることを決めたジンチェンコの考えが的中したものだった。この絶妙な閃きが、うまく組織されていたアウェーチームの守備陣の意表を突いた形だ。

その直後、ラポルテがヴェスターゴーアにPKを与えてしまう。シティがPKを与えたのは三日間で二度目である。この時間帯はチームにとってしばらくなかったほど最悪のものだった。サウサンプトンに三度のゴールチャンスを生み出され、レッドモンド、ウォード＝プラウズ、アダムスにシュートを打たれた。だがこの頃のシティは典型的なビッグクラブらしさを発揮しており、プレーがよくない時間にこそ結果を出す。一点目はジンチェンコの閃きから生まれた。二点目は、FW陣が良いプレスをかけたことでマフレズがボールを奪い、ドリブルを仕掛け、エリア外からゴールを決めた。三点目は前半のアディショナルタイムに入ろうとするところで、デ・ブライネの天才的なスーパープレーから生まれる。ボールを踏んでマフレズのエリア侵入を待ち、マフレズはドリブルで相手三人をかわして右足でシュート。ポストに当たったところをギュンドアンがネットに押し込み、リーグ戦で自身一〇点目となるゴールを決めた。ちなみに、三点のゴールにはいずれも厳密な意味でのアシストはつかなかった。ウルヴァーハンプトンでも四点がそうだったという珍しいケースと合わせて、これで続けて七点がアシストなしで生まれたことになった。おそらくサッカーの歴史上でも唯一のケースだろう。

内容的には最悪だった前半を終えたあと、ペップが加えた変化が景色を一変させる。デ・ブライネは右IHに位置し、フォーデンはCF、ベルナルドは左WG、ジンチェンコはインサイドに戻る。チームのパフォーマンスは急上昇し、四六分から五二分にかけては九一％の時間帯でボールを保持したほどだった。その猛威を振るうプレーの中から、マフレズが四点目を記録。最前線の猛烈なプレスからフェルナンジーニョがボールを奪い、フォーデンからマイナスのパスを受けたマフレズがターンし、五人の相手選手に前を塞がれながらもシュートを放って決めたゴールだった。

サウサンプトンもベルナルドのバックパスのミスから点差を縮めたが、シティはペースを緩めず、六〇分になるところでデ・ブライネが五点目を決める。最後の三〇分間はあまりさえない内容となったが、ペップはこの時間を活用し、出場時間を得られていなかったトーレス、アグエロ、メンディを投入。シーズンの厳しいラストスパートに向けてチームに戦力を追加していく意図だった。リーグタイトルは形になりつつある。

シーン一一：9番がいない無人地帯

（二〇二一年三月二九日、マンチェスター）

三月二〇日の朝、ペップはコーチングスタッフの大半とともにアストラゼネカ社の新型コロナウイルスワクチンを接種し、すでに接種を受けている数百万人の英国住民に続いた。昼過ぎにはシティはグディソン・パークでエヴァートンと対戦し、力の差を見せつける。その夜のうちに大脱出が始まった。メンバーの大半はそれぞれの代表チームに合流し、一〇日間で三試合というちょっとしたマラソンに参加することになる。

そこでペップは、シーズン最後の一〇週間に備えるため、心身を休める一週間の休養を取った。チームにはリージョが残り、マンチェスターにとどまった八人の選手たち（エデルソン、カーソン、ラポルテ、アケ、メンディ、フェルナンジーニョ、アグエロ、ジェズス）のトレーニングを指揮する。ブエナベントゥーラはこの一週間を利用して数人の選手たちの筋力トレーニングを強化したが、リージョの優先的な狙いは選手たちの気持ちを落ち着かせ、シーズンのラストスパートに全員の存在が重要な意味を持つことになると意識させることだった。

三月二九日に戻ってきたペップが最初にしたのは、アグエロと話をし、彼との契約を更新しないと明言することだった。アグエロはそのことをすでに十分承知していたため、特に不平を唱えることもなく受け入れた。それどころか、彼の態度は終始模範的なものだった。火曜日の練習はいつも以上に興味を掻き立てるものとなったため、チキもやって来て顔を出した。誰もが注目していたクンの振る舞いは、コーチングスタッフを唖然とさせた。ボールがない場所ではアグレッシブに、ボールを持てば正確にプレーし、おそらくは彼にとって長年なかったほど素晴らしいトレーニングセッションだった。しかしもちろん、練習中の個々のプレーを試合中の展開と同じように評価することはできない。単純にアグエロは、素晴らしいストライカーであることに変わりはないとしても、ここ一年半は相次ぐ負傷によって明らかな衰えを見せていた。

アグエロの後釜が誰になるかは、クラブのスポーツマネジメント部門が抱える大きな秘密のひとつだ。バルセロナのメッシについては、彼が例のブロファックス（内容証明郵便）の一件に巻き込まれた九月になると忘れられた。それ以来マンチェスターでメッシの話題が出ることは二度となく、二〇二一年夏に彼をチームに加える可能性を考えることすらなくなった。チキ、ペップ、エスティアルテが朝食をとるテーブルで出てくるのは、前年の夏と同じくケインとハーランドの名前のみである。まだ交渉は始まっていないが、ドルトムントがハーランドと引き換えに要求する法外な金額と、彼の代理人であるミーノ・ライオラの特異な性格はすでにわかっている。

憶測の流れを食い止めるため、四月二日の記者会見に臨んだペップは、シティがアグエロの後釜となるストライカーを獲得しない可能性が高いと発表した。理由はパンデミックによるサッカー界全体の経済危機によるものだと述べたが、実際には彼は、ハーランドや他の選手にシティがオファーを出すという仮定について憶測でものを言うなと言っているのだ。

この段階でペップは、二〇〇九年のバルセロナでもそうだったように、彼のチームはＣＦを置かないほうが良いプレーができることを内心強く感じていた。当時彼は、カンプ・ノウのオフィスで私にこう告げたことがあった。

「パソコン画面で試合を見て対戦相手を分析していると、他の全員は見えるのに９番だけが見えないことがある。私にとっては存在していないようなものだ。視界の中に入ってこない。プレーに関わらない人間のように思える。ＧＫのほうがはるかに関与している。ボールを出したり、ハイプレスをかわしたり、プレーを落ち着ける必要があったり、どこからプレーを進めていくか、右か、左か、中央か……。レオについては、あまりそういうことはない。レオはおかしな9番だからだ。だが私にとって9番とは、何も考えず、ただ単にスペースに入り込むおじさんでしかない。抜けたと思ったら、頭を働かせることなく、もうゴールを狙っている。それで終わりだ。クロスを上げてもらって、シュートを打つ。それで終わる。君と今話をしながら考えていることではあるが、バルサではプレーの方法論について、過程についての話をするあまり、シュートを打つというシンプルなことを我々は忘れてしまうのかもしれない。ゴールに向けてシュートすること。来て、行って、シュートを打つ。不思議なことに、私にとって最も注意を払わないポジションであるからこそ、最も難しい重要なポジションなのかもしれない……。おかしなもので、私はどうプレーするかに集中するあまり、ボールをゴールに入れるという基本的なことを忘れてしまうことがある……」

メッシが偽9番としてプレーし始めたばかりの二〇〇九年から、状況は大きく変わった。その後ペップはレヴァンドフスキやアグエロといった素晴らしいCFと共存し、素晴らしい結果を残してきた。グループとしての動きを完璧にすることにも、フィニッシュの精度を追求することにも意識を集中させてきた。もう何年も前から、彼は完全に9番をレーダーに捉え、焦点を合わせている。しかし、だからといって、ゴールを専門とする選手以上にチームプレーが優先されることは変わらない。プレーを創造し、ピッチ全体で優位性を生み出すことで、相手を崩して潰し切ることこそが最大の目的である。ゴールはそのすべての帰結として生まれるものだ。まずは相手を支配し、圧倒し、崩し、分解し、混乱させること。それからゴールで仕留める。しかし、その前の時点ですでにプレーによって相手を倒しているのだ。

今季のシティが戦った中でも特に良かった試合は、CFを置かずに中盤の人数を増やし、中央での優位からスタートして相手ペナルティエリアを制圧し、最後はどの選手でも機械的にゴールを決められるようにしたような試合だった。同じことはバルセロナの黄金期にも起こっていたし、今季のシティでも再び起こっている。ＦＷ一人をトップに置く伝統的な構成よりも、３バックと中盤五人とＷＧ二人で戦ったほうがチームとして良いプレーができる。このコンセプトは、偽９番を置いてプレーするよりもさらに踏み込んだものだ。中央のアタッキングゾーンには誰もいない。そこに誰かを置くことも、誰かが現れることもなく、そのままプレーするのだ。

ペップにとって、このエリアはもはや「無人地帯」になりつつある。それでも、アグエロの後釜に据える素晴らしい選手をぜひチームに置きたいと望んでいることは一〇〇％間違いない。彼は決して頑固ではないし、自分のチームに優れた点取り屋はいてほしいだろう。

シーン一二：ムハマド・デ・ブライネ

（二〇二一年四月三日、レスター）

三位に位置するチームとの対戦で、再びフェルナンジーニョとロドリがピッチに立つことになった。とはいえ、エティハドで二対五の不運な大敗を喫した試合とは布陣が異なる。ダブルＣＨでもそれに類するものでもなく、フェルナンジーニョがポジション的にはＣＨを務め、いつも通り二人のＩＨが両脇に並ぶが、その一人が今回はロドリという形である。

そして、もう一人はもちろんデ・ブライネだ。飛躍する準備はできている。

ペップはチーム最高の選手たちに過度の負担をかけるべきではないと理解しているため、マンチェスターに残っていた選手たちを核とし、代表チームでのプレー時間と消耗度が比較的小さかった選手たちをそこに加えるメンバー構成とする。だが熟考の末、指揮官はこの基準を一点のみ変更し、アケではなくディアスを守備陣に入れた。二人のCBがどちらも左利きとなってしまい、テストしたことのない形でのビルドアップが不慮の事態を引き起こしてしまうのを避けるためだ。

試合後にペップは、この基準について認めた。「ナタン（・アケ）を除けば、マンチェスターに残っていた選手全員がプレーし、代表での三戦目に出場しなかった選手たちで残りを埋めた。代表に行っていた選手たちの大半は一〇日間で三試合を戦い、長い移動もしてきた。フレッシュな選手が必要だったし、これからも必要だ。元気な選手たちを優先していく」

最優先の狙いは、ヴァーディーを走らせないことだ。それを防ぐことができれば、レスターからは翼が失われる。レスターにとっては、［4―3―3］と［4―2―4］の間を移り変わる高いプレスラインが最初の障害となる。シティが相手にボールを持たれることは少なく時間も短いが、そのときはジェズス、アグエロ、デ・ブライネ、マフレズがプレスをかけ、相手に食らいつき、ホームチームのあらゆるアクションを寸断する。もし彼らがこの障害を乗り越え、アジョセやティーレマンスに繋げることができたとしても、そこでは第二の防波堤としてロドリ、続いてフェルナンジーニョが潰しにかかる。相手のアクションを根っこから切り取り、前線まで繋がるのを阻止するためだ。シチズンズはこれに何度も成功し、したがってレスターは前半を通してほとんどハーフウェーラインを越えることができない。ラインを越えたときも、ディアスとラポルテがゴールに寄せつけなかった。この組織の妙味は、ペップがピッチ上にさまざまな障害物を置くことで、わずか数本のパスでワイドプレーヤーにボールを送って鋭いカウンターを仕掛けるというホームチームの持ち味を阻止して潰してしまう点にある。

シティのポゼッションは二〇分から二五分にかけてピークに達し、何と九六％もの時間ボールを支配していた。これはスタッツが取られ始めて以来、リーグ史上最高の数字である。

ヴァーディーを走らせるのを阻止するという大きな目標は達成し、あとはゴールを決めるだけだ。前半にも何度か有望なチャンスはあったが、ロドリ、ジェズス、そして特に決定的だったマフレズのシュートは、いずれも枠を外れたり、シュマイケルの好守に阻まれたり、あるいはデ・ブライネの直接FKのように惜しくもクロスバーに嫌われたりした。一方、中盤のコーディネートは、冷静なパス回しと落ち着き、忍耐力がフェルナンジーニョとロドリの豊富な経験によってもたらされる。

攻撃の組織は、非常にペップらしい非対称形を取っている。五人のDFで構成される相手のラインに対し、ペップはマフレズを右サイドに大きく開いて配置し、メンディは試合の半ばから左サイドへ出てくるようになり、アグエロとジェズスは相手のCB三人にアタックに行く役割を担う。あとは、あらゆる場所を動き回る自由を与えられたデ・ブライネが何とかしてくれる。そんな、デ・ブライネは完璧で印象的な試合をしてくれた。あるプレーでは、相手ボールを四度も連続でカットしてみせた。また別の場面では信じられないようなスルーパスを何本も通し、中には異次元レベルのボールもあった。あらゆるプレーがチームメートへの贈り物であり、八八分間のプレーで実に一四回ものボール奪取というとてつもない数字を残した。デ・ブライネは他の誰にも見えない、感じ取れないような連係を作り出している。

彼はみんなのアミーゴなのだ！

そうして揺らし続けていたホームチームの巨木がついに倒れるときがきた。先制点は、デ・ブライネのビューティフルパスから生まれた。マフレズが右足で放ったシュートはシュマイケルが阻んだものの、ロドリがボールを拾ったことで、第三の男メンディがエリア内で驚きのボールコントロール、おばあちゃんも驚愕するフェイントを入れてから利き足ではない右足でのゴール！　正確に言うとシュートというよりもゴールへのパスというような軌道であり、このサイドの攻撃的ポジションにメンディを置くべきだ！　という提案にひとつの回答を捧げるかのようなゴールでもあった。

シティはもはやリーグタイトルを半分以上手中に収め、その後はパス、ボール奪取、攻撃の饗宴を繰り広げたものの、同点ゴールを狙って攻勢を強めたレスターも反撃に転じる。ホームチームはボールを持ち、六〇分から六五分にかけてはボール保持率七一％に達するが、デ・ブライネに対して自由に飛び回ることを許してしまう。ロドリが常にバランスを取ることに尽力し、デ・ブライネの動きを補完していたためだ。レスターの動きに応じて攻守の効果を高めるため、ペップは試合の中で二人のサイドを三度も入れ替えたことになる。二点目は自陣内でのスローインを起点とし、ウォーカーがマフレズへ入れたボールを、中盤の中央に位置したマフレズがデ・ブライネへと繋ぐ。デ・ブライネは精密なスルーパスを通し、ジェズスが抜け出す。何らかのスタッツとして計上されるものではないが、この一本だけでもひとつの帝国を築き上げられるほど驚異的なパスだった。三人のＤＦの間に、絶妙なタイミングで、絶妙な距離感で出されたボールだ。ジェズスがこれを受けてスターリングに渡し、スターリングは突然のように相手ＧＫとＣＢ二人の急襲を受けたが、その前にジェズスへボールを返すことを選択。最後はジェズスが試合を決めるゴールを奪った。

第一級のスタジアムで披露した見事なレッスンだった。相手は素晴らしい戦いぶりでプレミアリーグの三位を守っているチームだが、この日はそれを発揮させてはもらえなかった。シティはアウェースタジアムでの連勝を一五に伸ばし、歴代新記録を達成。シーズン四七試合を戦い終えて、そのうち二八試合を無失点に抑えている。ボールを持っていないときにはまるでユーゴスラビアのチームのように、ボールを持った際にはバッファローの群れのように戦ってみせた。

蝶のように舞い、蜂のように刺す。「ムハマド・デ・ブライネ」のチームである。

シーン一三：落ち着いてプレー

（二〇二一年四月六日、マンチェスター）

「リーグ優勝は近い。あとほんの少しだ。今やらねばならないのは、ドルトムントに必要以上のプレスをかけることではない。まずは第一戦に勝つためプレーし、それから第二戦に勝つことだ。複雑にする必要はない。それだけだ。勝つために戦い、それ以外には何も考えないこと。今年はうまくやれるのか、そしてついに準決勝へ進めるのかは、その先にわかることだ」

レスター戦勝利の翌日、ペップは冷静にそう語った。四年続けて、チャンピオンズリーグの準々決勝というハードルにまで駒を進めてきた。シティは毎回ここで壁にぶつかっている。まずはリヴァプール、続いてトッテナム、そしてリスボンではあの運命の夜にリヨンに敗れた。今年の相手は、獰猛なハーランドを最前線に置くドルトムントである。

三日間の準備期間中、監督は選手たちに冷静さを与えようとしてきた。試合の戦術も重要だが、それよりはるかに重要になるのは試合に臨むメンタルである。ギュンドアン、フェルナンジーニョ、ベルナルドのような選手たちがどれほど経験を積もうとも、ロドリ、デ・ブライネ、ストーンズらがどれだけ目的を達成しようとも、ペップは自分のチームにまだこの点が足りないと自覚している。ディアスの加入で守備陣にはリーダーシップが生まれたが、チームは過去に何度も陥ったような恐怖のどん底に沈むことなく、冷静にプレーできることを示す必要がある。試合前にロドリがたびたび「冷静」という言葉を口にするのも不思議ではない。それがメッセージなのだ。遠くの出来事を考えず、現在に集中し、落ち着いてプレーすることだ。

しかし、物事は決して想像通りには起こらない。

クラブにとって正真正銘の山場となるチャンピオンズリーグ準々決勝、その1stレグに勝利を収めたシティだが、二つの要因が試合を難しくし、きれいに勝たせてはもらえなかった。ひとつはドルトムントの優れた組織力、もうひとつは恐怖心である。恐怖心はシティの数人の選手たちを麻痺させ、プレーの流動性と調和を損なわせた。二対一の勝利という結果は喜ばしいものだが、ゲーム自体は苦く、シーズンを通して築き上げてきた規範とは程遠いものだった。

ペップは至って自然体でこの試合を特別に重要視することなく、いつも通りの準備を行ってきた。チャンピオンズリーグの重要性についても、準々決勝の壁についても一切語らず、選手たちを朝に呼び集めてセットプレーの確認をすることとすらなかった。それどころか、緊張感を和らげるため、選手たちを招集したのは試合開始わずか三時間前の午後六時である。

どんなに小さなプレッシャーであってもそれを取り除くアプローチ、いかなる革新や変更も行わず、選手たちにとって最も自然で最適なポジションに配置した。ペップは、ここ数年の欧州のノックアウトラウンドで、選手たちを助けようとしたことが過ちだったことを深く理解している。彼が時折ビッグゲームで「考えすぎ」に陥ってしまうことはよく知られているが、同じ罠にはまるのを避けるため、この日は何も変えず、誰にも重圧をかけず、何も強要せず、最もわかりやすいメンバーを起用した。何も余計なものを付け加えることなく、この試合をシーズン中の単なる一試合にしたかった。

今日、ペップは失敗しなかった。しかし選手たちは別だ。

最悪のコンディションにあったエティハドの芝に、ドルトムントは勇敢に乗り込んできた。不器用で硬いシティは、ピッチ上で自分たちの個性を発揮し切れない。この年の多くの試合で見せてきた、果断でエネルギッシュで積極的で大胆な姿とは大違いだった。今日の彼らは、ひとつのミスでまた大怪我をしてしまうことを恐れているかのように、ゆっくりとボールを動かしている。選手たちの心の中には、たとえ無意識の中に隠されていたとしても、明らかな記憶がある。モナコ、リヴァプール、トッテナム、リヨン……。パスやトラップのたびに、これらのつらい記憶が浮かび上がってくる。

シティはシティではなく、自分たち自身の亡霊でしかない。

ロドリとカンセロと、二人のＩＨ（デ・ブライネとギュンドアン）との連係をドルトムントに断ち切られ、チームは途方に暮れる。ＤＦ陣の間でボールを回すことも、サイドでブロックされたＷＧのどちらかへ送ることも、もはや可能性を閉ざされている。ボールを失うこと、ドルトムントのカウンターにさらされること、非凡なハーランドに一撃を繰り出されることを恐れるあまり、シティはリスクを冒すことも大胆になることもなく、何もさらけ出そうとはしない。これでは本来の姿を失い、度胸のないチームとなってしまう。実際、ドルトムントは七分に早くも好機を迎えたが、非常に若いベリンガムの危険なシュートをエデルソンが弾き出した。

この恐怖に満ちた状況の中、先に致命的ミスを犯したのはアウェーチームのほうだった。中盤でジャンの出し損ねたボールをマフレズが奪い、デ・ブライネが四輪駆動の高速カウンターを繰り出す。左サイドで受けたフォーデンはすぐに鋭いボールをエリア内へ送り、逆サイドのマフレズにシュートを打たせようとする。打つことはできなかったものの、マフレズはトラップを入れて中央へ折り返し、これでデ・ブライネが突き刺して先制点を奪った。ほとんどプレーできていなかったシティが、スコア上はリードする展開となった。

予想に反してこのゴールはペップのチームをさらに硬直させる。リードを奪ったことで目的の半分は達成されたと感じてしまい、さらにリスクを冒さないことを選択してしまう。ハーフタイムの時点で枠内シュートはわずか二本、ドルトムントは一本だった。

恐怖心が支配するゲームだった。

リスタート後は、ドルトムントがやや積極性を増し、シティはそれまで以上に恐怖に囚われてしまう。ペップは構成を変える。カンセロは後方に下がって左SBにポジションを固定。ギュンドアンはロドリと同じ高さにまで下がってビルドアップを助ける。ペップは選手たちの恐怖心を察知し、彼らをさらに守ろうとした。落ち着かせようとしていた。四七分、ダフードがスペースへのロングボールを送ると、走り込んだハーランドがディアスとの差を詰めて追いつき、接触プレーの競り合いを制する。ノルウェー人FWの決定的なシュートは幸いエデルソンが弾き、ハーランドはこれで五試合連続の無得点に終わることになった。この警鐘を深刻に受け止めたシティは、さらに警戒を強める。ピッチ上では何人かの選手が異常なまでに硬くなっているのが見て取れた。

精神はいつも、肉体以上に重要である。

その後は中身のないパスワークが長らく続いていく。チームはこのまま最少得点差の勝利で試合を終えるため、試合を凍結させようとしている。四人の男たちが反発し、彼らを脅かす恐怖を克服しようと試みた。ストーンズは守備の巨人としてそびえ立ち、ウォーカーは深くまで攻め込んでいこうとする。デ・ブライネは必死に二点目を狙い、フォーデンはドリブル、フェイント、突破のオンパレードを繰り出すが、フィニッシュの精度を欠き得点にはつながらない。五〇分から八〇分にかけては淡々とした試合展開が続く中、時折発揮される天才的な閃きによってシティは六度のゴールチャンスを作り出したが、さまざまな理由により決め切れなかった。

ホームチームが二点目に手が届くかと思われたとき、突然ドルトムントが同点に追いつく。

中盤の組織が混乱した瞬間、ダフードが完璧な「三人目」の動きを見せた。ハーランドにパスを送り、ハーランドからボールを受けたロイスはエリア内へ侵入。ウォーカーはこのドイツ人キャプテンを止められず、難なくエデルソンを破られてしまった。ロイスはチャンピオンズリーグでの通算一八ゴール目であり、レヴァンドフスキを一点上回ってドルトムントのクラブ記録となる。シティがチャンピオンズリーグで失点したのは、二〇二〇年一〇月二一日のポルト戦でディアスに決められて以来のことだ。一三時間と八分間にわたって奪われていなかったゴールを決められてしまった。エティハドの上に、恐怖の死神が現れる。

またも、またしても、欧州でノックアウトされるのか……と思わせるような顎への一撃は、ハンマーで殴られたかのような大きなショックとなり襲いかかる。

しかし、次の九分間にやってきたものは正反対だった。芝の上で勇敢かつ不敵に立ち上がったのはノックアウトされたボクサーではなく、誇り高きチームだった。デ・ブライネとフォーデンの大暴れによってシティはペースを上げていく一方であり、九〇分にはドルトムントのゴールを破る。デ・ブライネが左足から繰り出した「バナナ」をギュンドアンが収めてマイナスへ戻し、フォーデンが勝利を決定づけた。

プレーはさえず、チームの半分を恐怖心が覆っていたにもかかわらず、シティは準決勝進出という大きな目標を達成するために重要なアドバンテージを得た。「ドイツには勝つために行くのであり、守るために行くのではない」と、ペップは試合後に警告した。「プレス、ビルドアップ、オフ・ザ・ボールの動きを調整しなければならない」とも付け加える。つまりは、ほとんどすべてを調整する必要があるということだが、実際には最も重要なことに触れていない。選手たちを落ち着かせ、彼らを脅かす恐怖心を取り除き、古傷を忘れさせなければならないということを……。

マンチェスターの青いチームには、今でも過去が墓石のように重くのしかかっている。

シーン一四：つまずき

（二〇二一年四月一一日、マンチェスター）

エスティアルテとリージョの二人は、まるで世捨て人だ。

今日エスティアルテは、私にこう繰り返した。「ファンマはペップをとても落ち着かせてくれた。彼は監督の監督のようなものだ。コーチングスタッフ全体を団結させる役割を果たしてくれた」

リージョは、トレーニングセンターの三〇号室のサイドテーブルに置かれたモンテーニュの『随想録』を読み返している。『随想録』は『ドン・キホーテ』のように、枕元に置いておくべき必読書だ。何十回でも読まなければならない」

この日、マンチェスター・ユナイテッドは、昨日ビエルサのリーズをホームに迎えてつまずいたシティのリードを三ポイント縮めた。ドルトムントへの遠征のため前泊するトレーニングセンターの部屋で、リージョはこう話す。

「ユナイテッドが彼らの試合に勝ったからといって私は気にしない。気にならない。選手たちには、一一人のレギュラーがいて、レギュラー陣を『ひと休み』させるためにプレミアリーグで控え選手たちを起用するといったような感覚を持ってほしくはない」

トップレベルのサッカー界では珍しい破壊的な見方ではあるが、よく考えてみれば、リージョの言うことは十分に正しい。

ペップは、アグエロを昨日のリーズ戦に起用し、リーグ戦二試合連続で先発出場させるつもりだった。半月板損傷、新型コロナウイルス、さらに筋肉の負傷と、不運続きの九カ月間でボロボロになった彼の調子を改善することが目的だ。完全に回復したかに見え、彼らしいフィニッシュの決定力で再び貢献できる状態になったかと思われた矢先、クンは再び崩れ落ちてしまった。チームが直面する厳しいラストスパートに協力することは、不可能ではないとしても難しくなるだろう。

したがって、水曜日のドルトムントでの決戦に向けてできるだけ多くのレギュラー選手を温存するというペップの考えは、アグエロに関しては不可能であり、ラポルテも同様である。アグエロの代役は、監督としては温存しておきたかったジェズスが務める。バスク人ＤＦの代役はアケ。一二月末に足の筋肉に重傷を負っていたアケは、約一〇〇日ぶりの先発復帰となる。

ウォーカー、ディアス、ロドリ、デ・ブライネ、ギュンドアン、マフレズ、フォーデンはベンチに座る。ペップとしては、トランジションが多くなるリーズとの試合で彼らがプレーすることを回避したい。絶え間ない上下動により、肉体への強烈な負荷がかかることが確実な試合は、拷問とも呼べるだろうが、そんなドルトムント戦に向けて、ベストメンバーの足と頭をフレッシュにしておく必要があるのだ。先発で起用されるのはカンセロ、ストーンズ、ジェズスと、ＧＫのエデルソンのみ。リーズに勝利することはタイトル獲得にさらに近づくという意味で重要ではあるが、チャンピオンズリーグの挑戦のほうがはるかに大きな意味を持つ。議論の余地はない。

しかしこの日は、フランス語で言うところの un jour sans,「うまくいかない日」になる。シティはリーズが放ったわずか二本の枠内シュートで二ゴールを許して敗戦。二六本のシュートを放ち、絶対的な優位に立ったが、それでも足りなかった。二つの守備のミスが響き、ホームスタジアムでの今季三敗目。ペップにとってかつて経験したことのない数字である。

それでも、プレーが悪かったわけでは決してなく、レスター戦で好パフォーマンスを見せたメンディは左ＳＢに戻り、ジンチェンコは左ＩＨを巧みにこなす。フェルナンジーニョもＣＨとして生き生きとプレーし、隣ではカンセロが、数メートル前からはベルナルドが彼をうまくサポートする。開始一五分間は目まぐるしく走り回る試合となったが、間もなくシティがボールを支配してリズムを作る。リーズが中央に空けるスペースをフェルナンジーニョが果敢に攻め、ジェズスとスターリングがそれをしっかりとケアする。二人は交互にセンターサークルまで降りてきてゴールを背にプレーをし、三人目の選手としてゲームに継続性を与える。運動量が圧倒的に多いわけではなく、危険なチャンスを量産するわけでもないが、はっきりと支配している。しかし、スターリングの調子が万全でないことはすぐに見て取れた。

四二分、カンセロはボールをクリアできず流してしまうという失態を犯す。数週間前から繰り返している、過信によるミスのように見えるものだ。一月から二月にかけて主力選手としての地位を確立したことが、彼にとってはプラスにならずマイナスに働いているかのようだ。結果として、ダラスがポストギリギリへ放った正確なシュートでアウェーチームにゴールを許してしまった。続いて、試合を決定づける場面が訪れる。ジェズスへの激しいタックルでDFクーパーが退場処分を受けたのだ。

スコア的にはリードしながら一人少なくなったリーズは、ハーフタイムに砦を築いてその中に閉じこもった。ビエルサのチームは見事な精神力を発揮し、劇的に姿を変えた。絶え間ないトランジションと狂気じみたチェイスを繰り返すゲームを展開していたところから、相手に包囲され堅固な壁の中に隠れなければならない軍隊のように、要塞への籠城を開始した。ペップはメンディを左WGに移すことで対応し、これによりスターリングとジェズスを中で併用できるようになる。シチズンズで通算二〇〇試合目の出場となるギュンドアンをアケに代えて投入し、攻撃的なIHの枚数を増やす。後半を通して試合はシティの一方的展開となった。ストーンズが何度も相手エリア正面まで果敢にボールを運んだことが象徴的だ。イングランド代表DFは、感動的なほどに勝利への意志を押し出す戦いを見せていた。気落ちすることも不安を抱くこともなく、何も恐れずにボールを前へと運んでいく。彼が出てくるたびに、リーズが厳重に閉ざした壁に窓を開けようとするかのようだった。二〇一八年にペップが構想していたあのCB兼CHの姿を、今日こそ存分に見ることができる。

シティは二九本のシュートを放ったものの照準は定まらず、素晴らしい奮闘を見せるアウェーチームに何度もブロックされてしまう。七五分、フェルナンジーニョのスルーパスを受けたベルナルドがトーレスへ渡し、トーレスが同点ゴールを決める。スペイン人FWはこの日も、エリア内では効果的な動きをするがエリア外では不発続きの姿を見せた。チームのパーソナリティーはそのままに、シティは勝利を求めてさらなる奮闘を重ねたが、リーズからは警告が発せられる。ハフィーニャがカウンターを繰り出したが、これはエデルソンが鋼のような冷静さでセーブ。フェルナンジーニョは、後方がしっかりカバーされていればCHとしてまだまだ十分に活躍してくれるものの、大きく開いたピッチで快速FWに対応できるスピードはもはや持っていないことが明白となった。そして悪夢のように、あるいはシティも人間であり失敗すれば脆さもあることを運命が思いださせるかのように、九〇分にはリーズが速く正確なプレーを連続させ、ストーンズとフェルナンジーニョの背後を取ると、飛び出したエデルソンをダラスが破った。

シーン二五：ついに……

（二〇二一年四月一四日、ドルトムント）

ラディソン・ブルーは機能的なホテルで、決して豪奢ではないが非常に快適。渋滞がなければスタジアムから六分の距離にある。今日はビッグマッチの日なので、ジグナル・イドゥナ・パルクまではもう少し時間がかかる。ホテルのメインロータリーは小さいため、チームバスは正面玄関から離れた場所で選手たちを乗せる。そこからヴェストファーレン公園を回り、高速道路五四号線を横切ってシュヴィム通りに至り、ドルトムントの魔法のスタジアムの内部トンネルに入る。徒歩なら一五分ほどとなるこのルートを定番コースとしている地元サポーターは、基本的に黄色と青で飾りつけられたホテルのロビーに数時間前から集まり、在庫がある限りビールを飲んでいる。昼過ぎには飲み始め、歌い始め、八時までそれを続けたあとスタジアムへと向かう。セキュリティチェックのため、遅くとも試合開始の四〇分前には到着が必要とされているからだ。

昨晩私は、ペップと少し話をした。

「うまくいくだろう。すべては自分たちを後押しするだろうから……いやそれ以上だ！　あとはピッチが答えを出してくれる。今までもそうだったし、これからもそうであるように」

ペップは落ち着いた様子で語る。決して美しい思考とは呼べないかもしれないが、重要な試合の前夜にあまり深い考えを求めることはできないことも事実だ。

地元ファンがビールを飲み始めたのと同じ頃、ペップはその下の階にチームを集め、選手たちはメンバーを確認する。1stレグからの変更は一人のみ。ここ二試合の出来がそれほどよくはなかったカンセロに代えてジンチェンコが入る。ベルナルドはジェズスに代わって先発に残るが、今日の偽9番を務めるのはデ・ブライネだ。相手DF陣に対する彼のプレスのやり方はベルナルドと異なっており、より効果的となるかもしれない。シーズンを通してペップがいつもそうしているように、試合に向けた話は短く、ほぼ最小限にとどめられる。結局のところ、毎年のシーズンごとに六〇回の話をすることになるため、選手がうんざりして集中力を失ってもおかしくはない。そのためペップはほとんどの場合、話を短くすると決めており、選手たちを煩わせることはない。

もちろん、ビデオは見せる。話をするのはチームのベテランGKカーソン。彼はドルトムントに帯同せず、育成組織出身の若手（一八歳）である第三ＧＫトラッフォードに役割を譲っている。カーソンは百戦錬磨の男であり、二〇〇五年にはリヴァプールでチャンピオンズリーグ優勝も経験。シティでは二〇一九年八月の加入以来一分もプレーしてはいないが、チームの精神的支柱であり、皆のエルマーノ（兄貴分）のような存在だ。カーソンはシティのドレッシングルーム内で、信じられないような逸話を残してきた。まずは入団発表の日、まるで用具係がサッカー選手に扮したように見えるカーソンの外見を目にして、若い選手たちのほとんどはクラブによるジョークだと思ったのだという。しわがれたような声、焼けた顔、白髪交じりの髭は彼を実年齢の三五歳よりもはるかに老けて見せていた。腹も隠せず、ゆったりとした足取りのカーソンをドレッシングルームに迎え入れた選手たちは、冗談を飛ばしたり信じられないような様子だったりしていた。何度か練習に遅刻したりもしたが、それでも自由気ままで愛嬌のある彼は、ペップを含めた全員のハートを射抜きすぐに掴んだ。ペップは理解できない様子で、「スコット、なぜ遅刻するんだ？」と、訊ねる。「ダービーに住んでいて電車で通っている。毎朝二時間以上かかるので」と、ＧＫは答える。サッカー選手が練習に電車通勤？　ペップは、カーソンが毎日四時間半も電車に乗っていることにどう反応していいかわからず、頭をかいた……（※三二）。

カーソンは今日、スクリーンの中からチームメートたちに話をする。あらかじめジョークを飛ばして雰囲気を和ませるのは当然だ。

彼はチームに、慌てることも重圧を感じることもなく、落ち着いてプレーするようにと呼びかける。で

※三二　ダービーから通うためカーソンはシェフィールドで電車を乗り換え、トランスペナイン・エクスプレスでマンチェスター・ピカデリー駅まで行き、続いてメトロリンクでヴェロパーク停留所まで行かなければならない。そこからシティアカデミーのトップチーム棟まで徒歩で約一〇分。何もアクシデントがなければ二時間一五分の道のりとなる。しかし時には電車が遅れたり、乗り継ぎがうまくいかないこともあった

きることをやればいいのであり、それ以上は必要ない。七時半になるとバスはヴェストファーレン公園を過ぎ、間もなくスタジアムに到着する。

四月だというのに寒い。その寒さを恐れが増幅させる。恐怖こそがこの試合の主役だ。それを知らぬチームに対して恐怖にあふれたチーム。何も失うものがないチームに対して再び負けてしまうわけにはいかないチーム。ドルトムントにとっては、二〇一三年以来勝ち進んでいないチャンピオンズリーグの準決勝に再び進出する絶好のチャンス。シティにとっては、クラブの歴史においてまたも重大な場面であり、欧州四強入りの新たなチャンス、新たな局面を迎える決定的瞬間。責任も恐れもないことがドルトムントを突き動かす。失うものは何もなく、ブンデスリーガでチームが持たれている悲しいイメージを考えれば、誰も想像していなかった偉業に手が届くという期待があるだけだ。シティに対しては、近年の歴史がブレーキをかける。被った痛手や、またも山から転落する苦さを味わうことへの憂慮が……。

そんな対照的な二つの精神状態が、ピッチ上で残酷極まりなくぶつかり合ったのが最初の一五分間だった。ペップもエスティアルテも、リージョも、ブエナベントゥーラも、マンシシドールも、ボレルも、コーチングスタッフの全員がこの一週間半、選手たちに落ち着きと冷静さを求めていた。プレッシャーをかけることも、大げさなスピーチも、英雄になれと訴えることも、責任感を負わせようとすることもなかった。ペップの率いる選手たちが、監督から言葉やジェスチャーや準備を通してプレッシャーをかけられることなく、これほど落ち着きを感じられたのは過去になかったことだ。ペップは、リージョとの個人的な約束を正確に守り抜いた。監督は、「彼の中にいる」ボス（監督）が提案した通りに振る舞ったのだ。近年の欧州のノックアウトステージで苦い経験をした選手たちの精神的緊張を和らげることが共通の目的だった。

しかし、開始一五分間はまたしてもシチズンズの肝を冷やすものとなった。最も象徴的な例がジンチェンコだ。三本連続でパスミスを犯し、危うく惨事につながるところだった。一五分間の膠着状態の末に訪れたのは、ドルトムントのゴール。改めて、スポーツにおいては肉体以上に精神を司るメンタル面が影響することが証明された。

不運なゴールであることは間違いない。フンメルスがハーランドへのロングボールを送ると、ハーランドはエリア内でストーンズから何とか逃れ、ボールを受けたダフードがシュート。ボールはディアスに当たり、跳ね返りが若いベリンガムの足元へ転がる。ベリンガムは足を振り抜き、素晴らしいシュートをエデルソンの守るゴールの上隅へ突き刺した。ずっしり重たい一撃は、硬さが生んだゴールだった。冷え切ったドイツの夜に、氷水を浴びせられ増した重力に体ごと沈み込むようだ。ペップの顔には冷たさと怒りと落胆が入り混じっている。彼の座り込んだベンチからリージョは立ち上がり、選手たちを励ます拍手を送る。肩を落とす選手もいれば、守備陣のリーダーであるディアスのように両腕を振ってリアクションを促す選手もいる。

リージョが面白いのは、いつも世界と逆行していることだ。彼はチームのゴールを祝わないコーチである。ゴールを決めると同僚のコーチングスタッフたちが飛び跳ねて抱き合っている横で、彼は無表情のままベンチに座り眉ひとつ動かさない。しかし自分のチームがゴールを奪われると、まるでバネのように立ち上がってピッチに近づき、叫び声と拍手で選手たちを奮い立たせる。どちらの状況でも、彼は一般とは真逆の行動を取る。今は彼が立ち上がってタッチライン傍で何かに取り憑かれたかのように叫んでいるのに対し、ベンチにいる指揮官はまるで金縛りにでもあったかのように動けなくなっている。

程なくして、選手たちにとって正念場がやってきた。残りは七五分、このままのスコアなら敗退を意味し荷物をまとめなければならない。彼らはやりたいのか！　やりたくないのか？　できるのか！　できないのか？　それをはっきりと見せなければならない。責任を負い、恐れをサメの如く飲み込み、アグレッシブさをアピールし、自分たちは本当に準々決勝レベルのチームにすぎないのか、それとも本気で頂点の王座を目指すことができるのか、それを欧州全土に知らしめなければならない。戦術や戦略の問題ではない。もはやプレーの問題ですらない。これから一時間一五分のサッカーを通して見せられるのは、精神の力だ。

状況は一変した。今や失うものがないのはシティであり、戦利品をすべて失ってしまいかねないのはドルトムントのほうだ。この精神的枠組みの変化が勝負を決めることになる。シティは各ラインを二〇メートル前進させ、デ・ブライネをトップに置いた攻撃陣のプレスがドルトムントDF陣を悩ませ始める。一〇分後、そのデ・ブライネがGKヒッツの守るエリアの中でボールを奪い返し、クロスバー直撃のミサイルを放つ。最初の空襲警報だ。シティは戦いやすくなり、プレーのあらゆる面を支配し始める。デュエル勝利回数はBVB（七回）の倍以上となる一八回を記録。CKはドルトムントの二本に対して一一本。そして何より、それ以上エデルソンのエリア付近でハーランドにボールを受けさせることはなかった。この成功の大きな要因となるのはストーンズとディアスのコンビによるパフォーマンスだ。

ペップはずっと、ストーンズがカタルーニャのピケと同じタイプの傑出したDFになれると信じ続けていた。足元の高い技術、優れたプレービジョン、強い気概、デュエルの力強さなど、必要となる資質をすべて備えているためだ。しかしそのレベルに達するためには、彼を補い、よくないときにはサポートしてくれる理解者が傍にいることが必要だ。二〇一七年にペップは私にこう言ったことがあった。「ジョンは大物になれるが、そうなるためにはカルレス・プジョルのような戦士の魂を持ったパートナーを隣に置かなければならない」。それが、ディアスの果たしている役割である。彼は守備網を支える強靭な戦士であり、ストーンズが超一流となるために必要なパートナーだ。ペップは二人の中に新たなピケとプジョルを重ねて見ている。ストーンズとディアスに挟まれたハーランドは、1stレグで三回と2ndレグで一回、一八〇分間を通してわずか四回しかエリア内でボールを受けることができなかった。ドルトムントのメインウェポンは骨抜きにされた。以後、ＢＶＢがエデルソンに向けて放ったシュートはわずか一本、フンメルスの強烈なヘディングがゴールを高く越えたのみである。

失点を喫してから、シティは解放された。ギュンドアンのようにまだ苦戦の続く選手もいたものの、自分たちらしい自然体の姿を取り戻した。彼は試合後に自らこう認めている。「最初の一五分間はリードを失ってしまうことへの恐れがあったが、一対〇になってから解放された」。ギュンドアン自身はもうしばらくかかったが、後半の彼はものすごかった。ロドリに近い位置を起点とし、ボールを支配し、ゲームのリズムを作り、チームメートたちのプレーをつなぎ縫う糸となっていた。彼はこの試合で、アスリートとして二つの顔を見せた。はじめは硬く、それから自由を手にした本来の姿を。

マフレズの足元に二つの大きなチャンスが訪れはしたが、ハーフタイム前にゴールを奪うことはできなかった。しかし、深刻な警鐘はすでに発している。指揮官はドレッシングルーム内でその声をさらに強めた。三つの大きなゴールチャンスを生み出し、ドルトムントの抵抗を打ち破るまであと少しだと誰もが認識している。「みんな、一点さえ取ればいいんだ」と、ペップは言う。「もう一点取られたとしても、こちらは一点取るだけでいい。さあ、決めてこい」

ドルトムントはますます自陣に閉じこもっていく。ドアから時折顔を覗かせるものの中盤を越えることはほとんどない、何度か大きなロングボールをハーランドに繋ぐことしかできないが、そのハーランドはストーンズやディアスとのデュエルに全敗。フォーデン、ギュンドアン、ジンチェンコの三角形に対する守備を助けるため、ロイスは右サイドへ送られる。三人はこのエリアでパスを重ねて相手を引きつけ、シティが攻めようと目論む別のエリアを空ける役割を担っている。決定的な一打が繰り出されたのは、その左サイドからだった。まずはジンチェンコがシュート性のクロスでＧＫを脅かす。そして五四分、ジンチェンコとフォーデンがエリア内側で何度もボールを繋ぎ、最後はフォーデンのクロスがジャンの頭と伸ばした腕にヒット。VARによる長い確認を経てPKが取られ、マフレズがキッカーを務める。惨憺たる前例を考えれば、デ・ブライネにキッカーを任せるという選択のほうがより安全に思えたが、マフレズは「自分が蹴ることはみんなわかっていた」と、あとになって語った。火曜日にテストを行っていたためだ。チャンピオンズリーグで一四試合無得点が続いていたアルジェリア人アタッカーは強く鋭いシュートを、GKの左側の中程の高さへ放つ。GKは十分に体を伸ばしたが止めようがなかった。黄色い壁は陥落する。引き分けならシティが突破することになるが、今度はそれぞれの意識がどうリアクションを取るか見てみなければならない。

そこで起こったことはほとんど理解不能だった。ドルトムントは守備を固めて閉じこもり続ける。シティは存分にパスを回し、ギュンドアン、ロドリ、ベルナルドの最高の部分が引き出され、彼らが常に適切なテンポをコントロールする。ドルトムントが仕掛けようとするたびにDF陣はラインを上げ、デ・ブライネはBVBにとって悩みの種となっている。ドルトムントの攻撃は、前述のフンメルスのチャンスがあったのみ。シティは完全に支配し、いかなる反撃も許さない。三度のカウンターを繰り出す場面さえあったが、試合を決めてしまうには至らず。CKに合わせたロドリのヘディングはクロスバーを叩き、デ・ブライネが圧巻の単独突破から放った低いシュートはヒッツが阻む。このプレーで得たCKから、最後の宣告が下された。

マフレズが短く出したボールを受けたベルナルドから、ドルトムントのエリアの左角に位置するフォーデンへと開く。基本的にはこの一連の動きは、相手がフォーデンに飛び込んでくると想定しており、そうすればフォーデンはエリア内へクロスを上げてCB陣の頭に合わせようとする。だが今回はドルトムントのどの選手もフォーデンに思い切り飛び込んではこない。さらにフォーデンはハーランドがGKヒッツの視界を遮っているのを見て取り、シュートを放つことを本能的に選択。ボールはポストに当たってネットに収まった。シティが準決勝進出。ドルトムントは膝をついた。

ストックポートのイニエスタことフォーデンは、ペップと抱き合うため、狂乱したように恩師のもとへ走っていく。いつまでも続くかのようなこの抱擁に、師弟が一心同体であることが表されている。ペップにとってこの青年はずっと、自分の王冠にはめ込む宝石のようなものだった。彼の夢見ていたことが現実になったことを示す抱擁だ。「彼の名前を覚えておいてくれ。フィル・フォーデンだ（二〇一六年）」「天才だ、スターになる（二〇一七年）」「私が見てきた中で最高の若手選手の一人だ（二〇一八年）」

ラスト一五分間、チームにはリードを広げるビッグチャンスがさらに二度訪れたが、ひとつ目はベルナルドとマフレズが無駄にし、二つ目はスターリングが外してしまった。彼の状態がよく表れていた。もはやプレッシャーは消え去っている。試合は1ｓｔレグと同様の数字を残した。ボール保持率も同じ、パス数も成功率もほぼ同じ、シュート数はわずかに多く、そして同じスコアで相手を破った。これでアウェーでの連勝は一六試合となり、記録をさらに伸ばし続けている。ペップのシティにとって二〇一六年夏以来アウェーでの通算一〇〇勝目にもなった。一四二試合を戦って一〇〇勝一八分け二四敗を記録しており、得点は三一三、失点は一二〇。この年の欧州では一〇試合を戦って九勝一分けと無敗を守っている。二一点を奪う一方で失点はわずか三に抑え、七試合でクリーンシートを達成。クラブ史上二度目となる準決勝へ勝ち進み、相手は前年のファイナリストであるＰＳＧ。ペップにとってはチャンピオンズリーグで八度目の準決勝であり、シーズン最大の挑戦となる。

スポーツ選手にとって最も強力な筋肉である「心」が、ついにシチズンズからの呼びかけにポジティブな答えを返してくれた。選手たちは二度立ち上がった。マンチェスターではロイスの得点後に、ドルトムントではベリンガムの得点後に。二〇一七年に負った傷は年々悪化し、新たな転倒を味わうたびに絶え間ない痛みと膿みを引き起こしていたが、その傷口もこれで閉じられた。

数時間後、ペップがラディソン・ブルーでシャンパンを飲んでいるとき、私は彼から四年前に言われた言葉を持ち出した。「大舞台で恐怖を抱かずに済むような気概を植えつけることが私にはできなかった。不可能だ。彼らはプレーを恐れているのだから」と、モナコにより痛恨の敗退に追い込まれた際に言った言葉だ。その恐怖はこの日、ポジティブなエネルギーへと転じた。ペップも理解している。

「精神力は数字以上に役立つものだ」

シーン一六：四連覇

（二〇二一年四月二五日、ロンドン）

「チームに自己満足はない。全員が一週間ずっと毎日集中しており、相手がどんなチームであろうと、どの試合も軽く考えることはない」

そう語るのはブライアン・キッドだ。ペップは、四連覇を達成したリーグカップ優勝後の記者会見に彼を招待した。キッドはシティにとって極めて大きな存在だが、クラブに別れを告げようとしている。若い頃はストライカーとして活躍し、のちに育成組織の若手選手の育成を担当。二〇一一年からは第三監督として、模範的な形でマンチーニ、ペレグリーニ、ペップを助けてきた。この三人の監督をクラブの歴史と結びつける力になってきた重要人物である。そのキッドが勇退するにあたり、明確なメッセージを発した。チームに自己満足はない。

ソン・フンミンはウェンブリーのピッチに倒れ込み、目に涙を浮かべている。傍ではケインがキャプテンであるロリスに感情をぶつける。誰もがこの瞬間を呪っている。トッテナムはまたしてもタイトルを逃し、ケインの個人記録は白紙のように空っぽのままだ。この偉大なるイングランド代表CFは、スパーズで一〇年間を過ごして一度もタイトルを手にしていない。

その二日後、ケインはクラブを去る準備を始めた。一年前にもすでにシティとの接触があったが、メッシの一件により立ち消えとなった。今回は、ケインとシティの間に邪魔が入るとすれば、ハーランドを獲得できる可能性が生じた場合のみだと感じられる。しかしハーランドとの契約が可能であるかどうかは、欧州のチェス盤上で互いに絡み合う多くの要素に左右されるため、数週間が過ぎてみなければわからないだろう。フロレンティーノ・ペレスが推進したスーパーリーグが大失敗に終わったあと、情勢は変わった。ペレスはハーランドやエムバペとの契約を容易にするような即金収入を求めていたが、欧州サッカー界における力関係は、もはやスーパーリーグ発表前とは同じではない。レアル・マドリードはエムバペやハーランドには手が届かないかもしれない。別のクラブが彼らに手を出してくるかもしれない。シティは最終的に、戦力的にはいくら望まれるとしても、ハーランドの競売に参加したいとは思わないかもしれない。

いずれにせよ、ケインはシティ首脳陣が検討する大きな選択肢のひとつであり、指揮官も間違いなく賛成している。だからこそケインはトッテナム退団の準備を進めており、そのためチーム編成の競争力不足に対する不満をロンドンのメディアに漏らした。彼はタイトルを獲得したいが、スパーズではそれが手に入らない。ケインの周辺の関係者によるリークからはそう聞こえてくる。彼はクラブに、取引が成立するように妥当な移籍金の額を設定するよう求めている。パリではチキが、携帯電話に送られてくる情報を前向きに捉えている。もちろん非常に高額にはなるが、ケインにはそれだけの価値がある。

＊＊＊

この日の午後、ウェンブリーのスタンドには多くのファンが集まった。各チーム二〇〇〇人。それは平常への小さな一歩であり、パンデミックにより閉所恐怖症に陥った世界に開けられた小さな窓である。同じようにプレーしていても、サッカーはすでに違って感じられる。

シティは、オールド・トラッフォードでユナイテッドに〇対一の敗戦を喫した二〇一六年一〇月二六日を最後に、リーグカップでは一試合たりとも負けていない。無傷の一九連勝を重ね、この日で四大会連続の決勝である。舞台はペップにとって最愛の、「彼の」ウェンブリー。選手としては一九九二年に初めての欧州カップを勝ち取り、監督としては二〇一一年チャンピオンズリーグ、一九年FAカップ、一八、一九、二〇年のリーグカップとタイトルを積み重ねてきた。まさに、ウェンブリーはペップの庭なのだ。

そして、彼のシティはキックオフからそれを見せつけた。この前の日曜日に監督が受け取った診断結果で伝えられていた通り、デ・ブライネはすでに回復しており、彼を擁するシティはゲームの主役となる。決勝の前半は、おそらく年間を通して最も輝かしい戦いぶりのひとつだった。ロリスの並外れた活躍と、ダイアーやアルデルヴァイレルトの守備面での見事なパフォーマンスが、シチズンズのゴールラッシュをどうにか阻んでいた。この日は完璧な状態だったロンドンのピッチ上で見せられた戦いぶりには、得点期待値（三・六対〇・〇六）のデータに表れる以上の差があった。イングランドのカップ戦決勝で一方のチームがこれほどもう一方を圧倒した試合は、おそらく相当前まで遡らなければ見当たらないだろう。

スターリングは最初の一五分間に爆発力を発揮し、戦う姿勢という面では起用に応えたが、ここ数週間ベンチに追いやられる理由となっていた決定力不足は相変わらずだった。マフレズは勢いと力強さと積極性を示し、フォーデンは偽9番として前線の一方のサイドと他方をつなぎ合わせるように動く。リズムを作り、そのときそのときで試合に必要とされる仕事をこなす役割を見事に演じていた。しかし、重要なことこそ静かに行われるものである。何よりも際立っていたものがあるとすれば、それは守備の予測だった。ウォーカー、ディアス、ラポルテがまたも最高級のパフォーマンスを見せ、相手の動きをほとんどの場合で先読みし、トッテナムの大きな武器であるオープンフィールドを駆け上がるプレーを無効化していた。D

F陣全体の中でもさらに際立っていたのがカンセロだ。守備面で非の打ちどころのない試合をしていただけでなく、SB兼IHの役割に戻り、そこから攻撃的プレーの流れを作り出していた。

トッテナムはわずか一本のシュートしか放つことができず、それもステッフェンが見事に処理。シティは二一本のシュートを重ねたが、ゴールはあまり決定的ではなかったチャンスのひとつから生まれた。デ・ブライネがサイドのコーナー付近からFKを蹴り入れる。ラポルテは警戒の甘いシソコが彼に密着できていない隙を突いて前に入り、決勝弾となるヘッドを突き刺した。ラポルテにとってはシティでの八得点目であり、八点すべてがアウェーでの得点。その多くが大きな意味を持つゴールだった。

アーセナルとユナイテッドのホームゲーム、そしてウェンブリーでのトッテナム戦という大きな試練を乗り越え、シティは四年連続のリーグカップを獲得。リヴァプールが一九八一年から八四年にかけて達成した偉業に並んだ。クラブにとって八度目の優勝であり、これもリヴァプールと並んで大会最多記録となる。フェルナンジーニョとアグエロは六度目の優勝を飾り、この大会のトロフィー数が最も多い選手となった。ペップは四連覇を達成した初めての監督。シティでのタイトル数はこれで九つ目だ。

シーン一七：「外に出て楽しんでこい」

（二〇二一年四月二八日、パリ）

パルク・デ・プランスのドレッシングルームで、何かがカチッとなった。シティはチャンピオンズリーグ準決勝の試合で〇対一のリードを許している状況だが、それ以上に自分たちらしさを出せていない。ペップは、選手たちを解き放つ最後の試みが早くも必要なときが来たと考えている。

数週間前から試みていたことだ。エスティアルテの絶え間ない助力と、リージョの賢明なアドバイスを受け、ペップは自らの行動を変えた。選手たちに怒鳴ったりプレッシャーをかけたりするのをやめ、ベンチから腕を振り上げることも、要求を次々に大きくしていくことも、ミスを叱ることも、責任を問うこともなくなった。

　ペップには欧州で負い続けてきた傷が重くのしかかっている。二〇一四年のレアル・マドリード戦では、彼自身やラームの考えに従うのではなく、バイエルンの中でも特に積極的な選手たち（ミュラー、シュヴァインシュタイガー……）が提案した通りにプレーすることに応じ、結果として派手に散った。バイエルンが喫したあの〇対四の敗戦が、その後の歩みを決定づけた。一年後にはカンプ・ノウで破壊的なバルセロナに〇対三の敗戦。とはいえ、バイエルンは負傷者の続出で満身創痍のチームとなっており、それでも２ｎｄレグには勝利（三対二）することができた。逆転できていてもおかしくないチャンスまで作り出してはいたが、そのことはいつも忘れられがちだ。三年目には、アトレティコ・マドリードとの試合はいつも序盤が手強く危険であることを選手たちに意識づけようとしたが、チームはそれを聞き入れることなく最初の一五分間でゴールを奪われてしまった。ミュンヘンでの２ｎｄレグではバイエルンは衝撃的な戦いを見せた。チャンピオンズリーグの近年の歴史の中で最高の試合のひとつだったが、アウェーゴールの差により決勝へ進むことはできなかった。これら三つの痛々しい傷が、潜在意識下に鮮明に残っている。

　そして、シティでの切り傷である。モナコ戦とトッテナム戦はまたもアウェーゴールに泣き、アンフィールドでは選手たちが一五分間のパニックに陥り、さらにリヨン戦では守備の失態……。他にも喉につかえる痛みはある。最も信頼できるＤＦであるラポルテが犯したいくつかの小さなミス。リヨン戦で無人のゴールに決められなかったスターリングの失敗。スパーズ戦でのアグエロのＰＫ失敗、ジョレンテの腕によるゴール……。傷、傷、傷だらけだ。

ペップは年齢を重ねるごとに成熟し、またエスティアルテが彼の仕事のプロセスに付き添い、リージョが新たな道筋を提示することで、傷は過去のものとなっていった。そして同時に、彼は自分のエゴの一部も捨て去ることができた。あまりうるさく言わず、指示を減らし、話を減らし、あまり予防策を練らないほうが、選手たちはうまく対応してくれる。彼の仕事ぶりは変わらず、対戦相手の分析に何十時間も費やしているが、今では選手たちに短い言葉で多少の考えを伝える程度でしかない。チームトークは最小限となった。選手たちはそれを歓迎している。

最初のきっかけはドルトムントだった。呪われた準々決勝のコーナーを走り抜け、広く美しいストレートに入ってラストスパートを繰り広げられるというのは、傷の多くが癒やされたことを意味する。

ＰＳＧ戦までの数日間はペップにとってまさにクライフ的なものであり、これまで欠けていた心の中の平穏を感じることができた。ＰＳＧ戦のキックオフまであとわずか四時間となった水曜日の昼下がり、彼は落ち着くことができる時間を見つけ、ここ数日間に受け取っていたメッセージに返事をした。数年前のペップには想像もできなかったことだ。

人は変わる。私たち自身も変わる。多くの場合、自分ではそのことに完全に気づきはしない。人生は私たちを変える。ペップは変わったのだ。彼を変えたのは勝利と敗北であり、パンデミックと隔離であり、彼を限界まで追い詰め追い込む者たちとの意見交換である。一〇年前に若く独創的な監督であった彼は、成熟した男に変わっていった。より落ち着いており、おどけた部分は少なくなり、より他者を受け入れ、より超越的な男へと。

彼の強みは以前から変わらず戦術的解釈の部分や、ピッチ上で何が起こるかを予測できる力にあったが、ここ最近では（セイルーロの言葉を借りれば）感情と意志の領域や、社会的感情構造の領域といった、計り知れない超越性を持つ分野をより重視し始めてきた。ピッチ上の配置よりもはるかに重要なもの、［3―2―2―

3」や「2―3―2―3」よりもはるかに意味を持つもの、戦術や対抗策よりもはるかに決定的なものが存在することをペップは理解できた。選手間の感情、相互作用、つながりこそが成功に不可欠な基盤になると実感することができた。恐怖心や緊張、大胆さ……。感情はチームを成功に導きもするし、失敗に陥れもする。彼はそれを自らの肌で大いに感じてきたため、ついにこの領域にも、自身が知り尽くした戦術分野と同じかそれ以上のエネルギーを割くようになった。

だからこそ彼は、この一週間をクライフ主義的なメッセージで満たすことにしたのだ。火曜日の試合前日会見では、サッカーのプレーにおける人間的な振る舞いについて、非常に揺るぎなく素晴らしい談話を披露してみせた。特にそうする必要があったのは、準決勝のハーフタイムである。チームはリードを許し、遭難しかかっていると察する中での難しいハーフタイムだった。

＊＊＊

コーチングスタッフが迷っていたポジションはひとつだけだが、その左SBには最終的にカンセロを選んだ。日曜日のトッテナム戦で素晴らしいパフォーマンスを見せてポジションを取り戻したポルトガル人は、PSGの偉大な「コネクター」であるアルゼンチン人ディ・マリアを警戒する役割を果たさなければならない。パルク・デ・プランスのピッチへ飛び出したシティは、論理的な予防策を練っている。強力なカウンターのスペシャリストである相手FW陣に走るスペースを与えたくはない。シチズンズの選手たち全員がパス一本一本に神経を使い、ボールロストを避けようとする。しかし、スポーツの世界ではよくあることだが、過剰な恐怖心がミスにつながるのは避けられない。チームは非常に慎重な戦いをしており、その慎重さが消極性につながりトラップやパスのミスを増やしてしまっている。深刻な事態を招くようなミスではないが、流れを引き渡すような大きなハンディキャップへとつながる。シティは試合のペースを上げて主導権を握る力を完全に失ってしまっている。ペップのチームは大きなパスが連続して繋がることもなく、速い連係もほとんどない。自分たち自身の慎重さが弱気となりプレーの機能不全を引き起こしてしまっている。

チームはこの試合のために、ほとんど特別な準備をすることなくパリにやって来た。日曜日の夜にロンドンでリーグカップ優勝を飾り、月曜日はマンチェスターで休養し、火曜日にパリへ移動。攻守両方のセットプレーを確認する時間しかなかった。ＰＳＧの三本目のＣＫからキャプテンのマルキーニョスがギュンドアンとロドリの警戒を掻い潜り、守備の柱であるディアスとストーンズがパレデスとヴェッラッティに動きを阻まれた場面では、そのセットプレーの準備も失敗だったように思われた。代償は一失点。だがその五〇分後、シティにとっても同じ三本目となるＣＫから同点ゴールが生まれると、準備は的中したかのように感じられた。

この二つのゴールの間にも、いろいろなことが起こった。ＰＳＧは開始二分から早くも試合の主導権を握り、ロドリのボールロストがエムバペのカウンターにつながったが、ネイマールのシュートは威力を欠いた。これは最初のアラームにすぎなかったが、一〇分後にも一本目のＣＫからネイマールが決めるかと思われたゴールをエデルソンが救う。そのさらに三分後、マルキーニョスが頭でネットに押し込んだゴールを防ぐことはできなかった。ＰＳＧはリードを奪い優位に立つ。ネイマールはポジションを下げ、ほとんどセンターサークル付近からプレーを指揮。彼を止められないペップのＭＦ陣を怖気づかせる。止められたとしても今度は、フロレンツィの好サポートを受けたディ・マリアが深く入り込んでくる。シティは膠着に陥り、連係はまったく機能していない。ビルドアップを強化するため形を変えており、いつもの［３＋２］ではなくロドリとギュンドアンとカンセロを第二のラインに並べる［３＋３］としていたが、これはボールより前方でＰＳＧの七人の守備陣と勝負しなければならない選手が一人少なくなることを意味していた。カンセロの長いクロスからベルナルドが「クライフ流」のシュートを放ってＰＳＧを脅かした場面は一度あったが、ペップのチームがいつも生み出しているほどのチャンスを生み出すにはプレーの量が不十分だった。

パリのピッチ上では古傷が疼きだし、選手たちは石の詰まったリュックを背負って動き回っているかのようだ。身軽に感じられるネイマールとディ・マリアが優位に立ち、シティにとどめを刺す二点目がいつ生まれてもおかしくはない。ペップはそれを察知しながらも、落ち着いて選手たちを信じ続けることを決めている。前半最後の八分間にはシティが良くなり、状況が変わり始めた。ベルナルド、デ・ブライネ、フォーデンのプレスが機能するようになり、そういったプレーのひとつからベルナルドがボールを奪ってフォーデンにパス。フォーデンはペナルティスポット付近からシュートを放ったが、正面を突いたボールをナバスに弾き出され決められない。チャンスを逃しはしたものの、同時に試合の流れが変わりつつある兆しでもあった。

ドレッシングルームは静寂に包まれている。ペップは、数人の選手のラインの高さや相手へのプレスのかけ方、相手を誘導すべき方向など、いくつかの小さな変更点を伝えた。しかし、彼が選手たちに伝えたいのは戦術面ではなく、感情的な部分だ。ゲームを打開するカギはメンタルにある。彼は戦術よりも感情に重点を置くと決めている。心がもたらす力を知っており、リージョがいつも言っているように、戦術ボードは「選手や監督たちが隠れられる屏風でしかなく、責任をうやむやにしてしまうという現代の社会悪のひとつを助長するものでもある」と、理解しているのだ。

ペップの言葉は、静かな鳴動を引き起こす。

数年が経過した今でも、ボイシャサはこのときの監督の短い話を思いだしては感慨にふける。「魔法のようだった。彼は戦術的コンセプトについて話をすると我々は思っていたが、ペップは心から言葉を発し始めた。それぞれの選手がいかに優れており、自分らしくプレーできさえすれば十分だという話だった」

その数分の間に、ペップは彼らにこう言った。

「君たちはすごいぞ。彼らよりもだ。ただ自分の中にある光を羽ばたかせてくれればいい。結果もそのあとのことも心配しなくていい。そのために私がいるのだから。君たちはサッカー選手なんだ。プレーして、ゲームを楽しんでくれ。子どもの頃、何も怖くなかった頃のように。このドレッシングルームのドアを閉めるとき、恐怖心はこの中に置いていけばいい。恐れも、メディアも、ソーシャルネットワークも、何かを言われることも、あとから起こることも、この中に置いていこう。全部置いて、子どもの頃のように外に出てプレーしに行くんだ。ただその幸せを感じるために」

後半に姿を見せたシティは別のチームだった。短く陽気で気楽なスピーチが、選手たちを解き放った。監督は彼らから、すべての責任を取り除いた。自分たち自身でいればいいと伝えた。自分たちのやれるプレーをやればいいと。それが勝利へとつながる道なのだから。ペップはいくつかの戦術的変更も加えた。小さくはあるが決定的な変化だった。

ボールを持つと、フォーデンは右サイドを離れ、より中央のレーンへ移動してフロレンツィを引きつける。デ・ブライネはPSGの二人のCBに貼りついたまま。フォーデンのアウトサイドのポジションは、一段後方ではあるがカンセロが占めることになる。これによりディ・マリアはカンセロを追わざるを得なくなり、結果として彼は、ネイマールとエムバペの危険なデュオと連動することができなくなる。後半全体を通して、PSGはエムバペを経由した攻撃を一度しか繰り出すことができなかった。シティのエリアに向けて走り込んだプレーだったが、エデルソンのゴール前を横切る彼のパスをシュートにつなげられる味方選手は誰もいなかった。

カンセロの位置取りの高さと、フォーデンが中へ絞ったことで、ギュンドアンは前に出やすくなる。彼はすべてのピースを結ぶ糸の役割を果たすことになった。ロドリとの間では二六回、フォーデンとは一一回、カンセロとは六〇分間で一三回、ジンチェンコとは三〇分間で九回のパスを繋いだ。ギュンドアンこそがチームをつなぐ糸である。シティはボールを速く動かし、正確にコントロールし、各チームメートの足元の利き足側へ送る戦い方に切り替えた。まるで滝のように、パスを繋ぐたびにスピードを増し、一人ひとりが動きを加速させ、PSGはひとつのプレーごとに徐々に支配地を失っていく。ギュンドアンが何度もピッチを縫い合わせ、ロドリがしっかりそれをサポートし、エムバペとネイマールが何か動きをとるたびにそれぞれディアスとウォーカーが前へ出て、かなり遠い位置まで追いかけていく。これによりストーンズは自由になり、DFラインの仲間たちをカバーすることができる。シティはピッチ上で高い位置を取り、ボールを独占。ゴールが生まれるには理想的な条件である。

そして、相手ボール時の戦いぶりはそれ以上に素晴らしい。［4―4―2］の形を取り、PSGの右サイドからプレスをかける。デ・ブライネがマルキーニョスに対して右へ逃げるよう誘導し、そこでフォーデンがフロレンツィを、カンセロがディ・マリアを抑える。中央では三つの肺を持つ男ベルナルドがパレデスを監視しつつキンペンベを悩ませ、ギュンドアンはゲイェに息をさせず、右サイドではマフレズとウォーカーが猟犬のように待ち構えている。PSGのビルドアップの方向性はシティに決められており、マルキーニョスはマークのついた味方選手に何度もボールを出すか、ロングボールを送ることを強制され、そこでシティに奪われてしまう。

劇的な変化は数字に表れた。前半のシティの支配率が五三％だったのに対し、ハーフタイム後は六一％に上昇。ペップのチームが四五回ボールを奪ったのに対してPSGは三一回と大差がついた。後半のPSGはパスを一七〇本しか通すことができず、前半より八〇本減少。成功率も九〇％から八五％へと落ちた。逆にシティはパス総数を三〇四本から三五一本へ伸ばし、成功率は維持（九三％から九二％へ）。パスを増やし、正確性を高め、コントロールを高め、コネクションを向上させる。結末は見え始めてきた。何より、危険なエリアでこそプレーを支配できているためだ。シティがＰＳＧのペナルティエリアに一二回侵入したのに対し、ＰＳＧは後半を通してわずか一回。エデルソンのゴールにシュートを放つこともできなかった。

シティの二得点が、幸運により生まれたものだったことは間違いない。一点目は、ウォーカーが奪ったＣＫから。ボールを入れると短いパスを繋ぎ、エリア手前で右から左へとプレーを動かしていく。左サイドで受けたデ・ブライネは力強いクロスを上げ、ディアスの頭やストーンズの足先に合わせることを狙ったが、どちらも届かない。ボールはもう一回転し、うまく飛び出せなかったナバスの守るゴールに飛び込んでいった。そのわずか七分後、ゲイェがエリア手前でデ・ブライネにファウルを犯し、デ・ブライネはマフレズにキックを譲る。マフレズが蹴ったところでＰＳＧの壁に穴が空き、ボールはパレデスとキンペンベの間を抜けてＰＳＧのネットに突き刺さった。

二対一で試合を終えたシティは、チャンピオンズリーグで通算九〇試合を戦って五〇勝目。アウェーゲームは一八連勝となる。チャンピオンズリーグの今大会では一〇勝目であり、ペップにとって準決勝では二〇一一年にベルナベウでのレアル・マドリード戦に二対〇で勝利して以来最高の結果だ。だがシティは必要以上に勝利を祝おうとはしない。指揮官はこう語る。「選手たちがドレッシングルーム内で冷静だったことをうれしく思う。叫び声を上げたりもせず、穏やかで落ち着いていた。２ｎｄレグでどんなことも起こり得ると全員がわかっているからだ」

デ・ブライネとマフレズはともに素晴らしいパフォーマンスを披露し、二つの珍しい部分でも際立っていた。デ・ブライネはファウルを犯した回数が最多の四回。マフレズはチームの誰よりも多い七度のボール奪取を記録した。ギュンドアンとベルナルドは「つなぎ役」として効果的な働きをしていたが、目立ちはしなくとも誰より活躍していたのはＤＦ陣かもしれない。ストーンズとディアスはエムバペに対して試合を通して一本のシュートも打たせなかった。彼の輝かしいキャリアで初めての出来事である。今季シティの強みのひとつである守備陣の大物「犠牲者」として、ハーランドとケインにエムバペも加わることになった。シティは欧州で大きな一歩を踏み出した。それを可能にしたのは精神の解放と、基本的かつ重要なプレーだった。

ペップは彼の考えを教えてくれた。

「時にはリラックスして、もう少し自分らしくなることも必要だ。これでもう、私が望むものはただひとつ。二戦目も自分たちらしくあることだ。自分たちらしく。それ以上は何もない」

シーン一八：「うまくやるさ」

（二〇二一年五月四日、マンチェスター）

たった一言だ。

トレーニングセンターで食事をしたあと、ペップには二時間ほど自由な時間があり、たまったメッセージに返事をする時間として使っている。それも試合前の緊張を和らげるひとつの方法である。選手たちを招集し、一緒に軽食をとりながら戦術面のわずかな注意事項をごく手短に説明するまでには、まだしばらく時間がある。チームには談話も指示も必要ではない。自分が何をすべきか全員が理解しているし、余計なモチベーションを上乗せする必要もない。ＰＳＧとの準決勝はそれ自体が感情を揺さぶるものであり、勝利により得られるものも非常に大きいため、わざわざ念を押す必要はない。トレーニングセンターからエティハドまでわずか五分だけバスに乗り、ピッチ上へ出るときが来るのを、意識をまっさらにして待つのが一番だ。

ペップは落ち着いている。強いて言うなら、チャンピオンズリーグほど緊張感のある大会を戦う監督としては、これ以上ないほど落ち着いている。携帯電話にはたくさんのメッセージがたまっており、まだ返信し切れていない。世界中の友人たちがパリでの勝利を祝福してくれた。今夜の試合の幸運を祈る者もいる。控えめで、やや言葉少ななペップは、誰にでも同じような調子で返信していく。

「うまくやるさ」

シティアカデミーのメインビルの窓からは、空が暗くなり、雲が大粒の雨を降らせているのが見える。間もなく雪になるだろう。

エティハドのドレッシングルームで聞かれた唯一の指示は、リスクを冒すなというものだった。雪が降り始めたことを考えればなおさらだ。たった一言。

「ノーリスク」

ペップが選手たちに伝えているのは、「チャンピオンズリーグでは必要でない限りリスクを冒すな」という、彼が元アシスタントのドメと長年共有してきたルールの要点である。パリでの試合は後半にリスクを冒して勝利をもぎ取ったが、今日はそのリードを守りたい。それが「ノーリスク」の理由である。

守りたいという意識は、デ・ブライネとベルナルドを最前線に配した［4－4－2］というシステムの形で表れた。PSGを内側のレーンへ向かわせようとするものであり、そこにはペップが用意した最大の障害が待ち構えている。CBストーンズとディアス、CHフェルナンジーニョのトリオだ。ペップは、エムバペを負傷で欠くPSGがピッチ中央で手詰まりとなり、両サイドからのクロスで攻撃を終えざるを得なくなるようにさせようとしている。クロスへの対応ならシティには自信がある。同時に、厚い雪に覆われたピッチの状態を考慮し、リスクを避けるためパスを確実に繋いでいくことに集中する。

予想された通りPSGが攻勢に立ち、シティは持ちこたえる。ペップは中盤を厚くしてインサイドのスペースをすべて埋めながらも、選手たちが大きく動き回るようにしている。ビルドアップの形は変更され、いつもの［3―2―2―3］ではなく［2―4―4］の形を取る。組み立ての段階では［4―2―4］、攻撃時には［3―4―3］で構成される。相手ボール時には［4―4―2］に戻るが、デ・ブライネとベルナルドのプレスは序盤のうちは非常に緩く、PSGにボールを持たせる。PSGは小柄な大物選手ヴェッラッティが際立っており、的確で気の利いたプレーでチームを指揮して試合のリズムを支配していた。だがシティはプレーの強度を厚くし、PSGを中央へ向かわせた上で蓋をする。カンプ・ノウではバルセロナを、アリアンツ・アレーナではバイエルンを倒したPSGだが、走り込みたい広大なスペースを見つけることはできず、シティのエリアに向けてクロスを放り込むことを余儀なく選択させられる。試合開始からわずか七分、そういったクロスのひとつからジンチェンコにハンドがあったとして主審はPKの笛を吹いたが、VARの通告を受けプレーを見直したあとすぐに判定を取り消した。ジンチェンコは腕ではなく背中でボールをクリアしていた。

リスクを最小限に抑えようという指示に加えて、シティにはPSGをホットゾーンに誘い込んでラインと選手の距離感を引き伸ばす意図があった。そこから先制ゴールが生まれる。相手陣内でFKを獲得したシティは、フェルナンジーニョがギュンドアンへ短く繋ぎ、ギュンドアンから左アウトサイドに位置するジンチェンコへ。PSGは完全に引いていたため、ジンチェンコは後ろへ戻す。DF陣が右へ展開していくが、ウォーカーもジンチェンコと同じく障害にぶつかり、同じ選択をしてエデルソンにボールを戻す。この時点でPSGは間延びしており、ネイマール、イカルディ、ディ・マリアがプレスの尖兵となるも、GKからギュンドアンへの縦パスと、ギュンドアンからエデルソンへ戻すパスで総崩れとなる。この場面のヒートマップには、シティの一連のパスがPSGを間延びさせたことが表されている。特にエデルソンからギュンドアンへのパスと、続いてギュンドアンからエデルソンへのバックパスが二度繰り返されたことが、ＰＳＧに対する「マグネット効果」を強めた。ポチェッティーノのチームは４バックをセンターサークル付近まで、３トップをシチズンズのエリア前まで前進させており、中盤の三人はデ・ブライネ、フェルナンジーニョ、ベルナルドを警戒しながらそれぞれ大きく離れている。そして、もはやシティのゴールに向けて引き込まれたＰＳＧが縦にも横にも大きく広がることを強いられたところで、足元の技術と同じくらい優れたエデルソンの広大な視野が効いてくる。

フリーの味方選手は二人いる。両ＳＢだ。ウォーカーは右サイドの自陣中央付近、マフレズの後方で誰にも邪魔されてはいない。しかし、左のジンチェンコのほうがさらに良い状況にある。ほぼハーフウェーライン上に張りつき、ベルナルドによってポジションから引き出されたフロレンツィとは大きく離れており、体が相手ゴール方向を向いているというアドバンテージもある。ジンチェンコこそが理想的なターゲットだ。エデルソンはゴールの起点となることを決め、六〇メートル前方へボールを送る。そこではウクライナ人ＳＢがすでにＰＳＧを無力化している。その後に続くのは的確な判断の連続。マルキーニョスに追われたジンチェンコはタイミングを計り、デ・ブライネがやって来るのを見計らってボールを後方に戻す。フォーデンはキンペンベを、デ・ブライネに干渉できるエリアから遠くへ引き出している。ヴェッラッティと、エレーラも置き去りにして一人で飛び出してきたデ・ブライネは、決定的かと思われたシュートを放つ。これはフロレンツィの右足で弾かれてしまったが、ボールはマフレズの足元へ転がり、準決勝の勝負の行方を決定的に引き寄せるゴールが決まった。シティの選手一一人全員が関与して四二秒間で一五本の連続したパスが繋がれた。ＰＳＧを修復不可能なまでに引き伸ばし、エデルソンはどこに優位性があるかを的確に見極めることができた。この一連の長いプレーが、シーズン全体を通したシティの戦いぶりを象徴している。何本もの連続したパス、マグネット効果、落ち着きと冷静さ、予測されにくいエリアでの優位性を見つけること、そして力強いフィニッシュである。

ペップはこの得点でさらに慎重さを強め、ラインを間延びさせないようにする。システムは［2―4―4］と［4―4―2］の間で行き来するが、それ以上変化することはない。それでもPSGはCKのセカンドボールからのプレーでマルキーニョスの鮮やかなヘディングがクロスバーを叩き、ベルナルドの重大なミスからディ・マリアが無人のネットへ放ったシュートは枠を外れことなきを得る。前半のラスト三〇分間はシティの意図によるスローテンポのペースで進んでいき、PSGの縦への突破も鈍く少なくなっていった。PSGのほうが長くボールを持ち（五六％）、果敢な姿勢を見せてはいたが、均衡状態を打開することはできない。

そして七日前のパリと同じく、ペップのチームはハーフタイム後に意図を変えた。エティハドのグラウンドキーパーたちは必死の働きで、ピッチ上から雪をすべて取り除いてくれた。デ・ブライネ、ベルナルド、フォーデン、マフレズを中心として非常に果敢なハイプレスを仕掛け、並外れたボール奪取力を発揮するフェルナンジーニョが彼らを援護する。フォーデンの最初のシュートをナバスがセーブしたのに続いて、ネイマールが反撃。長いダイアゴナルパスをシティのエリア内で受けてシュートを放ったが、ジンチェンコがブロックする。シチズンズ守備陣にとって大喜びに値する最初のプレーであり、彼らは抱き合って喜び合った。依然として土砂降りの中、ジンチェンコがカウンターを繰り出し、デ・ブライネを経由したボールが左サイドのフォーデンへ送られる。ボールを戻されたデ・ブライネはわずかに動きを止め、やや後ろに入りすぎたフォーデンのパスをコントロールするため体勢を整える。わずか数ミリ秒の間ではあったが、そのおかげで再び正確なボールを出してストックポートのヤングスターを走らせることができた。フォーデンは深く入り込み、マフレズにボールをプレゼントする。SBディアロを大きく振り切ったマフレズは逆サイドからフリーで飛び込んできた。ネイマールであればマフレズに追いついて阻むことができていたかもしれないが、彼はシティのカウンターの途中でデ・ブライネに対応することを選んでおり、この判断ミスにも助けられたマフレズが一人でPSGのエリアに現れた。これで準決勝の勝負は決まった。

フェルナンジーニョへのラフプレーでディ・マリアが退場となったこともあり、残りの時間で突破は確実となっていく。ラスト二〇分間、シティにとって唯一難しかったのは冷静さを保つことだった。ジンチェンコは冷静さを失いかけたが、この日が三六歳の誕生日だったフェルナンジーニョがキャプテンと父親の役割を演じ、大きな衝突の中で彼をなだめることができた。シティはさらに四度の危険なチャンスを生み出し、特にフォーデンのシュートはポストを叩いたが、スコアが動くことはもうなかった。シティはクラブ史上初めてチャンピオンズリーグ決勝へと進み、選手たちは穏やかな喜びを見せながらピッチ上で祝い合う。ドレッシングルーム内はもっと熱狂に包まれることになるが、それも度を越すことはない。非常に大きな成功ではあるが、最も重要なことがまだ残っていると彼らはわかっている。

シティは欧州カップで決勝に辿り着いた九番目のイングランド勢であり、一一勝を挙げて決勝に進んだ初のチームとなった。一二試合を戦って、ポルトとの一試合に引き分けただけだ。チャンピオンズリーグでは七連勝、今大会のクリーンシートはこれで八回目。二五ゴールを奪い、わずか四失点で決勝まで進んできた（※三三）。この数字はチームの守備面の素晴らしさを反映している。CB陣は特に際立っているが、「全員が守備に貢献しなければならない」と、マフレズが強調するように、チーム全体の力によるものだ。このアルジェリア人はチームの見事なフィニッシュ役を務めてきた。ボルシアMG戦では一アシストを記録し、ドルトムント戦でも一アシストに加えて一得点、そしてPSGからは三ゴールを奪った。

成功のカギとして三つの要因が挙げられる。まずは心理的な部分だ。ペップは冷静さと節制を呼びかけ

※三三　ポルトに一失点、ドルトムントとの二試合で各一失点、PSGに一失点を喫した

ていた。ストーンズは試合前日に「自分たちらしく」あることが必要だと表現しており、パートナーのディアスも試合後にその考えを補完するようにこう言っていた。「困難があるときこそ、チームとして持っている気概を発揮すべきときだ」。二つ目の要因は、ＰＳＧという強力なチームを引きつけ引き伸ばすことができた「マグネット効果」。一点目の場面ではそれが模範的に実行されたほか、左サイドで継続的に行われていた。相手を集めることでピッチ上の他のエリアで優位性を生み出すことを狙いとして、ジンチェンコ、ギュンドアン、フォーデンの構成する三角形が何本もパスを回していた（※三四）。三つ目の要因は戦略だ。１ｓｔレグでは大胆に、２ｎｄレグではリードを守る。このプランがペップにとってうまく機能した。

エスティアルテとリージョは笑う。「ユーゴスラビア的であればあるほど、物事はうまくいく。謙虚であればあるほど、たくさんシャンパンが飲める」。そう言う二人は隠遁者のような禁酒生活をしているのだが……。

シーン一九：カーソンが出場したら？

（二〇二一年五月一一日、マンチェスター）

ピザはハムやチーズを中心に、野菜、ベーコン、サラミなどバラエティに富んでいる。ボイシャサは、彼の携帯電話が煙を上げ始めるとすぐにそれらを注文した。チームマネージャーは、パーティーがどれほど盛大になるかを熟知している。レスターがオールド・トラッフォードで勝利したあと急遽行われることになった。招集の前から、シティのほぼクラブ全体がトレーニングセンターに集まっている。シティは再び、プレミアリーグ王者となったのだ。

ボスは食事制限やその他のルールを破る許可を与えている。今夜はトレーニングセンターで、明日という日がもう来ないかのように酒を飲みダンスが繰り広げられる。成功を祝い、選手全員一人ひとりが交わしていく乾杯はいつ終わるとも知れない。ボイシャサはあらかじめ五〇枚のピザを注文していたが、ほんの一五分のうちに食べ尽くされ、祝賀ムードと喜びはさらに高まっていく。ペップも羽目を外し、踊り、飲み、歌い、お気に入りのハバナの葉巻であるパルタガスＮｏ．４を吸った。

ほんの五カ月前にはチームは一二位に沈んでおり、優勝の可能性が少しでもあると考える者はいなかった。いや、実際のところは最終的な勝利を確信していた者もいたのだが、その小さなグループを構成するのはわずか二人、エスティアルテとリージョ。彼らは毎日のように、いくら逆風が吹いていようともリーグ優勝は可能だと繰り返していた。エスティアルテは、勝ち点差はさほど重要ではなく、タイトルの行方は八〇ポイント付近で決まると主張。リージョは、チーム状態は良く、あとは本来のポテンシャルを発揮できる落ち着きを取り戻すだけだと言っていた。

どちらも完全に的中し、今日の彼らは最も幸せな二人である。そのためか、エスティアルテはあえてこう提案する。カーソンには、タイトル獲得後の最初の試合となるニューカッスル戦でＧＫを務める資格があると。

＊＊＊

その三日後、カーソンはセント・ジェームズ・パークで先発メンバーに名を連ね、加入から一年半を経てシティでのデビューを飾った。

※三四　ジンチェンコからギュンドアンへのパスは一七本、フォーデンには一五本。ギュンドアンからジンチェンコには一四本、フォーデンからジンチェンコへも同じ

一週間前、ニューカッスルは鋭いカウンターアタックを用いてレスターを撃破することに成功していた。数字的に残留を決めることを目指していたスティーヴ・ブルースのチームは、四度の素晴らしいカウンターを繰り出し、もう一年プレミアリーグに残ることを決めた。

シティ戦も同じだった。ペップの時代になって以来、試合に向けた準備がこれほど丁寧にできなかったことは少ない。チェルシーに敗れたあと、ペップはチームに丸二日間の休みを与え、火曜日の夜にはメンバー全員を集めてリーグ優勝を祝った。盛大なパーティーだった。水曜日のトレーニングは前夜の大騒ぎの影響を消し去ることに専念し、木曜日になってようやくニューカッスル戦に備えることができた。メンバーについては、主力と控えを織り交ぜた構成とすることが決断された。

ニューカッスルのアプローチは、レスター戦での快挙から想像できる通りだった。シティにボールとスペースを与え、カウンターを用いる。ペップのチームは試合の八二・一％でボールを持ち、これは二〇一八年四月のスウォンジー戦で達成した八三％に次いで彼にとって過去二番目に高い保持率となった。時間帯によっては九六％ボールを支配していたことすらあった。

最初の二〇分間、シティはカンセロとスターリングが左サイドを突くなどシャープで素早いプレーを見せたが、得点の口火を切ったのはニューカッスルだった。カウンターをウォーカーが止めたあとのプレーだ。CKから、DFクラフトに対するアケの位置取りがズレてしまい、クラフトが止めようのないヘディングを放った。その一〇分後にもホームチームのカウンターをファウルで止めたところから、シェルヴェイのキックがクロスバーを叩く。シティもすぐさま反撃。チームの強みである左サイドでうまく連係したプレーから、ロドリがカンセロへマイナスのボールを落とし、カンセロはエリアの角からアウトサイドキックでシュート。ボールはDFに当たって同点ゴールとなった。三分後、同じサイドでのFKからギュンドアンが蹴り入れ、トーレスがゴールに背を向けながら華麗なヒールキックで見事なゴール。しかしニューカッスルも、またしてもカウンターからジョエリントンがアケに倒されて獲得したPKで同点。ホームチームは二本のシュートで二点を奪い、カーソンにとってはどちらも止めようがないものだった。

ペップはハーフタイムに攻撃の編成を変える。ジェズスを右サイドに、トーレスを中央に配置してニューカッスルの3バックと対峙。この変更が効果を発揮する前に、ホームチームはウォーカーが与えた無用なPKのおかげでリードを奪う。ウィロックが左へ放ったシュートをカーソンは弾くことができたが、ウィロック自らがガルシアに先んじてチームの三点目を押し込んだ。

まるで火山が火を吹くように、シティはそこからわずか三分で試合をひっくり返す。ジェズスが怒涛の勢いで右サイドを攻め、力強くクロスを上げると、トーレスがゴールエリア内から左足で合わせる。「アグエロ的」ゴールであり、直後に生まれた次のゴールもそうだった。カンセロのシュートがポストを叩いたところから、またしてもトーレス、またしてもゴールエリア内。今度はセミシザースで、これも「アグエロ的」だ。もはや疑いなく、トーレスはエリア内でとんでもない選手であることを証明している。先発した一四試合で七得点を挙げ、二つのアシストも記録している。

シティは九連勝でタイトルに華を添えるとともに、アウェーゲーム二三戦連続無敗（二一勝二分け）とし、一八八八年以来破られていなかったイングランドサッカー界の記録を更新した。公式戦すべてを通してアウェーではもう二〇連勝であり、プレミアリーグでは一二連勝。これも新たな記録である。

この試合が特殊であったことをどんな画像や映像よりも象徴していたのは、プレーを終えたカーソンが受けた抱擁と祝福の言葉だった。プレミアリーグの試合には一〇年間出場していなかったカーソンだが、この日再びトップレベルの試合を味わうことができた。「自分にとってプレミアリーグはもう終わったと思っていた。だが決して諦めはせず、新たなチャンスを掴むことができた」

＊＊＊

チャンピオンズリーグ決勝まではあと二週間。その会場は、トルコが抱える複雑な衛生事情のため、イスタンブールからポルトへ変更されることになった。トルコの首都で開催されるとすれば、両チームを応援する一万二〇〇〇人のイングランドサポーターは渡航できないところだった。そのためUEFAは一三日に、試合をポルトに移すことに合意した。

選手たちの準備期間は、残り二週間だ。

シーン二〇：不慮のダイナミズム

（二〇二一年五月一六日、マンチェスター）

構想を描いても、サッカーはそれを打ち砕く。アルゼンチンの著名なジャーナリストであり思想家でもあるダンテ・パンセリは、この現象を素晴らしく形容している。「フットボール：不慮のダイナミズム」と。プランを立てようとも、サッカーはそれを無効化してしまう。

舞台はシティのトレーニングセンターにあるペップのオフィス。彼はリージョ、ボレルとともにゲームプランの概要を確認している。ＰＳＧと戦った選手たちは、肉体的にも精神的にもすでに回復している。ラストスパートに臨むため特別な筋力トレーニングを行った選手もいれば、デ・ブライネのように負荷の蓄積した筋肉を休めた者もいる。家で子どもたちと遊んでいて足首を捻挫してしまったウォーカーを除けば、全員が良好な状態だ。

ペップの「意識内」には、エティハドでの準決勝２ｎｄレグを戦ったのと同じ一一人を決勝戦でも起用するという考えがある。しかし、あまりに経験豊富な彼としては、不測の事態は必ず起こるものであり、計画をすべて遂行することはできないものだと考えずにはいられない。もしかしたら、これからポルトでの決勝までの数日間に怪我人が出るかもしれない。あるいは、選手の誰かが特別に好調な時期を迎えてピッチ上で躍動し、予想外の選手から居場所を奪い取ることになるかもしれない。いずれにせよ、この二カ月間に見せてきたリズムを維持するため、ブライトン戦とエヴァートン戦の二試合は全力で戦わねばならないというプランを立てている。誰であれ決勝に向けた努力を惜しむことも、力を温存することもできはしない。全員が自分のポジションをこの二試合で勝ち取らねばならないのだ。

何人かの選手には、決勝でのスタメン入りに向けた一歩前進を果たすためのチャンスが与えられる。選ばれたのはカンセロ、ロドリ、トーレスだ。アグエロは外転筋の問題を引きずっており、ブライトン戦には出場できない。サポーターに最後の別れを告げるため、エヴァートン戦には出場可能になることが望まれている。

その二日後、プランはわずか一〇分で台無しとなってしまう。アメックス・スタジアムでカンセロが退場処分を受けたのだ。ニューカッスル戦では左ＳＢとして見事なプレーを見せていたカンセロだが、この退場によりおそらく、チャンピオンズリーグの決勝でジンチェンコからポジションを奪うことはできなくなるだろう。カンセロはチャンスを逃したことを理解し、二重の意味で落胆を抱えてピッチをあとにする。その余波として、トーレスもＣＦに定着する絶好のチャンスを逃してしまう。ペップはジェズスよりもニューカッスルでハットトリックを達成したトーレスをこの試合の先発に選び、ベルナルドをトップ下に起用する可能性を断念してまで、彼の点取り屋としての力を確認するつもりだった。だがカンセロの退場によってガルシアを投入せざるを得なくなり、犠牲となるのはトーレス。これで彼は決勝での先発出場の道も絶たれてしまったかもしれない。

ロドリは単純にこの新たなチャンスを活かし切れず、フェルナンジーニョの驚異的なパフォーマンスに対抗できるアピールをすることはできていない。シーズンを通して素晴らしいプレーをし、チームの軸としての地位を確立してきたのは確かだが、ここ数週間のロドリには迷いが多すぎる。周囲では、彼を助けるための体制が組まれている。ペップからフェルナンジーニョまで、リージョからエスティアルテまで、ピッチ上で不安定な様子を見せるロドリを助けるために誰もがサポートしている。準決勝1ｓｔレグまでは不動のレギュラーだったが、パリでのＰＳＧ戦ではナーバスになっている様子を見せ、ペップは2ｎｄレグにフェルナンジーニョを起用することを決めた。このことにショックを受けたスペイン人ＭＦは、チェルシー戦でもツィエクの同点ゴールにつながるミスを犯してしまう。指揮官はニューカッスル戦でも、さらにブライトン戦でも彼を使い続けたが、また新たなミスが彼を苦しめる。フォーデンが二対〇とするゴールを奪ってからわずか二分後、ロドリはセンターサークル内でターンしてバックパスを戻したが、ストーンズにボールを渡すのではなくトロサールにプレゼントしてしまう。一点を返したブライトンはそこから完全に試合を支配し、逆転することにまでなった。ミスを犯したロドリがパンツを握りしめ、叫び声を上げ悪態をつく様子を見せたことからも、これほどのミスを続けて犯すことで暗示される未来。つまり決勝での先発出場から遠ざかることを自覚しているのは明らかだった。

長らく続いていたアウェーでの連勝記録は、ついに終わりを告げることになった。

シーン二一：さらば、クン

（二〇二一年五月二三日、マンチェスター）

アグエロが二度引き金を引き、エヴァートンのゴールネットを撃ち抜く。

サッカーは想像をはるかに超える脚本を書く。アグエロは一〇年の時を挟んで、エティハドでのデビュー戦と最終戦で、ほとんど完全コピーしたかのようなパフォーマンスを見せることになった。二〇一一年八月一五日、スウォンジー戦の六〇分になろうとしたところでデビューを飾ると、そこからの三〇分間で二ゴールを挙げてシティの四対〇の勝利を決定づけた。別れの日となった二一年五月二三日のエヴァートン戦でも六〇分から登場して三〇分間で二得点を記録し、シティの五対〇の勝利を締めくくった。空色のチームで過ごした輝かしいキャリアを彩った二つの水滴であり、始まりと終わりであり、アルファとオメガであった。ネットを揺らすことこそがクンにとってマンチェスターでの初対面の挨拶であり、別れの挨拶でもあった。

エヴァートンは来季の欧州大会出場権を得るための最後の勝負に出ようとしているが、シティはそれを許さない。ペップは、チャンピオンズリーグ決勝に向けて想定しているものとほぼ同じ布陣で臨む。DFラインも同じ。中盤インサイドにはデ・ブライネとフォーデン、アウトサイドのアタッカーはマフレズとスターリング。これがチェルシーと戦うために考えているチームの骨組みであり、今日はアンチェロッティのチームを相手に馴らし運転をするつもりだ。フェルナンジーニョをCHに置いているが、決勝ではこのポジションにギュンドアンを置くことをすでに構想している。今日はジェズスがトップだが、チャンピオンズリーグではベルナルドが務める予定だ。

ゲームのダイナミズムの基本は、昨年のクリスマス以来、シティを近寄りがたいチームとしてきたものと変わらない。ビルドアップは3バック（ウォーカーと二人のCB）を起点として展開され、より前方のチームメート二人（フェルナンジーニョ、ジンチェンコ）と連係を取る。この［3＋2］は、相手がFW二人と中盤二人、あるいは1トップと中盤三人でプレスをかけてきたときに高い信頼性を発揮する。スムーズにボールを出していくことができるが、最大の違いを生み出すのはデ・ブライネとフォーデンの機動性である。

決勝を見据え、ペップはデ・ブライネとフォーデンを中盤に並べたが、これがエヴァートンを大いに苦しめることになった。両MFは五六分間にわたって猛威を振るい、立て続けに深い位置へ入り込んでくる彼らをアンチェロッティの守備陣は抑えられない。開始早々にデ・ブライネのパスがジェズスを抜け出させたが、GKピックフォードがゴールを阻む。そのわずか六分後、ジェズス、フォーデン、マフレズの素早いパス交換からマフレズの絶妙なパスをデ・ブライネが受け、鋭い弾道のミドルシュートで先制点を奪う。シティで通算一八点目となるエリア外からの得点だ。二〇一五年九月以来、デ・ブライネより多くエリア外からゴールを決めている選手は、一九点のケインしかいない。その二分後、フェルナンジーニョが中央のエリアでボールを奪ったところから、ジェズスが二点目のゴール。これですでにリーグ通算五〇ゴール目となった。

またもフェルナンジーニョのボール奪取からフォーデンが決めて三対〇とし、続いて今季のリーグ戦も残りわずか三〇分となったところでアグエロがピッチに登場。それでも彼にとって、一〇年前のデビュー戦と同じく二点を決めるのに十分な時間だった。どちらもフェルナンジーニョが的確に絡んでアグエロが仕上げたプレーだった。一点目は、二度のフェイントを入れて相手守備陣全体を翻弄したあと右足アウトサイドで決めたゴール。クラブの偉大なるアイドルがこれほどの妙技でゴールを決めたことで、スタジアムは熱狂に沸き立った。だがアグエロはまだ満足しない。五分後にも、フェルナンジーニョが上げたデ・ブライネばりのクロスを頭で決める。クンのタイミングを図ったジャンプから放たれたセーブ不可能なヘディングでスコアは五対〇となり、そしてこれは彼をスターダムに押し上げたチームでのラストゴールにもなった。二八分でボールタッチ二二回、パス一五本という短いプレーだが、プレミアリーグの一クラブで一人の選手が決めた得点数の記録を更新するのに十分な時間だった（※三五）。

エティハドのアイドルは歓声の中で別れを告げた。シティの歴史上最も興奮を呼んだゴールを決めた男である。二〇一一―一二シーズンのリーグ優勝をもたらした、あの九三分二〇秒のゴール。通算三九〇試合に出場してクラブ記録の二六〇ゴールを挙げ、一四のタイトルをもたらした。ペップとコンビを組んで以降では一二四得点で九つのタイトル。そのうち三つがリーグ優勝だ。二人の関係は緩やかにスタートし、当初は相互理解が危うい時期もあったが、指揮官からの要求を果たそうとするアグエロの努力によって間もなく解消された。今日ペップは、彼の献身的な働きに涙で応える。「エル・クンは私にとって非常に特別な存在だった」

シチズンズの歴史において、アグエロが忘れられることは決してない。

シーン二二：シーシュポス再び

（二〇二一年五月二九日、ポルト）

決勝で最も重要なことは、ピッチの外で起こった。

木曜日までは素晴らしい精神状態だった。ペップは落ち着いており、自信と確信を漂わせ、トレーニングには明るい声が響き渡り、笑顔が絶えることはない。

水曜日と木曜日の朝に行われた新型コロナウイルス検査では、遠征メンバー全員が陰性だった。しかし、チームがマンチェスター空港へ向かおうとするとき、アシスタントコーチのリージョは体調がすぐれない。

※三五　ウェイン・ルーニーはマンチェスター・ユナイテッドでリーグ戦一八三得点を記録していた

喉、頭、胸が痛むのは、呼吸器系のウイルスに感染している症状だ。ドウロ川が大西洋に注ぐ地点にほど近いポルト・パラシオ・ホテルに到着した時点で、マウリ医師はリージョをマンチェスターに送り返すかどうか迷っていた。リージョの状態は悪く、熱は三八度まで上がっていたが、ペップは彼が部屋に隔離されなければいけないとしても残るよう主張する。

金曜日の午後、シーズン最後の練習は異様な雰囲気の中で行われた。チームは予期せぬ静寂に包まれている。笑い声も笑顔も消えた。二日前のマンチェスターで見せていた朗らかな表情とは似ても似つかない。何人かの選手たちは緊張に蝕まれている。そして、さらにもうひとつ。

二人の選手は予想される布陣に不安を感じていることをキャプテンに打ち明けた。機転を利かせたフェルナンジーニョがそのメッセージを監督に伝えると、ペップは自身の決断についてもう一度よく考えてみると約束した。ホテルに戻るとリージョとともに再検討を行ったが、両者ともに最初に選んだプランがチームにとって最善の決断であるという意見で一致している。ギュンドアンはCHのポジションで非常にうまく機能し続けてきた。それによりフォーデンをインサイドに加えることが可能となる。二人の選手たちの気持ちはわかる。決勝前夜にはいつも不安が生まれてくるものだ。ペップとリージョは、このゲームプランが大胆なものであることは認識しているが、勇敢な戦いがいつも実を結んできたこともわかっている。この決断を下すのも貫くのも簡単なことではないが、彼らは信じて前進していく。

＊＊＊

土曜日にエスタディオ・ド・ドラゴンでチェルシーと激突するシティのメンバーは、顔ぶれも構成も、直近二度の対戦とは大きく異なっている。四月にカップ戦準決勝で対戦した際のメンバーと比べると、変わらないのはディアス、デ・ブライネ、スターリングのみ。五月に入ってからエティハドで行われたリーグ戦での［3―1―2―4］の布陣とも似ても似つかず、エデルソン、ディアス、スターリング以外は変わっている。一月にスタンフォード・ブリッジで行われたリーグ戦（三対一でシティの勝利）は、シティに「ユーゴスラビア式」のコンセプトが定着し始めた頃だったが、その試合のメンバーともあまり似た部分はない。

この決勝のプランは大胆なものではあるが、フェルナンジーニョとロドリがいないとはいえ、監督の一貫した考えに沿ったものだ。足元に優れたMFを集めたいという考えがあり、その方程式に従えば、最高の四選手を揃えることになる。ギュンドアン、ベルナルド、デ・ブライネ、フォーデン、それに加えてジンチェンコのサポートだ。後方はウォーカー、ストーンズ、ディアスの「ユーゴスラビア式」守備陣。そして両WGのマフレズとスターリングが大きく開いている。非常に大胆で勇敢で首尾一貫していると同時に、ハイリスクなプランである。決定的な場面でCHのポジションという重要なピースを代えることになるため、うまくいかなければ苛烈な批判にさらされることになるだろう。決勝の一時間半前にスタメンが発表されると、ファンや評論家らの間では、この選択は間違っているというのが一般的な意見となった。このチームには、ギュンドアンがインサイドで、フォーデンがWGでプレーすることを可能とする守備的なCHが必要であると。

リージョはまだ高熱が引かないものの、新型コロナウイルス検査では再び陰性。状態はよくないがチームに合流することはできる。ペップは選手たちがフレッシュな意識で試合に臨めるようにするため、決勝までの数時間は戦術的な話をしないつもりだったが、グループ内には緊張感が漂っていることに気がついた。少し前にコーチングスタッフの一人と選手の一人の間でちょっとした口論があったため、指揮官はホテルで数分間だけ話をすることにした。単純に、彼自身がすべての責任を背負うためだ。選手たちには、恐れることなく自由にプレーしてほしい。その結果がどうなろうとも彼らではなく監督の責任だと伝えた。

プランはうまくいかなかった。

ギュンドアンに理由があるのではない。私は決勝を二度見直したが、このドイツ人選手は何も目立ったミスを犯してはいないし、四二分にハフェルツが決めたゴールも、ギュンドアンの存在やフェルナンジーニョ、ロドリの不在に理由を求めることはまったくできない。このゴールは、トーマス・トゥヘルがチームを構築していく中でチェルシーが身につけてきた技術により生まれたものだ。相手をピッチの右サイドに引きつけておいてボールを左に送り、相手の混乱を引き起こすとともに、次々と選手が上がっていくことでアドバンテージを手に入れる。これもハイリスクで実行の難しい動きではあるが、決勝でのチェルシーはうまくやってのけた。

スターリング、フォーデン、デ・ブライネ、ベルナルドを右サイドに誘い出したチェルシーは、GKを経由して攻撃を再加速させ、左サイドに位置したチルウェルへとボールを送る。マウントをチェックしていたウォーカーはマウントを放してチルウェルへ飛び込んでいくが、二人のコンビネーションを防ぐことはできない。一方でストーンズは最終ラインを離れてマウントにプレスをかけにいくが、ターンしたマウントはヴェルナーがディアスを外へ引きずり出していることに気づく。ハフェルツがエデルソンのゴールへ向かう障害となるのは、やや後方から追いかけるジンチェンコの存在のみ。チルウェルの巧みなファーストタッチのおかげで、シティのバックラインが混乱しているのは事実だ。この時点でマウントはハフェルツにボールを送ることに成功し、縦へ抜け出したハフェルツは爪先で触ったボールをエデルソンの体に当てる。こぼれ球はハフェルツのものとなり、無人のゴールへ決めることができた。チルウェルを止めようとしたウォーカーの最初の飛び出しがうまくいかず、DFライン全体が崩れてしまった。右SBカンセロの飛び出しが失点につながったユナイテッド戦と同様の形だった。ギュンドアンはプレーに関与していなかったし、フェルナンジーニョやロドリがいても関与はしなかっただろう。すべてはCHがカバーできる領域より大きく離れたエリアで起こったことだ。

直近二度の対戦と同じく、チェルシーはスローなリズムで心地よくプレーしており、シティはボールを支配しながらもチャンスらしいチャンスにつなげることができない。デ・ブライネがリュディガーとの接触で顔面二箇所を骨折したあとはなおさらだった。数時間後の検査で、デ・ブライネは鼻骨骨折及び左眼窩骨折と診断された。偶然の衝突には見えないプレーだった。リプレー映像を見てみるだけでも、リュディガーはデ・ブライネがマフレズへ出したボールを気に留めもせず、全力でベルギー人MFにぶつかりにいっていることが確認できる。彼の右肩がデ・ブライネに二箇所の骨折を引き起こし、病院に向かわせ、シティはさらなる痛みを抱えることになった。もちろんリュディガーにデ・ブライネを負傷させる意図があったわけではないが、顔面を破壊してしまった。

チェルシーのDFラインは岩のように硬く、アスピリクエタ、チアゴ・シウヴァ、リュディガーの3バックとジョルジーニョ、カンテのダブルCHで構成された中心軸は難攻不落の城壁となっていた。実際に、両チームともにビッグチャンスはあったが、シティはシュートを一本、王者も二本しか放つことができなかった。ギュンドアンが無人のゴールへ同点弾を決めるチャンスはアスピリクエタが阻み、抜け出してエデルソンと一対一になったプリシッチのシュートは枠外へ。九六分にマフレズがエリア外から放った右足ボレーもクロスバーをかすめる。チャンピオンズリーグはチェルシーのものとなった。

敗戦はペップが間違っていたことを示すかのようだ。人間には避けられないことだ。人は正しいか間違っているかを知りたがり、そのため結果に目を向ける。勝てば正しい。負ければ間違っている。それが我々のマキャベリ的な、そして愚かな理性の働きである。だが、そうではない。勝つことに正しさがあるのではないし、負けたからといって正しくないわけでもない。

＊＊＊

我々は、結果を引き起こす原因を見つけたいと考える。物事がなぜ起こるのかを突き止めようとする。勝利や敗北の理由を探し、それを列挙することで、自分たちが正しいと思ってしまう。自分たちの知らない、あるいは見つけられない理由により勝ったり負けたりしたのかもしれないと認めはしない。いずれにせよ、敗因はもっぱらギュンドアンのCH起用に求められることになり、それに反論できる材料も存在しない(逆もまたしかりだが)。決勝を観戦し、最初から最後まで二回見直した上で、敗戦をギュンドアンの起用に結びつけられる理由はまったく見つからなかったが、彼のCH起用がコーチングスタッフの望んでいたようなポジティブな効果やプラス効果をもたらしたわけではないということも同じくらい強く言い切らなければならない。

私なりの考えでは、ペップがミスを犯した部分は、完璧な効率で機能していた人間的エコシステムを変えてしまったことにあったのだと思う。ギュンドアンのCH起用は、サッカー的な影響を及ぼすことはまったくなかったが、精神的秩序という点では大きな影響があった。不安を口にする選手もいれば、自信のなさを感じる選手、疑念や緊張感、恐怖心さえ抱く選手もいた。チーム全体として不安や焦りやためらいが感じられ、普段のように自信は持てなかった。そして、変化を加えたことがかなりの選手たちの感情に影響を及ぼし、それが最終的にはよくなかった。

シティはこの大会で一一勝一分けと素晴らしい戦績を残し、わずか一敗を喫したのみだが、その決勝での一敗が何よりつらいものとなった。計二五ゴールを奪い、失点はわずか五。一三試合の大半で並外れた戦いぶりを見せていたが、失敗の許されない唯一の日につまずいてしまった。

「ユーゴスラビア式」のシーズンは後味の悪さを残して終わるが、勝てると確信していなければ勝つことはできない。メンバー内に確信できていない者が一人、疑念を抱いている者が一人、仲間意識に欠ける者が一人いるだけでミッションは困難となり、実現不可能となってしまう。それがシティに起こった。

ペップの仕事はまだ完成に至っていない。バイエルンも未完成の芸術作品だったが、彼のシティはまだ建設途中であり、新たなニュアンスや特徴をシーズンごとに加えているところだ。契約は二〇二三年まで延長し、いまだ完成しない大聖堂をマンチェスターに建設する時間は手に入れている。偉大な芸術家たちは、傑作を未完のまま残してきた。シューベルトの『交響曲第八番』、モーツァルトの『レクイエム』、ラファエロの『キリストの変容』……。しかし、ペップの内部には几帳面な職人性と貪欲な競争心を併せ持つ不思議な精神が息づいており、またひとつ作品を未完成で残す余地は彼にはない。洗練していくことも必要だが、何より自分にとってひとつの大きな集大成にしたいと考えている。岩を山頂まで持ち上げようとするシーシュポスのように、ペップも再び転落してしまい、もう一度下から登り始めなければならない。

シーシュポスよ、もう一度……。

〈2020-21シーズン〉

	試合	勝	分	敗	得点	失点	順位
プレミアリーグ	38	27	5	6	83	32	優勝
FAカップ	5	4	0	1	11	3	ベスト4
リーグカップ	5	5	0	0	12	2	優勝
チャンピオンズリーグ	13	11	1	1	25	5	準優勝
計	61	47	6	8	131	42	

◆シーズン勝率：77％

◆プレミアリーグ勝率：71％

◆シーズン得点率（1試合あたり）：2.14点

◆プレミアリーグ得点率（1試合あたり）：2.18点

◆シーズン失点率（1試合あたり）：0.68点

◆プレミアリーグ失点率（1試合あたり）：0.84点

◆シーズン得失点差：＋89

◆プレミアリーグ勝ち点：86ポイント

◆プレミアリーグポスト直撃シュート：20本（うちデ・ブライネが4本）

◆シーズンボール保持率（1試合あたり）：63.2％

◆プレミアリーグボール保持率（1試合あたり）：63.5％

◆シーズン最高ボール保持率：83％（対ニューカッスル、2021年5月）

◆シーズン最低ボール保持率：37％（対ブライトン、2021年5月）

◆シーズンパス本数（1試合あたり）：675本

◆シーズン最多パス本数：925本（対ニューカッスル、2021年5月）

◆シーズンパス成功率（1試合あたり）：88％

◆シーズンシュート数（1試合あたり）：15本／枠内5.6本

◆シーズン被シュート数（1試合あたり）：6.9本／枠内2.1本

◆プレミアリーグ最多連勝：15連勝

◆シーズン最多得点：17点／ギュンドアン（プレミアリーグ12点）

◆シーズン最多アシスト：18回／デ・ブライネ（プレミアリーグ12回）

◆シーズン最多試合出場：53試合／ロドリ（プレミアリーグ36試合：エデルソン）

◆シーズン最多得点試合：5対0（対バーンリー、ウェスト・ブロムウィッチ、エヴァートン）

◆シーズン最多失点試合：2対5（対レスター）

六年目　二〇二一－二二

五分三六秒

時を刻む数百分の一

時間は無謬の彫刻家であり、その次元は非常に相対的であるため、永遠に思える数秒もあれば何年も続くかのような数時間もある。

二九・五一ミリメートルのおかげでリーグを制することもあれば、わずか一一ミリメートルの差で逃すこともあると我々は学んできた。栄光から挫折までの道のりはわずか六七・四二秒にすぎない場合もあることが確認できた。そしてこの六年目のシーズンでは、五分三六秒の中に一生涯の感動が収まりうることが証明される。

実際には数カ月であっても、あるシーズンから別のシーズンまではほんの数分しか経っていないように感じられる。昨季終盤に少なくない数のミスを犯したロドリは、新シーズン開始直後にも同じ過ちを繰り返し、またも失態を犯してしまった。コミュニティ・シールドの試合が終盤に差しかかろうとしたところでギュンドアンに代わって出場し、ウェンブリーの芝に立ってまだ二〇分しか経過していないところだった。レスターは前半に見事なプレスでシティを苦しめていたが、ペップはハーフタイム後にビルドアップに変化を加え、三対三の形を取っていたところを四対四とした。シティはプレーの勢いを増したが、ゴールは奪えないまま終盤を迎える。ロドリが想定外のバックパスを返すと、虚を突かれたアケがＰＫを与えてしまう。ステッフェンはその前の数分間に二つの決定的ゴールを阻んでいたが、レスターにトロフィーをもたらすゴールは止めることができなかった。三カ月が経過したが、まるで三分間のようだった。ロドリはバックパスで自分自身を裏切り続けている。本来なら何の危険もないように感じられるが、実際には非常に大きな失点につながってしまうようなパスである。

その瞬間コーチングスタッフは、若きスペイン人MFを復活させるためには、陽の当たらない陰に身を置き、懸命に取り組まねばならないことを悟った。大きな資質と並外れたポテンシャルを持った素晴らしい選手ではあるが、いつも落ち着きを失ってしまう問題を解消してやる必要がある。走ることを減らし、パスを増やし、自信を手に入れながらも過信しないことが必要だ。

トッテナムがペップのチームを再び倒すために、ケインは必要ではなかった。シティへの移籍が頓挫したケインは、退団の希望を公に吐露することになった。その彼を欠いたことも、トッテナムがシティに対して四連勝を飾る妨げとはならなかった。シチズンズとしては、リーグ開幕戦で二〇一一年以来となる黒星を喫したことにもなった。

ゼロコンマいくつかの真意

ペップは何か誇らしく思えるようなことを、親しい者たちにだけ伝える場合もある。今日のスタンフォード・ブリッジではそのような、彼にとって非常にうれしいディテールを味わうことができた。

「欧州王者に一度もシュートを打たせなかった！」

シティはトゥヘル体制のチェルシーに一本もシュートを打たせなかった初めてのチームとなった。チェルシーは欧州王者であるだけでなく、プレミアリーグ五試合を終えて首位に立っており、計一二ゴールを奪ってわずか一失点しかしていなかったチームである。後方は鉄壁、前方には鉄槌を備えていた。だからこそペップは、今回のロンドン遠征を非常に誇らしく感じている。ここ最近の天敵となっていたチームをただ倒したどころか、抑え込むことができた。ジェズスの得点以外にも決定的なビッグチャンスが三度あったが、ホームチームのGK（メンディ）に阻まれたほか、ひとつはチアゴ・シウヴァがゴールライン上でクリアしてチェルシーを救った。

ペップにとってはシティでの通算二二一勝目。ディアスを底辺に、ロドリとカンセロとベルナルドを中盤に配したダイヤモンドをはじめとして、彼のチームには強力で一貫した屋台骨が築かれつつある。この日の遠征を共にし、首位チームを引きずり下ろしたシチズンズの選手たちは、「ユーゴスラビア的」感覚を取り戻している。プレミアリーグでは六試合を戦ってわずか一失点に抑え、五試合連続クリーンシートを達成。唯一枠内へ飛んだコヴァチッチのシュートをディアスがブロックしたことは、鉄壁のDFラインを組織したいという明確な意思を象徴していた。マンチェスターへ戻る飛行機の中で、リージョはチームの目的をはっきりと語った。

「我々は『ゼロコンマ』のチームになるべきだ。どういう意味かというと、リーグ戦一試合あたり平均一失点未満に抑えなければならないということだ。平均失点は『ゼロコンマいくつか』でなければならない。その『いくつか』が何点でも構わないが、『ゼロコンマいくつか』であるべきだ。一試合平均失点を一点未満に抑えれば、もう一度チャンピオンになれるだろう」

二・九二秒

サイドからのFK。リヴァプールがこういったタイプのチャンスを得ると、いつも危険をもたらす。ヘンダーソンはクロスのフェイクを入れつつサラーにボールを渡し、ノーマークになったサラーが左足でクロスを上げるとシティ守備陣が予測していたものとは逆の放物線を描く軌道となる。ウォーカー、ディアス、ロドリと、ファン・ダイク、マネが三対二の形だ。その数メートル前方ではラポルテがマティプを、カンセロがフィルミーノをチェック。密集の三メートル後方ではジェズスがファビーニョと対峙している。アンフィールドでの激戦を終える五分前。リヴァプールとシティは、恐れを知らないファイタータイプのボクサーのように互いの顔面を激しく撃ち合っている。これまで首位チーム（チェルシー）しか引き分けることができていない難攻不落のスタジアムで、シチズンズが勝ち点一をもぎ取るまであと四分。アンフィールドから生還し、順位表のトップを射程圏内に収めておくまであと四分。ホームチームの二度のリードに対してシティが追いついてみせた素晴らしい試合を価値あるドローで締めくくるまであと四分。ベルナルド、フォーデン、ロドリの極上のパフォーマンスが報われるまであと四分。

そのとき、ヘンダーソンが誰も予想していなかった形でサラーにボールを渡し、サラーは選手たちの頭が密集する中へボールを送り込む。そのうち七人がジャンプするが、ボールに触ることはできない。飛び出したエデルソンも弾けなかったボールは、ジェズスを振り切ったファビーニョの右の足元へと落ちていく。アウトサイドでコントロールしたボールを銃口に込め、トリガーを引く。ホールまで数十センチの簡単なパッティングを沈めるかのように、ボールを収める準備はできている。ゴールは確実、アンフィールドはすでに祝い、シティは嘆いている。ゴールか、ゴールでないのか。ファビーニョがゴールを決めればリヴァプールはシティに対するリードを四ポイントに広げ、シティはリーグ開幕からまだ七試合という時点で再び赤いウサギを追いかけなければならなくなる。それまであと四分。

ロドリは遠く離れていた。正確にはファビーニョから五メートル。だが死刑執行人が引き金にかけた指を引こうとするとき、ロドリは一歩、二歩、三歩と前方へ足を伸ばしてファビーニョに突進。シュートはスペイン人ＭＦの右足に当たる。ロドリが防いだ一点は、二〇一九年一月のストーンズと同様に、タイトルに値する価値を持つことになる。二一年一〇月のこの時点では、チームを救ったワンプレーがプレミアリーグの優勝争いにそれほどの重要性を持つというのは奇妙に思えるかもしれない。だが数カ月後になれば、試合終了四分前のこのプレーからリーグタイトルがシティへ傾き始めたことが証明される。ボールはサラーの足を離れてからロドリのスパイクに当たるまで、経過時間はわずか二・九二秒。ファビーニョのトラップからロドリがボールを弾くまで、わずか一〇分の八秒。一呼吸でリーグが決まる。

網にかかる

二〇一七年から二一年にかけてリーグカップ四連覇を飾っていたシティ。だが一〇月末、素晴らしいとは言えないまでも好プレーを見せた試合で、今回はまさかの初戦敗退に終わった。ウェスト・ハムとの試合はスコアレスドローで終了を迎え、ＰＫ戦で決着。ここ数年で四連勝を飾っていたＰＫ戦で久々の敗戦となった。フォーデンが相手ＧＫ左の枠外へ外してしまったシュートミスにより、最終スコアは三対五。大会記録となる五連覇への挑戦は阻まれてしまった。

プレミアリーグではリヴァプール、チェルシー、トッテナム、アーセナルとの対戦を含めて九試合を戦ってわずか四失点という好成績を収めており、［4－4－2］の守備も順調だった。だがウェスト・ハム戦の三日後、リーグ第一〇節のホームゲームでは大きなつまずきを回避することはできなかった。試合開始からわずか五分、センターサークルに入ったラポルテをクリスタル・パレスの「狩人」たちが網に捕える。ギャラガーとザハの間でラポルテは罠にかかり、そこからザハがシュートにつなげる。五試合連続の無失点から、ホームで五分間のうちに一点をプレゼントしてしまった。エティハドではこのシーズン初めての失点である。ラポルテは足元に優れたＣＢであり、リーグ最高のロングパスと広い視野、配球能力を有しているが、またしても網にかかってしまった。そして、前半のラストプレーでも再び。今度はザハへのタックルで退場処分を受けた。最も完成されたCBがまたしても手痛い失態を犯してしまったことで、ペップの不安は高まる。試合終了間際にはアウェーチームが〇対二とダメを押し、シティは五月以来となるホームスタジアムでの敗戦を喫した。

八六秒

ペップ時代で最長の連続パス数というわけではないし、最多記録には遠く及ばない。二〇一七年九月には、ウェスト・ブロムウィッチの選手の誰にもボールを触らせないまま五二本のパスを繋いだ末に、サネが先制ゴールを奪ったことがあった（※三六）。今日はその半分の二六本にすぎないのだが、シティのゴールにつながるという結果は同じだった。

マグワイアとショーは、背後からベルナルドが突然現れたことで立ちすくんで動きを止めた。デ・ヘアはあり得ないことに驚いた表情を見せている。ブルーノ・フェルナンデスはいつものようにチームメートに文句を言い、リンデロフ、マクトミネイ、フレッジ、ワン＝ビサカはこの惨事から目を逸らそうとどこかを見ている。

パンデミックによる規制が解除され、マンチェスターダービーにファンが戻ってきたこの日、ユナイテッ

※三六　二〇一七年九月二二日に行われたリーグカップのウェスト・ブロムウィッチ戦で、シティが二対一の勝利。先制点につながったプレーで五二本のパスを繋ぎ、シティの選手一一人全員が少なくとも二回以上はボールをタッチしていた。二分二七秒に及ぶ連続プレーだった

ドは本拠地のスタジアムで粉砕されている。観客の入っていた前回のダービーからちょうど二〇カ月を経て、今回の試合はオールド・トラッフォードの男たちにとって苦い一戦となった。シティは止まることなく襲いかかった。好調なCB二人（ストーンズ、ディアス）と中盤三人（ウォーカー、ロドリ、カンセロ）が［3＋2］でビルドアップを担い、利き足側の両WG（ジェズス、フォーデン）は良いドリブル突破をひとつ繰り出すだけでユナイテッドの5バックのラインを崩してしまう。中央のエリアではデ・ブライネ、ギュンドアン、ベルナルドが自由に位置を変えていく。DF陣とMF陣は正確なポジショニングを、アタッカー陣は創造的才能を見せつける中で、とりわけ際立っていたのは偽9番としてのベルナルドの役割と、フリーエレクトロンとしてのカンセロの役割である。

水曜日にチャンピオンズリーグのクルブ・ブルッヘ戦で三アシストを記録していたカンセロは、このゲームでもさらに二アシストを追加し、一週間で五アシストというハイスコアを記録した。

開始六分、カンセロのクロスがDFバイリーのクリアミスを誘って先制点となる。続いて二八分から三四分までの六分間でデ・ヘアは四度の決定機をセーブし、伝説的スタジアムに吹き荒れるトルメンタ・アスル（水色の嵐）を乗り切る。ペップのチームは完全に試合を支配しているものの、ゴールラッシュで派手なスコアになってもおかしくない展開をすんでのところでスペイン人守護神が食い止めていた。それでも前半終了間際、突然DFラインの裏へ現れたベルナルドを止める術はなかった。スコアの二対〇は、ピッチ上での戦いぶりを考えれば少なすぎる点差だった。

二点目のゴールにつながるプレーは八六秒間に詰め込まれた。クリスチアーノ・ロナウドがカウンターを試みるも、パスミスで失敗に終わったところから始まる。ロナウドはもはや数年前のような怪物ストライカーではなく、この日は本来の彼とは程遠い低調なプレーを見せている。夏にはシティへの移籍も持ちかけられたが、ペップは彼との契約に関心を示さなかった。優れたフィニッシュ力や運動能力を評価してはいるが、シチズンズのような精密機械に彼を加えることができるとは思えなかった。ケインの獲得が失敗に終わり、純粋なCF抜きでシーズンに臨むことになろうともペップに迷いはなく、オファーの提案に応じることはなかった。

ポルトガル人FWのパスミスでボールがストーンズに渡ると、そこから流れるようなパスワークが始まる。エデルソンからフォーデンまで、シティの全選手がボールに触れる。最初の一六本は自陣内でパスが回され、相手を休ませずにボールを動かすことでカンセロがプレスを受けることなくセンターサークルを越える。そこから、カンセロが左サイドで再び受けるまでの九本は、中盤とFWの選手たちでボールを回す。目的はユナイテッドを左右に振り回し、相手ゴールに向けて押し込んでいくことだ。両方の目的が達成されたとき、カンセロの前には八人の相手選手と五人の味方選手がおり、そこから予想外のルートを選択する。何人かの相手DFの背後と別の選手たちの足元の間に架空の道筋があると想定し、そこへクロスを通すと、全員のポジションがよくない状況となる。ボールはリンデロフやマクトミネイからは遠すぎる位置、マグワイアやショーには近すぎる位置を通っていく。誰一人として足を出せず、ボールはデ・ヘアの守っているファーポストから一メートルの地点に到達。背中から不意に突き刺される短剣のように音もなく現れたベルナルドがボールに飛び込み、足のアウトサイドによる微妙なタッチでごく狭い隙間へと送り込むとラクダが針の穴を通った。デ・ヘアは憤り、ユナイテッドDF陣は驚愕と絶望の間で揺れ動く。

八六秒、パス二六本、ダービーの勝負を決定づける魔法のゴール。後半はシティの一方的な展開であり、広大な範囲で長時間にわたって繰り広げられるロンドがプレーの中心となった。「みんなにとって人生最高の試合ができたと思う」と、フォーデンも言う。シティは一四度のゴールチャンスを生み出し、八一八本のパスのうち二六二本がユナイテッドの守るファイナルサードで出されたものだった。GKエデルソンは後半を通して一度もボールに触れることはなく、パス成功数七五三本は、イングランドサッカー界でユナイテッドを相手とした試合では圧倒的新記録である。見せつけられたゲームのコントロール、冷静さ、支配ぶりはあまりに素晴らしく、試合を通して選手交代を行わなかったペップを責める者もいない。
「すべて順調だった。なぜ、それを変える必要があるのだろう？」

一五分

鮮やかな仕事ぶりを称えられるべきは、エティハドのグラウンドキーパーたちだ。シティ対ウェスト・ハム戦の前半のうちにスタジアムの芝に降り積もった大量の雪を、ちょうど一五分間で取り去ってしまった。穏やかに降り始めた雪は間もなく激しさを増し、最後は容赦のない冬の嵐へと変わった。芝生に積もった雪は試合の続行を危ぶませた。白いボールは強引に通り道を切り開かねばならず、パスが出されるたびに深い溝を残していく。それでもシティは前半に三六七本ものパスを記録し、観客たちを襲う寒さと同じくらい圧倒的な支配力を見せていた。雪が容赦なく降りしきる中、ペップのチームは立て続けに決定的なプレーを生み出し、二本のシュートをポストに当てる。前半のラスト五分間には九三％の保持率に達していた。必然の流れとして、ゴール前に飛び出したギュンドアンがマフレズのシュートを押し込んで均衡を破る。前半を終えると凍りかけていた両チームは、温かい飲み物を欲し、一目散にドレッシングルームへ駆け込んでいった。

冷えた体を蘇らせるために。

この日の真の主役が登場したのはそのときだ。シャベルで武装したグラウンドキーパーと協力者たちはまさに秘密兵器、雪をコートの端まで運んで山盛りにする。芝の上に張った氷をかき分け、固まった雪片をかき集め、嵐の残骸を最後のひとつまでシャベルで取り除いていく。この頃には嵐も一旦落ち着いていた。選手たちがピッチに戻り、そのほとんどが手をこすり合わせてウォームアップする頃には、芝生は再び緑の絨毯となり、ボールには笑顔が戻っている。グラウンドキーパーたちがやってのけたのは、言わばヨーゼフ・シュンペーターの言う「創造的破壊」にも似たものだった。

雪がなくともシティのプレーのリズムは変わらず、立て続けに好機を生み出していく。ようやくそれが実ったのは八九分、チームがすでに「リードを守る」モードに入っていた頃に生まれたフェルナンジーニョのゴールであった。キャプテンの得点は、絶対に逃せない勝ち点三を確保する上で大きな恩恵をもたらした。五分後には彼自身が集中力を切らしてしまい、ランシニの美しいボレーでアウェーチームにゴールを許してしまったからだ。

二対一という結果は、四日前のＰＳＧ戦と同じだった。チャンピオンズリーグでの五年連続グループステージ首位通過を確定させた勝利である。チームの戦いぶりはその夜に、シーズンのひとつのピークに達した。メッシ、ネイマール、エムバペのトリオによるプレーを最小限に抑え、三人の絡んだプレーは一度しか許さなかったほどだ。それでもその一回が得点につながり、この三人のタレントがもたらす危険を改めて思い知らされた。ホームとアウェーの二試合を通してシティは、三失点を喫したとはいえＰＳＧにわずか五本のシュートしか打たせず、逆に三四本のシュートを放ち、うち一三本が枠内を捉えながらも、成果としては二ゴールしか奪えなかった。「我々のチームプレーは素晴らしく壮観であり、過去五年間で最高のサッカーができているのだが、足りないのは点取り屋だ」と、コーチングスタッフの一人は言う。

愚かさ

ウォーカーは何を考え、このような愚行に及んだのだろうか。

今夜のライプツィヒでの退場劇は、彼にとって過去最悪の行為のひとつだった。このイングランド代表の名ＤＦは素晴らしい快進撃を見せるかと思えば、気持ちのコントロールを失ったかのように暗く沈む時期を過ごすこともある。だが今回は、不必要であると同時に不条理だという点で、前例を凌駕している。

シティはすでにグループ首位でのチャンピオンズリーグ一六強進出を決めており、ライプツィヒでの一戦は消化試合でしかなかった。何を狙うこともない試合ではあったが、ペップはいつもと変わらず強力なメンバーを起用。彼は決して気を緩めることを好まないため、デ・ブライネやギュンドアン、ストーンズ、マフレズといった顔ぶれがスタメンに名を連ねた。ヨーロッパリーグ出場権確保のかかっているライプツィヒは、前回の対戦での六対三というスコアからも予想された通り、積極的で素晴らしい戦いぶりを見せる。二つの守備のミスがライプツィヒの二得点につながったが、終了一五分前にはマフレズの強烈なヘディングで一点を返した。ウォーカーやグリーリッシュにも決められるチャンスがあり、フォーデンがポストに当てたシュートもあったとはいえ、試合内容を反映したスコアとなっていた。

終了一〇分前、サイドのエリアでウォーカーがアンドレ・シウヴァを背後から蹴飛ばす。馬鹿げた行為だった。シウヴァはどこへ向かおうともしていなかったし、スコアも重要ではない。シティにとっては何も得る必要のない、特に意味を持たない試合だ。それなのにウォーカーは、まるで最終決戦のラストプレーであるかのように振る舞った。退場に値するのは明白であったし、その後の処分も予想できる。耐えがたい損失となることが見込まれ、ペップは苛立ちのあまり荒っぽい言葉をウォーカーにぶつける。本人は唇を噛んで拳を握りしめ、監督に合わせる顔がない。

クラブは異議申し立てを行ったが、ＵＥＦＡは彼に三試合の出場停止処分を下すことになる（ペップは当然の罰だと考えており、異議申し立てには当然のように反対していた）。

五タッチ

一二月一四日にエティハドで行われる試合は特別な、とても特別な一戦となる。スコアラインも特別、スタッツも特別、記録も特別だが、それ以上に特別なのは試合中に見られた振る舞いである。

まずは事実関係について。シティはリーズに七対〇で勝利し、リーズにとって史上最悪の敗戦となった（※三七）。ペップのチームが七得点以上を挙げたのは六度目であり、シティの元監督であるウィルフ・ワイルド（一九三二〜四六年）とピーター・ホッジ（一九二六〜三二年）の記録に並ぶ。六人の異なる選手（フォーデン、グリーリッシュ、デ・ブライネ、マフレズ、ストーンズ、アケ）が一試合でゴールを決めたのはクラブ史上初であり、ペップとしてはプレミアリーグ通算五〇〇得点の大台を達成したことにもなる。史上最速で達成した監督である（※三八）。

そして、佇む振る舞いについて。試合が開始され、パスやアクションが始まると、シティの普段のプレー

※三七　一九三四年、リーズはディヴィジョン・ワンの試合でストークに一対八で敗れたことがあった

※三八　ペップはリーグ戦で計五〇六ゴールを記録するまでに二〇七試合を要し、一試合あたり平均二・四ゴール。クロップは二三四試合、ファーガソンは二六五試合を要していた

とはまったく異なることに気がついた。違いとは、選手たちが極めて機動的で、ポジションにこだわらず、長い距離のボールを運んだりもすることだ。チームのトレードマークであったボール運びが劇的に変わったということであり、この変貌の理由はリーズがピッチ全域で展開することで知られるマンマークに理由があると解釈できた。ビエルサの選手たちはペップの選手たちを追いかけるが、パスをカットすることもボールをインターセプトすることもできず、ボール運びもファウル以外では止められない。シティが完全に生まれ変わったかのような変貌ぶりには驚かされた。

圧倒的な最終スコアを見れば反論の余地はない。いつもは厄介な相手であるリーズが灰になるまで燃やし尽くされた。シティの戦い方は、これほど劇的な変化を用いながらも完全に的中していた。

当然ながら私としては、チームの振る舞いに変化を引き起こしたのはコーチングスタッフではないかと考えている。プランチャルトは「決められた旋律を選手全員が非常にうまく演奏してくれた」と、謎めいたことを言い、確かにその通りだとしても、この日の旋律は通常のメロディーラインとはほとんど無関係なものだった。そこで私は、自分の認識についてペップに確認を取ることにした。

「試合に勝てたのは、選手たちが自由に振る舞えるようにするために伝えるべきことを提案してくれたファンマのおかげだ。試合は監督やコーチではなく、選手たちのものであるべきだ。そのために我々は振る舞い方を変えるよう提案する必要があったが、何よりも彼ら自身が普段の振る舞いを自分で変えることが重要だった」

コーチングスタッフ自体も習慣を変えた。試合前日にはリーズの短いビデオを見せるだけで、対戦相手について特別な指示は出さなかったし、試合当日は朝のトレーニングもなかった。トレーニングセンターでの午後の軽食後に行われたテクニカルトークの中では、ペップは三つの基本的な行動を強調した。ひとつは、リーズの選手たちのサポートを引き離すため、四つの頂点を横に大きく開いてプレーしなければならないこと。これはエデルソンが非常に高い位置にいたことや、フォーデンが非常に低い位置にいて、場合によってはCHとしてプレーしたあと最前線に戻っていたこと、マフレズとグリーリッシュの幅広い位置取りが証明している。ビエルサの選手たちが互いをサポートし合うことを妨げるイレギュラーな四角形である。二つ目の基本行動は、外側はストーンズとジンチェンコ、内側はロドリとベルナルドの位置に設定された休憩ゾーンを活用すること。最後に最も重要なのは、必ず少なくとも五タッチ以上でプレーしなければならないということだ。読者は間違いなく驚くだろうが、この最後の振る舞いこそがカギとなることをペップは強調した。

「最低でも五回はボールタッチしなければ、パスを出すことは禁じられている」

この行動はリーズのプレー方法、特に彼らのマンツーマンマークによって説明できる。シティがいつものように1タッチや2タッチでプレーすれば、リーズの選手たちはすぐに自分のマークする選手に飛びつき、連続的なプレスを生み出してプレーを加速させ、必然的にミスやボールロストへつなげることができる。しかし、シティのように技術の優れた選手たちがプレーのタイミングを取って何度もボールにタッチすれば、マーカーそれぞれに疑念が生まれ、そして何より、試合のペースを落とすことによって相手の目論見を崩すことができる。

リージョは次のように説明してくれた。「こちらの選手たちはそれぞれ、自分自身で小さくターンしなければならない。四タッチ、五タッチ、六タッチと、どんなタッチでもいいので小さく短いタッチをしなければならず、それからボールを奪うことを不可能にするような長いタッチをひとつ入れる。五タッチが義務づけられているゲームであり、ボール保持者はボールを失っても構わないが、チームがボールを失うわけにはいかない」

エスティアルテも口を挟み、「どの選手もなかなかボールを離さないのがはっきり見えた！」と、彼らしい言葉でまとめる。正確な考え方としては、シティの選手全員が相手を振り切ることができるような状況を作り出し、そこからチャンスを生み出さねばならないということだった。キーマンはデ・ブライネとフォーデンの二人であり、彼らはマーカーを欺くための動きを絶やすことはない。デ・ブライネはフォーショーを、フォーデンはジョレンテを相手として欺こうとしており、彼らに近づいたかと思えばすぐに離れていき、そのたびに数メートルのアドバンテージを築く。これによりシティは常に一人がフリーになるどころか、二人、さらには三人が同時にフリーになることもあった。

もうひとつ別のポイントがあり、ペップとリージョが説明してくれた。

「リーズ戦では、ボールを奪った選手が迷うことはない。奪った選手はボールを持ち出し走っていく。ボール運びは出来る限り直線的として、相手を大きく引き離せるようにする。彼らは攻められようとも、それを阻止するためにポジションを放棄したり、自分のマーカーから離れようとはしない選手たちだからだ」

このビエルサのチームとの試合で適用された具体的な変化は明らかだったと思う。選手たちには判断の自由があるが、ボールを持っていないときの振る舞いは非常に具体的に決められている。普段の意図と比べれば劇的な変化である。いつもであればインサイドの選手は1タッチか2タッチでプレーし、アウトサイドの選手はフリータッチというのが、シティの最も戦い慣れたやり方だ。例えばユナイテッドのような相手と対戦する際に用いられる振る舞いとも大きく異なっており、そういう試合での指示は正反対である。オールド・トラッフォードを訪れた際には、コーチングスタッフは冗談めかしてこう言う。「足元にパスを出さなければならない。ボールを足元ではなくスペースに出す者がいたら、ほんの一メートルだったとしても交代させる。すべて足元だ」

三六勝

プレミアリーグ設立後、ボクシング・デーには一試合平均三ゴールが生まれているが、シティとレスターはこの伝統を打破。二〇二一年一二月二六日の試合では大激戦を演じ、六対三でペップのチームに軍配が上がった。ハーフタイムの時点ではシティが四対〇と圧倒し、時間帯によってはボールを九三％支配していたこともあった。後半に入るとシティは一一分間にわたって完全に集中力を失い、アウェーチームに三点を許してしまったが、その後またラポルテとスターリングがゴールを決め、クリスマスに大きなショックを味わう危機を回避することができた。狂乱の一戦ではあったが、ニューカッスルを四対〇で破った数日前の試合に加えて、また一勝を積み重ねることができた。そのニューカッスル戦は「今シーズン最悪の前半のひとつだった。選手たちは完全に集中力を欠いていた」と、ペップは言う。

二〇二一年を締めくくるブレントフォード・コミュニティ・スタジアムでの試合は、フォーデンのゴールにより最少得点差勝利をもぎ取る。プレミアリーグで年間三六勝目、公式戦合計五三勝目を挙げたことになり、どちらもイングランドサッカー界の歴代最多記録である（※三九）。リーグ戦では一〇連勝を飾り、ペップにとって四度目となる二ケタの連勝。年末時点でリヴァプールには九ポイントの差をつけている。一二月を迎えた時点では首位チェルシーに一ポイントリードされていたシティだが、この月の七試合に全勝

※三九　シティは二〇二一年にリーグ戦四四試合を戦って三六勝二分け六敗、一一三得点、三二失点。一一三得点という数字も歴代最多記録であり、いずれもシティ自身が達成していた一七年の一〇二得点、一八年の九九得点、一九年の九五得点を上回った。この数字に特に大きく貢献したのは一五得点のギュンドアンと一三得点のスターリング

を飾り、八ポイントの差をつけて終える。ペップにとってクリスマスはもはや、「呪われた時期」ではなくなった。

九二分二八秒

ヒッチコック的シナリオだ。

まだ新年初日の正午だというのに、隅々まで満員のスタジアムを想像してみてほしい。ナイトクラブからそのままパーティーの装いでスタジアムにやって来た者もいる。ファンたちの表情には乾杯やお祝いの名残りがふんだんに見て取れる。二〇二二年の幕を開けるサッカーの試合ではなく、野外ライヴを楽しもうとしているのかと感じられる瞬間もあるほどだ。

素晴らしいサッカーの戦いを繰り広げるのに理想的な空気ではないが、実際にはそうなった。エミレーツのピッチ上では、元日であることもランチタイムであることも、ファンが前夜に過ごしたお祭り騒ぎも一切気に留めることのない二チームが、とてつもない戦いを演じてみせた。アーセナルとシティの激突は、見たことのないほどアグレッシブで素晴らしいものとなった。アルテタのチームはもはや大事な試合で甘さや無個性さを見せていたかつてのチームではなく、ペップのチームは血の匂いを嗅ぎつけるやいなや相手を仕留める冷酷な首位チームであり続けている。

アルフレッド・ヒッチコックなら、この土曜日の試合のような脚本を書いたことだろう。

緑の谷間のようなピッチ、熱狂的なスタンド、エデルソンがウーデゴールに無謀なタックルを食らわせたとしてＶＡＲによって与えられたＰＫ、シティのビルドアップを乱すアーセナルＦＷ陣の尽きることとない攻撃性。シティのパス成功率は八八％にまで下がり、ガナーズは前半のかなりの時間帯で七五％という異例のボール保持率を記録する。シチズンズはディアスとラポルテが右、エデルソンが左という衝撃的配置の三人のラインでボールを出していく。サカが予想された通りの見事なゴールを決めたあと、マルチネッリの鮮やかなシュート二本がポストをかすめる。ジャカがベルナルドを掴んだとしてＶＡＲによるＰＫが取られ、マフレズがＧＫの左へ決める。ペナルティスポットを踏み固めて妨害を試みたＤＦガブリエウには警告が出された。だがこのすべてが、五六分以降に味わうことになる緊迫した劇的展開のプロローグにすぎなかった。

シティが積み重ねてきた守備の偉業に、この日は新たなひとつが加えられた。覚えているだろうか。ロドリがファビーニョの至近距離からのシュートをブロックした、あの苦悩の二・九二秒間。わずか一ミリの差でリヴァプールの二〇一八―一九リーグ優勝を阻止したストーンズの必死のクリア。同じ相手と対戦した同年のコミュニティ・シールドで、九三分にウォーカーがシティを救った戻りながらのシザースキック……。この日はアケが、守備陣の仲間たちの前例に続いた。

同点ゴールのわずか六〇秒後、ラポルテが五分五分のボールを競り合い、頭でＧＫへ返そうとするが、エデルソンがゴール前を出ていたことに気がついていなかった。ボールはＧＫの頭上を飛び越え、非情にもネットへと向かっていく。ベンチからはペップが「アイメ、アイメ、アイメ！」と、すでにホームチームの新たなゴールを祝う観衆の喧騒の中でも聞こえるように叫び声を上げる。だが朝靄の中から現れるように最初に飛び出してきたのは巻き髪の束、それから右足。それはアケがゴールライン上で奇跡的なクリアをしてみせる予兆だった。またしても、わずか数ミリメートルの法則が発動。さらに、アケの弾いたボールはマルチネッリの足元へ転がり、軽くシュートすれば決められるところだったが、若きブラジル人ＦＷはポストに当ててしまった。

六〇秒も経たないうちに、もう一人のガブリエウ、ホームチームのＤＦマガリャンイスが、さらにもう一人のブラジル人ガブリエウであるジェズスに激しいタックルを食らわせて二枚目のイエローカードで退場。試合は色合いを変えてきた。アーセナルはもはや脅威を生み出しはしないが、一人少なくなろうとも野獣のようなエネルギーでシティを締めつけ続ける。フォーデン、ジンチェンコ、ストーンズのコロナウイルス感染で戦力を落としているペップのチームは、わずか六日間で三戦目となる試合に消耗し切っている様子であり、息切れして正確性を欠いている。

しかし、このチームは決して侮れない。デ・ブライネの「アリウープ」が送り込まれた地点にまさかのラポルテが侵入し、バウンドしたボールがロドリに渡ると、至近距離から左足でゴール。エミレーツの時計は九二分二八秒を指しており、これが決勝点となる。ヒッチコックでも楽しめたであろう激戦は、シティにプレミアリーグ一一連勝をもたらした。

二ゴール

この日のゴールで、デ・ブライネはチェルシー相手に通算五点を決めたことになる。チェルシーは二〇一四年に、自分たちのチームに必要な資質を備えてはいないと判断して彼をお払い箱にしたクラブである。それから六年、デ・ブライネはプレミアリーグ首位のシティにとって文句なしのスターである。一二月の時点ではチェルシーに一ポイントリードされていたが、この日の勝利で一三ポイント引き離した。トゥヘルのチェルシーは現欧州王者であり、手強いチームであることに変わりはないが、リーグ戦での二度の対戦は同スコア（一対〇）でいずれもシティが勝利。「リーグの一八〇分間で我々のゴールに一本しかシュートを打たせなかった」と、ペップは誇らしげだ。リージョの掲げるあの失点の方程式「ゼロコンマいくつか」である。チェルシーに対しては「ゼロコンマゼロ」となった。この時点でエデルソンが五〇％のクリーンシート達成率を記録しているのも不思議ではない。リーグ戦一六六試合を戦い、そのうち八三試合を無失点に抑えている。

ペップはまた、もうひとつの重要なファクターであるデュエルについても言及している。「これほど素晴らしいチームを相手に、これほど試合をコントロールするのは非常に難しいことだが、今日は非常に我慢強く戦い、デュエルを制することができた」。ラポルテは五回の空中戦のうち五回に勝利、ストーンズは四回で四勝。チェルシーは後方をしっかり固めた上でトランジションから速攻を繰り出すつもりだったが、シティのアタッカー陣が良いプレスをかけたおかげで実現には至らず。プレーの安定を乱されたバスク人守護神ケパは出したパスの半分しか通すことができず、ロングボールは一本も通らなかった。これでシティはプレミアリーグ一二連勝となり、デ・ブライネはエリア外から通算二一ゴール。二〇一五年以降のイングランドサッカー界で最多となる数字だ。かつて「厄介な子」と見下されていた選手としては悪くない。

勝ち点五〇

ベルナルドに対するペップの盲目的な信頼は、もはや言葉を必要としない。数字でも明らかだ。今日の試合で、このポルトガル人選手はプレミアリーグで二二試合連続の先発出場となった。

開始から二〇分間でシティがボールを持った時間は八一％。五〇分から六〇分にかけては八二％に達した。しかし、セント・メリーズ・スタジアムをこれほど支配しながらも、リードを奪ったのはサウサンプトン。スターリングのボールロストから長いカウンターを仕掛け、ウォーカー＝ピータースが先制点を決めた。シティは相手を圧倒し、二度ポストを叩き、二〇本のシュートを放つ。ラポルテのヘディング弾で同点とし、一〇〇〇回近くのボールタッチを記録したが、リーグ戦での連勝を継続することはできなかった。一二連勝でのストップとなったが、それでもペップは「素晴らしいプレーができた」と、大喜びだ。

この日の結果でペップはプレミアリーグ通算勝ち点五〇〇ポイントを達成。二一三試合で成し遂げた大きな偉業である(※四〇)。デ・ブライネはリーグ戦八〇アシストに到達し、デイヴィッド・ベッカムに並んだが、達成までに要した試合数は六八試合も少ない。

コントローラー

マフレズはここ七試合の出場で八ゴールを決めている。そのうち四ゴールはPKによるもので、三本はGKの左に決めた。そしてこの日の一本は、ブレントフォードのGKラヤの右に打ち込んだ。

マフレズはいつでも使える選手だ。シティでの彼の負傷歴は、身震いがするほど短い。二〇一八年八月に足首の軽い捻挫で五日間、二〇年一月に打撲で三日間、同年九月にコロナウイルスで二週間。シチズンズで四年目のシーズンを終えた時点で、離脱期間は負傷で八日間、病気で一五日間のみである。極めて異例のことであり、この驚異についてはペップもいつも冗談を飛ばしている。「彼の足を見てみろ。筋肉がないのにどうやって怪我するんだ！」

マフレズがいつでもプレーできるのは、ゲームとボールに対する幼い頃からの情熱を注ぎ続けているからだ。プレーすることが彼の一番の楽しみであるため、そのことによって左右される彼の精神状態は、ペップの決断によって極端に揺らぐ。プレーできるときは子どものように幸せで、その気持ちを表にも出している。監督の決定によりプレーできないときも同様に振る舞い、ボールを取り上げられて怒っているニーニョ（子ども）かのようだ。

マフレズはボールが大好きで、そのためか彼のコントロール技術は非常に素晴らしい。説明が適切かはわからないが、恐ろしく乱れたパスさえも大好物のキャラメルへと変えてしまう。前世紀にはリヴェリーノ、ペレ、クライフ、今世紀に入ってからはジダン、イニエスタ、メッシのボールコントロールを目にする幸運に恵まれた私にも、マフレズは彼らの長所をすべて併せ持ち、それを唯一無二の芸術品へと昇華してしまったかのように見える。コントロール不可能なボールでさえコントロールしてしまう。至近距離からでも無限遠からでも、砲弾のように強烈でも、天から降ってこようとも、マフレズにとっては自分に送られるボールがどこから来てもどのような強さでも同じことだ。雨の中でも雪の中でも、芝生が長くても乾いていても、マフレズはまるで生まれたばかりの赤ん坊を抱きかかえて眠らせるかのように、ボールをクッションに包み込み、シューズの中で服従させる。もはや別の競技のようだ。

ブレントフォード戦で均衡を破ったのはマフレズだが、試合の主役となったのは二人のＤＦだった。「ジョアン（・カンセロ）はドリブルでもシュートでも、我々の最高のＷＧだった」と、ペップは認める。実際にカンセロは、どこにでも現れて強い輝きを放った。チームの魂であり、あらゆる場所であらゆるプレーをこなす「偽ＳＢ」である。四度のドリブル成功、シュート二本、ロングパス成功三本、タックル四回、デュエル一〇勝を記録し、驚くほどの創造的エネルギーを発揮していた。同じことはストーンズにも言える。プ

※四〇　モウリーニョは勝ち点五〇〇到達に二三一試合を要した。クロップは二三六試合、ファーガソンは二四二試合、ヴェンゲルは二四九試合

ロフィール上は右SBを務めながらも、CH、IH、トップ下としてもプレー。これほどの多才さは、将来的にしかるべき評価を受けることになるかもしれない。

シティはリーグ開幕から二四試合で勝ち点六〇を獲得しており、クラブ史上二番目の好成績。二〇一一―一二シーズンの勝ち点五七を上回り、「一〇〇ポイント」の年に記録していた勝ち点六五に次いでいる。「あと一四試合、残りは……」と、プランチャルトはすでにカウントダウンを始めている。ペップは今後数カ月の間に待ち受けていることにほとんど疑問を抱いてはいない。「自分たち自身と戦うことだ」

実際には、ペップはもっと多くを語っている。私としては、ノリッジでの試合の前夜、タイトル獲得に伴う重圧や大きな期待についての質問にペップが答えたすべての言葉を伝えずにはいられない。

「信じられないようなトップレベルの選手たちや素晴らしいコーチングスタッフとともに監督としてのキャリアをスタートさせ、最初のシーズンですべてを勝ち取ってしまうと……誤解してほしくはないが、私だけではなく、多くの人たちが関わって……（バルセロナで）六つのタイトルを立て続けに獲得し、三冠を達成し、突然のように誰もが、すべてのシーズンが同じようでなければならないと考えるようになった。バルセロナではその後、同じことがもう一度起こった。リーグ、カップ、リーグ、カップと何シーズンも勝ち続けていたが、チャンピオンズリーグでは準決勝で敗れ、失敗のシーズンだと言われた。リーグ戦とカップ戦で優勝したのに失敗のシーズン？　クラブ内にいたときのことも、クラブを離れたあとのことも覚えている。しかし、そういうシーズンは成功だった！　今では誰もが、そうだったと気がついているかもしれない。何年も前には、ユナイテッドがかつてないほどプレミアリーグを支配していた。彼らがプレミアリーグで七年か八年も優勝できなくなるなんて、誰が想像していただろうか。この国に誰か予想できた者がいただろうか？　いないんだ！　だが実際にそれが起こった。そして、ユナイテッドにそれが起こったのなら、明日には我々にも起こるかもしれない。来シーズンではなく、『明日』にでもだ」

「サッカーはとても難しく、予測不可能だからだ。人間は不完全だからだ。我々は完璧ではなく、そういうことも起こる。重要なのは、どう振る舞うかだ。何を探すかだ。自分自身を見つめ直そう。自分たち自身と戦おうと、私は選手たちに何度も何度も言ってきた。対戦相手のことは尊重するが、我々は特定の誰かと戦うのではない。自分たち自身と戦うのだ。それが目的だ。可能な限り高いレベルで、自分たち自身のために戦わなければならない。相手が強い？　いいだろう、受け入れよう。翌日になれば立ち上がって、次回こそは倒すために向上していく。しかし我々は、自分たちの最高の姿と戦うのだ。そして毎日、毎試合それを達成しなければならない。あるいは、達成しようとする。それが素晴らしいチームというものだ。相手チームと対戦するが、最終的に大事なのはそのことではない。大事なのは自分たち自身のパフォーマンスだ」

「先日のブレントフォードのように、非常に深く守り、攻撃する気すらない局面もあるような、攻めにくいチームと戦わなければならないのだろうか？　いいだろう、それも想定しなければならない。あるいは、まったく違うフラムのようなチームとも戦うだろうか？　自分たちでプレーしたがり、ボールを奪おうとしてきて、チャンピオンシップで一試合を多く残しながらも二位に八ポイントか九ポイント差をつけているチームだ。いいだろう、戦おう。問題は自分たちだ。このことにどう向き合うかという問題だ。私のメンタリティは初日からずっとそうだった。私はシティに、自分たち自身に集中するようにしている。着任した日からずっとそうだ。だから言い訳はしない。私に言い訳というものは存在しない。文句を言い始めたら、このチームに居場所はない。ミスはプロセスの一部だ。我々が人間である以上、起こり得ることだ。しかし、努力と向上心は譲れない。そして、負けたときは自分たちに理由があると考えることだ。審判？　いやいや、審判を言い訳にしないでくれ。そんなことは言わず、もっと良いプレーをしろ。もっと走れ。もっと向上する意欲を持つようにしろ。そうすればファンも、いやファンだけでなく我々自身も、何も咎めるようなことはないだろう」

勝ち点一二

二月一二日現在、シティはリヴァプールに勝ち点一二差をつけているが、これは見かけ上のリードにすぎない。クロップのチームより二試合を多く消化しているためだ。ノリッジの本拠地キャロウ・ロードでは開始から一〇分間に八三%のボールを保持し、ペップのチームが優位に立った。スターリングはハットトリックを達成。それでもペップは見かけに騙されてはいない。リヴァプールとの実際の差は六ポイントしかなく、チャンピオンズリーグが再開されれば、ひとつの油断が命取りになりかねない。

しかし、ノリッジ戦の四対〇の勝利に続いて、シティはリスボンでもスポルティングに五対〇と圧勝。ベルナルドが大暴れした試合だった。ベンフィカの熱狂的ファンであるベルナルドにとっては、宿敵のひとつであるスポルティングの本拠地ジョゼ・アルヴァラーデに足を踏み入れたことが狂おしいほどの刺激となった。二ゴールを挙げ、もう一点は取り消されたが、スターリングがトップコーナーへの見事なシュートで決めたゴールにアシストも提供。間違いなく記憶に残る試合を披露してみせたことは、指揮官の言葉にも表れている。「ベルナルドはただプレーするだけでなく、ゲームを理解している。一つひとつのアクションを、サッカー界のほとんど誰もが辿り着けない領域を知っている」

私は去年、ベルナルドは縫い合わせ役だと書いたことがあった。

シティのＩＨ陣は、縫い合わせ役と壊し役というまったく異なる二つのカテゴリーに属している。ギュンドアンとベルナルドは最初のグループ、つまり縫い合わせ役であり、チームの相互作用のすべてを糸で織り成す役割を担う。彼らは何度も何度もパスを出し、パスを出すたびにチームメートとのコミュニケーションが生まれ、相手への警告や威嚇にもなることを理解している。パスでチームを「縫い合わせ」、あるゾーンではチームをひとつにまとめ、また別のゾーンでは相手を崩しピッチ上での対話を具現化する選手たちだ。これに対し、壊し役たちは鉄槌を下す。チーム内の対話を、突き刺すような独白で締めくくる選手たちだ。デ・ブライネやフォーデンがそうであり、彼らはチームを縫い合わせ続けるために協調するのではなく、最後の一撃を狙いにいく。集団の中に個人主義がある。正統から遠ざかり、不遜さに近づくことによって停滞した状況を打破する、どこか無秩序で自由な精神である。

ベルナルドとギュンドアンをＩＨに置いてプレーすることは、無数のパスとつながりで構成された、信頼に足る布地を確かに縫い上げることと同義だ。デ・ブライネとギュンドアンを置くことは、布地を縫い上げる割合と破っていく割合のバランスを取ることを意味する。デ・ブライネとフォーデンであれば、バランスを崩してでも縦への絶え間ない攻撃で相手に容赦なく襲いかかることになる。

ハーフタイムでの四対〇というスコアは、チャンピオンズリーグのノックアウトステージで史上最大の得点差。五対〇の最終スコアは、ペップがシティで五得点以上を記録した四三回目の試合となった。戦った全試合の一三％にあたる。また、四得点以上を挙げた試合は今季一四試合目であり、チャンピオンズリーグでの通算二〇〇得点という大台を最も少ない試合数（九七）で達成したチームにもなった。それでも、準々決勝進出を事実上決めたにもかかわらず、ペップはいつもと変わらず不満を残している。「選手たちはもう私のことをわかっている。本来のレベルを下回った者もいたし、チームとして簡単にボールを失いすぎていた。確かにシュートの決定力は高かったが、ビルドアップでミスの多かった選手もおり、もっとうまくやれるはずだ。忘れてはならないルールがひとつある。ボールを持ったら、失わないことだ」

迷いの日

五万三二〇一人の観客は、ひとつの確信を抱いてエティハドをあとにした。もしシティがケインと契約できていたら、無敵のチームになっていたことだろう。

ケインはこの強力なチームに欠けているピースである。この日彼は二ゴールを挙げてシティを撃破。シティは攻撃面で創造性と輝きを放っていたが、長らく見せていなかったような守備の脆さを露呈した。ウォーカーはプレスでたじろぎ、足元でボールを持っても慌ててしまう。カンセロは攻撃では素晴らしかったが、守備では穴になった。ラポルテは良い形でボールを出せてはいたが、周囲に開いた穴を塞ぐことはできなかった。そして、「ユーゴスラビア式ディフェンス」の司令塔であるディアスもこの日ばかりは調子が悪く、トッテナムの攻撃陣に対応し切れなかった。二対三での敗因となったのは、守備陣がプレスに行き相手をマークするべきか？　それとも相手を待つべきか？　と惑わされたことだった。行くか行かないかの迷いの中で、シチズンズは三失点。前節までの七試合合計で喫した失点数と同じである。

クルゼフスキが先制点を奪うまで、開始から四分で十分だった。昨季のユナイテッド戦と、チャンピオンズリーグ決勝のチェルシー戦で喫したゴールを覚えているだろうか？　クルゼフスキのゴールも似たものだったが、今回はウォーカーが相手のＳＢに対して飛び込みすぎたのではなく、逆に臆病になり、誰もいない中途半端な場所にとどまった結果だった。これにより、ケインに容易にパスを受けさせてしまう。ケインを警戒していたラポルテも位置が遠すぎた。ソン・フンミンが走り込むスペースにパスが出され、クルゼフスキにゴールがプレゼントされた。ペップのシナリオは四分で狂ってしまった。

ギュンドアン、カンセロ、フォーデンが攻撃の手綱を握り、ギュンドアンのシュートがポストを叩いたあとゴールに決める。そして六〇分になったところでケインが登場すると、シティを壊し始めた。ディアスのパスミスから、スパーズのキャプテンがラポルテとカンセロの間を駆け抜けてエデルソンを破る。わずか四分後にも同じ動きが繰り返され、再びケインがＣＢとＳＢの間に現れたが、シュートはエデルソンが防ぐことができた。

コンテの作るチームがタフで荒っぽいことは周知の通り。相手が上がり、前進し、中に入り込んでくるのをほとんど邪魔することはない。そこから絡み取り、逆に相手の体内を突き破っていくことを目的としているためだ。そして、その目的を見事に遂げてみせる。だからこそシティがもう一度ゴールを奪うのは容易ではない。ギュンドアンがファーポストを狙った美しいシュートはロリスに弾かれ、直後にはカンセロとマフレズが立て続けに放った二本のシュートも阻まれる。ケインはもう一点を奪ったかに思えたが、その前にクルゼフスキがオフサイドだったためＶＡＲで無効とされた。九二分には同じくＶＡＲによりシティにＰＫが与えられ、マフレズがＧＫの左側のクロスバーすれすれにシュートを決めた。

＊＊＊

これほど難しい試合を同点に持ち込み、残り時間がわずか三分となったとき、どうするべきだろうか。この問いかけに答えはいくつもある。シティは勝ちにいくことを選択し、結果的に敗れることとなった。この日誰よりもスピードを発揮していたウォーカーがデ・ブライネへのパスを焦ってしまい、クルゼフスキのクロスにつながってしまう。今度はディアスとウォーカーが最悪の守備を見せてしまい、二人の間から現れたケインが強烈なヘディングで合わせた。

終了間際のこのプレーで、ペップのウォーカーに対する怒りは頂点に達した。勝利を狙いにいくことと、そのために慌ててしまうことはまったく別の話だからだ。並外れた選手であるこのイングランド人ＳＢにとっておそらく唯一の、そしてほぼ唯一の欠点である。

その二時間前にはリヴァプールがノリッジを破るのを誰もが見ていた。クロップのチームはシティとわずか三ポイント差となる。ペップのチームにミスを犯す余裕はなくなるが、リージョはコーチングスタッフの仲間たちにこう力説する。「我々ほど信頼度の高いチームは、今日のようなアクシデントひとつで本来の姿を失うことはない」。続けて、いつもの彼らしい冗談を飛ばす。「我々はもうチャンピオンだ。リーグ戦では一五試合で一度しか負けていないのに、残りは一三試合。つまり、このペースを守れば大丈夫だということだ」

腕

ピックフォードは身長一八七センチと決して大きなGKではないが、衝撃的な反応速度を持っており、一見あり得ないようなセーブを実現してみせる。二月のラストマッチでは、シティを相手に天才的なクリアのオンパレードを見せた。前半は見どころの乏しいゲームだった。エヴァートンの積極的なプレスがプレー構築を難しくしており、ともに利き足側に位置したシチズンズのフォーデンとスターリングの両WGは精彩を欠いていた。後半にはペップのチームがゴールに襲いかかるが、ピックフォードは決まったかと思われた五つの場面でボールを弾き出すことに成功。フォーデン、ストーンズ、デ・ブライネ、ベルナルド、そして再びフォーデンのシュートは、イングランド代表のレギュラーGKによって容赦なく弾き返された。

シティがようやく彼を破ることに成功したのは八一分。優れたプレーの賜物ではなく、DFキーンのタイミングの悪いつまずきによるものだ。ゴールラインから一メートルのところでフォーデンにボールをプレゼントしてしまい、シティがまた新たな一勝を手にすることが決まった。とはいえ、その五分後には同点となっていてもおかしくはなかった。ロドリが自陣エリア内で、意図せずボールを腕でクリアしてしまったのだ。そのプレーの前には、ヒシャルリソンにオフサイドがあったようにも思えた。実際にシティのDF陣は試合後に、副審が旗を上げていたと主張。そこから跳ね返されたボールをロドリが胸でトラップしようとして、肩の下ではあるが右上腕付近で触ってしまったのだ。主審はハンドを取らず、長時間の確認が行われたVARでもハンドとは判定されなかった。PKが取られるべきだった明らかな誤審であり、エヴァートンの選手たちは当然ながら怒りを露わに抗議していた。

この誤審のおかげでシティは、勝ち点三を手に入れてグディソン・パークをあとにすることになった。PKを取られて決められていれば勝ち点一となっていたところだ。リーグタイトル争いにも影響することになるかもしれないが、わずか四週間前にはサウサンプトンで逆のことが起こっていたことも忘れてはならない。主審はデ・ブライネに対するサリスの明らかなPKを取らず、シティはイングランド南部への遠征で勝ち点二を落としてしまった。

イングランドの審判たちとVARが誤った判定を下すのはロドリの腕の例が最初ではないし、最後でもない。この日のリヴァプールは、シティが一月二二日に抱いたのと同じ思いを抱いている。

解体

サッカーは不確実で、ランダムで、予期せぬものだ。人生と同じである。サッカーには、理屈では理解できない理屈がある。

マンチェスターダービーの三五分、エティハドの南スタンドにいた一人のファンが倒れ、救急処置が行われるためマイケル・オリヴァー主審はプレーを止めた。

わずか三分間だったが、ペップはこの時間を有効に使い、チームのビルドアップを修正した。シティは二対一とリードしているが、ポグバを中心としたユナイテッドの非常に積極的なプレスに苦しめられている。このプレスは非常に高いラインの［4＋2］で行われており、シティは普段のビルドアップ構造を変えざるを得なくなるが、［3＋2］から［3＋3］に移行しても優位には立てずにいる。第一のラインはストーンズとラポルテが構成し、その間にエデルソンが入り込む。第二のラインはウォーカー、ロドリ、カンセロで構成され、SBは両サイドに大きく開いている。シティが前進できるのは、左サイドのベルナルドあるいは中央のフォーデンが降りてきてボールを受け、再び前へ出る起点となる形のみである。デ・ブライネの二得点はどちらも同じ経路から生まれた。左サイドでパスがうまく繋がり、続いてベルナルドとフォーデンが突破し、最後はデ・ブライネがフィニッシュ役となった。元ユース選手のサンチョにゴールを許したことを除けば、最初の三〇分間は良いゲームができていたシチズンズだが、前述のようになかなか中盤を越えられない難しさもあった。

倒れたファンを介抱するためにプレーが中断されたことで、ペップはビルドアップを再編成することができた。どんな時間にもそれぞれのディテールやニュアンスがあるものだ。この場合、ペップはエデルソン、ラポルテ、ロドリ、カンセロに声をかけてポジショニングを修正。大きく上がって背後に広大なスペースを空けるというポグバ特有のプレスのかけ方を利用するよう指示を与えた。エデルソンには下がって常にサポート役を続けるよう指示。第一のラインを再編成し、ロドリを偽SBのようにほぼ右サイドに配置、ストーンズを中央軸より二メートル左に動かす。これによりラポルテは左タッチラインに近づき、ポグバはそこまで行くことはできない。ペップはベルナルドに、彼が上がっていく大きなルートがポグバの背後にあることを伝える。これによりベルナルドは事実上チームのCHとなり、彼をサポートするためグリーリッシュは二メートル内側に寄る。

この変更を加えてから、ベルナルドは驚くほど自由に動き回るようになる。シティを縛りつけていた軛は解き放たれ、祭りが始まった。中断中に、マフレズはやりにくさを口にしていた。「三〇分で四回しかボールに触れなかった」と、アルジェリア人のWGは言う。シティの攻撃の六〇％は左サイドから、二一％は中央から行われ、マフレズのエリアからは一八％のみだった。コーチングスタッフは、こう言ってマフレズを安心させる。「落ち着いて、我慢するんだ。今日は一人多い逆サイドを攻めなければならない。慌てるな。ボールはあまり来ないだろうが、来たボールはフィニッシュまで持っていくんだ」。試合を終えると、三六回ボールに触って二得点を挙げたマフレズは、こう認めることになった。「集中し続けることができた。ボールは来ること、違いを生まなければならないことはわかっていた」

後半は一方的だった。ボールを失わないようにし、ユナイテッドがトランジションから駆け上がってくるのを防ぐため、スペースではなく足元にボールを出すというプランが厳守された。シティは正確なパス回しを楽しみ、この時間帯に出した四〇四本のパスの成功率は九四％に達する。ユナイテッドのパス数は四分の一であり、成功率は八〇％にすぎない。この二つの要因が組み合わされた結果、ユナイテッドは後半を通して一度も抜け出す形を作れず、一度のカウンターさえもなかった。あらゆる意図が起点の段階で潰されてしまい、攻撃は完全なるゼロに抑え込まれた。

ラスト三〇分間のシティが見せた驚異的なプレーと圧倒的支配は歴史と記憶に残るものであり、ユナイテッドはその影を追い続けた。デ・ブライネはサッカーの王者の冠をかぶった。最もさえわたったのは八〇分から九〇分にかけて。マフレズが試合を決定づける四点目を奪ったこの時間帯に、シティが一二〇本のパスを出して六本のシュートを放ったのに対し、ユナイテッドはわずかパス一六本。エデルソンのゴールに近寄ることすらできなかった。ラスト一五分間のボール保持率はシティが九二％に達した。

ペップのチームは相手陣内で三六五本のパスを記録し、ユナイテッドは一四一本。ベルナルドは一二・八キロの距離を走り、オールド・トラッフォードで一二・五キロを走った一一月のダービーマッチと同じく、最も走行距離の長い選手となった。このカテゴリーでは、今季シティのランキングトップ15のうち11の記録をベルナルドが占めている。

デ・ブライネ、マフレズ、フォーデン、ベルナルドにスポットライトが当たる中、シチズンズには輝かしい活躍を見せている選手がもう一人いる。ストーンズは今シーズンのリーグ戦で空中戦の八八％に勝利し、二八試合を終えてパス成功率は九一％に達している。プレミアリーグの歴史の中でも、この二つの項目で同時に八五％以上を達成した選手は誰もいない。さらに、CBでありながらIHとしても、ほとんどトップ下としてもプレーする万能性は良い意味で異常であり、ペップもそれを見逃してはいない。

このダービーは、ペップのシティが四得点以上を決めた五〇回目の試合となった（※四一）。今回も彼は、自らのチームの戦いぶりに熱狂している。「今日の後半は、過去最高の後半とまではいかないかもしれないが、もはやこれ以上何ができるかわからない。私は欲張りだが、選手たちの限界はわかっている。今日の後半は、姿勢も何もかも、あらゆる意味で最高だった。しかもユナイテッド相手に」

DF陣の負傷

三月からシーズン終了まで、選手たちの相次ぐ負傷により、ペップはDFラインの構成に苦労を強いられることになる。まず、ディアスがピーターバラとのカップ戦で痛手を負い、四月末まで欠場。そのディアスが守備陣に戻ってきたのと同時期にはストーンズがまたも筋肉を断裂し、創造的な役割もこなすDF

としての並々ならぬ貢献を中断せざるを得なくなる。

ストーンズがようやく復帰を果たしたのは五月二二日のリーグ最終節。緊急措置としての出場だったが、怪我の再発を防ぐため慎重に行わなければならない。四月中旬には、今度はウォーカーが左足首の重い捻挫に見舞われ、シーズンに別れを告げることになると見込まれる。実際にはベルナベウでヴィニシウスを止めるため七〇分間の出場を果たしたが、そこで再び同じ箇所の靭帯を負傷して去ることになってしまった。アケも足首に同じ怪我をしており、終盤戦はプレーできない。

つまりシティの守備陣は長く厳しいラスト三カ月間を、カンセロとラポルテ、サポートとして支えるジンチェンコとフェルナンジーニョ、それから時折戻ってくる負傷者たちで持ちこたえなければならない。「ユーゴスラビア式」のDFラインを構築していたチームにとって最悪の知らせであり、見通しはよくない。結局のところ、CFがいようといまいと、偽9番がいようといまいと、ペップのシティはいつもゴールを量産することができる。しかし、ビッグタイトルを争う舞台での最後の運命は、守備陣が堅固な砦を築けるかどうかにかかっている。支柱を欠けばこの強みは薄れてしまう。

歯科院

アトレティコ・マドリードとの対戦は、麻酔を使わない歯科院に行くようなものだ。生きて帰れること

※四一　同じ期間中に四ゴール以上を決めた回数はリヴァプールが四一回、トッテナムが二九回、チェルシーが二三回、アーセナルが二二回、ユナイテッドが二〇回

はできるかもしれないが、大きな痛みを伴う。

当然ながら、かなりの忍耐が必要だ。実際、ペップも「我慢の勝負」だと言っている。どこにいようとも、ディエゴ・シメオネ率いるアトレティコはいつも、息の根を止めるまで締めつけてくる大蛇のようであり、滑って登ることのできない壁のようであり、日曜日に早起きを強いる近所の芝刈り機のようでもある。エティハドのゴール前にバスを停めるアトレティコに対し、シティは何の打つ手もなくぶつかっていくほかない。

前半のボール保持率は七四％にまで達したが、ゴールを狙うシュートはゼロのまま。しかし、シティの誰一人として驚きはしない。ペップとロドリが事前に警告していたからだ。冷静さ、忍耐、粘り強さ。後半はホームチームがさらに鋭さを増し、水を一滴ずつ額に垂らす拷問のような戦術により三度の好機を積み重ねる。フォーデンは出場後のファーストタッチでデ・ブライネにキャラメル味のパスをプレゼントし、デ・ブライネがこの試合とラウンドの勝利を決定づけるゴールを決める。「フォーデン効果」はすぐに現れた。その数分後にも再び効果は発揮されたが、デ・ブライネの二点目はＤＦに阻まれてしまった。シティは三七回ボールを奪い、一五本のシュートを放つ。アトレティコはボール奪取三七回でシュートはゼロ。それでもスコアは最少得点差であり、七日後にはペップのチームがそれを必死に守り抜くことになる。

マドリードではアトレティコが五〇回ボールを奪って一四本のシュートを放ったが、枠内は三本のみ。シティは四〇回ボールを奪って一〇本のシュートを放ち、枠内は一本、もう一本はポスト直撃。二つの顔を持つ試合だった。前半はシティに優しく微笑み、余裕を持って圧倒的に試合を支配できていた。後半にはもうひとつの気難しくぶっきらぼうな表情を見せ、アトレティコの攻撃が勢いを見せる。シティは最終的に「ユーゴスラビア式」の守備をとることになる。ウォーカーを負傷で欠いてはいるが、ストーンズは見事な奮闘を見せ、残り数分のところでゴールへ向かったシュートをブロック。ＤＦたちにとっては自らゴールを決めたかのように祝う類いのブロックだった。さらに時計が九七分と一〇一分を示していたとき、二つの危険なボールをエデルソンが弾き返す。アトレティコの最後の猛攻もシティを崩すには至らず、シティは二年連続で欧州の準決勝へと足を踏み入れた。

ひどい歯科院通いだった。シティはマドリードから生還したが、その痛みは大きい。

首の皮

歯科院通いの合間に、シティはリーグ戦とカップ戦をめぐってリヴァプールとの勝負を繰り広げる。一日間にすべてがかかっている。

四月一〇日、プレミアリーグはエティハドの美しく整ったピッチ上でクライマックスを迎える。最高の決戦にふさわしく、九〇分間あまりにわたる試合は猛烈なペースで進められた。ペップとクロップは、両チームが繰り広げるショーに魅了されたように見守っていた。シティのほうが落ち着いてはいるが、非常に縦へ積極的。リヴァプールはいつもと変わらず慌ただしい。チャンスは立て続けに生み出され、観客に息をもつかせない。四分にはスターリングがアリソンの目前でフリーになったが、シュートは失敗。その六〇秒後、ベルナルドの狡猾なプレーからデ・ブライネが、マティプによる意図しない形の助けも得てアウェーチームのGKを破る。さらに八分後、レッズの素晴らしいコンビネーションからジョッタが同点。次々とチャンスがやってくる。

デ・ブライネはこの試合の大黒柱を務め、走り、ボールを捌き、あり得ないようなパスを出す。だがサラーも同じくらい異次元のパフォーマンスで応えた。カンセロのクロスがジェズスのゴールにつながったが、スペースへのパスでマネに再度の同点ゴールを手助けしてしまう。後半開始からの一〇分間はリヴァプール、以後はシティの試合となった。ペップのチームは四度にわたって決定打に迫る。まずはジェズスが決めたかに思えたシュートをファン・ダイクがストップ。次にスターリングのゴールがほんの数センチ差でVARにより取り消される。続いてジェズスがゴールを脅かし、マフレズのFKはポストを叩く。どちらもアイデンティティに忠実であり、シティは自分たちのゲームを、リヴァプールは選手たちが自分たちのプレーをしていた。両者ともに疲労困憊の中、デ・ブライネが信じられないようなパスを送り、マフレズがゴールとタイトルを決定づける状況を迎えるが、シュートはマティプがわずかに弾き出す。リーグタイトル争いを首の皮一枚残すプレーとなった。七試合を残して、シチズンズのリードはわずか一ポイント（勝ち点七四と七三）である。

その六日後、両軍は再び激突。今度はウェンブリーでのFAカップ準決勝だが、まったく異なる試合となった。ペップのチームはアトレティコとの戦いを終えて疲労困憊している。リヴァプールもチャンピオンズリーグ準々決勝を戦ってはいるが、ベンフィカとの対戦は楽なものだった。リスボンでの1stレグに勝利を収め、2ndレグではスター選手全員を休ませることができた。

ウォーカー、ディアス、デ・ブライネを負傷で欠き、ロドリとマフレズも消耗し切っている状況で、ペップは混成チームを起用。チーム状態のバロメーターであるベルナルドには力が感じられず、リヴァプールはすぐにすべての状況を利用し始める。クロップのチームは存分に力を発揮。完璧な戦いを見せた前半だけで三対〇という反撃不可能なリードを奪う状況となった。二点目の場面ではステッフェンがマネの飛び出しに対して気を抜いてしまう大失態を犯し、チームを奈落に突き落とす。米国人守護神にとってはマンチェスターでのキャリア終焉を意味するプレーでもあった。レッズの三点目の場面でも対応が不正確だった。しかし、ミスを犯しながらもステッフェンは気丈に振る舞い、相手サポーターからの絶え間ないブーイングに耐え続ける。幸運には恵まれなかったが良いGKである。

後半のシチズンズのリアクションは称賛に値するものだった。まずはグリーリッシュがゴールを決め、続いてジェズスがアリソンとの一対一を外す。決まっていればムードは変わっていたかもしれない。最後はベルナルドが二点目を決めたが、追い上げを完遂するには時間が足りなかった。三年連続で、ウェンブリーでのカップ戦準決勝がペップのチームにとって終着駅となった。

数週間後、リヴァプールはチェルシーとスコアレスで引き分けたあとPK戦を制してFAカップ優勝。二月のリーグカップ決勝と同じ結末となった。クロップのチームがプレミアリーグでも優勝を飾ることを止められるのはシティだけだ。ペップの選手たちはあまりの負担に疲労し切っているが、誰よりも限界寸前にいるのはほかならぬペップかもしれない。ペップの表情を見るだけでもそのことが確認できる。

足首

ウォーカーはここ数週間、左足首の靭帯組織の怪我に悩まされている。さらにアケも、ブライトン戦で同様の負傷に見舞われてしまった。ストーンズもハムストリングを痛めて離脱を余儀なくされ、デ・ブライネもゴルフボールが入ったかのように足首を腫らして足を引きずりながらエティハドをあとにした。レアル・マドリードを迎えてチャンピオンズリーグ準決勝を戦うまであと六日というタイミングで状況はあまりにも不安定であり、クラブはクガット医師にマンチェスターまで出向いてもらい、魔法のような解決策を見つけられはしないかと選手たちを診断してもらったほどだった。

しかし、当然ながら医学に魔法はない。重傷者がマドリー戦に間に合わないのは明らかだ。マドリー戦までの数日間で、シティはブライトンとワトフォードを難なく退け、デ・ブライネは復帰を果たす。ストーンズを右SBに起用することもできたが、そこで見せた大きな奮闘が高い代償を伴うことになる。

九三秒

試合開始九三秒で決めたデ・ブライネのゴールは、欧州の準決勝で史上最速。センセーショナルな前奏を奏でたシティは、その九分後にもジェズスが見事なハーフターンでアラバのマークを振り切ってリードを広げる。

シティは怒涛の攻撃を繰り出し、マドリーはエティハドで崩壊寸前の様相を見せる。

マフレズは判断を誤り、無人のネットの前でフリーになっていたフォーデンにボールを渡すのではなく右足でシュートを放った。そのちょうど三分後、シチズンズFW陣の見事なコンビネーションからデ・ブライネがフォーデンに衝撃的なパスを送り、シュートはクルトワの守るポストの下部を舐める。さらにぴったり二分後、ジンチェンコのシュートがまたもマドリーのポスト際をかすめる。スコアは二対〇を示しているが、間違いなく四対〇にはなっているはずだった。アンチェロッティ率いるマドリーは、この穏やかなマンチェスターの夜にそれほどのトルメンタ・アスルに見舞われていた。

しかしサッカーというものは、誰も完全には知り得ない秘密を隠している。わずか一〇〇秒後、立て続けに跳ね返されたボールがマドリーに有利な形で転がり、ベンゼマが見事なシュートで決める。二対一となったスコアは、苦悶の表情を浮かべていたかに見えたチームに翼を与える。さらにストーンズは怪我が再発。失点までの五分間はマドリーを「虐殺」できると考えていたホームチームに苦みを味わわせる。ストーンズはシーズン最終戦まで復帰できないことになった。

　後半も同じような光景だ。マフレズが抜け出し、クルトワと対峙して放ったシュートはポストを叩き、足元にボールが転がってきたフォーデンがシュートを放つがカルバハルが阻む。それでも五分後にはシティが得点。ストーンズに代えてフェルナンジーニョが投入されると、数秒のうちに栄光と地獄を味わった。まず、オーソドックスなSBのように深い位置に入り込んで柔らかいクロスを入れ、それをフォーデンが強烈なヘッドでゴールに押し込む。続いてヴィニシウスにピッチ中央でドリブル突破を許し、ロケットのように抜け出したヴィニシウスはエデルソンを破った。

　コーチングスタッフは翌日に、フェルナンジーニョが腰を使ってヴィニシウスを倒すべきだったのかどうか議論することになる。しかしリプレーを見る限り、たとえファウルを犯したところで、マドリーのWGを止めることができたと断言できる者はいない。DF全体が不意を突かれ、ディアスは前に出すぎており、ラポルテはヴィニシウスを止めにいくのかベンゼマをカバーするのか迷っている。ウォーカーや、さらにはストーンズの不在の本当の意味を感じ取れるのがこの失点だ。サッカーチームとは、アントニ・ガウディの「トレンカディス（破砕タイル）」のようなものだからだ（※四二）。どのピースもそれぞれ多かれ少なかれ美しく、似たようなピースで置き換えられるものもあるが、あまりに多くが欠けすぎると、あるいは不可欠なピースが欠けてしまうと「トレンカディス」のバランスは失われてしまう。調和の取れた組み合わせにこそ美しさがあるのだと確認できるのはそのときだ。ウォーカーのような選手がまさにそれである。

※四二　トレンカディスは陶器、大理石、ガラスの破片から形成されるモザイクの一種で、大きさや形は不規則であり、カタルーニャのアール・ヌーヴォー建築を象徴する抽象的デザイン。トレンカディスの使用を推進した一人が天才アントニ・ガウディだった

あまり決定的な存在ではないように感じられることもあるが、他の選手を補完できる特性を持ち、チームメートたちに対するプラス効果を何倍にも高めることができる。

試合の最初の六〇分に起きたことのすべてが、残りの三〇分にも繰り返された。ラポルテはクルトワからゴールを奪えなかったが、ベルナルドが至近距離からの強烈弾で決める。続いてマフレズとモドリッチのシュートが立て続けにポストをかすめる。しかし、シティにとっては残酷な夜だった。ラポルテが意図しない形でボールを手に当ててしまいPKを取られ、ベンゼマが四対三の試合を締めくくった。ペップの見方としてはよくない結果だ。「完璧に、六対三や七対三になっていたかもしれない。だが、そういうものだ」と、夜も明け切らぬうちから彼は言う。失望の苦笑いを浮かべているのは、よくない兆しでもある。

棺

ペップは自身の経験から知っていることであり、選手たちはこの日それを学んだ。だがそのために、血まみれの水曜日を過ごさなければならなかった。

レアル・マドリードが死んだとみなされるのは、心臓を杭で貫かれ、一〇〇本の銀の釘で棺を閉じられたときだけだ。そこまでしても完全な確信は持てない。マドリーを本当に殺すためには、三度は殺さなければならない。

シティはベルナベウで八八分間にわたって彼らを支配し、沈黙させ、拷問にかけたが、殺すことはできなかった。

前半はぬるく緊張感のない試合だった。マドリーFW陣は、エデルソンの守るゴールマウス内に一度もシュートを打てず。一方でベルナルドとフォーデンにはそれぞれ得点チャンスがあったが、間違いなく現在最高のGKであるクルトワによってどちらも見事に防がれてしまった。

後半はまったく違った形で始まった。キックオフから、マドリーはもはや定番となったコンビネーションを披露する。モドリッチが中央で入れてカゼミーロに下げ、カゼミーロはセンターサークルへボールを戻す。モドリッチは短くクロースに繋ぎ、クロースは大きく右サイドへ送る。そこにはカルバハルが上がっており、相手エリアへクロスを入れたところへベンゼマとヴィニシウスが飛び込んでいく。マドリーはプレシーズン中にはこの形でユヴェントスからゴールを奪い、今季のチャンピオンズリーグでも、決まりはしなかったがPSGとチェルシー相手に仕掛けていた。そして、この日のシティにも。マドリーの戦略を熟知しているプランチャルトがあらかじめ警告していたことだ。ヴィニシウスの最後のシュートは外れたものの、これは重大な警告だった。

七二分、ウォーカーの靭帯が限界を迎える。イングランド代表SBはマドリードの芝の上で倒れてシーズンを終えることになった。来季までプレーを再開することはない。ほとんど足を引きずりながらもプレーしていた彼の奮闘は計り知れないものであり、チームに対して絶対的にコミットする姿勢を示していた。疲労困憊のデ・ブライネはギュンドアンと交代し、そのわずか一分後、シティはついにチャンスをものにする。マフレズがマドリーのゴールを破り、欧州の決勝へ大きな一歩を踏み出した。まだシュートを放つこともできていないチームの苦境を目にし、ベルナベウは沈黙する。チャンスを生み出し続けるのはシティのほうであり、カンセロも鮮やかなシュートを放つがクルトワに阻まれる。

左サイドでボールを受けたグリーリッシュがスピードに乗ってミリトンを振り切り、左足インサイドキックでクルトワを破る。二点目が現実のものになるかと思われた瞬間、SBメンディがボールをライン上で止めることに成功し、跳ね返ったボールはゴールまであと半メートルのところにいたフォーデンにこぼれながらも得点につながらない。プレーは続行され、ラポルテが拾ってギュンドアンと連係。グリーリッシュがフリーになっているのをギュンドアンが感じ取り、再びエリア内へ突破を図ったグリーリッシュはミリトンとカルバハルを破って左足でシュートを放つも、クルトワがスパイクのかかとでほんの一ミリほどボールを逸らして致命傷を免れた。三三秒間のうちにグリーリッシュは二度の絶好機を迎えたが、マドリーDF陣の並外れた対応により無効化されてしまった。

すでに一部のマドリーサポーターが去り始めたスタジアムは静寂に包まれたまま。五分ほど前からエスティアルテはペップの近くにいる。「ベルナベウがあれほど静まり返るのは想像できない。葬儀のようだった。誰も声を上げず、何も期待していない。アンチェロッティは腕を組んでガムを噛んでいた。逆転の気配はなく、むしろ我々の二点目が決まりそうだった」

しかしそこで、最高の脚本家でも予想しなかったような、あり得ない瞬間が訪れる。カンセロがベンゼマを見失ってしまい、ベンゼマがカマヴィンガからの何でもないクロスに触ったところから、ホドリゴが同点ゴールを決めることに成功。マドリーにとって試合を通して最初のシュートだった。時間は八九分二一秒。シティにはまだ一点のアドバンテージがある。同点ゴールは痛いが、ただ持ちこたえればいい。誰もがウォーカーとストーンズに思いを馳せずにはいられない……。そして八九秒後、再びホドリゴが、合計スコアを同点とするゴールを頭で決める。混乱に陥ったシチズンズは冷静になれず、この苦悩の数分間はボールを落ち着かせることができていなかった。不可能が可能となった。死んだような静けさは悲鳴と歓声の嵐に変わり、その声は延長戦を通してさらに大きくなっていく。離脱期間の影響が響いていたディアスがPKを取られてしまい、ベンゼマが決めて勝負を決定づけた。

シティの選手たちは、マドリーが蘇ってくるのを防ぐには、完全に殺し切る必要があることを痛感させられた。

その夜は誰一人として寝つくことができなかった。いつも誰より冷静なエスティアルテでさえも。クラブは、チームのディナーが行われるリッツ・マンダリン・ホテルのラウンジを開放し、完全に意気消沈している選手たちを家族や友人らが抱きしめて慰められるようにした。二年連続のチャンピオンズリーグ決勝進出を手中に収めながらも、指から水がこぼれ落ちるように逃してしまった……。この痛すぎる一撃の余波により、リーグ優勝も逃してしまうことになりかねない。リヴァプールはいとも簡単に欧州の決勝へ進んでみせたのだ。

ペップはこの夜、誰とも会おうとはしなかった。

勝ち点三

七二時間が経過したが、選手たちの頭からはまだフォーデンのヘディングをクルトワが奇跡的にセーブした場面や、延長戦の一〇七分にフェルナンジーニョが同点とするゴールを決められなかった場面など、マドリーとの準決勝が消えようとはしない。

いまだに頭に負った傷が染みるようであり、プレミアリーグに改めて集中して残りの厳しい四試合に臨むのは簡単ではない。リヴァプールの息づかいを首筋に感じながら、脳裏にはマドリーの逆転劇の痛々しいイメージが何度も蘇ってくる。

「まるで戦争のようだった。頭の中での大きな戦闘だ」。あれほどの深い転落からもう一度山を登っていくことの意味を比喩して、ロドリはそう言う。

チームは全体としてとてつもない力を尽くした。流血の水曜日を終え、木曜はひどいものだった。誰もが意気消沈し、気力は回復しそうになく、体も痛んでいた。ペップから一介の用具係まで、キャプテンのフェルナンジーニョから若手のイーガン＝ライリーまで、誰もが打ちひしがれていた。「とてもつらいことだ。辿り着くまで八カ月待った、その場所を最後の一分で手放すなんて」と、ロドリは言う。

ニューカッスル戦での五対〇の勝利は、王者にふさわしい勝利だった。穴に転落したチームは再び立ち上がり、気概を込めた戦いぶりを見せることができた。「このチームには信じられないほどの精神的な強さがあり、ショックから立ち上がれることを示した」と、グリーリッシュは語る。

リヴァプールはアンフィールドにトッテナムを迎えて引き分けに終わり、シティとの勝ち点差は三に広がった。ペップのチームは残り三試合に全勝すればリーグタイトルを防衛できるが、この日はディアスが再び太腿の負傷で離脱してしまったため、守備に不安定さを抱えて戦わねばならない。「ユーゴスラビア式」の屋台骨であるウォーカー、ストーンズ、ディアスの不在はあまりに大きく、DFラインの苦戦は避けられない（※四三）。

左足

左足でGKの下を抜き、左足でGKを打ち抜き、左足でGKをかわす。

デ・ブライネは小さな頃から、左足が将来のサッカー選手としてのキャリアにおいていかに貴重なものであるかを学んだ。苦手な逆足でのトラップ、パス、シュートを磨くことに長い時間を費やしてきた。今日、その熟練度は完成の域に達し、左足で三連続ゴールを記録。続いて右足で四点目を決めたあと、再び左足でポストを叩くシュートも放った。

デ・ブライネが最初の三ゴールを決めるのに要した二四分という時間は、二〇一五年のサディオ・マネの一六分、〇一年のドワイト・ヨークの二一分に次いで、プレミアリーグで史上三番目に速いハットトリックとなった。

モリニュー・スタジアムで五対一の勝利を収めたシティは、リーグ優勝争いに大きなアドバンテージを得た。リヴァプールに対して勝ち点三ポイントだけでなく、七ゴールの差もつけている。ペップは、あと一勝一分けでチャンピオンになれるという状況でウルヴァーハンプトンをあとにすることになった。

だが、ここでまた一勝を挙げるために高い代償を払った。ラポルテは膝を痛め、フェルナンジーニョはハムストリングの張りを訴え、アケは足首がもう限界。残り二試合のＤＦラインを組むのは非常に難しくなるかもしれない。

この日はまた、センターサークルでのキックオフから直接エデルソンへ戻すという形が、エティハドでのマドリー戦でたまたま用いられたものではなかったと確認できた。ウルヴス相手にも同じ形が繰り返された。この小さなディテールはおそらく、今後チームの標準的アクションに組み込まれていくのだろう。

ＰＫ

フェルナンジーニョとラポルテは、日曜日にロンドンでのウェスト・ハム戦に出場する。他に選択肢が

※四三　最高のＤＦたちを失ったシティは、マドリー相手に喫した六失点に加えて、リーグ戦のラスト三試合でさらに五失点を喫することになる

ないからだ。ベンチにはアケが座ってはいるものの、足首の負傷のためプレーするのは不可能であり、リーグ最終戦にも出場できない。フィジオセラピストたちは、キャプテンの筋肉を回復させることができた。ラポルテに関しては単純に、膝にリスクを抱えながらの出場だ。痛みで足を引きずっており、シーズンを終えたあとには手術を受けなければならないほどだ。一〇月まではチームを離れることになる。小さなミスを批判されることもあるラポルテだが、模範的なプロ意識を見せてくれている。この最後の二試合で彼の膝はボロボロになるだろうが、それでも彼はチームのために最後まで戦い抜く戦士としての姿を見せてくれることだろう。

ロンドン・スタジアムではデジャヴが感じられた。シティはボールを八六％保持し、一三本のシュートを放ち、ウェスト・ハムの四倍のパスを出し、成功率もはるかに高い。ファビアンスキの守るゴールのポストをかすめる場面が四度もあったほどだが、ハーフタイム時点でのスコアはホームチームが二対〇でリード。フリースペースへ送られたロングボールからボーウェンが二度決め、シティをマットに沈めた。

ペップのチームはロンドンの雨の中で呆然とし、絶望していたが、それでも後半には圧倒的な戦いで勝ち点一をもぎ取る。リーグ優勝を決定づけることになるかもしれない一ポイント。

まずはグリーリッシュが、ドーソンに軽く当たってコースを変えた鮮やかなボレーで一点を返す。同点に追いつくための時間は四〇分以上残されており、ペップは落ち着いて我慢強く冷静に戦うことを命じた。その後の二〇分間はチャンスが相次いだが、ファビアンスキと守備陣が同点ゴールを阻む。ウェスト・ハムも非常に危険な形でエデルソンのゴールに迫る形が二度あった。最後はマフレズがサイドから蹴り入れたＦＫをツォウファルが頭でオウンゴール。シティは目的のために不可欠な勝ち点一を手にした。

試合全体では七九％のボール保持率を記録し、今季リーグで二番目に高い数字。シティはウェスト・ハムを圧倒し、残り五分となったところで「マッチボール」の状況も迎えた。ドーソンがジェズスを倒し、Ｖ

ARによる確認を経て、アンソニー・テイラー主審はPKを宣告。この日一番の輝きを放っていたマフレズに、自らの足でリーグタイトルを決めるチャンスが訪れる。彼はこれまでにリーグ戦での四本を含む七本のPKを決めている。しかし、ファビアンスキも優れたスペシャリストだ。

マフレズはGKの左側、中ほどの高さへシュートを放つ。ファビアンスキはコースを読んでボールを弾き、シティの勝利を許さなかった。シティはリーグ戦のアウェーゲーム全一九試合を終えて勝ち点四六を獲得。勝ち点一〇〇のシーズンに達成した記録にはわずか四ポイント及ばなかったものの、敗戦はわずか一回、トッテナムの本拠地で戦った開幕戦のみである。

その二日後、リヴァプールがサウサンプトンに勝利し、タイトルの行方は最終節に持ち越される。勝ち点差はわずか一ポイントであり、ペップのチームはクロップのチームと同じかそれ以上の結果を残さなければならない。苦悩を抱えて待つ一週間になるだろう。ラポルテとフェルナンジーニョは怪我の状態を改善することを目指す。ストーンズは最終戦に出場できるだけの最低限の状態は取り戻すことができている。

五分三六秒

五分でリーグ戦が決まる。

不可能で、非論理的で、不条理で、衝撃的な五分間。

エティハドのピッチとアンフィールドのピッチは、ちょうど五七キロ離れている。二体の巨人は手強いライバルを見据えながら、同時刻にリーグ戦のラストマッチを戦う。「みんな、ミスはなしだ。レッドカードも受けるな」と、デ・ブライネは試合前のミーティングで言う。

アンフィールドでは開始三分でウルヴスがゴールを決めたが、二〇分後にはマネが同点ゴール。シティもアストン・ヴィラと〇対〇の同点となっていたが、サイドからのクロスに対してキャッシュがカンセロの裏を取り、エティハドを揺るがすゴールを決める。三七分の時点では、リーグは赤く染まった。

シティの前半はよくなかった。今シーズン最悪の前半のひとつだった。緊張に襲われ、あらゆるミスのオンパレードに、シンプルなパスすら通らない。ストーンズは正確性を欠き、カンセロはミスが目立ち、フェルナンジーニョは粗く、マフレズ、ジェズス、フォーデンも精彩を欠き、デ・ブライネまでもがカウンターの場面でボールを失っていた。選手たちは強い緊張と重圧に覆われ、いつもの堂々たるチームの面影はない。四〇分の時点で、ペップはジンチェンコにウォームアップを命じた。

ドレッシングルームは葬式のようだった。フェルナンジーニョはジンチェンコとの交代を告げられる。どの表情も完全に打ちひしがれている。ペップから強い叱責があるかと予想されたが、実際に起きたことは正反対だった。ピッチに戻るまであと三分となったところで選手たちを集めたペップは、咎めることも責めることもせず、優しく語りかける。怒鳴り声ひとつない。のちに彼は、このような口調で話をしたのは「私は以前ほど不安にならず、忍耐強くなることを学んでいるからだ」と、認めていた。

寒い夜に暖かな毛布にくるまるように、まるで囁くかのように彼らに語りかける。この試合にかかっている目標の大きさを強調することもない。

「やってやろう。いいだろう？　みんな！　勝てなければどうなるか、考えてしまわずにはいられないのはわかる。それが普通だ。しかし最後まで、最後までポジティブでいなければならない。必要なのは一点だけだ。そうすればチャンスも生まれ、二点目も取れるだろう。失点したあと、後方から素晴らしいトランジションができていた。敗戦は近づいているが、我々は勝利する。みんなの気持ちはわかる。私も眩暈がするほどにプレッシャーを感じている。普通のことだ。しかし、最高の選手たちでなければそもそも今ここにはいない！　勝つためにピッチに出ることはわかっているが、ここ（頭の中）を明確にして、ポジティブな姿勢でいなければならない。私を信じてほしい。挑戦すべきことはここに、頭の中にある。ピッチに出て、アグレッシブにいこう！　アレックス（ジンチェンコ）、素早く、後ろへ、方向転換だ。ボールを中（内側のレーン）へ入れていこう！　自分たちのクオリティを出してほしい！　君たちには素晴らしいクオリティがある！　さあ、行こう！」

再開後はやや良くなった。ジンチェンコがプレーに明解さをもたらすが、マフレズもジェズスも決め切れず。逆にヴィラのほうが追加点に迫り、ゴールキックを直接受けたワトキンスのシュートがポスト近くに外れる。リヴァプールはゴールを決めたがオフサイドで取り消し。マフレズに代えてスターリングが投入され、その少しあとにはギュンドアンもベルナルドに代わって入る。この交代とほぼ同時に、リーグの行方を決定づけるかに思えた瞬間が訪れた。オルセンからの長いゴールキックをワトキンスが繋ぎ、元リヴァプールのコウチーニョがドリブルを挟んで二点目のゴールを決める。アンフィールドは熱狂し、エティハドは崩れ落ちる。六九分の時点では、レッズのレジェンドであるスティーヴン・ジェラードが率いるヴィラの勝利のおかげで、リヴァプールがチャンピオンとなる状況だった。

ノリッジに三対二で勝利した二〇〇五年二月の試合以来、シティがリーグ戦で〇対二からの逆転に成功したことはない。茫然自失のチームに歴史が重くのしかかる。だがのちにデ・ブライネは、「リーグ優勝を疑ったのは一〇秒間だけだった」と、認めることになる。デ・ブライネはその疑いを抱えた一〇秒間にスパイクの紐を締め直し、立ち上がってボールを要求した。デ・ブライネがジェズスと、ジェズスがスターリングと連係し、イングランド代表WGが送り込んだ完璧なクロスに、ギュンドアンがこれも完璧なヘディングで合わせる。時間は七五分一〇秒。ギュンドアンが自らボールを拾い上げ、センターサークルに置く。七六分三秒にヴィラが試合を再開すると、ジンチェンコがボールを奪い、上下動を繰り返した末にシティがＣＫを獲得（七六分五〇秒）したが、ストーンズのシュートはオルセンが阻む。

ギュンドアンがピッチ中央でボールを奪い、デ・ブライネにパス。デ・ブライネはジンチェンコに繋ぎ、ジンチェンコはエリア内に切り込んで外へ送る。そこからロドリが得意の「ゴルフスイング」を披露。二五メートルの距離からインサイドキックで放たれた、あり得ないような一撃がポスト内側を叩いて二対二のゴールとなった。シティが同点とした時間は七七分四三秒。二つのゴールの間に経過した時間は一三三秒だった。ジェズスがアウェーチームのネットからボールを拾い、センターサークルに置く。七八分五三秒にヴィラがプレーを再開し、ジンチェンコが奪い、七九分二一秒にはロドリのシュートがゴールの上へ。オルセンが蹴り、カンセロが奪い、カンセロがジェズスへ送った縦パスをミングスがカットするが、デ・ブライネがボールを自分のものにする。深い位置からエリアに侵入し、相手ＤＦをかわして強く角度をつけた低いパスを送る。八〇分四六秒、ギュンドアンが三点目のゴールを打ち込み、逆転、そうしてタイトルを獲得。スタジアム全体の爆発的な歓喜は筆舌に尽くしがたい、圧倒的で壮大で巨大なものだった。

五分三六秒。永遠の時間となる五分間だ。

その瞬間から最後まで、エティハドで行われるものはもはやサッカーではない。ただ感情を抑えようとするだけだ。グリーリッシュは過緊張のため石化し、ドレッシングルームで嘔吐する。足首を痛めているにもかかわらず我を忘れて駆け寄りゴールを祝ったウォーカーは、その後どうチームを助ければいいのかわからず、緊張の面持ちで歩き回っている。ペップはベンチから意味不明な指示を出し、ディアスはベンチからファンを盛り上げる。選手たちはピッチの隅を避難所として逃げ込み、時間を稼ごうとする。リヴァプールも五分間で二ゴールを決め、サラーはこれでタイトルが手に入ったと勝利を祝うが、ファンがスタンドから彼の勘違いを覚まさせる。

試合を終えるとてつもない大騒ぎ。派手な優勝祝いが始まり、やはりピッチ上にまで侵入したシティサポーターもいた。「こんな光景、今まで生きてきて見たことがない」と、ウォーカーは言う。

祝勝会で浮かれたペップと話ができるようになるまで、丸二日はかかるだろう。彼は疲労困憊ながらも幸せそうだ。

「ジェットコースターのような感情だったが、良い形で終わってくれて良かった。来季はもっと力強く頑張れるように、しっかりと休まなければならない」

カーソンの言葉ほど、シティのシーズンを一言で表したものはないだろう。

「みんな負けず嫌いなんだ」

〈2021-22シーズン〉

	試合	勝	分	敗	得点	失点	順位
プレミアリーグ	38	29	6	3	99	26	優勝
FAカップ	5	4	0	1	16	6	ベスト4
リーグカップ	2	1	1	0	6	1	4回戦敗退
コミニュティ・シールド	1	0	0	1	0	1	準優勝
チャンピオンズリーグ	12	7	2	3	29	16	ベスト4
計	58	41	9	8	150	50	

◆シーズン勝率：70.7％

◆プレミアリーグ勝率：76.3％

◆シーズン得点率（1試合あたり）：2.58点

◆プレミアリーグ得点率（1試合あたり）：2.60点

◆シーズン失点率（1試合あたり）：0.86点

◆プレミアリーグ失点率（1試合あたり）：0.68点

◆シーズン得失点差：＋100

◆プレミアリーグ勝ち点：93ポイント

◆プレミアリーグポスト直撃シュート：24本（うちフォーデンとデ・ブライネが4本）

◆シーズンボール保持率（1試合あたり）：66.1％

◆プレミアリーグボール保持率（1試合あたり）：67.9％

◆シーズン最高ボール保持率：81％（対アーセナル、2021年8月）

◆シーズン最低ボール保持率：49％（対リヴァプール、2022年4月）

◆シーズンパス本数（1試合あたり）：687本

◆シーズン最多パス本数：861本（対エヴァートン、2021年11月）

◆シーズンパス成功率（1試合あたり）：90％

◆シーズンシュート数（1試合あたり）：18.1本／枠内6.2本

◆シーズン被シュート数（1試合あたり）：6.8本／枠内2.5本

◆プレミアリーグ最多連勝：12連勝

◆シーズン最多得点：24点／マフレズ（プレミアリーグ15点：デ・ブライネ）

◆シーズン最多アシスト：14回／デ・ブライネ（プレミアリーグ8回：デ・ブライネ、ガブリエウ・ジェズス）

◆シーズン最多試合出場：52試合／ジョアン・カンセロ（プレミアリーグ37試合：エデルソン）

◆シーズン最多得点試合：7対0（対リーズ）

◆シーズン最多失点試合：0対2（対PSG、クリスタル・パレス）

七年目　二〇二二ー三

「これでいい、これでいい」

シーン一：「大丈夫、我々はすべて勝つ」

（二〇二二年六月二四日、マンチェスター）

六月二〇日、リージョはドーハでアル＝サッドの新監督就任を発表した。翌日には彼はマンチェスターに戻り、荷物をまとめ、それまで二年間住んでいたアパートメントを片づける。ペップの自宅から一分も離れていない場所だった。

金曜日の今日、彼はシティの練習場を最後に訪問し、自分のオフィスにあったものを片づける。同僚たちに別れを告げ、ペップ、チキ、そしてチーム全体に宛てたメッセージをボードに残した。

「私は去るのではない。君たちのアシスタントであり続ける。今シーズンは、すべてを勝ち取るぞ。プレミアリーグも、チャンピオンズリーグも。大丈夫、我々はすべて勝つ。そう確信している。そして、私は君たちの傍にいて、応援し、励まし続ける。私はいつまでも君たちのアシスタントだ」

シーン二：「フリアンはすごすぎる」

（二〇二二年八月八日、マンチェスター）

ベルナルドがトレーニングを終え、ブエナベントゥーラとマンシシドールに話しかける。

「フリアンは素晴らしい。すごすぎる、こいつは化け物になる……」

サッカー選手にとって最高の評価とは常に、他のサッカー選手によるものだ。

コミュニティ・シールドのリヴァプール戦でチームの今季公式戦初ゴールを決めたフリアン・アルバレスは、練習の中でも皆を驚かせている。ジェズスと同じくらい精力的にプレスをかけ、パスやシュートの技術的な正確さは驚異的。生まれついての内気さの中にも、日に日にその力を見せつけている。

一カ月前の今日、彼はマンチェスターに到着。ハーランドとオルテガとともに紹介されたが、ノルウェー人FWの華々しい姿の影に隠れてしまったことは否めない。アルバレスは、シティの南米担当フットボールディレクターであるカタルーニャ人のパッツィが発掘した選手である。パッツィがペップとチキに対して何カ月も推薦し続けた結果、この年の一月に契約が成立した。二〇二二年の最後の三カ月間の時点では、良い兆候はあったとはいえ、最終的にハーランドを獲得できるのかどうかペップにもチキにもまだわからなかったためでもある。また、ジェズスとスターリングがチームに残るかどうかも不透明だったことから、前線に大きな穴が空くのかどうかを予想するのも難しい状況だった。

パッツィは岩を穿つ水滴のような粘り強さで彼の獲得を主張し続けた。彼はアルバレスに恐るべきポテンシャルを見出していた。名将マルセロ・ガジャルドの率いるリーベル・プレートで二〇一八年一〇月にデビューし、一二〇試合に出場して五三得点、三一アシストを記録。すでにアルゼンチン代表でも九試合に出場していた。パッツィは上役たちを辟易とさせるほどにプッシュし続けた。バルセロナなどが彼に接触してきた際にはなおさらだ。二二年一二月にクラブとの間で基本合意に達し、一月には契約が交わされた。七月まではリーベルでプレーを続け、それからシティグループに加わるという特殊な契約だった。

アルバレスに関するロードマップが明確に定められたのは、一月の終わりを迎える前だった。チキはパッツィ、リージョと二度話し合い、彼の持つポテンシャルを確認した。アルバレスをよく知っていたリージョはパッツィの作戦を助ける最大の味方となり、彼の価値を完全な形で全員に納得させた。

わずか四週間の練習で、アルバレスはトレーニングセッションに参加する誰からも高い評価と敬意を受ける存在となった。彼のことを知らなかった者たちは驚かされた。ペップは彼をハーランドの代役として、あるいはハーランドと一緒に2トップとして起用することを考えながら楽しみにしている。二人がピッチ上で見せているハーモニーは、素晴らしいヴァイオリンのコンビネーションを予感させる。「彼はすごすぎる」と、ベルナルドも脱帽している。

シーン三：ペップの特別授業

（二〇二三年八月一四日、マンチェスター）

ボールがペップとウォーカーを再び結びつけた。

昨年一二月のライプツィヒでの退場処分以来、ペップはこの選手に厳しく接してきた。当初は、チャンピオンズリーグのその後の試合でチームを丸裸にさせた退場行為の愚かさを非難し、ことあるごとに公の場で彼を責め続けた。三月になってもまだこう言っていた。「三試合の出場停止は当然だった。選手が愚かなことをすれば、罰を受けるのは当然だ。私は今でも彼に腹を立てている」。そのたびに、ウォーカーの心はペップからの非難に押し潰されそうになった。ピッチ上でも心地よくプレーできずにいた。ウォーカーはこのことについて、フェルナンジーニョ、ストーンズ、ディアスなど何人かのチームメートと話し合った。しかし、ペップの怒りが消えることはなかった。指揮官は内心で、このウォーカーの不在によってチームの調和が失われたと感じていた。準決勝1ｓｔレグでヴィニシウスがフェルナンジーニョを振り切った場面のように、決定的な瞬間を迎えるたびにその感覚は上書きされた。ウォーカーがピッチにいなければシティはいつも苦しんでおり、ペップを抉る棘として、深く刺さったままだった。

この夏、ウォーカーは自分のキャリアを振り返った。三二歳の彼は素晴らしい経歴を残してきた。そのベースとなったのは、サイドで上下運動を繰り返し、WGのように攻撃し、守備でも奮闘し、ピッチ上の広大な範囲をカバーすることを可能とする圧倒的な身体能力。超一流のサッカー選手だった。彼のスピードがあればどんなミスでも取り戻し、ほんの数秒でDFラインまで戻ることができるため、自由に攻撃参加することができた。その身体能力の高さは彼の選手としての成功の基盤であったが、同時にその長所が彼に大きなミスを犯させることにもつながっていた。ファウルを犯したり、PKを与えたり、退場処分を受けたりするのは、彼のフィジカルコンディションが良すぎた結果であることも多かった。通り道にあるすべてを轢き潰していく列車のようだった。ウォーカーはそのことについて、また自分がトップレベルでいられる時間はもう残りあと数シーズンしかないことについて考えた。身体能力が低下していくのに備えて、また単純にもう少し良い選手になるためにも、技術を向上させなければならないと考え始めた。仲間には技術を誇るアーティストたちがいる。デ・ブライネ、フォーデン、グリーリッシュ、マフレズ、ギュンドアン、ベルナルド……。DF陣でさえも優れた技術的クオリティを誇っている。カンセロは規格外であり、ストーンズはボールを愛撫するように扱い、ラポルテのダイアゴナルパスは見事なものだ……。

彼は進歩しなければならないと決意し、プレシーズンからこの取り組みに時間を費やした。今までよりずっとロンドにも力を入れた。以前はフィジカル面だけに取り組んでいたが、技術面にも注力し始めた。トラップやパスをより正確に、より効果的にするよう心がけた。最終的にどこにつながるかはわからないとしても、自分の進歩に有益だと直感的に感じるプロセスを歩み始めた。

そう考えている間に、ロンドン・スタジアムでのプレミアリーグ開幕戦がやってきた。ペップは二人のSBに、ロドリと並んで中盤を構成するよう命じた。非常に幅の狭い構成であり、同時にハイリスクでもある。この作戦を成功させるためには、カンセロとウォーカーの足元が非常に繊細かつ正確でなければならない。そして、二人ともそうしてみせた。カンセロの素晴らしい活躍は予想できていた。中盤で自由にプレーし、アケが背後をカバーする。前方にはパスの受け手が豊富であり、カンセロにとって理想的なシナリオだった。しかしウォーカーにとっては、リスクの高いポジションである。SB兼IHとしてプレーしたことは何度もあったが、今回は違って見えた。ペップは彼の発する何かに魂を揺さぶられ、ウォーカーから目が離せなくなっているかのようだった。ウォーカーのプレーは見事だった。九九回ボールに触れ、八八本のパスを出し、精度も非常に高かった（九三・二％）。ボールを失ったのは一度だけだった。

試合を終えると、ウォーカーはロンドン・スタジアムのドレッシングルームで宙に浮いているような気分だった。特別なことは何もしていないが、自分が別の選手になり始めていると感じていた。技術に対するアプローチが新たな次元を与えてくれるかもしれない、と。そして突然、彼の携帯電話にペップが記者会見で語ったばかりの言葉が書かれたメッセージが届いた。「特にカイル・ウォーカーは信じられないほど素晴らしかった。彼を特別に祝福したい。他の全員もだが、特にカイルに」

彼の頭の中で、何かがカチッとなった。「ペップはもう退場を許したようだ」と、あるシティのファンはクラブのTwitterに書き込んだ。その通りだった。ライプツィヒの退場から九カ月近くが経っていた。長くはあったが、ようやく二人の間に平穏が訪れた。

しかし、この一件はこれで終わりではなく、むしろ始まったばかりだった。

ウェスト・ハム戦に勝利した翌日の月曜日にはチームはリカバリートレーニングを行い、火曜日は休養。水曜日には通常の練習を行い、二時間のトレーニングを終えたあと、ウォーカーはピッチに残ってシュート練習をする。チームメートたちがシャワーへ向かう中、彼は練習時間を延長し、アシスタントに球出しを手伝ってもらう。それを見たペップが一歩前に歩み出る。「カイル、テクニックを完璧にしたいのか？」

ペップはそれから六〇分間を、ウォーカーの技術の扱い方の細部に磨きをかけることに費やした。ピッチの特定のエリアで体をどちらに向けるか、足のインサイドでボールをさらにうまくコントロールするにはどうするか、受け手やタイミングや場所によってパスの強弱をどう変えるのか、伸ばした足で受けたボールを逆の足でパスするにはどうするのか。そういった一つひとつを一時間。手を取り合い、マンチェスターの夕日を浴びながら、ペップとウォーカーは一歩前へと踏み出した。

チームは木曜日もハードなトレーニングをこなし、特にペップが長年こだわり続けてきたフィニッシュに重点を置いた。土曜日のボーンマス戦は、エリア内に閉じこもるチームと戦う典型的なシナリオとなることが予想できた。そのため戦術的展望の段階から、考えるべき大きなアイデアは特になかった。［2－3－5］あるいは［2－2－6］で攻撃し、カウンターを避ける。ほとんどそれだけだ。重要になるのはラストパスとフィニッシュの精度だろう。

もちろん、練習を終えるとウォーカーはピッチに残った。今回もアシスタントが一人つくが、ペップも残ってくれるのかどうか彼は横目で見守っていた。そして、残ってくれた。再び丸々一時間を費やし、ウォーカーの技術の完成度を高めようとする。今や彼は、ペップの「寵児」として監督の愛情の中心にいるかのように感じていた。パス、トラップ、体の向き、片足でのトラップから逆足でのパス、ポジションとタイミングごとの適切なタッチ……。二人は本格的な「クリニック」の指導者と生徒になった。今回はコーチングスタッフも見守っている。ウォーカーが一歩前進したことはもはや誰もが認識していた。ウォーカーは、単純にもっと良いサッカー選手になりたかったのだ。そして、ペップも惜しみないサポートをすると決めていた。

ボーンマス戦のシティは、ウェスト・ハム戦とは異なる戦い方で、非対称の攻撃を展開した。右ではマフレズが外、デ・ブライネが中でプレーする。左はフォーデンが中、カンセロが外でプレーし、ギュンドアンはハーランドの近くで二人目のＣＦであるかのように自由に動き回る。この構造を支えるため、ペップはロドリとウォーカーの二人をCHとして起用した。ロドリは左の攻撃を、ウォーカーは右の攻撃をサポートする位置取りだ。両者はそれぞれのサイドで展開されるすべての三角形の下側の頂点となる。FW陣は左サイドではロドリの、右サイドではウォーカーのサポートを受けるが、ニュアンスは異なる。ウォーカーは身体能力の高さにより、ピッチの中心軸を占めることもできる。したがって、ロドリが攻撃をカバーする範囲は狭く、ウォーカーは中央全体と右全体というはるかに広い範囲をカバーすることになる。特に重要なのはカバーする面積の大小ではなく、それが意味するヒエラルキーの階層だった。ペップはウォーカーにCHの地位を与えたのだ。つまり、彼はピッチ上で指揮を執り、チーム全体に及ぶ決断を下す権限を持つ者となった。

ウォーカーは素晴らしい試合をしたが、他のチームメートたちの輝きにより、あまり注目されることはなかった。デ・ブライネは「トリベーラ」と呼ばれるインステップでの見事なゴールを決め、相手選手の股間を抜くフォーデンへのアシストも供給。カンセロはWGとして驚異的なプレーを見せ、アケはどんなカウンターも防いでしまう壁となる。ギュンドアンはまたしても「クンドアン」となり、昨季のラストゴールに続いて今季のエティハドでの初ゴールを挙げた。その他の選手たちも同様であり、ほとんど誰からも注意を向けられないウォーカーは気づかれないままだった。しかし彼にとって、シチズンズで最高の試合のひとつだった。八〇本のパスを出し、成功率は九三・八%。CHを本職のように堂々と務め、必要なときには右サイドで攻撃に参加し、自分のサイドを正確に守り、ギュンドアンへ送った見事なパスが彼とハーランドとのコンビネーションから先制ゴールにつながった。この一週間、ペップは彼に、パスはコミュニケーションの手段であると伝えていた。柔らかいパスを出すならチームメートにボールを運ばせるためだが、鋭く強く出すのなら、チームメートにすぐさまコンビネーションを取らせるためであると。ウォーカーは低く鋭いボールをギュンドアンに送り、ギュンドアンはそのメッセージを瞬時に読み取った。二秒後にはボールは相手のネットを揺らしていた。

シーン四：「リズミカルであれば、我々は止まらない」

（二〇二二年九月一七日、ウルヴァーハンプトン）

「リズミカルであれば、我々は止まらない」

三日前、チャンピオンズリーグのドルトムント戦で逆転に成功した試合のあと、エティハドをあとにしながら彼は私にそう言った。しかし今日、モリニュー・スタジアムをあとにするペップはもう少し落ち込んだ様子だった。芝が非常に乾いてボールがなかなか走らないピッチで、いつも通り闘争心にあふれるウルヴァーハンプトンに三対〇（グリーリッシュ、ハーランド、フォーデン）と快勝しながらも、チームにはリズムがなかった。

ペップはリズムという要因に苛まれ続けている。以前に説明した命題を思いださずにはいられない。「スポーツに関して言えば、単に空間的な戦いだけではない。意図とリズムの戦いでもある」

意欲が欠けているわけではない。単純に、選手たちは不安定な時期を過ごしており、それがプレーのリズムを選択する際に不適切なミスを犯すことにつながっているのだ。恐怖心も影響している。九月三日にバーミンガムでのアストン・ヴィラ戦に臨もうとする時点で、シティはプレミアリーグの直近六試合中四試合でビハインドから追い上げることに成功していた。選手たちは不利なスコアから反撃できる驚異的な力を見せており、ドレッシングルーム内では「イングランドのレアル・マドリード」というジョークも飛び交うほどだったが、そもそもそういった偉業を達成せざるを得なくなるようなミスを何度も犯しているのだという自覚も芽生えていた。

ペップのシティはいつも闘志を見せつけ、もはや敗色濃厚かと思われた試合での鮮やかな追い上げや、土壇場での勝利を勝ち取ってきた。勝ち点を一〇〇に乗せたサウサンプトン戦でのジェズスのゴール、同じくサウサンプトン相手のスターリングのゴール、その他にも過去数年の数多くの例が豊かな歴史を築き上げているが、どれも今季とは似ても似つかない。興味深いことに、すべてはベルナベウでマドリーに逆転を許したチャンピオンズリーグ準決勝の敗北から始まった。あのマドリーの「奇跡」は、シチズンズの選手たちの「気概のなさ」に原因があるとされたが、その説明は何の根拠にも基づかないものであった。

その二週間後、シティはロンドンでのウェスト・ハム戦で〇対二から追い上げ、リーグ最終節に優勝の望みをつないだ。さらに七日後には、もうひとつの記念碑的逆転劇がクラブの歴史に深く刻み込まれる。ヴィラを〇対二からの逆転で下してプレミアリーグの王冠を勝ち取った。今季に入ってからも、セント・ジェームズ・パークではニューカッスルに一対三でリードされていた試合を三対三のドローに持ち込む。八月末のクリスタル・パレス戦でもハーフタイムの時点で〇対二という苦しいスコアから、ハーランドのハットトリックを含めた後半の素晴らしい戦いぶりで力強い逆転勝利（四対二）を飾った。

つまりリーグ戦の直近六試合中四試合でビハインドから追いついていたシティだが、ヴィラ・パークではデ・ブライネとハーランドの連係でリードを奪いながらも、終了二〇分前にバイリーに同点ゴールを許して勝利を逃した。ヴィラはインサイドのスペースを非常に的確に塞いで壁を築き、ペップのチームはそこに突き当たってしまった。シュート一三本を放ち、一本はクロスバーを叩き、パス数（七五四本）も多く、支配率（七三％）も高かったが、壁を破ることはできずにバーミンガムをあとにする。これでシティはアウェーでの直近五試合で一勝しかできていない。「ミスが多すぎる」と、コーチの一人は守備組織についてコメントしていた。

アウェーでの勝利はセビージャで戻ってきた。シティはチャンピオンズリーグのグループステージ初戦を四対〇の勝利で力強くスタート。アンダルシアのチームにとっては欧州の大会でのホーム過去最悪の敗戦となった。歴史に残るスタートを切っているハーランドはこのゴールラッシュの中でさらに記録を伸ばす二得点を追加。シチズンズでのわずか八試合で一二ゴールを積み上げており、そのうち一一点がファーストタッチで決めたものだ。チャンピオンズリーグでの通算二五得点をわずか二〇試合という最速記録で達成した選手にもなった。三つの異なるクラブ（ザルツブルク、ドルトムント、シティ）でのチャンピオンズリーグデビュー戦でゴールを挙げた四人目の選手として、フェルナンド・モリエンテス、ハビエル・サビオラ、ズラタン・イブラヒモヴィッチの持つ記録にも並んだ。当然ながら、シティではプレミアリーグとチャンピオンズリーグ両方のデビュー戦でゴールを挙げた初めての選手でもある。プロになって以来、ハーランドはわずか二〇一本の枠内シュートで一三七得点を記録している。

しかし、この大勝もペップを満足させるものではなかった。彼は選手たちのリズムが間違っていたことに苦言を呈す。「前半は攻め急ぎすぎた。そうなるのは、急いでハーランドに出そうとしすぎているからだ。アーリングは非常に強く注意を引きつけるため、あまりにも早く彼にパスを出しすぎている。もっとじっくりと組み立て、間を作るための緩急が必要となる。後半にはリズムが良くなった」。リズム、どんなときもリズムである……。

一週間後、ドルトムントがエティハドを訪れた際にも再びリズムが問題となった。ドルトムントはヴィラにならい、インサイドのスペースをすべて閉じる。マフレズ、グリーリッシュ、デ・ブライネはこの新たな壁に突き当たり、かすり傷すらつけられない。後半開始直後にはベリンガムとロイスが素晴らしいプレーを見せ、ドルトムントの先制ゴールへとつなげた。

「間違ったリズムで六〇分間プレーしていた」と、試合後にペップは言うことになる。マフレズの悠長な動きにも苛立ちを募らせていた。怒り心頭のペップは三枚の同時交代を行い、これが試合の様相を一変させる。マフレズ、ギュンドアン、グリーリッシュに代えてアルバレス、ベルナルド、フォーデンが投入されると、シティはアドレナリンを注入され解き放たれたかのように攻撃を繰り出し始めた。シチズンズのトルメンタ・アスルが再び吹き荒れ追い上げに成功。ストーンズはコンパニがレスター戦で決めた伝説的な一撃を彷彿とさせるようなエリア外からの強烈なシュートを決めた。ハーランドはカンセロからの絶妙なクロスをアウトサイドで受けると、クライフが一九七四年にアトレティコ・マドリードから決めたような、あり得ない形でゴールを奪う。圧倒的だった三〇分間に決めた二つのスーパーゴールは、エスティアルテの言う「勝利への意欲」や、ハングリー精神、プライド、そして苦しい状況を克服する能力を改めて見せつけるものだった。

ベルナルドはピッチ上にいた三〇分間に爆発的なパフォーマンスを見せ、ロドリの隣の第二CHとしても、IHとしてもWGとしても躍動。どこでプレーしても達人級だ。エスティアルテも認めている。

「ベルナルド、フォーデン、フリアンが試合を変えてくれた。彼らは一歩先を行っている」

ペップも同意見だ。

「リズミカルであれば、誰も我々を止めることはできない」

シーン五：野獣のハットトリック

（二〇二二年一〇月二日、マンチェスター）

フェレンツ・プスカシュは並外れたサッカー選手であるだけでなく、賢い若者でもあった。第五回欧州チャンピオンズカップの決勝が終わるやいなや、彼はボールを掴んで離さなかった。レアル・マドリードの七ゴールのうち四ゴールを決めたのだから、彼にはボールを自分のものにする権利はある。しかし、問題があった。チームメートのアルフレッド・ディ・ステファノも三ゴールを決めており、同じくボールを手に入れる権利があったのだ。一九六〇年五月というこの時代、試合はボール一個で行われていた。そこでプスカシュは、彼の持ち味であるさえわたる知性を発揮。チームメートのほうが自分より一点多く決めていたことなど意に介さずボールを要求して苛立っているディ・ステファノに近づくと、ボールはエルヴィン・シュタインにプレゼントしようと提案した。フランクフルトの三得点のうち二点を決めていたドイツ人選手である。「アルフレッド、僕らは七点も奪った。その埋め合わせをしようじゃないか」と、プスカシュは言う。短気で傲慢なディ・ステファノは、不満げなしかめっ面を浮かべながらもそれに応じる仕草を見せ、気の毒なドイツ人にボールを譲ることを受け入れた。

プスカシュはいつもこのエピソードを笑いながら話していたが、シュタインにボールを譲り渡すことで、ディ・ステファノと争わなければならないという厄介事を解決したのだとわかっていた。ディ・ステファノにとっては自分こそが宇宙の中心であり、たとえ相手が魔法使いプスカシュというサッカー界の怪物であろうとも、自分の台座を一ミリたりとも譲ろうとはしなかった。

今日、そんな駆け引きは必要にならない。マンチェスターダービーではハーランドもフォーデンもハットトリックを達成したが、両者に記念品として贈るのに十分な数のボールがある。シティの選手がダービーマッチでハットトリックを達成したのは、過去半世紀で初めてのことである。最後の達成者は一九七〇年のフランシス・リーだったが、この日は二人が偉業を成し遂げた。ハーランドとフォーデンはどちらもボールを抱えてエティハドから帰宅し、ユナイテッドは三対六という大敗を喫してオールド・トラッフォードへ戻る。シティが四対〇のリードで終えた前半の驚異的なペースを緩めなければ、さらに派手な結果となっていてもおかしくはなかった。

前半の飛ばしっぷりは尋常ではなかった。完全にユナイテッドを破壊し尽くした。シュート一五本を放ち、うち七本が枠を捉え、四ゴールを奪い、ポストを叩いたシュートも一本。ロドリは軽い負傷でベンチにも入らなかったため、ギュンドアンがピッチ中央で偉大なるキャプテンとなった。ベルナルドによる好サポートと、アカンジやアケが素晴らしかった最終ラインからの支えを受けつつ、ドイツ人MFは巧みにチームを動かしていた。グリーリッシュは鋭く積極的で、デ・ブライネ、ハーランド、フォーデンは止めようがなかった。チーム全体の調和した戦いぶりがスタジアムを燃え上がらせ、シチズンズのファンは宿敵を粉砕したことに熱狂した。

後半は、シティが気を緩めたおかげでユナイテッドが敗北を和らげるための時間となった。終盤にミスの増えたシティは、最終的にはベルナルドとセルヒオ・ゴメスがダブルCHを構成するという初めての形で試合を終えることになる。だがそれでもハーランドとフォーデンがそれぞれハットトリックを完成させ、マンチェスターは水色に染まっていることをわからせた。ペップは大勝に浮かれず、終盤の無気力ぶりを指摘する。「簡単なことをうまくやれていない。簡単なことこそ、改善していかなければならない」

＊＊＊

ハーランドはこの日、自身三度目のハットトリックを達成したことになった。シティでわずか一一試合を戦ったのみで、一七ゴールを挙げている。一試合あたり一・五得点。五八分ごとに一得点。プレミアリーグ八試合で三度のハットトリックということは、つまり、クリスチアーノ・ロナウドやドログバ、スールシャール、ルカク、ソン・フンミン、アデバヨール、ヴァーディーといったFWたちがプレミアリーグでのキャリア全体を通して達成したハットトリックの回数に並んだということだ。三度のハットトリックにわずか八試合しか要しなかったが、マイケル・オーウェンは四八試合目、ルート・ファン・ニステルローイなら五九試合目で達成したことだった。

ハーランドがこれほどのパフォーマンスを発揮できる大きな秘訣はどこにあるのか、質問をしてみると「ハーランドの最大の力は、シュートの正確性に加えて、スピードにある」と、ペップ。「あまりにも速いのでコンマ一秒でDFを振り切ってしまい、それがシュートを打つための大きなアドバンテージになる」と、ブエナベントゥーラ。「決してオフサイドにかからない技術とスピードがある」と、エスティアルテ。「ハーランドの最大の長所はインテリジェンスだ」と、リージョ。

彼ら全員が確信している。正確さ、技術、インテリジェンス、スピード。この四つの資質によって定義される彼はサッカー界の野獣であり、エリア内のサイボーグであり、無慈悲なフィニッシャーであり、抑え切れないほどの貪欲さを備えている。彼の存在により、エティハドでのシティの試合のチケットを買うことはほとんど不可能になった。八月二七日に最初のハットトリック（クリスタル・パレス戦で四対二の大逆転）、八月三一日に二度目（ノッティンガムに六対〇）、そして一〇月二日に三度目を達成したスーパーストライカーがまた新たな活躍を見せてくれるのを、ファンは毎試合心待ちにしている。

数週間前、アルド・サイナティという若いコーチが、ペップとハーランドは炎と氷の融合であるという面白い比喩を用いたことがあった。現時点では、その融合はまだ最高の状態には程遠い。ペップは彼に、ボールを待ってゴールに打ち込むだけでなく、もっとプレーに関与してほしいと望んでいる。点取り屋としての本質は忘れることなく、ボール回しにもっと参加してほしい。ペップが必要としていたストライカーを手に入れた今、何より重要なのは、彼に何を求めるべきであるかを正しく理解することだ。見たところ、ハーランドはメッシになるのでもケインになるのでもなく、エリア内の強力なフィニッシャーである。

炎と氷の最適な融合点を見つけるには、時間が必要になるだろう。

シーン六：ジス・イズ・アンフィールド！

（二〇二二年一〇月一六日、リヴァプール）

カンセロがトップレベルのDFらしからぬミスを犯した。アンフィールドでリヴァプールの一対〇での勝利につながるミスだった。この試合ではフォーデンの得点が、その前にハーランドからファビーニョに対するファウルがあったとして取り消される場面もあった。小さなファウルではあったが、得点を無効にするには十分だとVARは判断した。イングランドでは笛を吹くことなどあり得ないようなごく小さなファウルだった。ペップは、審判による微妙な判定があるたびにいつも不利な結果につながると思いながらも、その話はしないことに決めた。それでもコーチングスタッフの一人は、「審判のあれはあり得なかった。ジス・イズ・アンフィールド！」と、チーム内全体の感覚を反映したメッセージを私に送ってきた。

シティがアウェーで敗れたのは、一四カ月前の二〇二一年八月一五日（トッテナムに〇対一）以来である。この一〇月、チームは好調な戦いができている。ダービーでユナイテッドを圧倒したあと、チャンピオンズリーグではコペンハーゲンに勝利（五対〇）、リーグ戦ではサウサンプトンに勝利（四対〇）。ハーランドはさらに三ゴールを積み上げた。続いてチャンピオンズリーグ第四節はコペンハーゲンでスコアレスドロー。良い結果ではないものの、悪くもなかった。三〇分でゴメスが退場となってしまい、チームメートたちは一六強進出をほぼ決定づける勝ち点一を確保するために試合を「凍結」するしかなかったためだ。

アンフィールドはまったく別の試合だ。いつものように、前後半の最初の一五分は弾けんばかりのエネルギーで相手を圧倒しようとするリヴァプールを止めなければならない。ペップはそれをよく理解しており、クロップのチームがその時間帯を活用できないように、選手たちにゲームを落ち着かせようとする。そのため前半は淡々としたものとなり、パスの本数が増えるばかりで、危険なチャンスはほとんど生まれない。シティはボールを持つと3バック（アカンジ、ディアス、アケ）のラインを敷き、カンセロは右WGとなり、フォーデンは左に位置しながらも攻撃的にプレーする。ビルドアップ時はいつもの［3―2―2―3］であり、攻撃時には［3―2―5］。ボールを持っていないときには［4―4―2］となり、カンセロを右SBに下げ、アケが左に入る。前述のプレー開始時にはシティはリヴァプールに対してマンツーマンでプレスをかける。これは大きな体力消耗を伴うことになるため、三〇分の時点でペップは二人目のCHを変更。ギュンドアンが下がってロドリをサポートする。ベルナルドはデ・ブライネの近くまでラインを上げ、プレスに彼の大きなエネルギーをもたらす。

前半のプレーに流動性はなかったが、相手のレベルを考えれば、ペップがハーフタイムに不満を漏らすこともなかった。ただ、目前に迫る危険を改めて警告したのみだ。「最初の一〇分間を抑えろ。彼らは獣のように襲いかかってくるぞ！」。まさにその通りとなり、リスタート後にはサラーが素晴らしいカウンターを繰り出してきたが、エデルソンが驚異的な対応で阻む。ペップの思いとは裏腹に試合は激しさを増し、両チームとも非常に危険なプレーを積み重ねていく。まずは五四分にフォーデンがゴールを決めたがVARで取り消し。ジョッタが応酬し、エデルソンの目の前でフリーになって放ったシュートは失敗に終わる。ハーランドが放った強烈なシュートはアリソンがセーブ。続いてシティはベルナルド、リヴァプールはサラーがそれぞれカウンターから狙うもシュートはよくない。リヴァプールの三つの危険なチャンスは、シティによるマンツーマンプレスから生まれていた。おおむね効果的で的確なプレスではあったが、時折ロバートソンやエリオットの的確なロングパスによってかわされてしまう場合があり、そこからリヴァプールの危険なFW陣がシチズンズの3バックと直接相対する形となってしまう。

残り一五分となったところで、カンセロのミスが起こる。シティのFKをデ・ブライネが蹴り損ね、アリソンから大きく展開することを許してしまう。サラーとカンセロが対峙する形で、カンセロはボールを逃し、エジプト人ストライカーのゴールをお膳立てしてしまった。シティにとって良い試合ではあったが結果は悪く、リーグ首位に立つアーセナルとの勝ち点差は四に広がる。心配するほどの差ではないが、アルテタのチームについていくチャンスを逃したことは確かだ。

マンチェスターに戻るバスの中で、ペップは不安げに振り返った。カンセロのSB兼IHとしてのポジションはうまく機能しておらず、ほとんど攻撃することも、デ・ブライネと連係を取ることもできなかった。判定がどうあれ、ペップは自分のチームがアンフィールドで良い試合をしたことはわかっているが、それでも「内容が多少悪くとも試合に勝てるほうがいい」。彼が懸念しているのは、選手たちが個人のデュエルに何度も負けていたことだ。「良いプレーができるかどうかは、デュエルに勝てるか勝てないかでもある」。また、こうも考える。「リヴァプールも良いプレーをしていた。それぞれ自分たちのやり方で戦うものだ。こちらのほうがよりリスクを冒してはいるが、どのチームも戦いたいように戦っている」。いずれにせよ、口に出しはしないが、カンセロのことを心配し始めている。ウォーカーはマンチェスターダービーで鼠径部を負傷して一〇日前に必要な手術を受けたところであり、年内はプレーすることができない。そしてペップは、カンセロがぐらつき始めたと感じている。

シーン七：「新しいラームがいる」

（二〇二二年一一月二日、マンチェスター）

プランチャルトの話しぶりは、これが何か大きなことであると物語っている。いつもは慌てず冷静で、口数の少ないプランチャルト。今日は珍しく興奮している。

「我々には新しいラームがいるのかもしれない」

もちろん、リコ・ルイスのことである。一七歳の若者は今日、セビージャに三対一の勝利を収めたチャンピオンズリーグの試合でトップチームデビュー。しかもゴールを決め、エティハドで盛大に祝った。同じくアカデミー出身で先発出場していたフォーデンとパーマーは特に祝福していた。

そう、ルイスはフィリップ・ラームの魂を持っていることを示したのだ。右SBのポジションに入ったが、すぐにギュンドアンの隣に位置するようになった。今日のギュンドアンはCHを務め、ペップの用いる例の「中央の壁」をゴメスとともに形成していた。このような状況からルイスはボールを持って賢く動き、ギュンドアンとも、この日はちょうど彼の年上の友人であるパーマーとフォーデンが務めていた二人のIHともシンプルなコンビネーションを見せる。マフレズやアルバレスとの息もぴったりで、何度も危険な形でセビージャのエリア内へ侵入することができた。そして五一分、アルバレスからの正確無比なパスを受けて鋭いシュートでネットへ打ち込む。これから高みを目指していくサッカー選手の門出が盛大に祝われた。チャンピオンズリーグの歴史上、先発デビューでゴールを決めた最年少選手となる。一七歳三四六日のルイスは、二〇〇五年のリヨン対ローゼンボリ戦でデビューしてゴールを決めたカリム・ベンゼマより六日若かった。

ルイスはそれ以前の試合ですでに多少の時間プレーしており、八月末にはカンプ・ノウで先発出場したこともあった。ALS（筋萎縮性側索硬化症）と闘うファン・カルロス・ウンスエを経済的に支援するため、シティがバルセロナとの対戦を希望したフレンドリーマッチだった。しかし今日は、シティがすでに一六強進出を決めていたとはいえ、初めて先発で戦う「真剣勝負」である。この少年は、ドレッシングルームで頭角を現しつつある。これまでは、ワールドカップ前であり負傷者も多いという特殊な時期に招集された選手の一人でしかなかった。今や彼はチャンピオンズリーグの試合で先発し、驚異的なプレーを見せ、ゴラッソまで決めてみせた。八五分に足をつって交代を告げられると、ファンから大喝采を浴びた。しかし、それだけではない。毎日の練習の中でしか感じ取れない何かがある。それが、分析担当のチーフであるプランチャルトがこの夜に言及したことだ。

「彼はラームによく似た資質を持っている。背が高いわけでも、強いわけでも、スピードがあるわけでもないが、サッカーを高速で処理する頭脳を持っている。器用で、ボールをうまく扱い、インテリジェンスがあり、常にチームメートが必要とする場所へ動く。私は彼を毎日見ているが、フィリップを見るようだ。本当にそうなのか？　時間が教えてくれるだろう。しかし私としては、新しいラームがいるように思える」

シーン八：未踏の地

（二〇二二年一二月三一日、マンチェスター）

シーズン真っ最中にカタールで開催されるワールドカップは、どのような結果をもたらすのだろうか？試合を詰め込まれた選手たちは、どんな影響を受けるのだろうか？　世界的イベントが各国リーグやカップにどのような影響を及ぼすのだろうか？

我々は未踏の地、未知の領域に立っている。ワールドカップが真ん中に挟み込まれ、シーズンがほぼ半分に分けられるなどということはかつてなかった。コーチたちやフィジカルトレーナー、パフォーマンスマネージャーらは、ワールドカップの前後にどう対応すべきかという新たな課題に直面している。所属クラブで年間六〇試合を戦うような選手にとって、シーズンの真ん中にワールドカップという強度の高い大会があるというのは、大きな怪我やアクシデントに見舞われる危険性を孕んだイベントが加わるということであり、大会後にどの程度パフォーマンスを発揮できるかも未知数である。

シティの選手たちは、トレーニング体制によってその影響を軽減できるかもしれない。ブエナベントゥーラの指揮のもと、常に次の試合だけを視野に入れ、構造化された小さなサイクルを基準として準備を行っている。中期的な目標を他に求めることはなく、各試合を最高の状態で戦うことだけを目指している。この観点からブエナベントゥーラは、大会終了後に休養が必要となることを除けば、ワールドカップが選手たちに引き起こし得る影響を楽観視し続けている。大会が生理的、感情的に何らかの影響をもたらすことは理解しているが、この特殊なシーズンを、ワールドカップ前とワールドカップ後の二つのリーグ戦が行われる二つのハーフシーズンであるかのように捉えている。

ワールドカップまでの三週間はシティにとって試合ラッシュであり、七試合を戦ってわずか一敗。この三週間のメンバー構成からは極めて慎重な姿勢が感じられた。どの選手もワールドカップ出場を逃したくはなく、警戒にも近い用心があらゆるジェスチャーに表れていた。

一〇月最終週のリーグ戦では、ロベルト・デ・ゼルビ率いる好チームのブライトンと、精彩を欠いたロジャーズのレスターに勝利。チャンピオンズリーグではドルトムントとの決定的な試合に引き分けた。ブライトン戦の勝利でエティハドではちょうど一〇連勝であり、そのすべてでシティが三得点以上を挙げたというおまけつきだった。勝利した一〇試合で計四三得点を挙げてわずか一〇失点という成績は、エティハドが難攻不落の城塞となったことを明確に示している。とはいえ、ブライトンがピッチ全面で仕掛けてくるマンツーマンマークは悪夢のようであり、ペップは六分にベルナルドのポジションを変えなければならなかった。ロドリと同じ高さにまで下げ、ハーランドが自由に動くスペースをとれるようにするためだ。ノルウェー人ＦＷは二得点でこれに応えた。「戦術的に非常に大変な試合になることはわかっていたが、選手たちは素晴らしい仕事をしてくれた」と、プランチャルトは試合後に語った。

カンセロとハーランドを発熱で欠きながらも、チームはまたしてもチャンピオンズリーグをグループ首位で突破するため必要な勝ち点をドルトムントで手に入れた。一ポイントを獲得すれば一六強進出が事実上決まるドルトムントは、中央に君臨するフンメルスを中心としてエリアに閉じこもり、試合は望み通りのスコアレスドローで終了。しかし、終了三〇分前にはマフレズがPKを失敗する場面もあった。欧州の大会で二本連続となる失敗である。ペップ就任以降のシティはすべてのPKのうち六九・五％（八二本中五七本）しか決めることができておらず、イングランドの全チームで最も低い成功率である。

その四日後、かつて攻撃的だったレスターは今や降格圏付近をさまよう弱小チームとなっており、そのこともあって守備的な壁をますます厚くするようになっている様子を我々は目の当たりにする。ロジャーズはホームでも非常に間隔を狭めた五人のラインを二つ組み、［5―5―0］の形でも［4―5―1］の形でもフリースペースを最小限に抑えようとする。ペップは［2―2―6］で応戦してホームチームを圧倒したが、デ・ブライネが見事に決めた直接FKのおかげで最少得点差勝利を挙げることしかできず。それ以外の時間は、何度も壁にぶつかり続けてどうすることもできないような試合だった。

フラムを破る前に、シティはエティハドでセビージャを迎え撃つ。一八歳未満でチャンピオンズリーグの試合に先発出場した五人目のイングランド人選手となったルイスが、「ラーム的」特徴の片鱗を垣間見せた試合だった（※四四）。彼の決めたゴールは欧州でのクラブ史上最年少記録を更新した（※四五）。グループステージ無敗のシティはその夜のセビージャ戦で、ベルナベウでのマドリー戦と同じく、エティハドでも「九〇分は非常に長い」ことを証明した。

一一月、フラムはシティを大いに苦しめた。ペップはマルコ・シウヴァ監督のチームとの対戦に油断したことは過去にもなかったし、今回もそうだったが、カンセロの退場でプランが崩れた。二六分から一〇人となったシティは、またしても険しい山を登っていかなければならない。こういう試合は過去に何度も見てきた。ペップのチームは数的不利ながらも勝ちにいき、相手は待ち構えてカウンターを繰り出そうとするような試合だ。カンセロの退場で得たPKを決めたのを除けば、フラムはエデルソンの守るゴールに一度しかシュートを放てず。逆にシティは無数のパスを繋ぎ、縦へ仕掛け、シュートを放った。デ・ブライネ、ギュンドアン、ベルナルドが攻撃の枚数を増やし、ロドリ、ストーンズ、アカンジが非常に的確にその背後を守る。二ゴールが取り消されたあと、時計が九五分を指す頃にチームはPKを獲得した。「人生で一番緊張した瞬間のひとつだった」と、ハーランドは言う。彼はすでに軽い怪我から回復し、試合のラスト三〇分間出場。汗だくになり、緊張し、肺に届かない空気を求めて口をしきりに開けながら、ハーランドはゴール左へ低い弾道のシュートを放つ。レノはわずかにボールに届かなかった。

リーグ戦はまだ一三試合を終えたところだが、まるでタイトルを獲得したかのように祝った。エティハドは幸福感に包まれ、選手たちは熱く抱擁を交わす。誰よりも祝っていたのはペップだ。ファンからの声援と選手たちが発揮してくれたエネルギーに感激し、完全に祝福に酔いしれていた。「こういう瞬間こそが私たちの仕事に意味を与えてくれる」と、幸せそうなペップは率直に語った。

ペップの思いはボディランゲージからも明らかだった。この夜の彼はファンから愛され、選手たちから支持され、今の場所を心地よく感じている男だった。

「ファンの表情を見ることも、最後にピッチを一周するのも、すべてがとても感動的だった。ここで七年

※四四　他の四人はジャック・ウィルシャー、ジョシュ・マクイクラン、フィル・フォーデン、ジュード・ベリンガム
※四五　フォーデンはチャンピオンズリーグ初ゴールを一八歳二八八日で記録。パーマーが一九歳一六六日で続く。ルイスは一七歳三四六日だった

間を過ごしてきて、迷いを抱くこともあるし、何千回もの練習や試合や遠征や……しかし、このことが私に強い誇りを感じさせてくれる」。その後の数分間に彼が見せた表情や仕草は、マンチェスターで歴史を作り続けたいと願っている者のそれだった。

チェルシーがエティハドを訪れた試合で、オルテガは一流ＧＫとしての地位を確立させた。このリーグカップの試合に起用されたのは、ロドリ、ギュンドアン、マフレズ、グリーリッシュらの主力と、ルイス、ゴメス、アルバレス、そしてオルテガといった新戦力を織り交ぜた布陣。試合を支配したのはシティのほうであり、好機を積み重ねていたが、この日の主役となったのはドイツ人ＧＫだ。ゴールになってもおかしくないチェルシーのシュートに対して五度の驚異的なセーブを披露してみせた。一方で攻撃面ではグリーリッシュが躍動し、何度もシュートを放つが相手ＧＫメンディがセーブ。シティはマフレズとアルバレスのゴールで一六強進出を決めた。ルイスはこの試合ではかなりの苦戦を強いられ、デュエルに九回敗れたものの、頑強な闘争心を持っている姿も見せていた。

落胆を味わわされたのはブレントフォード戦だ。スターＦＷのトニーに二点を許して一対二で敗れてしまった。トニーは開始直後からエデルソンとシチズンズ守備陣にとって悪夢のような存在となった。ペップはベストメンバーを起用したが、ワールドカップ前のラストマッチとなるため、選手たちからは非常に慎重な様子が感じられた。ブレントフォードはかなり高い位置からプレスをかけ、シティはなかなか逃れられない。プレスをかわしたときには、相手はすでに［５―３―２］の陣形でコンパクトに構えている。一方で、ブレントフォードの攻撃的プレーはＧＫラヤからトップのトニーへのロングボールという形を取るため、シティにプレスをかけさせない。ペップはこう説明する。

「前からのプレスがよくなかった。相手にやらせてもらえなかったからだ。ＧＫから一気にトップまで蹴ってくる。トニーはそのボールをすべて三人の中盤に下げるので、そこでまったくボールを奪えなかった」

ハーフタイムには、監督から選手たちに厳しい言葉が浴びせられた。それまでの試合とは異なり、ペップは選手たちの熱意のなさに失望した様子を見せた。彼らの意識は試合以外へ向いているかのようだった。叱責は大きなものだったが、さほど効果は表れなかった。シティは後半もうまく攻められず、焦りすぎてしまい、パスの精度も八四%にとどまる。試合は、より優れていたチームの勝利に終わった。ハーランドは一三試合に出場して一八得点、三アシスト、五八分あたり一ゴールという恐ろしいシーズンを過ごしているが、それでもワールドカップのためリーグ戦が中断された時点で、アーセナルがシティに対して勝ち点五（三七対三二）のアドバンテージを築いている。

ペップ、あと二年

三度目の契約が終わる半年前、ペップはシティとの契約を延長した。一一月二三日に締結された契約は二〇二五年六月末までの期間となる。

この契約更新が実現するには、いくつかの条件が揃う必要があった。一つ目はクラブが素晴らしいオファーを提示したこと。二つ目は、監督が続行を望み、彼の家族があと二年間現在の状況が続くのを受け入れること。そして三つ目は、素晴らしいメンバーが揃っていることに加えて、彼が他のどの場所でも出会えなかったプラス要素をシティが提供してくれているとペップが確信できていることだ。クラブ全体が、ごく末端の職員からオーナーに至るまで、グループ全体での成功を求めて同じ方向へ進もうとしていることがそれである。

この三つの要素が揃ったことで、ペップの返答は疑いないものとなった。金銭は問題ではなく、クラブは同じ目的に向かって団結していた。必要なのは家族と相談することだけだった。マンチェスターで二年間一緒に暮らしたあと、家族は仕事の都合により三つの異なる行き先へ分かれていた。クリスティーナは、家族の事業であるファッションショップ「セラ・クラレ」を自ら経営するため二〇一九年にバルセロナへ戻った。小さなバレンティーナもカタルーニャの州都で学校に通い続ける。長女のマリアは学業を終え、ロンドンに定住。ペップと息子のマリウスはマンチェスターに住んでいた。エティハドでの試合にはほぼ毎回のように家族全員が集まったが、翌日には三人の女性たちはそれぞれの家へと戻り、仕事や学業を続けていく。不定期ではあったが、日程次第ではチャンピオンズリーグの試合の際にロンドンや欧州の別の都市でたびたび集まることもできたし、選手が各国の代表チームに招集される期間を利用して、年に三回か四回は一緒に一週間の休暇を取ることもできた。しかし、何度集まろうとも、家族がもう三年以上も離れて暮らしているという現実を避けて通ることはできない。この理由によりペップは、シティとの関係を延長するのかどうかを妻と三人の子どもたちに決めてもらおうとしたのだ。そして、全員一致で答えはイエス。長旅をして集まる状態を、さらに延ばしても構わないと決めた。ペップは一一月二三日に契約更新のサインを交わし、うれしそうにこう言う。

「ここ以上に良い場所はない。七年間の中には悪い時期もあったが、そういう時期にもクラブはいつも私を支えてくれた。カルドゥーンをはじめとして、フェラン・ソリアーノもそうだし、私の一番近くにいるチキとオマル・ベラダも、全員がいつも支えてくれた。多くのタイトルを獲得できたのは、クラブからの全面的なサポートがあったからこそだ」

クライフにも言及した。「ヨハンなら私に、さらに二年間延長するべきだと言ったと思う。彼なら必ずそう言ったはずだ。チキと私は彼の息子だ」

カタールでワールドカップが開催されている間、私はロマン・フェドトフに連絡を取った。バンクーバーに住むサッカー専門のデータアナリストであり、過去一〇年間のプレミアリーグの変化に関する興味深い研究の著者である。フェドトフの研究によれば、ダイレクトプレーは二〇一三年の四五％から現在は四一％に減少している。両サイドからエリア内へのクロスは、一試合一チームあたり二三％から一八・五％に減少。総シュート数も減少（二四本から一二・七本に）し、以前よりはるかにゴール近くから放たれるようにもなっている。エリア外からのシュートは一〇年間で四七％が三五％に減少した。相手エリア付近でのハイプレスにより奪ったボールの数は一試合あたり三から四・五へと、一五〇％も増加している。つまりフェドトフが調査したデータからは、この一〇年間にプレミアリーグで実践されるスタイルが大きく変化し、ペップが提唱するコンセプトにますます近づいていることがわかる。

イングランドでのプレーがこれほど大きく変化するにあたって、監督たちがどれほど影響を及ぼしたか正確に測ることはできないとしても、クロップ、トゥヘル、ビエルサ、ポチェッティーノ、エメリ、アルテタ、デ・ゼルビといった監督たちの到来が高い割合で貢献していることは論を待たない。そして明らかに、このプレーの大幅な変化にペップが及ぼした影響は絶大なものだった。

「アーセナル、彼らを狩らなければ」

クリスマスの三日前、エティハドに試合が戻ってきた。

一六人の選手がワールドカップに出場したため、ペップのもとに残って一二月五日からアブダビでトレーニングを開始した選手は七人のみ。ハーランド、マフレズ、ルイス、パーマー、ゴメス、それにＧＫのオルテガとカーソンである。遠征には練習を手伝うためアカデミーの若手選手たちも帯同した。

一二月二二日にはリーグカップのリヴァプール戦が組まれているが、ワールドカップに参加した選手の大半は同じ週の月曜日から水曜日にかけてマンチェスターに戻ってきた。そのためペップは、チームの半分を彼と一緒に練習していたメンバー、残り半分をワールドカップで早期敗退したメンバーで構成した。ベンチに入るのはカーソンとイングランド人、ポルトガル人。ただしカタールで重傷を負ったディアスと、ワールドカップで四分間しかプレーせずに体重オーバーで戻ってきてペップから公然と叱責を受けたフィリップスは外れている。

リヴァプールも同じ理由で戦力ダウンを余儀なくされ、混成チームでエティハドに乗り込んだが、いつものアグレッシブさは健在だった。試合はまたしても激しい好勝負となる。シティが主導権を握り、リヴァプールが応戦、それぞれが持ち味とするスタイルを発揮し、決勝戦であるかのような情熱的な戦いだ。ホームチームはハーランド、マフレズ、アケが三得点、アウェーチームはカルヴァーリョとサラーが決め、前回大会のファイナリストであるチェルシーとリヴァプールをどちらも撃破したシティが勝ち進んでいく結果となった。

シチズンズのDFラインは素晴らしいレベルでプレーしていた。自陣ゴールから五八メートルの距離を取り、アカンジとラポルテは猛烈に暴れ回り、ルイスはまるでベテランを彷彿とさせる佇まい。とても一八歳になったばかりとは思えない彼は衝撃的であり、ロドリをサポートしながらお手本のようなプレーをする。そのロドリもCHとして並外れた存在だった。コーチの間では、ルイスについて再び「ラームになれる」という声が上がる。ペップはこう語った。「コール（・パーマー）とリコは信じられないほど良かった。今後一〇年間、このクラブにとって非常に重要になるだろう。リコは謙虚で、とても賢い選手だ」

ルイスのパフォーマンスはゲームに大きな影響を与えた。「SB兼IH」として機能しただけでなく、ある種のプレスを実現することでシティを勢いづけた。プレスの形はいつもとよく似た［3―4―1―2］。

ハーランドとマフレズが相手ＣＢ陣にアタックし、デ・ブライネは中盤（バイチェティッチ）をカバーし、ロドリはチアゴ・アルカンタラを、パーマーは右ＳＢ（ミルナー）を受け持つ。肝心のルイスは、リヴァプールが最終ラインでボールを動かして左サイドから上がっていこうとすると持ち場を離れる。その瞬間、若きＳＢは何かに取り憑かれたように駆け出し、ロバートソンと対峙して彼のパスコースを塞ぐ。その代わり、チームはカルヴァーリョに対してアカンジ、ヌニェスに対してラポルテ、サラーに対してアケと、ハイリスクな三対三の形で相手攻撃陣と向き合うことになる。ルイスのプレスが効果を発揮すれば、ボールはシティのものになる。ボールを奪うことができず右サイドへ展開された場合には、ルイスは後方へ駆け戻ってカルヴァーリョにつく。これによりアカンジはヌニェスを見ることになり、ラポルテはフリーになって最終ラインのチームメート二人をサポートする。ハイリスクではあるが、成功する可能性は高い。

　こうして大成功を迎えることになったのは、どんなときでもチームにとって何がベストであるかを判断できるルイスの資質のおかげだった。優れた脚力と無尽蔵の献身性を備えた少年は、クリスマス三日前の試合を一人舞台としただけでなく、「ＳＢ兼ＩＨ」がインテリジェンスと決断力を持ってプレーすることでもたらし得る大きな貢献についてのインスピレーションも与えてくれた。中盤で優位に立てることはすでにわかっていたが、それに加えて、ハイプレスをかける人数をもう一人増やす存在にもなれるということだ。もちろん、すぐに戻ってきて後方を安定させられるだけの脚力と反応力を備えている必要はあるが。

「ケヴィンはこのクラブの絶対的なレジェンドだ」と、ペップはデ・ブライネのプレーにも言及した。ギュンドアンと同じくワールドカップの第一ラウンドで敗退していたデ・ブライネはピッチ上で暴れ回り、衝撃的なパスを連発。ＤＡＺＮのアナリストであるナチョ・ゴンサレスは、クラブのトレーニングセンターの壁に刻むのにふさわしい言葉を生み出したほどだった。「ケヴィン・デ・ブライネはベルギーで生まれたが、彼の真の母国はマンチェスター・シティだ」

その一週間後、シティはエランド・ロードでリーズに勝利（三対一）。ルイス、ロドリ、デ・ブライネがまたしても極上のパフォーマンスを見せた。ジャガイモ畑のような最悪の状態のピッチに強風が吹きすさんでいたが、それでもシティは六〇分までに三点のセーフティリードを奪う。うち二点を決めたハーランドは、プレミアリーグ通算二〇得点の最速記録を打ち立てたことになった。要した試合数はわずか一四試合で、アラン・シアラーの半分である。七〇分になるとペップはルイスとグリーリッシュを休ませるが、チームは試合のコントロールを失ってしまう。嘘のように思えるが、両者はチームの主軸となっている。ルイスはロドリと組んで、プレーの起点となりゲームをコントロールする部分で素晴らしいクオリティを発揮してくれるため、グリーリッシュは単純に、チームの「休憩所」であることを自覚しつつあるためだ。

ペップのチームにやって来るアタッカーたちの一年目がいつも非常に厳しいシーズンとなることはもうわかっている。サネやベルナルド、マフレズの一年目を思いだしてみるといい。彼らのパフォーマンスはかなり控えめなものだったが、二シーズン目から飛躍的に向上した。グリーリッシュにも同じことが、特にワールドカップから戻ってきたあとに起こった。その頃に彼は監督から求められることをすべて理解し、一つひとつのプレーを実行するのに適切なテンポを見つけ出すことができたのだ。守備面で卓越した対応を身につけただけでなく、彼はチーム屈指の「ボールプロテクター」でもある。最近では、グリーリッシュにボールを預ければ、チームが一息つくことのできる貴重な時間が保証される。高速道路の途中にある「パーキングエリア」のような存在だ。そして、攻撃面でも日に日に良くなっている。

この日、ハーランドは自身のソーシャルメディアに「アーセナル、彼らを狩らなければ」と、書き込んだ。狩人が狩りの開始を宣言したのだ。

一二月三一日の昼下がり、シティにとって結果は残念な試合となったが、プレー内容は文句のつけようがないものだった。シュート一六本、ポスト直撃一本、パス六六三本で成功率九〇％、ボール保持率七五％。

エヴァートンは唯一の枠内シュートで同点にするという見慣れた展開だった。二〇二二年は、ブライトンに四対二で勝利したアーセナルが、一六試合を終えてシティを七ポイントリードする状況で折り返す。危険な勝ち点差であり、ペップにこれ以上のミスを犯す余裕はないが、指揮官はこれから予想外のことが数多く起こる時期が始まると考えている。

「まだシーズンの半分にもなっていない。ここからいろいろなことが起こるだろう。多くのチームに多くのことが起こっていく」

未踏の地、未知の領域である。

シーン九：「何をしたんだ、カイル？」

（二〇二三年一月八日、マンチェスター）

「何をしたんだ、カイル？」と言うかのように、ペップは顔に両手を当てる。ミュンヘンのあの夜、レヴァンドフスキが九分足らずで五ゴールを決めたときと同様のリアクションだった。両手を頭に置き、口を開け、目を潤ませる。そのペップの様子は、二〇一五―一六シーズン当時のブンデスリーガで最も手強いライバルのひとつだったヴォルフスブルクを相手に彼のストライカーが成し遂げた偉業を象徴するものとなった姿である。

今回ペップは、ウォーカーが立て続けに見せた二つのプレーに対するリアクションとして同じ仕草を見せた。イニエスタやジダンのようなドリブルと、ベルント・シュスターやトニ・クロースのようなサイドチェンジのロングパス。まったく予想外のプレーを見せられた指揮官は、チェルシーに対してフォーデンがシティの三点目を決めたときにもまだ両手を顔に当てていた。

両チームがわずか六八時間での再戦を迎えたFAカップの試合開始から三七分。この日ペップは試合開始から、もはや彼のチームにとって「古典的」と形容できるものとなった戦い方を採用する。［3＋2］のビルドアップと、［2＋3］の攻撃である。ビルドアップの第一列はウォーカー、アカンジ、ラポルテで構成される。二人のMFはゴメスとロドリ。チェルシーは位置取りの近い三人（ハフェルツ、マウント、ツィエク）がプレスをかけてくるため、前進は容易ではない。この難しさが明確になるやいなや、ペップはビルドアップの変更を命じる。九分にはベルナルドを下げてロドリと組ませ、ウォーカーとゴメスにサイドを空ける。［3＋2］から［2＋4］となり、それでチェルシーは終わった。シチズンズはアウトサイドから、プレスをかわして容易に攻め上がっていく。マフレズがFKから放った正確なシュートがケパのゴールのトップコーナーに突き刺さって先制点を奪った。アルバレスも、バスク人GKが大きく体を伸ばしながらも届かないPKを決めて追加点。シティは主導権を握り、試合を見事に支配しコントロールしていた。チェルシーは存在感を失い、崩れ去り、リアクションも起こせない。シティの並外れたプレスが効いており、あっさりとボールを失ってしまう。

「選手たちはたくさん走ってくれたが、それ以上にうまく走ってくれたおかげでマンツーマンプレスが可能となり、それが決定的だった」と、プランチャルトは言う。そのプレスを管理する上で、マフレズが重要な役割を果たした。チェルシーDF陣を、出口のない「袋小路」に追い込む奮闘の中心となった選手だった。このアルジェリア人選手のインテリジェンスを支えたのは、アルバレス、フォーデン、パーマー、ベルナルド、ロドリ、ウォーカーの無尽蔵のエネルギーだった。彼らは何度も何度もチェルシーを左コーナー付近に閉じ込め、ボールを奪うことに成功していた。シチズンズの七人は、ボールを自陣から出していこうとするチェルシーの選手八人との駆け引きに勝利していた。同じプレーは何度も繰り返され、そのたびにホームチームの成功に終わった。

そして、チェルシーが稀にプレスをかわすことができた場合には、個人のデュエルに極めて強いアカンジとラポルテの二人がいた。彼らは自陣ゴールから平均五八・五メートルというピッチ上の非常に高いポジションを取り、それがグレアム・ポッターのチームに一切シュートチャンスを許さない上で決定的な意味を持った。チェルシーが繋いでいこうとするボールをシティに奪われたことは前半だけで一五回あり、そのうち八回はピッチ中央を越えることすらできなかった。

ウォーカーに魔法の瞬間が訪れたのは、まさにマジカルスケールとも呼べるひとつのプレーからだった。まだ三七分にもなっていないところで、アルバレスのプレッシャーを受けたハンフリーズがボールを失うことを強いられる。センターサークル内でロドリがプレゼントを受け取り、新たな動きを組み立て始める。ウォーカーとベルナルドがパス回しを遅らせることで、アカンジとラポルテはバックラインを構成し直すことができる。［2＋4］が形成されると、オルテガが組み立てをスタートさせ、ボールはウォーカーに渡る。しかし、ウォーカーには逃げ場がないように見えた。タッチラインに張りついており、そこにホールがプレッシャーをかけてくる。コヴァチッチがコースを塞いでいるため後ろのアカンジに戻すこともできず、前方にパスを出せる味方はいない。ペップはウォーカーの背後一メートルで腕を組み、ボールはもはや失われたと覚悟した。逃げ道はない。

すると突然、ウォーカーが別人となり、にわかには信じ難いドリブルを生み出す。右足でボールを受け、左足に持ち替え、体を使ったフェイントでホールを欺き、ボールを右足に戻して相手から逃れる。インサイド側へ三メートル前進するが、六人もの相手選手に囲まれてしまい、またしても逃げ場はないように見える。六匹のティブロンアスル（青いサメ）がウォーカーに食らいつこうとしている。相手チームの半数以上が、この日シティのキャプテンを務める彼を捕まえることに集中している。そこでウォーカーは、自分が囲まれているということは、チームメートたちがフリーであることに気がつく。サッカー選手はほんの一〇〇〇分の一秒で、理屈ではなく直感的な判断を下すものだ。顔を上げ、遠く逆サイドにゴメスを見つけると、六〇メートル先にいる味方の足元にボールを送る。見事なドリブルでチェルシーのチーム全体を翻弄し、奇跡的なパスを出したのだ。ペップは両手を顔に当てる。「何をしたんだ……カイル？」

指揮官は感嘆しているが、プレーは続いていく。ロドリがヒールでゴメスに戻し、ゴメスはジョルジーニョとギャラガーをかわしてパーマーへボールを出す。パーマーは十分に落ち着いてロドリへ戻す。そこでスペイン人MFは、何が起こっていたかを把握する。チェルシーの選手九人が彼を取り囲んでいる。一五秒前にウォーカーがイニエスタに扮していたときに彼らがいたのとは反対側のサイドである。右サイドから左サイドまで、大勢の選手が移ってきていた。逆サイドにはフリーな味方がいるはずだとロドリはわかっている。それは間違いなくマフレズだろう。シティにひとつ確かなことがあるとすれば、アウトサイドの両WGのポジションには必ずボールを待っている受け手がいるということだ。ロドリは見るまでもなく、ましてや考えるまでもなく、マフレズが待っていることを「知っている」。二〇メートル後方ではウォーカーが彼の側のCHに、ボールをどこに送るべきかを手振りで示している。ボールを高く浮かせてマフレズへ送る。トラップで時間が止まる。チェルシーは三度目の一八〇度反転を強いられた。マフレズがボールを収める前に、ウォーカーはすでに走り出し、「10番の経路」から侵入してきている。スペースへの柔らかなパスが出され、ウォーカーはアウトサイドから視線でフェイントを入れると、生体力学の法則を破るかのような腰と足首のターンで柔らかなスルーパスをフォーデンへと滑らせる。フォーデンはアウェーチームのゴールにボールを収め、FAカップでの五大会連続ゴールを史上初めて達成した選手となった。

動きの中で作り出された芸術作品だった。このような種類のプレーや動きや展開を見慣れていなければ、例外的なゴールだったといえるかもしれない。だが実際には、シティのトレードマーク的ゴールだった。一分二秒間で、アルバレスを除くチーム内の全選手がボールに触り、相手には一度たりともボールに触らせないまま五三タッチを重ねる。ペップの決まりごとをすべて満たしたゴールであった。一旦動きを止めたところからスタートし、組織的構造を組み立て、（今回は予想外の選手によるものだったが）卓越した技術を発揮し、逆サイドへの致命的な引きつけによって遠いエリアをフリーにし、引きつけてフリーにするという狙いを繰り返し、プレーのリズムに変化をつけ、スペースを重ね、空いたレーンから縦に侵入し、WGが開いてフリーになり、エリア内でマイナスへの低いクロスを入れ……。ペップの決まりごとがすべて達成された栄光の一分間だった。

ウォーカーは直近三四試合のうち一一試合しかプレーしていない。ペップの特別レッスンによって新たなクオリティを身につけ、素晴らしい形でシーズンをスタートさせたが、その後は負傷やコンディション不良に苦しめられてきた。圧倒的なフィジカルコンディションを持ち味としていたウォーカーだが、ボール扱いへの自信をはるかに強めた選手となった。優れた身体能力はそのままに、SB兼IHの役割を見事にこなすことができるようになった。今はほとんどトレーニングできておらず、良好な状態を取り戻す必要がある。小さなルイスには彼と比較できるような圧倒的な身体能力はないが、並外れた技術力を持っていることは知っている。ウォーカーはさらに上を目指し、さらに良い選手になる決意を固めている。ワールドカップ前にはこう認めていた。「自分のプレーの一部を改善できれば、もっとアシストができるようになるだろう。もう少し前に出て、もう少しエリアにボールを入れるプレーを増やしたいと思っている。シティでのポジションは、ゴールにつながるパスを出すよりも、相手のトランジションに警戒する役割のほうが強い。私がやらなくとも、ゴールにつながるパスを出せる選手が大勢いるのはチームとしてとても幸運なことだ。しかし、自分のプレーにそういう部分を加えられれば……」

そう考えて、彼は個人練習を始めた。技術の使い方を向上させ、いつ何をすべきか？　いつ相手のトランジションを守ることに備えるべきか？　いつ前に出て危険なプレーに貢献すべきかを学ぶ。今日彼は、完璧なパフォーマンスでサイクルを完成させた。あり得ないようなドリブル、衝撃的なロングパス、連動した動きに対する正確なビジョン、適切なタイミングでの速い突破、柔らかく正確なラストパスを組み合わせた特別なプレーだった。

「何をしたんだ……カイル？」

ペップはこの夜、二重の意味で満足だった。またしてもハイレベルな戦いをしてチェルシーに圧勝（四対〇）したこと、そして、ともに取り組んだことが実を結び、ウォーカーがクオリティを引き上げられたと実感できたことだ。

シーン一〇：分裂

（二〇二三年一月一一日、サウサンプトン）

悪魔はニュアンスの中に宿る。修正と叱責の差異は、しばしばカミソリの刃以上にごく細いものである。英国海峡からほんの数マイル離れたイッチェン川沿いにあるセント・メリーズ・スタジアムのグラウンドは、サウサンプトンの沿岸気候の影響で滑りやすく重い。リーグカップ準々決勝の試合が行われるピッチは、湿度が高いためか、やや荒れている。しかし、本当に寒く暗いのは、ペップ体制の七シーズンで最悪の試合をしているシティの選手たちの心の中だ。〇対二の敗戦という結果の問題ではない。勝敗はサッカーの常だ。それよりも問題なのは最悪なパフォーマンス、プレーの停滞、危険な攻撃を構築する力の欠如、闘争心の乏しさである。

一方で、この日出場した選手たちは、レギュラーポジションを獲得できない論拠を増やす結果となった。ゴメスは守備面で非常に苦しいことを露呈した。フィリップスはライオンの群れの中を走り回る小鹿のようで、リーズで見せていた素晴らしい資質の本領を発揮できていない。パーマーは、彼自身の直感が導くプレーと指導者から受ける指示との間で大きな混乱に陥っている。この三人だけでなく、つい三カ月前までは不動の先発メンバーだった選手たちも同様だ。フォーデンは、まるでワールドカップ出場が彼の能力をすべて奪ってしまったかのように、ここ何年も見せてきた素晴らしい選手の面影も感じられない。カンセロも急降下し、チームのリズムを見事に操っていた姿とは程遠い。そして後半にデ・ブライネやハーランド、アカンジ、アケ、ロドリといった選手たちが投入されても、サウサンプトンのエネルギーを削ぐことにはつながったものの、手詰まりに陥ったチームのショック状態を変えることはできない。

二〇一七年から二〇年にかけては四連覇を達成し、彼らの占有物だと思えていた大会から、シティは二年連続で脱落を余儀なくされた。大きなショックだったのは、それが普通ではない形で起こったからだ。この日の敗戦により、ペップのチームは過去七シーズンで三八〇試合を戦って五五敗。敗戦は全体の一四・四七%にすぎないが、すべての敗戦の中でも今回は最悪だった。ペップは、これまでに大きな痛手も経験してきた。あの二対四のレスター戦や、一年目の〇対四のエヴァートン戦。アンフィールドでパニックに陥ってチームが崩壊したとき。モナコ、トッテナム、リヨンに敗れたチャンピオンズリーグ……。しかし、いずれの敗戦もチームは最後の一秒まで全力で戦っていた。内容は良いときもあれば最悪のこともあったが、いつも最後の一息まで戦い続けていた。しかし、今日は何もなかった。プレーも、闘争心も、団結力も、献身性も。何もないと言えば、相手ゴールへ一本のシュートを放つこともなかった。ペップがチームを率い始めて以来、わずか三度目のことである（※四六）。

この敗戦自体に大きな意味はなかったとはいえ、数字としてはペップの監督としてのキャリアで一〇〇試合目の敗戦。八三〇試合を戦って一〇〇敗（一二％）だ。この敗戦が持つ唯一の意味は、チームの持つネガティブな感情を加速させるものだということである。感情がチームとして成長し、進歩し、発展するための肥沃な土壌になり得るとすれば、今日のシティの感情は、ひねくれた衝動に満ちた、凸凹で薄暗く不安な土地だ。誰もが腹を立てている。他の者たちへの非難という形で表現はしていても、おそらくは自分自身に怒りを感じている者もいることだろう。チームは苛立ち、倦怠感、無理解、エゴイズムが入り混じった稀なときを過ごしている。分裂の時間である。

ペップはドレッシングルームで激怒している。かつてないほど苛立っており、ありとあらゆる形でそれを表現している。ここ数週間、彼は機嫌が悪く怒りっぽい。何人かの選手たちがワールドカップから戻ってきたときの様子や、このシーズン後半戦に臨む姿勢に苛立っている。

チームは巨大な挑戦に直面している。プレミアリーグタイトルを三年連続で、今回はアルテタのアーセナルという手強い相手に競り勝って獲得することや、チャンピオンズリーグでもう一度決勝進出を目指すという挑戦だ。しかし、こういった挑戦を意識していないかのような者もいる。ペップは数週間前から、一部の選手たちの「ボディランゲージ」の良し悪しに目を配り、普段であれば控えているような発言も行ってきた。フィリップスの欠場を説明する発言や、マフレズがシーズン序盤や一二月のアブダビ合宿中に見せていた淡々とした姿勢と比べて現在は良い状態になっていることを称賛する言葉などだ。この日はこうも言っていた。「こういうタイプの試合に準備ができていなければ、デュエルのたびに数センチ遅れてしまい、ゴールを決めることはできなくなる」

ペップは燃えるような思いだが、ピッチ上で目にするものが彼をさらに苛立たせる。カンセロがファウルスローを取られると、英国テレビ局のディレクターは、ベンチでペップとエンツォ・マレスカが交わした激しい会話に焦点を当てる。二人は明らかに、選手の行為に怒りを表していた。その二日後、欧州のいくつかのチームがカンセロの獲得に関心を示しているという話が報道されたことに誰も驚きはしなかった。ここ数カ月間の彼は、二つの大きなアクシデントで注目を集めていた。リヴァプールの勝利につながったアンフィールドでのサラーへのマークミスと、フラム戦でウィルソンに与えたPKだ。一〇月と一一月のその二回以来、カンセロの調子は心配なほど落ちており、コーチングスタッフは彼を助ける方法を見つけられていない。このポルトガル人選手は繊細な性格であり、あまりにいろいろと言ってしまうと、助けるどころかかえって彼を傷つけてしまう。彼としてはあまり何かを言われないほうがやりやすいものの、関係がギクシャクしていると、その継ぎ目が決壊しそうになる。彼の顔を見ればそのことはわかる。

彼のパフォーマンス低下は大きい。ワールドカップ前から始まった下り坂はポルトガル代表でも加速していき、マンチェスターに戻ってくるとさらに勢いを増した。しかし、最悪なのはパフォーマンスの低下ではなく、カンセロが、調子を崩し、目の前に広がる現実を受け入れられていないことだ。自分のプレーの悪さを周囲のせいにしている。そして、彼の怒りは日に日に強く目に見えるようになってきている。二〇二二年ラストマッチのエヴァートン戦で一分もプレーすることなく終わると、ペップがなぜ彼を起用しなかったか理解できず、ドレッシングルームで怒りを露わにした。その六日後、スタンフォード・ブリッジでは右WGとして起用されたが、ハーフタイムにアカンジと交代させられたことで不当な扱いを受けたと感じた。今日のサウサンプトンで元気のないプレーを見せたのは、チーム内で自分の立場を失ったと感じているからだろう。ミスを積み重ね、コート内を元気なくさまようばかりで、監督を苛立たせている。

※四六　過去には二〇一六年一〇月二六日に同じくリーグカップのマンチェスター・ユナイテッド戦（〇対一）で、また一八年四月四日にチャンピオンズリーグのリヴァプール戦（〇対三）で起こっていた

ペップはピッチ上でミスが起こってしまうことは受け入れるつもりだが、現在起きている技術的・戦術的ミスの多くは、攻撃でも守備でも、精神面の怠慢やコミットする姿勢の欠如に起因していると解釈している。勝つことに飽きてしまったかのように見える選手もおり、それはドレッシングルームが陥り得る悪癖の中でも最悪のものだと指揮官は訴える。この「クレッシェンド」の中で彼は、練習や試合で全力を尽くさない選手たちに対して日に日に攻撃的になってきている。またしても自分と一部の選手たちの間に壁を作り始めており、またしても好き嫌いが表面化してきている。彼はカラヤンをやめてバーンスタインになったが、またカラヤンになって壁を築いているところなのかもしれない。ドレッシングルーム内は鎮火の兆しなく炎上が続いている。

最初の一日から監督と密接な協力を続けてきたギュンドアンがこの夜に見せた表現方法は、上記の説明をすべて考慮しなければ、奇妙に思えるものだったかもしれない。サウサンプトン戦の惨劇を終えたあと、チームのキャプテンである彼は非常に真剣な警告を発した。「数週間後になってこの試合を振り返れば、少なくとも何か良いものが得られたと思えることを願いたい。今日はこれ以上の結果にはふさわしくない内容だった。守備面でも攻撃面でも、いつも見慣れたシティは見られなかった。アグレッシブさがなく、一貫性がなく、デュエルにも十分に勝てなかった。ボールを持っても簡単なパスミスが多く、自分たちのリズムをつかめず、効果的な攻撃を繰り出すことも、十分な何かを生み出すこともできなかった。何かが足りない、何かが間違っていると感じられる。レシピに何かが欠けている。パフォーマンスも、意欲も、ハングリーさも、ここ数年のものに及ばない。これが目覚めのきっかけになることを願おう」

その二日後、ペップは目前に迫ったマンチェスターダービーに向けた準備について、何の遠慮もなくこう語る。「私にできるのは、良いときも悪いときも選手たちに事実を伝えることだけだ。彼らに事実を言えるのは私しかいない。それが私の仕事だ。一人ひとりを自分の鏡の前に立たせ、自分自身を見つめさせること。それが私にできるすべてだ。過去にもそうしてきたし、最近でもそうしているし、これからもそうしていく。毎日だ。今週もそうした。何も言わなくとも、選手たちが私の顔を見て、状況を正確に把握してくれることもある。彼らは良いことばかりを言ってくる人たちに囲まれているので、慣れていないのかもしれない。彼らの人生の中で、私は本当の状況がどうであるかを正確に伝えられる唯一の人間だ」

メッセージは明確に響く。また勝てるようになりたいのなら、怠慢になることをやめ、満足してしまうこともやめて、プロジェクトに献身的に身を捧げ、懸命に取り組むことだ。名前やプロフィールのおかげで勝てるわけではない。ペップのメッセージは確かな真実である。選手たちを鏡の前に立たせることができる者、立たせるべき者は彼である。逆説的に、このメッセージは彼自身にも適用することができるが、リージョが隣にいない今となっては、同じくらい大胆に彼を挑発しようとする者を見つけるのは簡単ではなさそうだ。ペップは自分自身を自ら鏡の前に置かなければならない。

バレーボールのアルゼンチン人監督フリオ・ベラスコは、「言い訳の理論」と呼ばれるものを提唱した。それによれば、チームはパフォーマンスを正当化する言い訳を見つけ始めたとき、衰えの段階に入っていく。そして逆に、チームが成長するのは言い訳を拒絶するときであるため、メンバーの一人ひとりが「挑戦を受け入れることが不可欠だ。そうでなければ、能力はないに等しい。そうでなければ、転落してしまう。チャレンジ精神を作り出さなければならない。この状況に適応する。それだけだ。状況を説明するのではなく、今この瞬間に全力を注ぎ適応することだ」(※四七)。ベラスコと親交のあるペップは、選手たちの緊迫感を高めるため、今日も彼の理論を活用する。「ワールドカップは言い訳にならない。どのチームも

※四七　イサック・リュックによるフリオ・ベラスコへのインタビュー、『ザ・タクティカル・ルーム』誌第六五号（二〇二〇年六月）

ワールドカップに選手を出している。ビッグクラブならいつでも、他のクラブより一〇試合も一五試合も多く戦うものだ。それを不公平だと思った瞬間に不公平となる。我々は他のチームより多くの試合を戦っている。だがそれが嫌なら、週に一試合しか戦わないチームに行けばいい。以前にはそれで勝っていたのなら、今もそうでなければならない。ワールドカップ？　言い訳は他の場所でしてくれ。ここではない」

外部のアナリストたちはここのところ戦術について語っているが、シティで起きていることは、もっぱら感情的、人間関係的な領域に属する。チームとは、その構成員の相互作用の質を栄養とする生き物である。ポジティブな相互作用は集団のパフォーマンスを高め、ネガティブなものはそれを破壊する。ペップとスターリングの亀裂により何が起きたのか、我々は知っている。二年間にも及んだ冷たくよそよそしい関係は、誰に対しても明確な恩恵をもたらすことはなかった。現在の対立関係は、以前のものほど大きなものではないかもしれないが、特にカンセロとの間では壁が高くなりつつある。

シーン一一：振り上げた拳

（二〇二三年一月一九日、マンチェスター）

監督としてデビューして以来、彼は一六〇〇回近い記者会見を開いてきた。私はそのほとんどを見たり追いかけたりしてきた。バルセロナでの会見の多く、バイエルンでのすべて、シティでのほぼすべてを。その一六〇〇回の記者会見の中で、一際目を惹くものが二回ある。どちらも、ペップがどのような監督であったのかという記憶の中に永遠に残るものだろう。一つ目は二〇一一年四月二六日、モウリーニョ率いるレアル・マドリードとチャンピオンズリーグ準決勝で対戦する前日のベルナベウ。彼はポルトガル人監督を

「クソ監督、クソボス」と呼び、全面対決の挑戦状を叩きつけた。二つ目はこの夜である。エティハドの奥深く、彼はテーブルを殴っただけでなく、選手たち、さらにはクラブ役員たちやファンにまで顎に拳を突きつけた。

そう読み取れた。

今日、ペップはもうたくさんだと告げた。

振り出しに戻すのはもうたくさんだ。「ハッピーフラワーズ」はもうたくさんだ。九九％の本気度で戦うのはもうたくさんだ。全員が一〇〇％か、そうでなければさよならだ。「さよなら」と口にはしなかったが、そう読み取れた。

この日の拳は、助けを求める叫びでもある。態度を根本的に変えなければ、プロジェクトはこれ以上進まず、したがって彼も不要となる。単純明快だ。全員が死ぬ気で前進するか、自分がさよなら、ありがとうと言って出ていくか。助けを求める叫びであり、同時に、無気力と自己満足に対する宣戦布告でもある。

彼は華々しい大勝に乗じて拳を突きつけた。先週日曜日には、同様の問題を抱えながらもそれができなかった。シティはオールド・トラッフォードで敗北（一対二）し、しかもユナイテッドに前代未聞のゴールが生まれたためだ。ラッシュフォードが明らさまにオフサイドだったにもかかわらず、得点は認められた。その日に話をしていたとすれば、ペップは敗れたから、そして非常に深刻なレフェリングがあったためにそうしたのだと言われただろう。口を閉ざして待つしかなかった（中国人は待つ）。今日はそのときがやってきた。［三週間後、審判部長のハワード・ウェブはこの得点がラッシュフォードのオフサイドにより無効にされるべきだったと公に認めたが、そう認めたところでシティに勝ち点が返されることはなかった］

ドレッシングルームは静まり返っている。話をする者も、元気を出そうとする者も、愚痴を言う者も誰もいない。まるで葬式だ。トッテナムがエティハドで二発を繰り出し、ペップと選手たちとファンを呆然とさせてから一〇分が経とうとしている。前半のシティは良い戦いをしており、スパーズの大きな武器であるカウンターの猛威を十分にうまくコントロールしていた。コンテのチームも前半の内容は良かった。ギュンドアンとアルバレスが侵入しようとするスペースを封じ、ホームチームの両WGグリーリッシュとマフレズが深く入り込もうとするたびに二重のマークをつけた。ホイビュルクの積極性、ベンタンクールのインテリジェンス、クルゼフスキの技術が融合し、シティの前進を阻む。それでもシティは、ケインの脅威に関しては、あらゆるエリアでアカンジがマークにつくことで常に抑え込むことができていた。

ペップの提示したゲームプランは、彼にとって非常に古典的なものだった。3バック（ストーンズ、アカンジ、アケ）に二人の中盤（ロドリ、ルイス）が続き、前方への流れるような展開を可能にする。その前方には五人のアタッカーを組み合わせる。アウトサイドにはグリーリッシュとマフレズ、中にはギュンドアンとアルバレス、トップにはハーランド。しかし、五人の前線に対してアウェーチームのDF五人が完璧に対応していたため、拮抗したバランスを動かすことはできない。

スコアの均衡が破れたのは、ほとんどすべてのゴールがそうであるように、ミスによるものだった。エデルソンが自陣エリア内で危険な形でボールを渡してしまい、そのパスが完全にスパーズのゴールを招くものとなる。クルゼフスキがプレゼントを受け取りゴールを決めた。そして、わずか二分と八秒後、すでに「脱力モード」に入っていたシティに対して二点目が生まれる。シティが立て続けにデュエルに勝てず、エメルソンが決めたものだ。トッテナムを迎えた試合としてはハーフタイムで〇対二というのはショッキングなスコアとは言えないものの、ピッチ上で繰り広げられたパフォーマンスを考えれば驚きのスコアであった。

ペップはまたも落胆を味わうことになったが、それ以上に残念だったのは、チームがドレッシングルームへ引き上げる際にファンからブーイングがあったと聞かされたことだ。だが事実ではなかった。確かに多少のブーイングはあったが、それは試合の笛を吹くサイモン・フーパー主審に向けられたものだ。若いルイスが何度もファウルを受けていたにもかかわらず、主審はトッテナムの選手たちにイエローカードは出さなかった。特にホイビュルクのプレーは足首、ふくらはぎ、足を立て続けに踏んだものだが、審判はまったく咎めることもなかった。

デュエルに勝てないこと、ルイスがファウルを受けても味方たちが無反応なこと、観客のブーイングに関する謝った情報、大荒れの二分間にまたしても混乱に陥る様子を見せたこと、いくつかの場面での選手たちがボールを動かす遅さ、これらは間違いなくペップを苛立たせた。もうたくさんだと思ったペップは、ハーフタイムに何の指示も出さないことを決めた。それゆえ、半円形のドレッシングルームは静寂に包まれ、選手たちは意気消沈して座っている。何も言うことができずに口を閉ざしている。監督からのとてつもない叱責を待っているのだ。そして、ペップが口を開く。唐突に自分の考えを述べる。彼らが自分たちの栄誉にあぐらをかいていること、慣れてしまっていること、タイトルに満腹感を覚えていること、ハングリーさがないこと、ピッチに魂を置いてくるくらい噛みつく姿勢がないこと。ペップは爆発した。

ペップは選手たちに、自分たちが陥っている自己満足にさえ気づいていないこと、そしてこれはスポーツの世界ではよくあることだと言う。あるレベルに達するやいなや、自己満足の悪魔が現れてくる。お前はもう世界のトップなんだ。もう頂点にいるんだ。もう目標を達成したんだ。お前は幸福で、満足で、空腹を満たすことができた。そして、まさにその瞬間に停滞と後退が始まる。スポーツ界の頂点では、自分に絶え間なく要求を突きつけなければ現状維持すらできない。常にもう少し先へ行きたいと望み、もう少し向こうへ行くことを自分に要求し、もっとエネルギーを、もっと意欲を、もっと成功を求めることによってのみ自分を維持できる。さもなくば後戻りしてしまう。それこそが、ドレッシングルームでペップの話に耳を傾ける選手たちの多くにまさに起こっていることだ。あまりにも大きな成功を収め、卓越したレベルに達したことで、自己満足に身を委ねてしまっている。そして、その満足の先には無気力と怠慢が囁きつきまとう。ほんの数ミリの差でデュエルに敗れ、ほんの少し努力が足りないことでゴールを止められなかったり決められなかったりして、ほんの少しずつ頂上から離れてしまう。気づくことすらないまま頂上から数段下に落ちてしまい、なぜそうなっているのかまだ理解できない……。

これで選手たちは、監督が彼らのことを、彼らの自己満足や無気力のことをどう考えているかを知った。そしてドレッシングルームを出ていく。

ペップは選手たちが陥った混乱を解決するのは彼ら自身であってほしいと思っている。選手交代はしない。デ・ブライネ、ベルナルド、カンセロ、ウォーカー、フォーデンがベンチに座っているにもかかわらず、誰にもウォームアップを命じはしない。プレーのプランをほんのわずかたりとも変えることはない。指示も修正もない。お前たちで解決してこい。

後半が始まるとムードが変わる。3バックがデュエルに勝てるようになり、ルイスは二重の役割を見事にこなしていく。ひとつはビルドアップとセンターサークルまでの前進を助ける「ラーム風」のSB兼IH、もうひとつは「10番のレーン」を狙って攻めていく高めのIHである。この若者は、噛みつこうとしてくる白い狼の群れに囲まれながらも平然と二つの役割を融合させてみせ、見事に一流のパフォーマンスを発揮してみせる（五四本のパスを出して成功率九六％）。前線ではグリーリッシュとマフレズがサイドを突く形を繰り返し、相手二人を引きつける。それぞれのサイドのSBに加えて毎回WGの一人が加わるため、グリーリッシュに対してはエメルソンとクルゼフスキが守り、逆サイドではペリシッチとソン・フンミンがマフレズを見る。これが「超過密効果」である。結果として、常にシチズンズの選手一人がその近くでノーマークになる。そこをロドリが見抜いて利用する。逆転劇を理解する上では、この三人が決定的な意味を持つ。攻撃の形はグリーリッシュ、ロドリ、マフレズが形成する横軸を中心として展開されていく。

一点目はルイスの縦への突破から生まれた。そこからボールを受けたマフレズがクロスを上げ、二度跳ね返されたボールからアルバレスがチームの最初のゴールを記録。五人のDFラインをシティが六人で攻めることができたという数的優位のおかげで生まれたゴールだった。ハーランドが決めた同点ゴールの場面でも同じことが起こる。またしても六人対五人だが、今度はルイスの縦のルートではなく横のルートからだった。マフレズが相手二人を引きつけ、ロドリがフリーになってボールを受ける。あとは柔らかな「アリウープ」をマフレズの頭へ送り込むだけで、ハーランドとのコンビネーションにつながる。二得点の間に過ぎた時間はわずか二分と九秒。トッテナムが二点を挙げるのに要した時間にプラス一秒だった。

三点目も二点目と同様のルートを辿った。今度はグリーリッシュが相手を集め、素早くロドリへ送る。頭にコンパスをつけてプレーしているかのようなロドリは、マフレズへサイドを替えるだけでいい。マフレズはペリシッチに競り勝って内側へドリブルし、右足でゴールを決めた。選手たちは喜びにあふれ、スタジアムは燃え上がり、すべては終わったかのように思えたかもしれない。しかし、トッテナムは非常に力のあるチームだ。予想外のタイミングで、大きな持ち味であるカウンターを繰り出すと、クルゼフスキが完璧なキラーパスをペリシッチに通す。四メートルの距離からのシュートがゴールへ……。

だがそこで、ルイスの足がゴールを阻む。決まってはいない。二〇一八―一九シーズンのリヴァプールとのリーグ戦でのストーンズや、二〇二一―二二シーズンのアーセナル戦のアケと同じレベルの、また新たな奇跡的ディフェンスである。リーグ戦の行方を左右するような、チームを救う嘘のようなプレーだ。エティハドは若きニューヒーローへの歓声に沸き立つ。そして長い時間が経ち、試合終了間際、エデルソンが致命的ミスを帳消しにするラストパスをマフレズに供給。八〇メートルの距離から送られたボールを太腿でトラップしようとしたラングレの軽率な対応にも助けられた。称賛の言葉もないほど素晴らしい後半を過ごしていたマフレズは、甘美なチップキックでロリスを破って最終スコアを四対二とした。この試合もまた、何年も語り継がれるような壮大な逆転劇であった。チームはプレミアリーグで二点ビハインドを背負った状況から五試合連続で敗戦を回避（三勝二分け）したことになる。コンテの率いるチームが四五分間で四失点を喫したのは初めてのことだった。二分間の混乱を除けば、シティにとって良いゲームだった。3バックの守備面のパフォーマンスは最終的には非常に良かった。ロドリとルイスのプレーレベルは並外れていた。ギュンドアンとアルバレスはそれぞれインテリジェンスとエネルギーを発揮していた。グリーリッシュは鋭く突き刺すようなプレーのレベルを取り戻すことができた。マフレズはクレイジーな旋風を巻き起こし、おそらくプレミアリーグで彼にとって過去最高のパフォーマンスのひとつだった。

エティハドに笑顔と幸福感が戻ってきたように見えるが、ペップは冗談を言う気分ではない。内輪でよく言うように、「中国人は待つ」のだ。エスティアルテがいつも使っている言葉である。しかるべきときは必ずやって来る。

拳を突きつけるときがやって来た。選手たちはすでにハーフタイムに彼の言葉を聞いていたが、次は他のすべての人たちが聞く番だ。

まずは第一声。「私は自分のチームがわからなくなっている。（以前は）情熱があり、戦う意欲があった。過去数シーズンのチームとは程遠い。こんな逆転劇がいつもできると思うか？　そうはならないだろう！」

続いて彼は、さらに踏み込んでいく。「今日の我々は幸運に恵まれた……。最高レベルのコンペティションで戦うにあたり我々は、とても、とーーっても離れた位置にいる！　今日は良いプレーをして勝てたからこそ言っている。態度を変えなければ、今季は何も勝ち取れないだろう。情熱が足りないんだ！　相手はアーセナルだぞ！　体の中で炎を燃やしているチームだ！　彼らはプレミアリーグで二〇年優勝しておらず、本気で噛みついてくる！　すべてのデュエル、すべてのボールに命を捧げてやってくる！　我々はかつてのチームとは程遠く、たくさんのものが欠けている！　たくさんだ！　情熱も、闘争心も、意欲も、勇気もない……。変わらなければ、遅かれ早かれ勝ち点を落とすことになるだろう。私は事実を口にしている。ここではすべてが心地よすぎる……。ライバルたちがこちらが立ち直るまで待ってくれると思うか？答えはノーだ！　彼らはこのチャンスを逃さない！　我々が何かを勝ち取りたいなら、不平や不満を言ってばかりではだめだ！　タイトルを勝ち取りたいのならなおのこと、自分たちに矢印の方向を向けて取り組まなければ、勝ち目はない！」

　この夜のヒーローとなったマフレズでさえ叱責を逃れることはできなかった。「リヤド・マフレズ、何という選手だ！　ワールドカップ前は、バカンスを過ごしていただろう？　それが今！　このときになって！彼は現実世界に戻ってきた、『おぉ！』と言ってな」と、語るペップからは皮肉がにじみ出ている。

　情熱の欠如について言葉を重ねていく。「選手たちは何かを望んでおり、良い練習ができており、意思もある。しかし、そのあたりに何か、説明しがたいものが漂っている。何千ものディテールが欠けており、それが違いを生み出している。一人の選手だけでなく、全員がそうだ。逆にアーセナルは、すべてをうまくやっている。だからこそ首位に立っており、首位にふさわしい戦いをしている。彼らには何があるのだろうか。プレミアリーグで二〇年優勝していない。だからこそ噛みついてくる。我々は五年間で四度リーグを制覇し、今は快適に暮らしている。人はどうしても、多くのものを勝ち取ればそういう傾向があるものだが……私はそれを受け入れない」

　最後はこうだ。「我々は『ハッピーフラワーズ』のチームだ。すべてがきれいで美しい。選手たちもファンも、ここでは誰もが心地よく過ごしている……しかし、私は『ハッピーフラワーズ』になりたくはない。アーセナルに勝ちたい。こういう戦いをしていては、アーセナルに潰されてしまうだろう」

　三人の選手には賛辞を送ろうとした。「フリアン（・アルバレス）、リコ（・ルイス）、ナタン（・アケ）のような情熱が必要だ。そういうものを必要としている。彼らはすべてのデュエル、すべてのボールが人生最後のひとつであるかのように戦っている。そういう姿勢だ。そういう情熱がなければどこにも辿り着けない」（※

これでもまだ飽き足らず、ペップはチームのファンにも拳を向ける。「このスタジアムにいて、スパーズファンの声しか聞こえてこない(がチームに欠けていたが)、だが同じことがシティのファンにも言える。勇気、情熱、炎、最初の一分から勝ちたいという意欲……。四五分間ずっと静かにしていた。ファンに戻ってきてほしい! アウェーゲームで我々を支えてくれるファンは素晴らしいが、エティハドのサポーターにも支えてほしい! 我々を後押しして、もっと要求をしてほしい! 叫んでくれなければならない! 『行け、みんな! 力があることはわかっている、もう一度それを見せてくれ!』と。〇対二でリードされてから反撃が必要な試合にしてはならない。今日は幸運に恵まれたし、ここのところうまく逆転できる試合を重ねているが、一〇試合中九試合は逆転できないのが普通だ……」

クラブ経営陣も彼の拳から逃れられない。「選手たちだけでなく、組織全体にリアクションを起こしてほしいと思う」

拳が振り上げられた夜だった。ペップは「ハッピーフラワーチーム」を嫌い、かつて世界中を食い尽くした「シャークチーム」の復活を望んでいる。

リスクの高い作戦だった。ペップはこの一撃を繰り出すことについて、数週間、いや数カ月間も考えていた。選手たちに指示を繰り返し、パフォーマンス向上を求めても反応がないことに嫌気が差していた。馬鹿げた失敗や、ゴールや勝ち点を失うことにつながるミスが試合中に延々と繰り返されるのを見てきた。そして、それは選手たちの能力不足や戦術的・技術的欠陥によるものではなく、怠慢によって引き起こされている。そして何よりも、このミスの連続が平然と受け入れられ、ドレッシングルーム内に叫び声も情熱もないことにうんざりしていた。

ペップには別の狙いがある。彼は勝ちたい、勝ちたい、勝ちたい。そしてそれを、情熱と献身性と執念によって成し遂げたい。瞬きもせず、疑いもせず、圧力をほんの一ミリたりとも引き下げはせず、一〇〇％で進み、一〇〇％で生きていかなければならない。この圧力の中に心地よさを感じない者は出ていったほうがいい。毎試合、毎試合、毎試合を人生最後のように戦えない者は出ていったほうがいい。

そしてここまできて、彼は拳を突きつけた。全員が一〇〇％に戻るか、自分が去るかのどちらかだ。この話をすることは、彼にとって大きなリスクだった。まさにオール・オア・ナッシングである。今やるか、永遠にやらないか。自分に味方するか敵対するか。分裂が起こり、監督と選手たちの間には溝が広がっていた。彼は火遊びに手を出した。火種はいくつもあったが、この夜はすべてが燃え盛った。

シーン一二：「アーセナルはつまずくだろう」

（二〇二三年一月二二日、マンチェスター）

マンチェスターではもうすぐ夕食の時間だ。ロンドンでは、アーセナルが土壇場でユナイテッドに勝利（三対二）を飾り、順位表での勝ち点差は再び五ポイントに戻った。しかもガナーズは一試合を多く残している。エミレーツでの試合が同点だった途中経過の時点では、勝ち点差は一時的に三ポイントに縮まっていた。だがそのときも、試合が終わった今になっても、シティのコーチングスタッフの間に動揺はない。ペッ

※四八　スタジアムの出口で、ルイスは同じことを強調した。「試合に出場できるかどうかは考えていない。プレーさせてもらえるのはプレゼントのようなものだと思っている」

プと同僚たちは、プレミアリーグのタイトルを防衛したいのなら一五連勝が必要だと理解している。残りは一八試合、つまり勝ち点五四ポイント。勝ち点一〇〇の大台には届かないことがすでに確定したが、記録に迫ることはできる。だがそのためには、またひとつ快挙を成し遂げることが必要となる。

二〇一七―一八シーズンにはリーグ戦一八連勝を重ね、歴史的な勝ち点一〇〇到達を達成した。一八―一九シーズンにはラストスパートで一四連勝を飾り、一月の時点では七ポイント差でリードしていたリヴァプールからタイトルを奪い取った。二〇―二一シーズンにも一五連勝を記録した。ペップのチームには、最後まで連続して勝ち続けなければならないという極限的状況の経験がある。もう一度それを再現できれば、タイトルを争えるチャンスは十分にある。たとえアーセナルが絶大な力を見せて、素晴らしい活躍をしているジンチェンコをはじめとした、優美で、積極的で、攻撃的で、得点力にあふれ、若く、ハングリーなチームであったとしてもだ。

この夜、ペップの周囲ではひとつの共通意識が固まった。「我々は我々だ。我々は勝ちにいく。アーセナルはどこかでつまずくだろう。これから一八試合の決勝戦があり、そのすべてに勝たなければならない」。またしても、極限的な要求を伴うシナリオである。これからリーグ戦でわずかなミスもなく一八試合に勝たなければならない。一八試合の決勝戦である。

この可能性を実現していくため、シティはまずウルヴァーハンプトンに快勝（三対〇）。またもハーランドが得点力を披露し、シーズン四度目となるハットトリックを達成した。これでハーランドはプレミアリーグで二五得点（うち一八点がエティハドでのもの）。過去四年間のプレミアリーグではすでに得点王を獲得できている数字だ。サラーも、ソン・フンミンも、ケインも、ヴァーディーも、マネも、オーバメヤンも、二三ゴールを越えることはできていなかった。驚きなのは、ハーランドがシーズンのまだ半分という段階でそれを成し遂げたことだ。リーグ戦で六二分あたり一得点を挙げており、ノルウェー人ＦＷのとてつもない実力が窺い知れる。この日以前には、クリスタル・パレス戦、ノッティンガム・フォレスト戦、マンチェスター・ユナイテッド戦でもハットトリックを達成していた。リーグ戦わずか一九試合で四度のハットトリックというのは強烈だ。ファン・ニステルローイは同じことを成し遂げるのに六五試合を要していた（スアレスは八一試合、シアラーは八六試合）。ハーランドの得点のうち、五点はヘディング、一五点は左足（うちPKが四点）、五点は右足で決めたもの。相手ゴールの枠内へ放ったシュート数はまだ四〇本であり、そのうち二本はポストを叩いている。そして、さらに衝撃的なのは、一四回の決定機を逃しているということだ。つまり、さらに大きな改善の可能性があることを意味している。全公式戦を合計すると、プレミアでの二五点とチャンピオンズリーグで五点、リーグカップで一点、計三一得点を重ねている。

この日ハーランドは、チーム全体の素晴らしいプレーの恩恵を受けることができた。トッテナムを逆転した試合と同様の戦いぶりであり、メンバーの入れ替えも二人のみ。アルバレスに代わってデ・ブライネ、アケに代わってラポルテが出場した。これもまた、ペップからチームへのメッセージだった。名前にかかわらず、出場に値する選手が出場するということだ。フォーデンがスタンド観戦だったのは単に足の違和感によるものだが、何人かの選手はまたも落胆を味わった。ウルヴス戦の勝利の土台となったのは、忍耐力、選手たちの機動力、意外な形でオープンスペースに現れるギュンドアンの素晴らしいプレー、そして最高の時期を過ごしているロドリを中心としたプレーの連動性であった。グリーリッシュとマフレズは得意とする形のプレーを担っていた。両サイドに大きく開き、相手DFが一人しかいないときにはデュエルを制してエリア内でのフィニッシュに持ち込むことを狙う。二人（相手のSBとWG）にマークされてそれが不可能であれば、相手をできるだけ引きつけてボールを後方に戻し、チームメートがエリア内へボールを送り込んだり、中央のレーンにギャップがあれば侵入を図ったりする。この日の最初の二ゴールもそうやって生まれたものであり、シティが最も危険を生み出していた形だった。

プランチャルトは、スタジアムをあとにする際に私にこう言った。「ほとんどすべてがうまくいった。チームはただ良いプレーをするだけでなく、よりソリッドになっていた。ここ数試合ですでに良い試合ができていたが、今日はアグレッシブだった。チームは非常に良く見える」。選手たちの見せてくれたリアクションについても、コーチングスタッフの間には楽観的な見方が高まっている。ウルヴスの選手がシチズンズの選手の足に強く当たると、彼らはすぐに主審を取り囲んだ。まさに三日前にペップが求めていたことだ。ファンも応えてくれた。彼らの後押しを受け、チームは激しさや速さを取り戻せたと感じられた。チームがリアクションを起こせたことを、ストーンズも認めている。「スパーズ戦ではほろ苦い思いが残ったが、今日はそれを晴らすことができた。良い戦いができていないときは、選手としても自分たちでわかっている。ペップは前の試合のハーフタイムにもそう言っていたし、その通りだった。今日は我慢強く戦い、思い通りにいかなくても苛立つことはなかった。過去数シーズンのおかげで目標の水準はとても高くなっているが、そのレベルに近づくことを目指している」

この日の勝利がもたらした最大の成果は、ロドリとハーランドを除いて、レギュラーポジションを保証された選手はほとんどいないということだ。その他の選手たちは、チーム内にポジションが欲しければ、練習からすべてのボールを必死に追い、自分のものとするべく争わなければならない。ペップの師匠であるクライフは常々、チームの「聖なる牛」、つまり不動の選手、特に優れた能力と経験を持っているような選手たちに対しては、成功に甘んじることのないよう、時折揺さぶりをかけるべきだと主張していた。忠実な弟子であるペップも、オランダ人の師匠とまったく同じようにしている。大木を揺らし、安住の地を壊し、聖なる牛たちに不安を感じさせ、序列や名声やプロフィールによって先発の座を与えることを拒む。練習の一つひとつのボールを通してポジションを勝ち取った者、チームのためにすべてを尽くそうとする者が試合に出場できるのだ。

カンセロとの離婚は成立した。彼はまったく怒りを隠そうともしなかった。ドレッシングルームで怒りを露わにし、スタジアムの通路内で叫び声を上げ、代理人のジョルジュ・メンデスに別のチームを探すことを依頼した。そのすべてがペップの耳に届いた。「勝つためには、チームに良い控え選手がいなければならない」

シーン一三：「アーセナルは潰れる」

（二〇二三年一月二五日、マドリード）

「アーセナルは潰れるだろう。とても良いチームだし、ミケルは素晴らしいが、最終的にはシティが抜いていくと思う。よりメンバーが充実しており、ラストスパートの経験も豊富だからだ」

ドメはアルテタをよく知っている。二シーズンにわたって同じベンチに座っていた。ペップの隣に座っていたのはメインアシスタントのドメである。バイエルンでもペップの右腕であり、バルセロナでも重要なサポート役だった。二〇一六年夏、アルテタは選手を引退したばかりだったが、ペップを支える絶好の機会を与えられ、監督としての道を歩み始めた。若きアルテタが控えめで物静かだった最初の頃に、ドメは彼の背中を押した。アルテタは練習に関して何か具体的な素晴らしいアイデアを思いつくこともあったが、彼自身のナイーブな側面からか躊躇し、それを隠そうとしたため、ドメがペップに向けてそれはアルテタのアイデアだと繰り返し説明しなければならないこともあった。その当時から、二人は素晴らしい関係を築いている。ドメは、アルテタが現在アーセナルでやっていることを高く評価している。

「素晴らしい。驚くべき働きをしている。ミケルだけではなく、アーセナル全体が。クラブが賢明な対応を取り、彼が信頼していない選手を外して才能ある若手に賭ける自由を与えた。もちろんクラブは結果を求めるだろうが、賢明なやり方だった」

私はマドリードでドメとディナーを共にした。彼はニューヨーク・シティ、フラメンゴ、ガラタサライの監督を経て、また新たなプロジェクトに着手しようとしている。彼は今でもペップと密接に連絡を取っており、プレミアリーグの試合はひとつも見逃すことはない。

「シティは非常に高いレベルを維持している。小さなスランプに陥ったが、そこからもう抜け出しており、シーズン終盤に素晴らしい戦いができると思う。ハーランドがシティのプレー回路を変えたことは明らかだ。今はもう、トップのFWを置かずに偽9番で一人増やしていた形ではない。そのため、長くパスが繋がることは少なくなった。今はケヴィンが早めにハーランドを探す。これにより、ひとつのエリアに選手を集めて優位を得ることができなくなる側面もあるが、代わりにケヴィンは一一アシスト、ハーランドは二五ゴールを記録している。チームのプレーは昨年ほど連動的でも華麗でもないかもしれないが、それが最終的にチャンピオンズリーグをシティの有利に傾ける要因となる可能性もある。今のチームには、チャンピオンズリーグのここぞという場面でいてほしかったようなストライカーがいる」

それでは、プレミアリーグでアーセナルを上回るためには？　これで十分だろうか？

「アーセナルの先発はとてもいい。そう簡単にシーズン半分で勝ち点五〇が取れるものではない。特別なことだ。しかし、これからの四カ月間は厳しい勝負になるだろうし、私は彼らが戦い抜けるかどうか非常に疑わしく思っている。シティのほうが、こういう緊迫度の高い状況での経験が豊富だし、ペップは非常にペップ的だ。彼は歴史上最高の監督だから。ラストスパートは彼が勝つことになると思う」

＊＊＊

このディナーの二日後、両チームはマンチェスターでFAカップの試合を戦う。アルテタはピッチ全面でマンツーマンのデュエルを仕掛けて意表を突くことを狙う。シティの主力選手たちに手錠をかけ、何らかのミスが起こるリスクを高めるためだ。ホームチームのフリーマンとなるのはGKのオルテガ。彼は冨安とトロサールの素晴らしいシュートをセーブしただけでなく、足でのパス配球についても一人舞台を演じる。ハーランドはそのロングボールをほとんど収めることができないが、ウォーカーはジンチェンコに競り勝ってすべてのボールを受け、ペップのチームにポジション的な優位性を与える。試合はアケの絶妙なゴールにより勝利。アケはサカを抑え、重要なシュートを放ち、一カ月前のリーグカップのリヴァプール戦に続いて攻守で決定的な仕事をしてみせた。この試合はプレミアリーグのタイトル争いの今後を占うものではないが、アルテタがこういった試合にどのような形で臨んでくるのか、ペップに警告を与える機会となったのは確かだ。数日前にウルヴスが見せたのと非常に似たようなマンマークである。前半にはそれがアーセナルにうまく適していたが、後半には徐々にプレーの調子を上げたシティによって無力化されてしまった。FAカップの試合が何かを示唆することはないとしても、シチズンズのコーチングスタッフには若干の自信が芽生え始め、遠くから見守るドメもアーセナルは潰れることになると考えている。

この試合が残した唯一の確かなことは、カンセロがシティで過ごす時間は終わりを告げたということだ。試合前の談話中に彼が見せていた冷め切った態度を見逃した者は誰一人いなかった。

試合後にアケの素晴らしいパフォーマンスを褒め称えたペップも、そのことを隠そうとはしなかった。「ドレッシングルームの全員がナタンのことをうれしく思っている。いや、一人を除いて全員かもしれないが」。チキは、カンセロがクラブを退団するため代理人が持ってくると約束したオファーを待っている。四八時間後にはそれが実現し、カンセロはバイエルンへレンタルされる。離婚は成立した。

左SBのポジションを誰が埋めるのかと聞かれたペップは、謎めいた答えを返した。「良い選択肢がいくつかある。アケもプレーできるし、ラポルテもやれるし、リコ・ルイスもやれる。それからもう一人、そのポジションでプレーできる選手がいる。すぐにわかるだろう」。視線はフォーデンに集まるが、ペップを知っている私としては、彼の答えが不可解なものではないとわかっている。答えはもう一人のポルトガル人だ。

シーン一四：暗く不穏な場所

（二〇二三年二月五日、ロンドン）

アーセナルもつまずいたが、シティもつまずいた。昨日の土曜日、アーセナルがリヴァプールでの試合で百戦錬磨のエヴァートンに敗れ、ペップのチームは首位奪取のチャンスを迎える。だが日曜日の試合に敗れて再びリードを失い、自力優勝を狙える状況ではなくなった。

プレミアリーグのほとんどのトップチームにとって、暗い週末となった。まず金曜日にはチェルシーが、前年の夏以来、（支払額から売却額を引いて）実質六億一四四〇万ユーロを要した大型補強選手（エンソ・フェルナンデス、ミハイロ・ムドリク）らの多くを要しながらも、スタンフォード・ブリッジでフラムと引き分けにとどまる。続いてアーセナルも、ショーン・ダイチ率いる新生エヴァートンに敗戦（〇対一）。ダイチは今では数少なくなったイングランド伝統のダイレクトプレーの専門家であり、現代のサッカー界では希少種である。リヴァプールはウルヴスに粉砕され（〇対三）、急転落が続く。躍進していたハウのニューカッスルも、ホームでウェスト・ハムと引き分けることしかできなかった。今節のつまずきを回避できたのは、唯一ユナイテッドだけだ。そしてシティの番だが、そもそもスパーズとの試合は危険に満ちたものだと予想されていた。何しろ、トッテナムの新スタジアムにはこれまで四度訪れて、結果は四敗。ホーム側が計六点を奪ったのに対し、ペップのチームは一ゴールすら挙げられていないのだ。

ノースロンドンでは、サッカーとは暗く不穏な領域でプレーされるものだということが浮き彫りにされる。脳の中でプレーされるのだ。その薄暗く湿った、不安を引き起こすことも多い広大な未知の領域で、大きな戦いが繰り広げられる。脳の中には人間の感情が宿り、それが選手のパフォーマンスやチームの結果に強力な影響を与える。五年前、メキシコのダイバーであるホナタン・パレデスは、アスリートの感情を独特な言葉で定義した。「頭の中には、自分自身との永遠の戦いがある」（※四九）

一四分、ロドリがスパーズに決勝点を与えるミスを犯してそのことを証明してしまう。ケインにとっては白いユニフォームでの通算二六七ゴール目であり、伝説のジミー・グリーヴスを一点上回るクラブ史上最多記録となった。それまでは、シティが意のままに試合を支配していた。ペップはカンセロに代えてルイスを起用してロドリと並べ、ウォーカー、アカンジ、アケの前でプレーさせる。ビルドアップは「3＋2」で行われ、マフレズ、アルバレス、ハーランド、グリーリッシュのFW四人の後方をノーマークで動くベルナルドにボールを通すのは容易となる。アルバレスを配置するため指揮官はデ・ブライネを犠牲とし、ベルナルドを通してゲームコントロールを強めることを選んだ。このタクトの根幹をなすコントロールと縦への攻撃との間で難しいバランスを模索するペップにとって、また新たなテストとなる。ハーランドがチームに加わって以来、この問題はまだ解決されていないからだ。

衝撃的な輝きを放つプレーはできていなくとも、圧倒的な支配はできていた。開始から一四分間、スパーズはシティのあふれんばかりのエネルギーとプレスに押し潰され、相手陣内に足を踏み入れることができ

※四九　イサック・リュックによるホナタン・パレデスへのインタビュー、『ザ・タクティカル・ルーム』誌第三〇号

ない。だがそこで、ロドリが選択を誤った。ボールをエデルソンに戻すのではなく、エリア手前にいるルイスに渡すことを選んだのだ。ホイビュルクに狙われた若いルイスはロドリの危険なパスを受け切れず、プレーは必然的にケインのゴールへと帰結してしまう。一五日前、同じ相手に対してエデルソンがロドリに同じようなパスを出してしまったミスの再現であった。シティにとって、そして特にリスクの大きいポジションにいる選手たちにとって、これは大胆で積極的なプレースタイルを実行するために支払わなければならない代償となる。

このミスはロドリを泥沼に陥れる。突然、シティでの最初のシーズンに彼を苦しめた悪魔が再び現れたのだ。そして今は、彼と話をして平穏を取り戻させてくれるリージョもフェルナンジーニョもいない。このスペイン人MFは、今季（そして昨季も）チームで最も安定した選手だった。さらに並外れたプレーを突如見せることもあり、悪くなることはまったくない。常にその志は高みにあって目を惹き、注意深く、力強く、正確で、効果的であった。二〇二一年の夏以来、彼はチームの蝶番となり、絶対的な安全装置となってきた。しかし、彼もまた感情を持つ人間なのだ。今日、ロドリはミスによって深く沈んでしまった。

体の中を悪魔が蝕むかのように、表情が変わり、肩を落とし、ミスを頻発。感情の重圧が彼を支配し、惨憺たるパフォーマンスをもたらす。神経質で安定感を欠き、ピッチ上でミスが多く、パスが不器用で、チームプレーから切り離されていた二〇一九年当時のロドリを連想させた。そして彼の崩壊はチーム全体の崩壊を招く。デ・ブライネとギュンドアンが投入されようとも、マフレズのシュートがクロスバーを叩く場面はあったが、チームの気力とプレー内容を引き上げることはできない。

ペップのチームは戦術的バランスにも問題があるが、それ以上に根深い感情の葛藤に苦しんでいる。二週間前にペップが糾弾した、情熱やハングリー精神やエネルギーの欠如だけではない。もっと深いところにある何かが選手たちの脳を蝕み、足を重くしている。それはネガティブな感情の重みであり、ミスを犯すたびに大きくなっていく。選手たちは、どの試合でもミスを犯すことは避けられないと感じるかのようだ。全員が同じようなボディランゲージを示す。顔をしかめ、肩を落とし、否定するように首を振る……。脳はアスリートにとって最も重要な筋肉だが、シティはそこに根深い不調を抱えている。それが必然的に、毎試合のように誤ったジェスチャーと振る舞いへとつながる。もう一人の選手であるかのように動揺するペップ自身のボディランゲージも状況悪化に拍車をかける。彼は問題を認識しており、彼自身が問題の一端を担っていることも自覚しているのかもしれない。結局のところ、チームとは監督を反映するものでしかないのだ。

選手の頭の中には、常に自分自身との永遠の戦いがある。現在、シティはその戦いに敗れつつある。そして、自然体をどこかに置き忘れてしまったペップも負けようとしている。

シーン一五：「これまで以上にここに残りたい」

（二〇二三年二月一〇日、マンチェスター）

一日の終わりに、ペップと少し話すことができた。彼にとって濃密な一日だった。午前中はエスティアルテと一緒に、正午の記者会見の準備をしていた。その後は練習を指導したあと、午後はアストン・ヴィラにどう挑むかを考えながら過ごした。昨季のプレミアリーグ制覇を阻みかけた、エメリ率いるタフなチームである。

この前の月曜日、何の前触れもなく、プレミアリーグはシティが二〇〇九年から財務規則に違反し続けてきたとして一一五件の告発リストを公表した。クラブは、告発内容はまったく根拠のないものだと返答。

年次決算は正確で反論の余地はないとして、クラブの名誉を守る意志を示した。それからすぐに、告発の多くは誤りだらけであることが判明した。いずれにせよ、ペップはクラブのメンバーとして最初に報道陣の取材に応じ、いつもの彼らしく包み隠さず話をした。彼には明らかにそういった領域での責任がないこと、そして何より、自分がいつの日かシティの監督になるかどうかを考えるよりもはるか以前に起こった問題であることを主張すれば、彼はこの問題から逃れられるはずだった。しかしペップは責任感が強く、クラブの首脳陣やファンに対して深い感謝を抱いているため、真正面から受け止め、攻撃を繰り出すことを選んだ。相談したのは右腕のエスティアルテのみで、クラブの他の誰も、ペップが攻勢に出るとは思わなかった。

「我々は素晴らしい国に住んでいる。無実ではないことが示されるまでは誰もが無実である社会に。しかし、マンチェスター・シティだけは別だ。何か記事を読むと、最初に目に入るのは、我々がすでに判決を受けて有罪になっているという話だ。UEFAの一件が起こったときも同じだった。我々は最初から有罪判決を受けていた。だがその後、クラブは我々がまったくの無実であると証明することができた」

「(他のクラブが告発を主導しているというのは?) 確かに、その通りだと思う。それがプレミアリーグだ。一九クラブのCEO、ダニエル・レヴィや他の人たちに聞いてみればいい。彼らは我々をプレミアリーグから追い出したいんだ。彼らは前例を作ってしまった。今後は気をつけたほうがいい。それができてしまったんだから。問い合わせるクラブは他にもある。多くのクラブが我々のように非難されてしまう可能性がある」

「CAS (スポーツ仲裁裁判所) に手紙を書き、我々をチャンピオンズリーグから追放するよう求めた九つのクラブのことは忘れない。忘れてはいない。バーンリー、ウルヴァーハンプトン、レスター、ニューカッスル、トッテナム、アーセナル、マンチェスター・ユナイテッド、リヴァプール、チェルシーだ。我々をチャンピオンズリーグから追い出し、彼らがその場所を奪おうとしたことを忘れない。我々がピッチ上で勝ち取った居場所を。ユリウス・カエサルが言ったように、この世には敵も味方もいない。利害関係があるだけだ」

「我々が無実だったらどうなる？　もし我々に罪があったのなら、いいだろう、罰を受け入れよう。我々に罪があり、下部リーグに落とされたりするのなら、それで構わない。ポール・ディコフとマイク・サマービーを呼んできて、もう一度やり直す。今いる選手たちでもう一度上がっていこう（※五〇）。しかし、もし我々が無実だったらどうなる？　我々が受けたこの損害について、この最初から決めつけられた判決について、どう償ってもらえるのか？」

「私はこの席から動くつもりはない。断言する。これまで以上にここに残りたいと思っている。プレミアリーグでもう七年という長い年月を過ごしているので、時には迷うこともあった。だが今は、一切迷いはない。ここで続けていく。UEFAの件がどうなったか見てみるといい。同じことだ。自分の仲間たちを信じない理由はない。外の人たちと、自分の仲間たちであれば、私は仲間のほうを信じる」

もちろん、ペップの談話はファンの気持ちと密接に、親密に、深く結びついている。それはまるで、シティファンたちの心に走る電気ショックのようだ。ペップは激怒しており、盾も防具も着けることなく青い旗を掲げ、命の灯を現すブルーカラーへの情熱と熱気に満ちあふれた何万人ものファンがその後に続いている。シティの相手は他の全員だ。ペップと彼のあとに続く者たちが感動的な団結を交わした一日だった。四方八方から攻撃を受けた軍隊が、ひるんだり降参したりするのではなく、全力で反撃することを決

※五〇　マイク・サマービー（一九四二年生まれ）はシティで活躍したFWで、ジョージ・ベストと同世代の親友だった。シティで三五七試合に出場して四七ゴールを記録。現在はクラブのアンバサダーを務め、ペップの親友でもある。ポール・ディコフ（一九七二年生まれ）はシティで一七四試合に出場して三五ゴールを記録。現在はサッカーアナリストを努めている

意したかのように結束を固めた一日である。

これがペップ本来の姿だ。大胆で責任感が強く、人々と密接につながり、同時に未来を恐れない。結局のところ、このプロセスのすべてを終えてしまい、長い契約期間が満了すれば、彼はもうマンチェスターにはいない。だがペップは、決して育つことのない樹木のように見えることを気にかけない。それでも自然の一部ではあるのだから。ペップは行きすぎる部分もある。記者会見の中では話を広げすぎて、「ジェラードのスリップ（二〇一四年、プレミアリーグのタイトルをチェルシーに明け渡すことになったプレー）の責任までシティにあるのだろうか」と、非常に残念な言葉が飛び出す場面もあった。不必要な言葉であり、ペップはジェラードに個人的に謝罪したあと、会見の四日後には「私の不要で愚かなコメントだった」と、公にも謝罪した。ここにも非常にペップらしい特徴のひとつがある。行きすぎてしまうことで、時に子どもじみた失敗を犯すこともあるが、それを率直に認めて謝罪する素直さもある。「自分自身の言ったことを恥ずかしく思う。（ジェラードには）そんなことを言われる筋合いはない。クラブを守るという自分の言葉を心から信じてはいるが、この愚かなコメントの中に彼の名前を出すのは、クラブの代表としてよいことではなかった」

バルセロナやバイエルンでもそうだったが、なぜ彼は今回もクラブ役員たちに代わってあれほど前面に立つことを選んだのか。シティの盾となり剣となることを決めた理由はどこにあるのか。話をする機会は得られたが、疲れ切った彼にはそのことを質問する時間すらなかった。

「自分が愛するものを守るため、そして自分を愛して助けてくれる人々を守るため」

至極単純なことだ。

＊＊＊

日曜日、ファンはスタンディングオベーションとチームへの大声援でペップに報いる。どんな集団であれ、外敵からの攻撃ほど団結につながるものはない。プレミアリーグのアンセムに対するブーイングは大音量で、まるで戦を告げる叫び声だ。スタンドに掲げられた巨大な横断幕にも示されたように、シティは屈するのではなく最後まで戦い抜くことを決意した。ファンも全力で後押しし、チームは前半のうちにロドリ、ギュンドアン、マフレズのゴールで勝負を決めて快勝を飾った。

この試合で特に重要だったのは、シティがボールを持っていないときにペップが左ＳＢに配置したベルナルドだ。カンセロが放出されることになると、ベルナルドが代役のＳＢとして選ばれることが、練習のあらゆる細部から予感できた。ベルナルドは誰よりも万能な選手であり、ＧＫを除くあらゆるポジションをこなした経験を持つ男だ。この日曜日に彼は戦術的インテリジェンスを見せつけた。マイボール時にはロドリの隣で二人目のＣＨとして動き、相手のプレッシャーを難なくかわすことができる。しかし、ルーズボールを彼が自分のものにできなかったところからヴィラの唯一のゴールが生まれた。相手ボール時にはベルナルドはＳＢのように守る。六人目のアタッカーとして前線に加わるラポルテ（ヴィラの［６―２―２］に対してシティは［３―１―６］で攻める）をカバーする必要があればＣＢの位置に入り、勇敢で効果的なプレーを見せる。彼のパフォーマンスはボールの近くでプレーすると向上し、プレーの動きから遠ざかると低下することが改めて確認できた。万能性と戦術的な柔軟性という点でベルナルドは素晴らしい模範を示しており、これから待ち受ける挑戦に向けて非常に重要なものとなるかもしれない。ベルナルドがかつて冗談めかして、自らを「アタッキングＤＦ」と定義していたことを思いだす一日となった。逆説的な定義だが、彼にぴったりである。今日、彼はこう付け加える。「ひとつのチャレンジだったが、良かった。挑戦することは好きだし、できるだけチームを助けたい。ミスをしないこと、スペースを埋めること、しっかり守ることに普段以上に集中する必要があった」

＊＊＊

アーセナルはホームでのブレントフォード戦（一対一）で勝ち点二を落とし、勝ち点差はわずか三に縮まったが、シティのほうが一試合を多く消化している。次の水曜日には、イングランドサッカー界をリードする二強が激突。チームにはすでに首位チームに挑戦する準備ができているとペップは信じている。この週の練習を通して彼は、眠っていた獅子たちの姿勢の変化が現実のものとなったことを確認できた。もう誰もシティを止めることはできない、ライオンは目覚めたのだ。

シーン一六：アーセナルの失敗

（二〇二三年二月一五日、ロンドン）

「サカのようなWGを相手に、ベルナルドを左SBで起用する勇気はあるのか？」

「すぐにわかる。迷わなくていい」

ペップは確信している。ベルナルドはアーセナル戦でも左SBを務めることになる。

「私にはDFやFWというものが見えているわけではない。私に見えているのは、時間帯によって異なるポジションでプレーできるサッカー選手たちだ」

しかし、ベルナルドにとっては違う。「嘘はつけない。ものすごく大変だった。こういうポジションでプレーするときには守備のメンタリティを持たなければならず、攻撃のアイデアや、ボールを扱うクオリティを奪い、犠牲にしてしまう」。「アタッキングDF」であることを冗談交じりに語ってはいたが、その万能性がもたらす影響もすでに実感している。

アーセナルはつまずいた。二〇二三年をスタートした時点ではシティに勝ち点七差（四三対三六）をつけていたが、そのアドバンテージは消滅してしまった。ペップのチームはリーグ第二節以来首位に立っていなかったが、アルテタのチームが圧倒的に支配していた一〇一日間を経て、首位の座を取り戻した。年明け以降、シティは七試合を戦って五勝を挙げており、残り二試合には敗れて勝ち点一五を獲得。アーセナルは六試合を戦ってわずか二勝にとどまり、二分け二敗。この成績差によってリードはすべて溶けてなくなった。とはいえ、アーセナルはまだエヴァートンとの未消化試合をひとつ隠し持っており、それで首位を奪い返すことができる可能性を有していた。

アーセナルのビルドアップ時にジンチェンコとウーデゴールが務めることになるＩＨのポジションを想定し、ペップは試合二日前に相手ボール時のシステムを変更することを決めた。二〇二〇年以降は、いつも「４―４―２」の形だった。ＦＷとＩＨの一人が最も高い位置を取り、両ＷＧはロドリ及びもう一人のＩＨと同じ高さへ下がるが、相手ＳＢの前進を抑えるためサイドに開く。チームはこのシステムを見事にマスターしており、実際に、この構造で強力な攻撃陣と対峙してもわずかな失点しか許していない。チームに不可欠な特徴のひとつであり、このシステムのおかげでシティはボールを持っていない局面を難なく乗り切れるようになっていた。

ペップはジンチェンコとウーデゴールの創造性を警戒している。両者ともセンターサークル周辺に位置することが多く、そこからガナーズの攻撃を操っていく。ペップは彼らを二人のＷＧ（マフレズ、グリーリッシュ）で抑え、ＩＨの二人（デ・ブライネ、ギュンドアン）を両サイドへ送ることを決めた。それをテストする練習日は試合前の火曜日の一日だけしかなく、ペップはいつものチーム構造を修正するために多くの時間を費やした。もうひとつ決断したことがある。今回もベルナルドを左ＳＢに起用し、それによりアケをＣＢとして使えるようにすることだ。監督は、楽に支配できる試合ではないこと、アーセナルの支配力にチームが押し込められる時間が長くなることを察知し、特に頑強な守備陣を選ぶ。ペップは常に、試合ごとの具体的なゲームプランに最も適していると考えられる選手を選ぶのだ。シティが圧倒的優位に立ち、難なくビルドアップできるような試合が想像できるなら、ボール扱いに優れたDF陣に傾く。ルイスやラポルテの出番だ。その逆を想定するなら、ウォーカー、ディアス、アケの出番となる。ごく単純なこの区別が、彼の布陣決定の基礎となる部分だ。他のエリアでも同じことが言える。試合をコントロールし安定させることが特に必要だと感じればベルナルドやギュンドアンのようなIHを選ぶだろうが、スピードや縦へ推進力が必要だと思えばデ・ブライネやフォーデンを選ぶだろう。もちろん、どの試合も一方通行ではないので、彼は常にチームがどの局面でも競争力を発揮できるように能力のバランスを取る。シーズンのここまでで最も重要な試合となるアーセナル戦に臨むにあたり、ディアスとアケというエリア内を守るCBに、ウォーカーとベルナルドという非対称な特徴を持つ二人のSBを組み合わせるのも、このバランスによるものだ。選手たちの頭と足を休めてリフレッシュさせる目的を別としても、ペップは能力を補完し合うような選手たちでバランスを取りながら特徴の異なる相手と戦おうとするため、同じ布陣を繰り返すことはめったにない。バイエルンでは同じ布陣を連続して用いることなく一〇〇試合を戦い、シティでも同じことをしている。最高の布陣とは決して、最高の一一人の選手たちではなく、倒したい相手に最も適した布陣なのだ。

試合開始二〇分、ジンチェンコがクロスした絶好のボールをエンケティアが頭で決め損ねた直後、ペップはベンチのボレルのほうを向いてこう言う。「これはひどい。何てこった、機能していない」。その通りだ。デ・ブライネとギュンドアンは相手ボール時のシステムの中で迷子になっている。さらに悪いことに、アルテタは意図を変えてジンチェンコをアウトサイドへ送り、マルチネッリが内側でプレーを作り出すようにしている。シティはピッチの中央をうまくカバーできず、「4—3—2—1」の形を苦もなく破ってくるアーセナルの積極性に圧倒されている。ガナーズがその最初の壁を突破するたびに、シティは「4—1—4—1」に配置を変え、少しでも自陣ペナルティエリアを守ろうとする。システム変更がチームにとって致命的となり、パスを二本連続で繋ぐこともできず、危険なエリアまで前進することもできない。「何度もロングボールを送るばかりで、よくなかった。意味と意図を込めてロングボールを出すことと、どこにも通らないロングパスでボールを失うこととは別物だ」と、ペップは試合後にアシスタントコーチとともに振り返った。

エデルソンには単に大きなボールを蹴り出す習慣はなく、意図のあるロングパスを出そうとする。二三分にデ・ブライネが決めたゴールは、エデルソンからハーランドへのパスをサリバがヘディングで後方へ逸らしたところから生まれた。直前にも同じようなプレーがあったが、冨安がグリーリッシュから強いプレッシャーを受けながらも問題なくＧＫへボールを返してプレーを再開させていた。日本人ＳＢはもう一度同じことを試みたが、バックパスが短くなってしまい、それを奪ったデ・ブライネがラムズデールの頭上を抜く浮き球で均衡を破った。五〇分になろうとするところでエデルソンが再びロングパスを送り、そこからグリーリッシュが危険な位置でのＦＫを獲得。ロドリのヘディングはクロスバーを叩いた。しかしその一〇分前には、シチズンズの守備の隙を突いたジャカがエンケティアへ縦パスを通し、エデルソンがＰＫを与えることにつながったプレーもあった。ＰＫを与える判定は正しかったかもしれないが、三日前にエティハドで起こったこととは辻褄が合わなかった。マルティネスがハーランドと接触したが、主審はノルウェー人ＦＷのファウルを取っていたのだ。今日は同じプレーでＰＫの笛が吹かれた。不利な判定を受けていると感じることはどのチームにもあるだろうが、その範囲を越えて、プレミアリーグのレフェリングのレベルがコート上でもＶＡＲルーム内でも非常に一貫性を欠くことは否定できない。

ドレッシングルーム内に明るい表情はなく、ペップは自分のミスを認めることにした。「みんな、私が間違っていた。基本に戻ろう。相手ボール時には［４―４―２］で、リヤドとジャックがサイドに開き、ケヴィンは前へ、ギュンドは下がってロドリの隣だ」。変更はこれだけではない。非常に稚拙だった前半を、鮮やかに分析した。「彼らと戦うのがとても難しいのはわかっている。素晴らしいチームであり、常にマンツーマンで飛び込んでくるからだ。プレッシャーを受け続けてはいるが、君たちも素晴らしい選手だ。もう少しだけ自由になって、プレッシャーのことは忘れよう。もっと連係を取って、急いでスペースに出しすぎないようにしよう。それではボールを失うのが早くなってしまうだけだからだ。全員の距離をもっと短く、もっと近くして、もっとお互いを見つけやすく。ロングパスはいいが、無意味なロングボールはダメだ」。マルチネッリへのマークも修正した。ディアスは、毎回のようにピッチ中央を行き来しなければならないとしても、ウーデゴールについく。それによりアケはサカを守るベルナルドをサポートしやすくなり、前半には簡単に裏を取ることができていたマルチネッリの浮いたポジションをカバーする役割をロドリに任せられるようになる。

これらの変更が試合を変えた。ハーランドに対するガブリエウのファウルで取られたPKがVARによるオフサイド判定で取り消される場面もあったが、シティは見違えるようだった。チームは再び自分たちの姿を取り戻した。ペップがこの試合の行方を決定づける、そしてもしかするとリーグ戦の行方をも決定づけることになるかもしれない選手交代を行ってからはなおさらだ。六一分、あらゆる予想に反して、マフレズの交代要員としてアカンジを投入。WGに代えてCBを入れたのだから、守備的な交代であるかに見えたが、これははっきりと勝利に直結する交代だった。ベルナルドは右WGの位置に移り、彼が離れた左SBのポジションはアケが埋める。相手ボール時のシステムを修正（「4―4―2」）したのに続いて、今度はビルドアップの形を「3―2―5」から「4―3―3」へと変化させる。ビルドアップで優位に立ち、距離の近い選手たちが短めのパスでホームチームの個人プレスを回避するとともに、アーセナルのDFラインに向けたロングパスも組み合わせてセカンドボールを狙っていく。これに対してアルテタは動かない。グリーリッシュが何度も冨安を突破していくが、日本人DFに代えてホワイトを投入したのは、もはや試合に決着がついた終盤になってからだった。ペップは試合後にベルナルドに言及する。

「彼は宝石だ。SBでも右WGでも、どんな役割でもどんなポジションでも、いつも良いプレーをしてくれる。素晴らしいサッカー選手だ」

右WGとして、ベルナルドは将軍のように暴れ回った。クロップに捧ぐかのような、「ゲーゲンプレス」のパーティーである！　おそらく、ハーランドの存在なしには不可能なことだっただろう。得点率を見ても素晴らしいFWだが、それ以上にとてつもないのは彼の放つエネルギー量である。「ホモ・ハーランデンシス」は、CFから進化した新人類のようだ。巨漢の相手DFたちを、柔らかな竹林であるかのようになぎ倒していく怪物である。スピードも、駆け抜けていく力強さも、動きのアグレッシブさも、プレーから発する刺激的なエネルギーも、ハーランドのすべてが高電圧を帯びている。そして今日は、とりわけモチベーションが高く積極的であった。このアドバンテージをベルナルド、デ・ブライネ、ロドリ、ウォーカーが活用し、サメはアーセナルの左サイドを粉々になるまで食い破った。ホームチームの素晴らしい守備陣がいかに堅固で、ジンチェンコ、ジャカ、マルチネッリがいかにテクニックに長けていようとも、シチズンズの息が詰まるようなプレッシャーは必然的に何度もボール奪取につながり、そこからグリーリッシュとハーランドの得点が生まれた。この強烈な勝利でシティは、アーセナルより一試合を多く戦ってはいるが暫定首位を奪い返す（この特別な順位を占めるのは第二節以来）。ペップのチームはガナーズに対して二〇二〇年から七戦連続の勝利であり、長引いた復活劇の完了を示すものだ。その他の数字も前代未聞だった。シティは試合時間の三六％しかボールを保持しておらず、これはペップにとってプレミアリーグで最低記録であり、キャリア全体でも二番目に低い（※五二）。パス数はアーセナルの五二二本に対してわずか三〇一本にと

※五一　バルセロナでは二〇一六年にチャンピオンズリーグの試合で三四・六％ということがあった

どまり、普段のおおよそ半分程度。成功率も七二%とひどいもので、平均より二〇ポイントは低い。一〇本以上のパスを繋ぐプレーはアーセナルには二〇回あったが、シティはわずか七回。いずれも非常に低い数字であり、まったくシティらしくはないが、アーセナルの強さが本物であることと、タイトルをかけた決戦が極めて厳しいものであることを示している。

シーン一七：三分の三

（二〇二三年三月一八日、マンチェスター）

三分の三。

ノッティンガムで「マッチポイント」を逃したあと、シティには困難でタフな試合が続いた。チャンピオンズリーグではアウェーでライプツィヒとドロー（一対一）。前半は快調に試合を支配していたが、後半にはかなりの苦戦を強いられた試合だった。バイタリティ・スタジアムでのボーンマスは危険な相手のように見えたが、実際にはルイスが四五分間の素晴らしい活躍を見せてくれるだけで十分だった（四対一）。アシュトン・ゲートで行われたFAカップ一六強の試合ではブリストルに難なく勝利（三対〇）。わずか一三日間で五試合連続のアウェーゲームを戦ったあとエティハドに戻り、手強いニューカッスルを二対〇で撃破。フォーデンがフル回転のパフォーマンスを披露して自身のリーグ最多得点（九点）に並び、エデルソンは二〇八試合目で一〇〇回目のクリーンシートを達成してみせた。しかしアーセナルは同時期に、二つの試合での「マッチポイント」をそれぞれ土壇場で回避。アストン・ヴィラ戦はアウェーで二対二の引き分けだったが、二点を挙げたのは九三分と九八分だった。同じくエミレーツでのボーンマス戦も、九七分にネルソンがチームを救って二対二で引き分けた。

ペップは、そこでこう言った。「ここからの三試合で我々のシーズンが決まる。勝利すれば、三つの大会で戦い続けていくことができる。敗れれば脱落し、それで終わりだ」。ペップは一五年間の監督生活で培った経験により、長期的計画はおろか中期的計画さえも立てられはしないことを十分に認識している。あまり遠くは見ず、一日一日、一試合一試合をこなしていくほかない。プレミアリーグでの戦いの現実は完璧にわかっている。これ以上ひとつも落とさず、残りの全試合に勝たなければならない。ノッティンガム戦は最後に許されたつまずきだったが、もはやこれ以上の余裕はない。残された一二試合すべてに、つまりエティハドでのアーセナル戦も含めて勝利した上で、アルテタのチームが足を滑らせてくれることを信じるしかない。それが王者のタイトルを防衛する唯一の方法となる。だからこそ彼は、ここからの三試合が決定的なものになると言っている。リーグ戦の試合は、もはや勝つ以外の選択肢がないため、チャンピオンズリーグとFAカップの試合は、後戻りのできないノックアウト戦であるためだ。

三分の一

その三試合の一つ目は乗り越えたが、苦しい試合だった。セルハースト・パークでのクリスタル・パレスは、鉄網のように分厚い［5―4―1］で固めてきたためだ。鎧を突き抜けられる隙間はない。もちろんその代わりに、GKのエデルソンは静かな午後を過ごした。ホームチームはブラジル人守護神に向けて一本のシュートを放つこともなかった。だが相手エリア内では一平方メートルあたりに何人も詰め込まれたかのようで、あまりの窮屈さから息を吸うこともできない。ハーランド、グリーリッシュ、ロドリ、フォーデン、アルバレスのシュートは次々とあと一歩で枠を外れていく。だが試合終盤を迎えたところでようやく思わぬ隙が生まれる。ベルナルドの素早く出したCKからギュンドアンがPKを獲得し、これをハーランドが成功。シティは今季初めてプレミアリーグで四連勝を飾った。セルハースト・パークではロドリが素晴らしい活躍を見せてくれた。日に日に向上しており、より安定感と創造性を高め、並外れたCHとなっている。

続いてライプツィヒ戦。単なる試合ではない。ペップはチームを落ち着かせようとしており、単なる一試合だという言葉を繰り返しているが、重要な一戦であることはわかっている。六シーズン連続でチャンピオンズリーグ準々決勝へ進めるかどうかの勝負であり、ラストスパートに差しかかりつつあることを意味する。ペップも緊張している。試合二日前の一二日にはすでに、普段とは異なるものとなるゲームプランを決断した。ライプツィヒでの1stレグは、相手がどう戦ってくるのかをよく理解するための良い教材となった。特に左サイドでグヴァルディオル、ラウム、ヴェルナーが見せる見事な連係だ。それを抑えるため、ベルナルドを名目上は右WGのポジションに起用しつつ、ライプツィヒの球出しに対する「監視役」を任せることに決めた。

他のビッグゲームと同じように、ペップはリージョと意見交換をしたいと考えている。日曜日の夜にFaceTimeでつながった二人は、ペップの説明するプランについて確認し合う。「後ろに三人（アカンジ、ディアス、アケ）、中盤に三人（ロドリ、ギュンドアン、デ・ブライネ）、前に三人（ベルナルド、ハーランド、グリーリッシュ）と、中で数的優位を作る一人（マフレズ）」。右SBを置かずにプレーするデメリットや、マフレズがインサイドでプレーするメリットについて議論する。マフレズについては、バイエルンでのペップのラストシーズンにロッベンが何度かやっていたようなスタイルである。マフレズはライプツィヒでの1stレグでもすでに事実上インサイドのFWとしてプレーし、サイドをウォーカーに任せていた。マフレズがドリブルやシュートに持ち込みやすくなるため、ペップは今回も同じ手法を採用しようと考えているが、サイドにはベルナルドが開くことになる。

一時間半にわたり、ペップとリージョはプランについて話し合った。二人は互いに遠く離れてはいるが、サッカー文化という点ではかつてないほど近づいている。昨季のグループステージで同じ相手と対戦した経験（エティハドでは六対三の勝利、ライプツィヒでは一対二の敗戦）を振り返り、相手の弱点を探ろうとする。ペップはこの試合でリスクを冒すことも、攻守のトランジションを数多く繰り返すことも恐れてはいない。1ｓｔレグではそれを出来る限り避けようとしたが、この試合はもう「オール・オア・ナッシング」である。しかもデ・ブライネが戻ってきて、彼の快足を再び活用できる。勇敢になるべき試合だ。いつもであれば試合のコントロールと目まぐるしい展開の間でバランスを取っているが、ペップはそれを少し壊そうとしている。ベルナルドがカギを握ることをペップは示唆する。「マイボール時には、彼は中盤での優位性をチームに与えてくれなければならない。相手ボール時にはライプツィヒの左サイドの連係を断ち切らなければならない」

しかし、どんなアイデアにも必ず一捻りを加えようとするペップは、その夜に落ち着いて眠ることはできなかった。月曜日の練習中にも自分の案を練り続け、徹底的に見直すことを自分自身に要求した。右サイドでベルナルドが重要な役割を果たすことは適切であり、プラン自体は良いものだが、弱点もある。右SBがいないことで、アカンジ、ロドリ、そしてベルナルド自身に対して過度にリスクの高い守備のカバーリングを強いる可能性があるという点だ。監督はこのプランがリスキーすぎることを懸念し、内心ではこう問いかけている。

「選手たちをあまりに危険にさらすことになるだろうか？　彼らを安心させるどころか、不安を与えすぎるのではないだろうか？」

彼はプランの修正を考える。二つの役割を託されるベルナルドがカギを握るピースとなることは変わらない。ライプツィヒのビルドアップを乱すことと、中盤で優位性を得ることだ。しかし、マフレズを起用する選択肢は撤回し、代わりにSB兼IHを入れる。これによりベルナルドとともに前方で優位性が得られるだけでなく、後方でもSBを前に出すことで優位に立てる。ペップが選ぶのはストーンズだ。なぜか。ルイスはこの役割に最適ではあるが、これほどの挑戦に臨ませるには若すぎる。ウォーカーはヴェルナーを抑えるには最適だが、SB兼IHとしてはやや見劣りするし、ニューカッスル戦の勝利後に選手たちに与えられた週末のオフの間に少しばかりよろしくない行動を取ったことが判明したため「氷漬け」にされている。

月曜日の夜中、ペップは最初のプランを修正した。「私の提案は、このデリケートなタイミングで、選手たちを少し迷わせてしまうのではないかという印象がある。ストーンズをSB兼IHに置き、ベルナルドを開かせる考えはそのままにしたほうがいいと思う」。メリットとデメリットを再度検討し、代案の可能性について評価を行う。ストーンズはすべての必要条件を満たしている。ヴェルナーの攻撃に対してしっかり守ることも、中盤でロドリと組むこともできるし、さらにベルナルドの後ろをカバーすることで、ベルナルドは完全に自由に動けるようになる。

三分の二

ハーランドの五ゴールがライプツィヒを粉砕した。ノルウェー人FWの活躍ぶりは、エティハドの注目を一手に集めるのにふさわしいものだった。ボールに三〇回タッチし、一六本のパスを出し、八本のシュートをすべて枠内に放ち、五回ゴールを記録。いずれもチームメートにアシストはつかず、四ゴールはCKを起点としたものだった。これでチャンピオンズリーグでは通算二五試合で三三ゴールを挙げたことになり、そのうち一〇点が今季の大会でのもの（※五二）。欧州最高の大会のノックアウトステージ一試合で五点を挙げたのは最多タイ記録であり、メッシとルイス・アドリアーノに並んだ（※五三）。凍てつくようなマンチェスターの夜、ハーランドは足元に届いたボールのほとんどを有効活用してみせた。

シュートのうち三本は、コースは良かったもののライプツィヒのGKブラスヴィッヒの好守により報われなかったが、残りの五本は得点となった。最初のゴールはPKから決めたものだ。主審はライプツィヒのDFが腕でボールに触れたとしてPKを取ったが、ごくわずかにかすったのみであり、ほとんどPKではなかった。毎日のようにこういった判定が繰り返されるたびに、主審やルールやVARの採用が嘲笑の的となっている。三週間前のことも思いだす。ライプツィヒの別のDF、ヘンリヒスがロドリのシュートを両手で止めたが、審判たちは素知らぬ顔をしていた。これまで以上に、レフェリングはくじ引きのような様相を呈している。

いずれにせよ、ハーランドは六本目のPKで六点目となるゴールを決めた。そして試合再開からわずか一八秒後、積極的なプレスを受けたブラスヴィヒがボールを失い、アカンジがもう一度前方へ送ったボールをデ・ブライネが受けてクロスバー直撃のシュートを放つ。ボールの落下地点には当然のようにハーランドが待ち構えており、頭でネットへ押し込んだ。わずか二〇秒でライプツィヒは破壊されてしまった。ドレッシングルームへ引き上げる間際にはハーランドが自身三点目を決め、シティで五度目となるハットト

※五二　メッシは三三ゴールを挙げるまでに五二試合を要していた
※五三　メッシは二〇一二年三月七日、ペップの率いるバルセロナがレヴァークーゼンを敗退に追い込んだ一六強の試合（七対一）で五得点を記録。シャフタールのFWであったルイス・アドリアーノも、一四年一〇月二一日にグループステージのBATEボリソフ戦（七対〇）で五ゴールを挙げた

リックを達成。グリーリッシュの蹴ったCKに合わせたディアスのヘディングがポストを叩き、ブラスヴィヒがセーブしたが、最後はノルウェーのサイボーグ195が打ち込んだ。

四点目を決めたのはギュンドアン。エデルソン、ベルナルド、デ・ブライネ、ハーランド、グリーリッシュの正確なコンビネーションから生まれたゴールだった。続いてまたしてもCKから、最初にベルナルドがヘディングしたあとハーランドが決めて五点目。五六分にはマフレズのクロスにアカンジが触り、GKに弾かれたところをハーランドが押し込んで自身五ゴール目を挙げた。九一分にはデ・ブライネが締めくくる。相手の力を考えれば、七対〇というスコアはあまりにも圧倒的かつ予想外のものだった。

ペップの率いるチームがチャンピオンズリーグ一六強の舞台で同様の数字を記録したのは四度目のことだ。バルセロナでは二〇一二年三月七日のレヴァークーゼン戦に七対一で勝利。バイエルンでは一五年三月一一日にシャフタールを七対〇と粉砕。シティでは一九年三月一二日にドイツのシャルケを七対〇で下した。今日はまたしても三月に、大会の同じ段階で同じ七対〇というスコアを残すことになった。

喜色満面のハーランドを照らすスポットライトの奥には、この成功に決定的な役割を果たした二人の男がいる。ストーンズとベルナルドである。ストーンズは、シティが［3＋2］の形を取ったビルドアップをうまく成功させるカギを握っていた。ライプツィヒはいつも通りの［4－2－2－2］を採用したため、シチズンズの3バックは相手より幅を取ることができ、それほど苦労することなくプレーの起点となることができた。インサイドではロドリとストーンズがうまく段差をつけ、前線の五人に数え切れないほどパスを送ることができる。ストーンズはルイスほど足元に優れているわけではないかもしれないが、大胆さは変わらず、それに加えてサイドのあらゆるエリアでヴェルナーに対する積極的な守備をしてこのドイツ代表FWを無力化することができた。一方でベルナルドは、ホームチームのプレスに決定的な役割を果たした。グヴァルディオルとラウムによる球の出どころを潰し、GKブラスヴィヒに対してアグレッシブなプレスをかけたことが何度もパスミスを誘った。「ベルナルドは非常に直感的で、同時に三人の選手にプレッシャーをかけられる力がある。そんなことをできる者は他に誰もいない」と、ペップは称える。このポルトガル人選手の持つ特別な直感能力は、一撃で相手三人を無効化できるような位置取りを可能としている。栄誉とボールはハーランドに与えられたが、コーチングスタッフが称賛を送ったのはストーンズとベルナルドだった。ペップは、両WGによるハイプレスがチャンピオンズリーグで違いを生み出せると確信して帰路についた。

三分の三

コンパニは並外れた成績を残し、バーンリーをプレミアリーグ復帰へと向けて打ち上げた。シティの元キャプテンはベルギーのアンデルレヒトで素晴らしい一歩を踏み出したあと、チャンピオンシップの厳しいリーグ戦で再び監督としての優れた資質を示している。ひどく傷ついていたバーンリーを引き継ぎ、驚異的なプレーと勝利への渇望を持つ常勝チームへと変貌させた。イングランド二部リーグで三七試合のうち二四試合に勝利し、わずか二度しか敗れず。三月半ばの時点で、残された勝ち点二七のうち八ポイントを獲得できれば来季のプレミアリーグで戦えることが数字的に確定するという状況だ（※五四）。

コンパニはチームを勝ち続けるマシンに変えただけでなく、チームのプレースタイルも根本的に変えてしまった。かつてのバーンリーはイングランドらしい直線的なプレーの最後の担い手だった。

※五四　四月七日、バーンリーはリーグ戦終了まで七試合を残して数字的に昇格を決定した

一八六三年以降に行われてきたこのスポーツのスタイルの中でも最初のものであり、槍を構えて上半身をむき出しにし、何事にも何者にも臆することはない英国騎兵の強靭な精神から生まれたスタイルだ。そのダイレクトなスタイルは世紀を重ねるごとに失われていき、わずかな実践者の手によってかすかな記憶として残されるのみとなった。バーンリーもその実践者のひとつだったが、コンパニが過去のノスタルジックなスタイルに終止符を打ち、現代的理論を採り入れた。選手たちもその旅に付き従い、結果は彼らに微笑むものとなった。

　コンパニの選手たちは非常に大胆かつアグレッシブな感覚を抱いている。エティハドでの試合にも、一月末に同じFAカップの試合でアーセナルがやったように、シティをマンツーマンでマークする勇気を持って乗り込んできたほどだ。偶然のようにも思えるが、両カテゴリーの首位チーム（アーセナルはプレミア、バーンリーはチャンピオンシップ）が、ピッチ全面での密着マンマークという同じ手法でペップのチームに挑むことになった。シティはアーセナルとの対戦を教訓とした様子で、ほとんどのプレーでフリーマンとなるGKオルテガを起点としてゲームを調整していく。オルテガがプレーの熱を冷まし、的確にボールを配球してアウェーチームのエネルギーを削り取り、あとはハーランドが現れて相手のプランを崩してくれればいい。三〇分、オルテガがハーランドへロングボールを送り、ハーランドはアルバレスに出して走らせる。アルバレスの狙い澄ましたパスをノルウェー人FWがネットに収めた。その三分後にも、今度はデ・ブライネが自分自身を投影するかのようにフォーデンを左サイドで走らせ、正確な走りとパスから再びハーランドが決める。五九分にはハーランドがシーズン六度目となるハットトリックを達成。素晴らしいチームプレーから最後はフォーデンのシュートがポストを叩いたところを押し込み、直近一二四分間のプレーで八ゴール目となった。その後はアルバレスの二点とパーマーのゴールで仕上げて六対〇の勝利。シティは五年連続のカップ戦準決勝進出を果たし、ウェンブリーでシェフィールド・ユナイテッドと対戦することになった。ここまでチェルシー（四対〇）、アーセナル（一対〇）、ブリストル（三対〇）、バーンリー（六対〇）を撃破し、計一四ゴールを奪って一点も失ってはいない。

ペップのチームは、三つの大会で生き残ったまま四月を迎えるという、監督の掲げていた目標を達成した。三つのタイトルのいずれかを獲得するのは非常に難しいことではあるが、挑戦できるための命もここにある。プレミアリーグでは、一試合多く戦ったアーセナルが八ポイントリード。チャンピオンズリーグではほかならぬバイエルンと戦わなければならない。そして、FAカップは予測不可能な大会である。それでもチームは年初の低迷を乗り越え、エネルギーとハングリーさを取り戻している。今日で五試合連続のクリーンシート、六連勝となった。エティハドでの通算一二〇〇ゴール（うち一三点は直近四日間で決めたもの）も達成し、そして何より、ラストスパートが始まる時期にこそ最高の調子を迎えるチームであることを再確認させている。

それに加えて私は、チームのプレーの中で三つの小さなディテールが際立っていることに気がついた。本当に細かなことであり、おそらくは重要でないかもしれないが、触れておきたいと思う。

一つ目は、キックオフのボールは数年前から定番となっていたようにFWからCH（この場合ロドリ）へ送られるのではなく、一週間前からはハーランドがGKへ直接ボールを送るようになったこと。このディテールが実行された三試合（ニューカッスル戦、ライプツィヒ戦、バーンリー戦）では、GKは味方全員が一〇メートルほど前進するまでしばらく待ってからボールをどちらかのサイドへ大きく送り返す。WGがボールを収めるか、それが失敗に終わった場合には相手にスローインを与えて深い位置からプレーを再開させ、シティは相手にとってリスキーなエリアで強いプレスをかけられるようになる。

二つ目の小さなディテールは、二人のIHを変化させたことだ。これは二五分頃に起こった。デ・ブライネは、おそらくマフレズとの良好な連係を維持するためか、得意とする右側のゾーンで試合をスタートさせていた。アルバレスは左側の「ギュンドアン・ゾーン」でスタートしていた。しかし、バーンリーの執拗なマンマークにより、どちらも自分の側のCHやWGと連係を取ることができない。ここでペップがゾーンの入れ替えを指示すると、嵐のあとに現れた太陽かのようだった。アルバレスは右サイドでハーランドと直接つながることができるようになる（一点目のゴール）。デ・ブライネは左サイドを縫いつける糸となり、距離は近くとも連係役がいないことで遠い関係となっていたルイスとフォーデンの隙間を糸でつなぎ合わせることができた。

三つ目の小さなディテールは、六五分、ディアスからアカンジへの交代後に現れた。アカンジはDFの右側ではなく左側に位置取り、右はラポルテに任せる。つまり、シティはラスト三〇分間、CBを利き足と逆側に置いてプレーしたということだ。この理由は、SBとしてルイスに代わってゴメスが入ったことにある。どちらもSB兼IHの同じポジションを務めるが、ゴメスは左利きであるため、当然ながらルイスとは逆の体勢を取ることになる。ラポルテを右に置くと、彼からゴメスへのパスにより、ゴメスは体をターンさせることなく相手ゴールの方向を向くことが可能となり、さらにコンマ数秒の異空間を創り出すことができる。

シーン一八：ストーンズというコーナーストーン

（二〇二三年四月一日、マンチェスター）

マリウスは、サッカーに関するデータ分析を専門とするOpta社のツイートを注意深く読んでいる。「ストーンズについてこんなことが書いてある」。ペップはエティハドから自宅に向けて車を運転しており、マリウスはその左隣に座っている。「シーズン全体で一三〇〇本のパスのうち八七本しか失敗していない」。とんでもない数字である。パス成功率は九三・三％に達するということであり、リスクを冒すプレーを要求される選手としては素晴らしい成功率だ。ペップも頷いて同意する。「ジョンは化け物だ」

この日の彼はまさに怪物だった。リヴァプール撃破の礎となったコーナーストーンである。ストーンズのパフォーマンスは、今季のイングランドサッカー界全体を通しても最も印象的なもののひとつだった。「ＳＢ兼ＩＨ」としてプレーした彼の影響力は、パスの正確性以上にはるかに大きなものだった。彼はインサイドへ向かい、高さは異なるがロドリの近くへと移動する。二人は段差をつけ、それぞれ動きを連動させて、プレーの起点となる部分でハーモニーを生み出す。それが、クロップの一八番であるリヴァプールのプレスをすべて骨抜きにしていた。

ペップは「ＳＢ兼ＩＨ」としてサバレタとクリシ、ダニーロとフェルナンジーニョ、デルフとジンチェンコ、カンセロとルイスとウォーカーらを試してきて、成功度はさまざまだった。彼のモデルの中で不可欠なものとなった役割を任せるため、この日は再びストーンズを選んだ。そしてストーンズは、その役割を見事にこなしてみせる。左でも右でも、中でも外でも、守備でも攻撃でも、ストーンズはチームを快勝（四対二）に導くとともに、チーム全体としての好パフォーマンスを生み出した。コーチングスタッフからは、「これではっきりした。我々はすべての目標に向けて勝負できる」という言葉も出てきた。

ペップはストーンズがこの役割で成功したことについて、声高に振り返る。

「リコ・ルイスのおかげだ。道を照らしてくれたのはこの少年だった。もう何年もＳＢ兼ＩＨを使ってプレーしてきたが、リコはこの役割の選手が果たすべきことを見事に教えてくれた。彼の動きがチームに流動性を与え、エンジンがかからない時間帯にもチームを飛び立たせてくれた。もちろん、カイル（・ウォーカー）のように経験があるわけではないが、この役割にはちょっとしたコツがあることを我々全員に教えてくれたのは彼だった。そして今、ジョン（・ストーンズ）はその恩恵を受け大活躍している」

＊＊＊

マリウスはもっと知りたがり、父親は話し続ける。

「しつこいようだが、いつも言っているように、戦術とはテレフォンナンバーではない。戦術とは選手たちであり、プレーの考え方を彼らがどう解釈するかということだ。戦術とは、彼らがあらゆるタイミングで何をしなければならないかを理解することだ。そして、それは選手たちが我々に教えてくれることであり、私が彼らに教えるのではない。私から指示や助言を与えることはできるし、プレーの提案をすることもできるが、本当の戦術を作り出すのは彼らであり、それは彼らのアクション、本質、内面から湧いてくるものによって作り出される。だから私は、リコ・ルイスが、SB兼IHとしての彼なりのプレーのやり方によって道を拓いてくれたと言っているんだ。我々の機体がとても重くなっていたときにフライトするのを助けてくれたのは、ほかならぬ彼だった」

彼が今取り組み、熟慮を重ねている事柄はもうひとつある。負傷のためハーランドが不在だったこの日の昼下がり、チームは自由に飛び回る妖精のようにプレーしていた。純粋なCFがいないため偽9番を使わざるを得ず、そのため中盤で常に優位に立つことができた昨季の成功の時期を彷彿とさせた。この日はロドリの隣にストーンズを加えたことと、トップとトップ下の二役をこなすアルバレスの無尽蔵の存在感により、リヴァプールを崩すことができた。過去数年には、シティがクロップのチームにもっと点差をつけて勝利（二〇一七年に五対〇、二〇二〇年に四対〇）したこともあったが、ペップのチームがこの日ほど圧倒的に支配したケースはなかった。ボール保持率三一・九％というのは、クロップがプレミアリーグで過ごしてきた八年間で最も低い数字である。

ドイツ人指揮官は間違いなく、二〇一四年にドルトムントで味わったのと非常に似たような苦い時間を過ごしている。両チームにおける彼の軌跡を振り返ってみると、衝撃的なほど似通っている。ＢＶＢで過ごした七年間のスタートは控えめ（最初の二シーズンはリーグ六位と五位）だったが、すぐにドイツサッカー界のリーダーとなり、ブンデスリーガで二年連続優勝、カップ戦も一回優勝、二〇一三年にはチャンピオンズリーグ決勝にも進み、ノイアーの化け物じみた活躍とロッベンによる痛恨のゴールで惜しくもトロフィーを逃した。頂点を極めたあと、ドイツでは二番手の座を守っていたが、ペップのバイエルンがアクセルを踏み込むと彼のドルトムントは失速し、二〇一五年にはペップのチームに勝ち点三三の差をつけられてブンデスリーガで七位と沈んだ。単純に予算面の問題ではない。クロップのＢＶＢは、ペップのバイエルンと同時期に戦った三年間に、選手の補強額から売却額を差し引いて四四一五万ユーロを投資。バイエルンは同期間中に五三四〇万ユーロであり、つまり九〇〇万ユーロ多いだけでしかなかった。この差だけでは、時期が重なった最後の一年に両チームが見せたパフォーマンスの違いを説明することはできない。

　八シーズン近くを過ごしてきたリヴァプールでのクロップの道のりも、同様の曲線を描いている。プレミアリーグで苦しいスタート（八、四、四位）を切ったあと、シティとの長く素晴らしい戦いを演じ（三位、優勝、三、二位）、極めつけは二〇一九年のチャンピオンズリーグ優勝。そしてそこから、リーグ戦でシティに二一ポイント、アーセナルに二九ポイントの差をつけられているという現在の状況へと転落していった。両クラブの過去五年間の純投資額も似通っており、リヴァプールの二億五二六〇万ポンドに対してシティは二億二四七四万ポンド。どちらもアーセナル（五億四九六一万ポンド）、マンチェスター・ユナイテッド（六億一一四〇万ポンド）、チェルシー（八億五〇四九万ポンド）の純投資額とは遠く隔たっている。選手に対する投資額のみでは、クロップがドルトムントでの最終年に経験したような、今季のリヴァプールの急激な落ち込みを説明することはできない。いずれにしても、今世紀最高の監督の一人であるクロップの非凡なる名声がこれらのことで汚されることなどまったくない。そして一片の疑いもなく、このドイツ人指揮官は自らを中心として力強く手強いリヴァプールを再び作り上げることになるだろう。

＊＊＊

エティハドでの試合が圧倒的なものとなったカギは、ピッチ上にはっきりと表れていた。シティの守備陣は安定感と安心感をもたらす。ディアスとアケは絶好調であり、アカンジとともにピッチの横幅全体を見事に埋め、流れの中から正確なボールを出していくとともに、オープンなピッチ上を力強く守っていた。ロドリとストーンズは波のないパフォーマンスを見せており、場面ごとに必要な高さに位置し、中央のレーンに壁を築いた。両者の前では、デ・ブライネとギュンドアンが全盛期というべき精巧なプレーを展開し、敵陣内の中央で相手のバランスを壊す。そして前方では三人のＦＷがそれぞれ最高の持ち味を披露。マフレズは華麗なコントロールとドリブルの妙。アルバレスはゴールに向けた正確性とチーム全体が優位に立つための大きな貢献。純粋なストライカーというより、ベルナルドに近いものだ。そしてグリーリッシュは、またも記憶に残る試合を見せてくれた。日に日に向上し、ボールを持つプレーとタイミングの計り方がより的確になり、相手エリア内でより効果的なプレーができるようになってきている。

　見せつけたプレーぶりは驚異的なものだった。途中の過程でハーランド（鼠径部負傷）、フォーデン（虫垂炎）、ベルナルド（食中毒）を一時的に失ったことまでも含めて、シティはシーズンの決定的な場面に調子を合わせるためにあらゆるメカニズムを調整してきたかのようだ。フォーデンは手術を受けたため四月のこの難しい時期にプレーできないが、その他の選手たちはバイエルンとの大一番や、首位を堅持しているアーセナルとのリーグ戦には出場可能となるだろう。ペップとシティのメンバーは、プレミアリーグ（残り一〇試合）でもＦＡカップ（二試合）でも、そしてチャンピオンズリーグの手強い挑戦についても、残されたすべての試合に勝利を義務づけられることを十分に理解している。最大限の要求が突きつけられる数週間となる。寡黙に家路につくペップは、大きな勝利を収めたばかりだとはいえ、ハーランドが不可欠な存在であることをわかっている。彼の頭に浮かんでいるのは、「3―2―2―3」の見事な調和を崩すことなく、いかにしてアルバレスをサイボーグ化したノルウェー人FWの近くにはめ込むかということだ。もしかすると、「デ・ブライネ的」役割となるのだろうか……。

シーン一九：「限界だ」

（二〇二三年四月一九日、ミュンヘン）

「限界だ。アドレナリンを全部使い果たしたのだから、疲れ果てていては、さすがにきつい。もう眠る」

時間は夜中の一時。バイエルンとの試合が終わって二時間が過ぎた。シティの遠征隊は、マリエン広場から目と鼻の先、ミュンヘン中心部の小さな通りノイトゥルムシュトラッセにあるマンダリン・オリエンタル・ホテルに戻ってきたところだ。レアル・マドリードと並んで欧州のビッグタイトルを争う有力候補と目された三強のうち二チームが激突するという抽選結果が組まれた時点では、これほど大差のスコア（四対一）で終わるとは誰も予想できなかっただろう。バイエルンとシティはまったくの互角が予想されていたし、一八〇分間のプレーを通しても、これほどの結果を説明できるほど両者の間に大きな差は見られなかった。アリアンツ・アレーナからホテルへ向かうバスの中でエスティアルテと話をしたが、彼も言葉に困る様子だった。

「試合中に恐怖を感じる瞬間もあったが、理由は理解してもらえないだろう。1stレグが〇対〇や一対〇というスコアでここに来ていれば、どんなことも起こり得ると推察できる。だが三対〇でリードしていると、唯一起こってはならないのは覚醒した相手に逆転されることだ。そして、バイエルンが攻めてくるたびにゴールを決められる可能性があり、感情が揺さぶられる。もしかすると逆転劇が始まるかもしれない。それは許されないことだ。非常に厳しい敗戦になってしまう。だから我々は、不安を抱えて九〇分間を過ごした。いや、ハーランドのゴールまでなので六〇分間だが」

バイエルンの逆転劇を想定しての苦悩は、肉体的苦痛まで引き起こすものだった。

「ヘトヘトだ……もう寝る」

エスティアルテにとって、この日のような夜の過ごし方はいつも同じだ。部屋に引きこもり、卵二個分のオムレツと水一杯を注文し、すぐに眠りにつく。ペップの疲労はレッドラインの手前まで来ていた。彼の場合はエスティアルテとは正反対だ。友人たちやコーチングスタッフらと夕食を共にし、何が起こったかについて話をし、新たなアイデアを思い浮かべながら数杯のシャンパンを飲み、夜遅くまで過ごす必要がある。そうしなければ、このレベルの試合を終えた興奮を鎮めることができないのだ。今日もやはりそうだった。エスティアルテがすでに眠りについた頃、ペップは生ハムをつまみ、パスタを食べる。彼が最も饒舌になり、最も洞察力を高める瞬間である。この試合後の時間を利用し、欧州の強豪と激突した今回のラウンドで何が起こったのか振り返ることができる。

「まず認めなければならないのは、我々がバイエルンより優れていたわけではないということだ。自分たちに嘘はつけない。我々のほうが優れてはいなかった。むしろバイエルンが素晴らしかった。私たちはチャンスをうまく活かすことができたが、彼らを上回るプレーができていたわけではない。他の試合ではできていなかったことが、今日はうまくできた。両ペナルティエリア内でのプレーがはるかに良かったという点だ。見事な守備をして、攻撃も素晴らしかった。それがすべてだ」

ベルナルドも、一週間前に1ｓｔレグを終えたあと同じようなことを言っていた。「相手を上回っていたわけではないが、すべてのミッションをうまくこなせた。エデルソンが止めてくれて、ＤＦ陣が良い守備をして、FWが決めてくれた」。この夜のミュンヘンでは、まずエティハドでの試合についての話から始めた。ストーンズの二役に驚かされた試合だった。このときはSB兼IHではなく、CB兼CHである。

「我々の［3＋2］にニュアンスを加えたものだった。ジョンは非常に優れた選手であり、中央のポジションからほんの数メートル移動するだけで、ロドリをサポートするCHの位置を取れると考えている。もし彼をSBに置けば、中央まで斜めにもっと長い距離を移動しなければならなくなるし、守る必要がある場合も同じだ。サネやコマンほど速い相手に対しては、コンマ一秒が勝負を分ける。アカンジはマンマークに優れているため、このニュアンスを加えることにした。アカンジはマークをするSB、ストーンズは相手ボール時にはCB、マイボール時にはCHだ」

＊＊＊

ペップは今、シェフであるノブ・マツヒサの日本料理を味わっている。今日は特別に、夜遅くまで厨房を開けてくれている。ペップは話を戻し、多機能な選手を揃えることの重要性について語る。例えばストーンズはまさにスイスアーミーナイフであり、CBもSBもCHもこなしてくれる。

「エティハドでのジョンのポジションは、ロドリがもう少し前でプレーできる助けにもなってくれた」

1stレグでのシティの一点目は、そこから生まれた。ストーンズがCHのポジションをカバーすることで、ロドリがバイエルンのエリア付近まで前進しやすくなり、そこからカーブをかけた驚異的なシュートを放った。三〇秒前にムシアラの決定的なシュートをディアスが必死の対応でブロックしていなければ生まれなかったゴラッソでもあった。

「それがカギのひとつだ。私がDFラインの整備が大好きであることはよく知っているだろう。今の我々の守備は素晴らしいものであり、非常に優れたDF陣が揃っている。エティハドでのエデルソンはさえわたっており、サネのシュートを防いでくれたが、DFたちも本当に素晴らしかった。すべてのデュエルに勝利していた」

「ユーゴスラビア式ディフェンス」は、シーズンの最終的な成功を左右する要素となるかもしれない。バイエルンとの１ｓｔレグでは四本のシュートを打たれ、そのすべてがわずか七分（四五分から五二分）の間にサネが放ったものだったが、エデルソンがいつも以上の堅守でセーブして素晴らしい安定感を示した。バイエルンのＷＧがこの奮闘を見せたあと、シティはプレスのかけ方に変化を加え、その決断がバイエルンの攻撃を止めることになった。

「ハーフタイムにそう決めた。中央から崩されていたからだ。相手ボール時にはいつも［４―４―２］でプレスしていたが、うまく抑えられず、ムシアラやニャブリがかなり自由に下がってボールを受け、中央から崩してきた。そこで五五分からは［４―２―４］に切り替えた。ハーランドとケヴィンでＣＢにプレスをかけるのではなく、ＷＧが担うようにした。しかし、これをやるためにはかなりの勇気も必要だ」

　シティが相手ボール時の［４―４―２］を、アグレッシブな［４―２―４］に変えたのは五八分からだった。ライプツィヒを七対〇で虐殺した夜にもすでに使っていた形だ。パヴァールをチェックしていたグリーリッシュはバイエルンの右ＣＢウパメカノを担当するようになる。同様に逆サイドのベルナルドも、スピード抜群のデイヴィスから離れ、デ・リフトにプレスをかける。バイエルンの両ＳＢには固定マークがつかないことになるので、アウトサイドから攻められるたびに非常に危険となる可能性があり、リスクは極めて大きい。その代わりにハーランドとデ・ブライネはポジションを下げ、バイエルンのダブルＣＨ（キミッヒ、ゴレツカ）に影のようにつきまとい、ロドリとギュンドアンは中央の経路を見事に閉ざしてムシアラとニャブリを無力化できる。バイエルンは中央を攻める選択肢を失い、アウトサイドにも攻め手を見出せない。新たなプレス構造が鮮やかな成功を収めた。

「こういう形でプレスをかけるのは、とても勇気のいることだ。戦術的な話だとは言うが、実際には純粋に感情的なものだ。積極的にプレスをかけ、背中を丸裸にするリスクを冒す勇気があるだろうか？　そして何より、それを実行できる選手たちがいるだろうか？　我々にはいる。インテリジェンスと脚力を兼ね備えた野獣であるグリーリッシュがいる。そしてベルナルドがいる。この点に関して最高の選手であり、同時に二人や三人の相手選手をマークできる唯一の存在だ。そのために必要な天賦の才、特別な魔法を持っているからだ！」

このプレスにより、シティはバイエルンの弱点である「ウパメカノゾーン」に穴を空けた。ペップが二日前に確認していた部分だ。

「運もあった。ウパメカノのネガティブな感情が彼らに響いた。フリアンが入ったときに新たなエネルギーをもたらしてくれたことも助けになった。彼の役割はＦＷだが、ハーランドのパフォーマンスがこのレベルだったことも含めて、フリアンもＩＨ兼ＦＷとしてチームを大いに助けてくれた。ある種の、片側に寄ったトップ下のようなものだ」

ペップは二度続けて感情に言及したが、理由はそれぞれ異なる。エティハドでの試合を終えたあとロドリが言っていたことを、この機会に持ち出してみた。「タイミングを測ることができた。急ぎすぎてしまうこともあるが、今日はそうならなかった。いつもボールを八〇％持てるわけではない。今日はボールを持っていないときに我慢強くやることができた」

「ロドリの言う通りだ。我々は痛手を受けたあと安定感を失うこともあった。安定とは、何事もなかったかのように変わらない守備をして、二〇本連続のパスを繋いですべてを落ち着かせることだ。安定とはＭＦのようなメンタリティを持つことだ。ボールを受け、五〇本のパスを繋いで相手の勢いを止め、熱を冷ます。エティハドでの試合のように三対〇で勝っていても同じことだ。相手にとどめを刺せず、２ｎｄレグを待たなければならないとしても、落ち着いて冷静にパスを繋ぐ。感情の上に安定感を持たなければならない」

＊＊＊

ミュンヘンの夜はもう午前三時近く。ペップと並んで彼の弟のペレと、チキ、パッツィ、ボレル、マレスカ、プランチャルトが座っており、皆眠りにつきたい気持ちを抑えている。選手はすでにそれぞれの部屋に戻っている。あまりに疲れ切っていたため、準決勝進出を決めた2ndレグのドローをほとんど祝うこともなかった。シェフのグティエレスが用意したディナーを楽しみ、少しの抱擁を交わし、いくつかのツイートを送信し、あとは眠りにつくだけだ。このラウンドを終え、彼らの足は鉛のようになっている。先週土曜日のレスター戦では、監督はフレッシュな三人（ウォーカー、ラポルテ、マフレズ）を起用したが、チームの核を成す選手たちはプレミアリーグの今後を占うこの重要な一戦にも先発していた。幸い二四分の時点でスコアは三対〇のリードとなり、後半には次々と選手交代を行うことができた。このことは二つの影響をもたらした。好影響としては、ストーンズやハーランド、グリーリッシュ、デ・ブライネといった選手たちを休ませられたこと。あまりよくない影響は、後半が緊迫した展開となってしまい、一点を返してきたレスターに追いつかれそうな危険すらあったことだ。三対一で試合を終えたことでチームは一〇連勝となり、アーセナルは翌日にウェスト・ハムのスタジアムでつまずいた（二対二）ため、シティが一試合を多く残した状況で勝ち点差は四（七四と七〇）に縮まった。ペップのレーダーは首位を射程圏に捉えた。今のチームは疲労困憊ではあるが、それでもベルナルドはこう言う。「結局はこれが、みんな子どもの頃に望んでいたことだ。毎日休まずプレーするということを。ここでは三日ごとにノンストップで試合をしている。十分だ。みんなそれをありがたく思っている」

数時間前に行われた試合は、極めてタフなものだった。チャンピオンズリーグの試合が行われるときはいつもこうだが、アリアンツ・アレーナは厳しい寒さに包まれていた。天候以上の寒さが感じられ、肉体的な痛みにも近い鋭い感覚が引き起こされる。私はこの痛みをペップがバイエルンを率いていた頃にも経験していたが、今もアウェーチームの側で再び味わっている。

「前半のプレスはあまり機能しなかった」

試合の入り方としては、ペップは両ＷＧが相手ＣＢにプレスをかける形を計画していた。つまりエティハドで問題解決に用いた［４―２―４］だが、両サイドに若干異なるニュアンスを加えており、時には［４―３―３］となることもある。しかしバイエルンも苦しい時間から学び、パヴァールもコマンもプレスに対してはるかにうまく対応できるようになったため、ペップはハーフタイムに変更を加えざるを得なくなり、相手ボール時の形はいつもの［４―４―２］へと戻す。１ｓｔレグとは逆の動きである。基本的にはグリーリッシュの位置を下げてウパメカノをチェックする役割から外し、その責任を負うのはハーランドとなる。グリーリッシュはパヴァールの侵入をケアし、守備面でも、攻撃を再び活性化させる上でも、またしても素晴らしいパフォーマンスを見せた。

「ゲームは支配されたが、両エリアは我々が支配することができた」

若い頃にＣＢとしてプレーしていたプランチャルトが口を挟む。

「もちろんだ。だが、こちらのエリア付近に押し込められると怖かった」

この日の試合は、１ｓｔレグの三対〇というスコアを踏まえて解釈しなければならない。ピッチ上での姿勢の大半はそこに理由がある。シティは、バイエルンが気持ち的に勢いに乗ることを防ぎ、状況をコントロールするつもりでプレーした。三人の選手には、バイエルンに対して特別な復讐心があった。ドルトムントに所属していた三人（ギュンドアン、ハーランド、アカンジ）だ。しかし、ハーランドが今季チャンピオンズリーグで一二点目となるゴールを観客席に向けたジェスチャーで祝ったのを別とすれば、彼らもその感情に影響されることはなかった。ハーランドはその前にＰＫを失敗する場面もあった。キャリアを通して三三本を蹴って三度目の失敗である（※五五）。

エデルソンはまたしても素晴らしい対応を見せ、１ｓｔレグと２ｎｄレグを通してセーブ数は九回となった。四人のＤＦによる守備はまさに壁となっていた。守備陣はブロックをするたびに、ゴールを決めたときの半分くらい派手に喜び合う。ディアスが神がかり的なプレーを見せた際には、彼とハイタッチをするためハーランドまで下がってきたほどだった。ペップが強調し続けてきたこの部分、つまり優れた守備組織と情熱によってこそ成功がもたらされることを、チームは理解している。

バイエルンが下した決断のひとつに、意外なものがあった。ロケットのような左ＳＢであるデイヴィスに代えてカンセロが起用されたことだ。とはいえ、試合を通してバイエルンが本格的に逆転できる可能性が感じられる場面はほとんどなかった。最も危険だったのは、ディアスの極めて危険な飛び出しからカウンターを許し、サネのシュートがポスト近くに外れた場面。バイエルンはロドリとストーンズを抑えた上で、ボール運びのスキルに最も劣るディアスの上がりを誘っていた。結局同点ゴールが生まれたのは試合終盤（八三分）に入ってからだが、近くから見ていたマネを除けば誰もが驚いたＰＫだった。キミッヒでさえすでにＣＫを蹴るためコーナーへ向かっていたが、ＶＡＲによって同点ゴールとなるＰＫが宣告された。

最悪のニュースは、アケがハムストリングの微小断裂とみられる筋肉の怪我を負ってしまったことだ。スタジアムで診たマウリ医師は大したことはなさそうだと言ったが、二週間の離脱は免れない。回復が順調なら、レアル・マドリードと対戦するチャンピオンズリーグの準決勝には間に合うことになる。ペップが準決勝で指揮を執るのは大会の歴代最多記録となる一〇回目であり、シチズンズにとっては三大会連続の準決勝だ（※五六）。この夜、ペップはもうひとつの記録を打ち立てた。チャンピオンズリーグでの通算一〇〇勝を最速で達成した監督である。要した試合数はわずか一五八試合。また、シティを率いてこの日で通算四〇〇試合目であり、監督としてのキャリア全体では八五〇試合目となる。その両方で驚異的な成績を残している（※五七）。しかし、ペップが考えるのは記録ではなく、まったく別のことだ。

「またマドリーだ」

準決勝には復讐の香りが漂う。タイトル有力候補と目された三チームのうち二チームのみが残り、その二チームがまたも激突する。

「負ければ即敗退となるこのトーナメントで、一〇年も寿命を縮めたんだ……それにもかかわらず、まだマドリーが残っている」

＊＊＊

ホテルでの夜は非常に短いものとなった。昨日、アリアンツ・アレーナの照明の下で六〇メートルのスプリントを繰り返していた控え選手たちは、木曜日の朝にはクラブの借りたジムで筋力トレーニングに励んでいる。疲労困憊で足の重い先発メンバーは、軽いストレッチと数分間のサイクルマシンのあと、フィジオセラピストらが長椅子を並べたプールサイドで体をほぐして疲れた筋肉を癒す。夕方六時にはマンチェスターに降り立った。グリーリッシュは遅くまでクラブのトレーニングセンターに残り、回復のためのセラピーを受ける。翌日のトレーニングはわずか二〇分と一息で終わる短さだが、良いリズムで行われる。大

※五五　ウニオン・ベルリン戦ではPKをポストに当て、アウクスブルク戦ではGKがストップし、この日はゾマーの守るゴールのクロスバー上へ外した

※五六　アンチェロッティはチャンピオンズリーグ準決勝を九回、モウリーニョは八回、ファーガソンは七回戦っていた

※五七　ペップはバルセロナB、バルセロナ、バイエルン、シティの監督として八五〇試合で指揮を執って六一八勝（七二・七％）を挙げ、引き分けは一三〇回、敗戦は一〇二回。計二一〇一得点（平均二・四七）、六六二失点（同〇・七八）で三二個のタイトルを勝ち取ってきた。シティでは四〇〇試合に到達し、二九〇勝（同七二・五％）、五三分け、五七敗、九八八得点（同二・四七）、三二九失点（同〇・八二）。得失点差はプラス六五九で、一一個のタイトルを手に入れている

きな疲れを抱えたまま、FAカップ準決勝がやってくる。
プランチャルトは皮肉を込めて言う。「頑張れ、決勝戦は多くともあと一三試合だ」

シーン二〇：サメがやって来た

（二〇二三年五月六日、マンチェスター）

丁立人《ディン・リレン》は視線を上げ、イアン・ネポムニャシチーの両目を直視する。つい今しがた起きたことが信じられないためだ。

世界チェス選手権の第一二戦、黒番のネポはここまで六勝五敗とリード。今回のゲームは楽々と支配している。このまま勝てば優勝は事実上決まり、マグヌス・カールセンの王座を継ぐことになる。盤上の配置はネポの明らかな優勢を示しており、相手は崖っぷちに立たされている。両者とも次の一手を打つには時間がない。中国の丁立人がロシアのネポの攻撃に抵抗できる可能性は現実的に皆無だとすべてのアナリストが見込んでいるが、二七手目の大胆な動きが予想を変える。今や優位に立ったのは丁立人の側だ。そこからの数手で優位を無駄にしてしまい、再び瀬戸際に立たされるが、三四手目でネポが致命的なミスを犯して優位な立場をすべて失ってしまう。ネポがポーンをf5に移動させるやいなや、丁立人は呆気にとられ、当惑した目で彼を見つめる。相手がなぜこれほどのアドバンテージを無駄にしたのか理解できないためだ。ここで丁立人は獲物を逃さず、的確に駒を動かし、四手後には勝利を得る。対戦成績をイーブンにし、四日前には不可能と思われた逆転でのタイトル獲得を成し遂げることに集中する。

アウトサイドに出していく

同時刻、ペップは中国のチェスプレーヤーの快挙には目もくれず、この日エティハドに乗り込んでくるアーセナルに対するゲームプランを選手たちに説明している。アルテタのチームは、一試合を多く戦ってシティを五ポイントリードしている（七五と七〇）。シティは未消化分のウェスト・ハム、ブライトンとの二試合に勝利すれば暫定首位に立つチャンスだが、そのためには四月二六日夜の直接対決で少なくとも引き分けなければならない。

ゲームプランは、アーセナルと対戦した一月と二月の二試合の経験を通して完成された。シティはどちらの試合も勝利したが、アルテタの選手たちによる強烈なマンツーマンプレスの効果に苦しめられた。カップ戦の試合ではオルテガやＣＢ陣から送られるボールをハーランドがまったく収められず、シティは相手のプレスに窒息させられていた。リーグ戦の試合（エミレーツで三対一の勝利）でも前半は同じ問題に苦しんだが、ペップは相手ボール時のポジションとマークの積極性を修正し、後半にはすべてが好転した。二つの経験は監督と選手たちに多くの知見を与えており、今回の決戦には五つの点で詳細なプランを立てて臨むことになる。

・エデルソンがプレーを止め、ストーンズとディアスが上がり、ロドリとギュンドアンがタイミングを取ってボールの出しどころを選択する
・ガナーズがプレスをかけてきたらパスを繰り返す。焦れる相手を待ち構え、飛び込みを誘う
・リスク対処はダブル８番ではなくダブル６番

・プレスは特定のライバルに対して厳選なるセレクトをして方向性を持って行う
・相手を仕留めるためハーランドとデ・ブライネの二人は他の役割から解放される

これがプランだ。シンプルであり、前の二試合に基づいている。詳細を説明していこう。

一　ポーズ&ゴー

エデルソンはチームで最もプレーを止める選手でなければならない。足りないものすべてが揃うのを待たなければならない。アーセナルを前へ引き出し、それによって後方を丸裸にし、エデルソンの誘いかけによって生み出される二対二の形でハーランドとデ・ブライネが勝負できるようにする。ペップはチームに話をする中で、ここにこそ試合に勝つためのポイントがあると指摘した。止めて、誘い、サイドに開いた選手にボールを送って打開させる。ペップはGKをプレーのスタート役と見ている。足元でのプレーに優れているだけではない。それは長所ではあるが、最も重要なものではない。GKは優れた反応速度と同じくらい足元の技術を持っていなければならず、当然ながら相手のシュートを抑えたり弾いたりすることもできる必要がある。現代ではこれらが当然の特徴であり、どれかひとつでも欠けている者はトップレベルで成功するためには大きなハンデを背負うことになる。

ペップがGKに求めているのは、前記のすべてに加えて、視野の広さやゲームへの理解、集中力、大胆さ、集団的組織プレーへの関与といった点でプラスアルファがあることだ。ペップのサッカーは、GKの下す判断と、GKの選択するプレーの方向づけから始まる。したがって、「足元がうまい」だけでなく、頭脳を持ち合わせ、サッカーをプレーするのがうまくなければならない。特定の資質ではなく、総合的な能力を有していなければならない。ペップにとってのGKは、ゴール前のスペシャリストであることは変わらないが、同時に完成度の面でもコンプリートな選手でなければならない。チームにとって最初のフットボーラーだ。

この日エデルソンには、これまで以上にプレーのスタート役となることが求められる。ビルドアップはペップのサッカーの要だ。チェスのオープニングと非常に似た重要な側面であり、すべてがミリ単位で研究され数値化される技術である。シティは一〇種類の組み立て方を体系化しているが、この日は非常に特殊なバリエーションを選び、ビルドアップの構造は［1＋2＋4＋1＋3］となる。相手が飛び込んでくるのを誘って容易に上がれるようにすることを狙う「挑発ゲーム」である。相手が中に入ってくるようにして外へパスを出すことで多くの相手選手を排除し、ボールを持ったWGが前方に位置する形を作りたい。

二　パスを繰り返す

プレスに対してはパスを繰り返す。シンプルだが基本だ。パスを繰り返すことは、衝撃的な成果をもたらすツールとなる。セイルーロは言う。「パスを繰り返すことはゲームの本質であり、相手にダメージを与える。さらに繰り返されることで嫌気が差し、集中が切れる」。二人の選手の間でパスが繰り返されると、それを防ごうとする相手に苛立ちの心理的メカニズムが生まれ、忍耐と緊張感が失われ、正しい体勢を崩してしまうことになり、相手の望んでいなかった形で上がっていけるようになる。

三　ダブル6番

リスクを避けるため、ペップは普段のダブル8番ではなくダブル6番の配置を取る。彼としては名目上のMFとなる三人が、CHが底、IH二人が数メートル前方のライン間に位置する逆三角形（「1+2」）を構成する形を好んでいる。もちろんこれは基本的な三角形（「2+1」）よりハイリスクだが、より多くの創造的チャンスを生み出すことができる。この日は後者を採用する。今夜はギュンドアンをロドリの近くにまで下げ、デ・ブライネが唯一のライン間のIHとなる。デ・ブライネには相手CHの背後を動き回る特別な嗅覚があり、アーセナルのゴールを脅かす意図を込めたボールを受けることができる。

四　セレクトされたプレス

プレスの設計は非常に選択的だ。ホールディング、ラムズデール、ガブリエウ・マガリャンイスにハーランドとデ・ブライネがバランスよく対応し、両SBの対応はベルナルドとグリーリッシュに任せる。しかし、誰もがよく知る通り、アーセナルは球出しをジンチェンコに集中させ、そこからトップの誰かへ最初の縦パスを送ろうとする。受け手は下がって体の正面で受け、ターンし、中盤の選手たちが攻撃の再スタートに移れるようにする。ペップは非常に具体的な形でこれに対応。ディアスはウーデゴールを場合によっては相手ペナルティエリアまででも追いかけ、ストーンズはジェズスに対して同じようにする。彼らのどちらかがポジションを下げればシチズンズのCBが追いかけ、パスを乱し、ターンを入れてプレーを続けるのを阻もうとする。ジンチェンコが中央のエリアにやってきてプレーを指揮しようとする際には、ロドリが彼に飛び込んでその意図を中断させる。ロドリがジャカを抑えているときにはギュンドアンがジンチェンコに対応する。このシンプルな三つの動き（相手DF陣に対するアコーディオン、ジンチェンコに対してロドリ、下がって繋ごうとするFWをCBが追いかける）により、シティはアルテタのデザインしたビルドアップ全体を台無しにし、ガナーズの和音を乱し、スケールアウトした不協和音ばかりが鳴る夜へと変えてしまう。

五　二つのフリーエレクトロン

ダブル6番によって中央に形成されるセーフティネットのおかげで、デ・ブライネはパーティーであれジャカであれ構わずマークを外し、ハーランドとともに相手CB陣と二対二の勝負に持ち込もうとすることに集中できる。過去の対戦でも、このような正面対峙の形で大きなアドバンテージを生み出せることはわかっていたが、今回はそれを計画的かつ継続的に狙っていく。「遠くを狙っていく」、それがプランの肝となる。

計画と実行は別物である。計画のスタートは完璧だった。試合開始六七秒、ディアスとギュンドアンがウーデゴールの目の前で三回パスを繰り返し、アーセナルのキャプテンの集中力をわずかに削ぐことに成功。ウーデゴールは閉じていた扉を開け、ギュンドアンが縦へ突破していく大きな道筋をプレゼントしてしまうが、グリーリッシュとデ・ブライネはこれをゴールに結びつけることができない。完全なる警告である。シティはガナーズを害するためにこのツールを徹底的に使っていくことを決めており、試合のさまざまな局面でこれを続けていく。

しかし、ビルドアップは設計通りに実行されない。［1＋2＋4＋1＋3］の構造で、第一のライン（［1＋2］）はピッチ上で最大の視野を持つエデルソンを中心に、ストーンズとディアスで構成される。第二ラインの四人は、ウォーカーとアカンジがそれぞれのサイドでラインに張りつき、ロドリとギュンドアンが非常に近い位置取りでエデルソンからほんの数メートル前に位置する。前方ではデ・ブライネが動き回り、アーセナルのＣＨ陣に強いる動きのおかげで空いたスペースを活用していく。さらに前ではグリーリッシュ、ハーランド、ベルナルドが、ガナーズ守備陣がプレスをかけたくなる誘惑から遠ざかるように動いている。しかし、エデルソンは待つことなく急いでしまい、ゴールライン付近のストーンズに難しいボールを送る。ストーンズは一週間前のアリアンツ・アレーナと同じように対応。ミュンヘンでは彼の送ったボールをハーランドが下げ、デ・ブライネとのコンビネーションからシチズンズのゴールにつなげていた。今回もストーンズはハーランドに同じようなロングボールを送る。ホールディングにマークされているハーランドは柔らかなタッチでボールを落としてデ・ブライネへ渡し、デ・ブライネはＤＦたちに追われながらも大きな歩幅で縦へ切り込む。エリア外から放った「スウィング&カール」のシュートはラムズデールにとってもはやセーブ不可能。正確な弧を描いたボールはＧＫの手から遠ざかり、ポストギリギリからネットに収まる。開始わずか六分、シティのプランは逆転でのタイトルに向けて決定的となるかもしれないリードをもたらした。

ペップはゴールを喜びながらも、エデルソンが急ぎすぎたことをすぐさま叱責する。エデルソンは弁明を試みるが、ペップは彼特有の不機嫌な表情で短くも強烈な叱責を浴びせた。「彼からお前！　彼からお前にだ！」と、ペップはさまざまな悪態をつきながら何度も繰り返す。エデルソンに対し、ＣＢへのパスを急ぐべきではないこと、出来る限り長く時間を使って、相手の飛び出しを誘った上で、それからボールを味方に渡すべきであることを思いださせようとしている。急がず、誘うこと。彼は誘いをかけなければならず、この誘いを利用してボールを出すタイミングを決めるのはロドリとギュンドアンだ。最後の瞬間まで我慢して冷静さを保ち、相手を誘い、フリーの味方に出す。ゴールにつながったプレーでは、エデルソンは話していた形とはすべて逆のことをやった。だがペップから叱責を受け、ここからは見事に指示を実行していくようになる。

一五分、ハーランドの状況がよくなかったにもかかわらず得点の場面と同じプレーを繰り返そうとしたストーンズをペップは叱責する。ペップは彼に、急ぐな、優位な状況でなければエデルソンにボールを返してやり直すべきだと要求。この二つの微調整が試合の行方を決定づけることになる。プレーのリズムがそこで決まるからだ。ジンチェンコに対するロドリのプレッシャーと、そこから生じるチーム全体の混乱によってアーセナルが自陣エリア付近で息苦しさを感じる一方で、シティはエデルソンの近辺でプレーを落ち着かせることができており、それがすべてのプレーを左右していく。ボールはガナーズが持つ時間が長いものの、ほとんどが自陣内での不毛なポゼッションであり、そこから出ていくことはなかなかできない。一方でシティは、ビルドアップ時にはまるで夏のシエスタのような小休止を挟み、フィニッシュの局面では猛然と縦へ仕掛けるという二つの正反対なリズムを用いており、それが効果をもたらしている。この小休止について何よりわかりやすかったのは、二八分八秒から三〇分一五秒にかけて、ギュンドアンとロドリが作戦行動のすべてを指揮していた時間帯だ。エデルソンは足元にボールを持ち、わずかたりとも動かそうとはしない。二人のCBは開いたままで、両SBはさらに開いており、ロドリとギュンドアンはエリア外で静かに立ったまま背後の状況を確認し続けている。何度も騙され裏をかかれているジェズスとウーデゴールは、行くべきか待つべきかわからない。指令を出すのはギュンドアンだ。誰にボールを戻すべきかを指示し、ストーンズやエデルソンの直前のプレーを親指を立てて称賛し、ロドリが動いて相手を引きずり出すために自分は静かに立ち止まり、前進してボールをサイドへ送り……。わずか二分間だが数時間にも思えた時間の中で、アーセナルは凍りつき、呆然とし、試合に適用したかった猛烈なダイナミズムをすべて失ってしまった。ペップのチームには四度もの決定的なゴールチャンスがあったが、それはラムズデールとホワイトに阻まれる結果に終わった。

前述の修正が施されて以降は、ゲームプランの前提がすべて達成された。その見事な前半の締めくくりとして、四六分にはデ・ブライネの蹴ったサイドからのFKにストーンズが頭で合わせてゴール。すべてのディテールが的確に機能していた。ハーランドとデ・ブライネのコンビはガナーズのCHたちの背後で好き放題に暴れ回り、CBと二対二の形を生み出す。特にハーランドは、何度かチャンスがありながらもゴールは奪えなかったとはいえ、シーズン最高の素晴らしいパフォーマンスを見せていた。五三分にはウーデゴールからボールを奪ったあとこのコンビがまたしても連係し、試合を決定づけるとともにシティが王座防衛に向けて勢いに乗っていることを確認させる三対〇となるゴールを生み出した。

その勢いに髪をなびかせ、ハーランドは九五分に最終スコアを四対一とするゴールを記録。アシストは虫垂炎の手術からチームに戻ってくることができたフォーデンだった。「ビッグ・アール」はプレミアリーグで三三ゴール目となり、三八試合制のリーグでサラーが達成していた最多得点記録を一点上回った。彼のパフォーマンスは圧倒的であり、ボールコントロールや的確な落とし、パスなどにかつてないほどの向上が見られた。ハムストリングに違和感を訴えて試合を終えたデ・ブライネとの素晴らしいパートナーシップにより、首位チームを打ちのめした。これでアーセナルのリードはわずか二ポイントとなり、しかもシティより二試合を多く戦い終えている。シティが追い上げる上で決定的な勝利であり、リーグ戦の行方を決めることになるかもしれない一勝を、ドレッシングルーム内では盛大に祝った。これでペップはプレミアリーグでアーセナルと一四回対戦して一三勝一分けとなる。

最前線のコンビが素晴らしい夜を過ごしただけでなく、グリーリッシュも改めて絶好調ぶりを証明。縦への突破であれ、ボールを凍結させるプレーであれ、守備であれ、どこであろうと違いを生み出す存在となっていた。DFラインは今回もまた「ユーゴスラビア式」の夜を過ごした。アカンジは左サイドに入り、サカをマークする役割はアケにも見劣りするものではなかった。ＣＢのストーンズとディアスは力強さを見せ、ウォーカーも最高レベルの集中力を取り戻して突破を許さなかった。アカンジは、カンセロ、ゴメス、アケ、ラポルテ、ルイス、ベルナルドに続いて、ペップが今季左ＳＢに起用した七人目の選手となる。監督の持つコンセプトは明確なものだ。

「ＤＦだ。ＤＦに注目してほしい。二月以降に我々が最も改善できたラインだ」

「ハッピーフラワーズ」は、メンバーの一人が睨まれれば、相手が誰であれ立ち向かっていく集団へと変貌した。一二月に、ハーランドは自身のソーシャルメディアにこう書いていた。「アーセナル、彼らを狩らなければ」。この夜はさらに簡潔に、「ハンティング（狩り）」と一言。まさにその通りだった。アーセナルは、青いサメがやってくる海域に近づきすぎてしまったのだ。

「ロドリは疲れ果てている」

クレイヴン・コテージのドレッシングルームで顔を合わせるなり、ブエナベントゥーラがペップに言った最初の言葉だ。デ・ブライネの抱える筋肉の違和感も心配ではあるし、アケも回復中だが、より重要でより差し迫って解決すべき問題がロドリにあるという点で、コーチングスタッフの意見は完全に一致している。単純に、シティにはロドリの代役がいない。エデルソンの代役ならオルテガがしっかり務めてくれるし、アルバレスも素晴らしい点取り屋であり、一人ひとりに同じことが言えるが、ロドリだけは例外である。フェルナンジーニョが去ったあと、彼はメンバー内で唯一同じレベルの代役がいない選手となった。実際にはフィリップスがそうではあるかもしれないが、ここまでのところ彼はスペイン人ＭＦをはるかに下回るパフォーマンスしか見せられていない。ペップ自身もかつてはCHであり、素晴らしい選手だった。自らの率いるチームでこの役割を務める選手に対する要求も非常に高い。トゥーレ、ブスケッツ、ラーム、シャビ・アロンソ、フェルナンジーニョ、ギュンドアン、そして今はロドリと、いずれも世界的トップレベルの選手ばかりだ。フィリップスの現在のレベルには、ペップは満足していない。ペップがシティで獲得したほぼ全員が苦しんできた典型的な適応の問題なのかもしれないし、あるいは彼が選手として持っている資質はチームが必要とするものとは異なっているのかもしれない。

いずれにせよ、ペップは現時点でフィリップスがそのままロドリの代役を務められるとは考えていない。しかし、ロドリは疲れ果てている。肉体的疲労のピークを迎える時期を過ごしている。シーズンを通して三八三六分間プレーし、そのうち二二六九分がワールドカップからの帰還後のものだ（加えてスペイン代表でも一八〇〇分間）。シティでは計四七試合を積み重ね、そのうち四五試合が先発出場。このままいけば昨季の三九二八分を大きく上回り、四五〇〇分程度はプレーしてシーズンを終えることになりそうだ（※五八）。ここ数試合は、終盤になると明らかにその影響が表れている。シェフィールドとのカップ戦ではペップは彼をベンチに残したが、それでもミュンヘンでは最後まで戦うのが厳しそうであったし、アーセナル戦はそれ以上だった。この日のフラム戦ではラスト数分間に非常に厳しい時間を過ごしていた。

ペップが観客席のシチズンズサポーターから長い拍手喝采を浴びたあと、ロドリの体力的問題を提起するつもりでドレッシングルームに入ってきたのはそのためだった。

「ロドリはもう限界だ。彼を失ってしまうわけにはいかない。一息つかせるため何か考えなければならない。マドリー戦に向けてコンディションを整えられるように、次のホーム二試合でうまく調整するべきだ」。プランチャルトは迷うことなくそう口を開いた。

「どうするか考えてみよう」と、ペップは締めくくる。

日曜日のフラム戦は難しい試合だった。相手は何の問題もなくボールを明け渡し、シティは比較的楽に動くことができた。二分にハーランドが先制点を奪ってからはなおさらだ。これでハーランドは、試合数にかかわらずプレミアリーグの最多得点数記録（三四点）に並んだ。ペップはデ・ブライネの不在を埋めるためアルバレスを入れ、それによりインサイドの選手たちの焦点を変える。ギュンドアンはロドリに近づき、アルバレスは相手ＤＦに対するハイプレスを除けば守備の仕事を免除されたトップ下としてプレーする。これは興味深い役割である。アルバレスは本職のＭＦではなくＣＦであり、フィニッシュの効率性を損なうことなく中央のエリアで動くことを学んでいるところだからだ。三六分のプレーではそのことが示され、エリア外から回転をかけた鮮やかなシュートを放ってスコアを二対一とする。ホームチームのこの試合唯一のシュートとなったヴィニシウスのゴールで直前に追いつかれていたが、すぐにリードを奪い返した。

ピッチ表面は乾いており芝が高く、ボールが乱れたり選手たちがスムーズに動けなかったりするため、トランジションは容易ではなかった。シティのパス成功率の低さ（八六％止まり）にもそれは表れていた。「プロらしく」勝利を得たが、それだけだった。得点者は一一月にエティハドと対戦した試合と同じ、ハーランドのＰＫとアルバレス。試合時間（九八分）も同じ、フラムを倒すのに苦戦したのも同じだった。チームはまたも勝ち点三を積み重ね、再び首位に浮上。アーセナルが二七四日間首位に立っていたのに対し、シティは一四日間のみだが、それを重要な時期に実現できている。リーグ戦は残り六試合となり、次の二試合が特に決定的なものとなる。ペップのチームがそこで勝利すればトロフィーを手にすることになるだろう。

※五八　スペイン人ＭＦは最終的に五六試合に出場し、アディショナルタイムを別として四四六五分間プレーすることになった

ペップはロドリの疲労を不安視しながらマンチェスターに戻る。休ませなければならない。ウェスト・ハム戦ではギュンドアンを代役としてもいいが、そのギュンドアンも疲れている……。

翌五月一日、時間のあったペップは丁立人がチェスの世界タイトルを獲得するのを見守った。単なる勝利ではなく、極めて不利な戦績とつらい精神状況を克服した上で築かれたものだ。丁立人は奈落まであと一歩に追い詰められたところで自分の中から思いがけない力を引き出し、最後の決戦では常軌を逸するほどのリスクを冒して優勝を勝ち取った。現在のシーズン末のとてつもないラストスパートを走り続ける上で、ペップはこの中国人チェスプレーヤーから新たなインスピレーションを受けることができた。名ジャーナリストであるレオンチョ・ガルシアからのインタビューを受けた新王者は、彼が対戦相手ネポムニャシチーにどう見ても押し潰されそうだったとき、いかにして重圧を耐え抜くことができたのかを説明した。

「アルベール・カミュの言葉を思いだした。『もし勝てないのなら、耐えなければならない』と」

チェスとその戦術の大ファンであるペップは、偉大なる名人ルドルフ・シュピールマンの言葉をよく知っている。

「序盤は本のように、中盤は奇術師のように、終盤は機械のように指せ」

この考え方をサッカーに適用するのは難しくない。ビルドアップは暗記した通りに行い、中盤のプレーは創造的に、そしてフィニッシュは冷酷に決める。ペップはこれを至言として心に刻んでいる。オーストリア人であるシュピールマンは、伝説的なホセ・ラウル・カパブランカを二度破ることに成功し、犠牲や華麗な指し手や美しいアイデアにあふれた悪魔的なプレースタイルを特徴としており、そのため「攻撃の達人」として知られていた。

ペップは、チェス世界選手権における丁立人やゴルフのマスターズにおけるジョン・ラームのような特別な時間を生きていると感じている。破竹の逆転劇につながる時間である。

記録の日

五月二日、アーセナルはまたも好パフォーマンスを見せてチェルシーを粉砕（三対一）。欧州圏内より降格圏近くに位置するブルーズのパフォーマンスがひどかったことも一因となった。アルテタは首位を取り戻したが、二四時間しかもたない。シティもホームでウェスト・ハムに三対〇で勝利したためだ。

ロドリはこの試合にも先発し、休むのはギュンドアン。まだ回復していないデ・ブライネも欠場となる。一方でアケはすでにコンディションが戻っており、左ＳＢとしてプレー。ゴールはオルテガが守る。エデルソンに何か問題があるのかと質問してみたが、「何もないが、ただオルテガには動いておいてもらいたい。ＦＡカップ決勝のＧＫになるのだから」とのことだ。アルバレスはこの試合でも右ＩＨの位置でトップ下及びセカンドトップの役割を務める。ロッベンがバイエルンでほんの数回務めた役割を強く思いださせるものではあるが、選手としてのタイプはそれぞれ似ているわけではない。バイエルン時代、ペップは私にこう説明してくれた。「最高のドリブラーをインサイドに置きたい。タッチラインに制限されることなくどこでもドリブルできるように、そして良い位置が取れればシュートを打てるようにするためだ」。ロッベンは怪我が多かったためこのテストを継続することはできなかったが、非常に示唆に富んでいた。今ペップは、アルバレスを用いて似たようなことを試している。インサイドでドリブルできる彼の力や、遠目から素晴らしいシュートを打てる力を活用するものだ。さらにこのポジションは、彼が調和の取れた形でハーランドとともに先発し共存することを可能にする。

欠場者の多いウェスト・ハムはシティの［3―2―5］に対する鏡写しの［5―2―3］で対応してゴール前を固め、シティが八〇%の時間帯でボールを支配する。ロンドンのチームは非常に狭く厚く密集しており、ストーンズがトップ下としてプレーする場面もあるほどだ。四五分間はモイーズのチームに成功の女神が微笑み、ノーゴールの同点でハーフタイムを迎える。だがその均衡も、マフレズの蹴ったサイドからのＦＫにアケが合わせた正確で強烈なヘッドによりすぐに破られた。続いてハーランドは、アラン・シアラーとアンディ・コールと並んでいたプレミアリーグ最多ゴールの歴代記録を塗り替える。止まらないノルウェー代表ＦＷは三五ゴールのうち二三点を左足で決めており、右足が六点、ヘディングも六点。シュート四本あたり一点、ボールタッチ二四回あたり一点を決め、シチズンズの選手として最初の一年も終えていない現段階ですでに通算得点数はクラブの歴代四八位に位置している。終了間際には、フォーデンがペップ体制の通算一〇〇〇点目となるゴールを記録。この節目の得点を決めてくれる選手を監督自身が選ぶとすれば、迷うことはなかっただろう。「彼の名前を覚えておいてほしい。フィル・フォーデンだ」

ペップの指示により、チームメンバーとスタッフ全員がハーランドの記録達成を祝うため列を作る。その間を走り抜けるハーランドをペップは誰よりも強く叩いて喜びぶりを示した。彼は上機嫌だ。

パスを重ねるギュンド

ペップは激怒する。

「アーリング、二度とやるな！　お前がＰＫを蹴るべきだ。お前がキッカーなんだ！」

怒っているのはハーランドに対してだけではなく、ギュンドアンに対してもだ。

「ギュンド、くそったれ！　お前はキャプテンだろう、ふざけるな！」

叱ったあと、彼らに一人ずつ抱擁を交わす。彼も心の中では、優しさの生んだ罪であったことをわかっている。広い心を持つ好青年のハーランドは、自らの記録にもう一点を加えるよりも、ギュンドアンが初めてのハットトリックを達成することを選んだのだ。指揮官はあとからストライカーの優しさを称賛することになるが、今は両選手がピッチ上で下した判断を叱らなければならない。この日は、今後の試合に向けて非常に重要となる休養をロドリにようやく取らせ、代役のギュンドアンはCHとしてもチームの作戦指揮官としても素晴らしい試合をしていた。もちろん、キャプテンがハットトリックを達成できればそこに華を添えるものとなっただろう。しかしギュンドアンのシュートはポストを叩き、シティのお祭りムードを台無しにした。素晴らしい試合をしていたシティだが、いつものようなフィニッシュの正確性は欠いていた。時間は八三分。サッカーにおいて稀に見られる運の巡り合わせにより、PK失敗と、アカンジが何でもないクリアミスを犯したことで、スコアボードはセーフティな三対〇ではなく二対一という不安なスコアを示すことになった。指揮官が怒っているのはそのためだ。

タイトル争いが激化した際にペップが見せる気性の激しさを示す例が必要だとすれば、この一件もまさにそういったものだ。「英国人はスポーツマンの精神で戦争へ行き、戦士の精神でスポーツをする」という古い格言的な意味で、ペップは「非常に英国的」だと言えるだろう。タイトル争いが佳境に入ると、ペップは自分が戦いの真っ只中にいる感覚を持ち、ハーランドがギュンドアンに対して見せたように友好的で親切に振る舞う余裕はなくなる。というより甘さを消しているようにも見える。もちろん彼はノルウェー人FWの寛大さを評価し、称賛している。ゴールを決めることを自らの最大の目標としている男がこのような性質を持っているのは、素晴らしいことだ。それでもペップは、他のどの美徳よりも効率性を優先する。今は親切な行為をするときではなく、冷酷になるべきときだ。キャプテンとエースストライカーに対してこれほど厳しくする理由はそこにあった。

タイトル争いが苦しく緊迫したものとなる数週間、ペップの中には冷静さと不安定さという相反する二つの精神が共存している。この日の彼はいつになく落ち着いていた。チームが目の前の試練に立ち向かう準備を整えられており、意欲的で調和が取れていると感じていたためだ。同時に彼は、極度に怒りっぽくもなっている。取るに足らないほどのディテールがチームの力学を破壊する巨石となるかのように、ほんの些細なことがプランを台無しにしたり、プランの変更を強いられたりすることに耐えられないからだ。この相反する二つの精神がペップの中で共存して発現することで、彼には絶対的な平穏の時間と深い苛立ちの時間が交互にやってくる。単純に、それが彼の生き方であり性質なのだ。

エティハドに乗り込んできたリーズは、ほとんどノーチャンスだとわかっていた。GKの近くを固めて、的確にカウンターを繰り出すほかに道はない。ハーランドを縛りつけることを意図する［5―4―1］からは、新たに就任したベテラン監督サム・アラーダイスの手法がすぐに読み取れた。想定の範囲内であり、ペップは［3―2―5］という攻撃向きの布陣を採用する。ギュンドアンとルイスが並外れた能力を発揮し、中央のエリアからチームを見事に操っていく。二人の魔術師が神業のようにパスを重ねる時間帯もあった（※五九）。三〇分も経たないうちに、ギュンドアンがどちらも同じような形からシティの二得点を記録。左サイドでマフレズに開き、相手選手二人を引きつけている間にアルバレスとルイスがエリア内へ侵入して相手の両CHを引きつける。横パスが送られ、エリア手前で誰にもチェックされていないギュンドアンがシュート。右ポスト近くに決まった一点目も、左ポスト際の二点目も、キャプテンは高い精密性を発揮。彼の二得点がチームをプレミアリーグ制覇に導いた一年前と同じシナリオだ。

ただ、PK失敗の一件と、アウェーチームに許した予想外のゴールが、平穏なムードをわずかに損なわせた。加えて、アケは筋肉の負傷を再発してしまった。「ナタンは大丈夫だと言っている。単なる疲労だと。様子を見てみよう」と、コーチングスタッフは試合終了後に言う。今日は主力選手の多くを休ませることができた。ストーンズ、ディアス、グリーリッシュ、それからラスト数分間のみプレーしたベルナルドとロドリも（※六〇）。この日の目標は達成されたが、ハーランドはポストを叩く二本を含めた六本のシュートを放ちながらも無得点に終わった。

アーセナルとの消化試合数は一時的に並び、ペップのチームはこの日の時点で勝ち点四をリード（八二と七八）。「すべての希望を捨てよ」と、アルテタのチームにダンテのようなメッセージを発しているかのようだ（※六一）。

八二％のボールを支配し、ＰＫ失敗のアクシデントを除けば魅力的で信頼度の高いゲームを完璧に遂行できたことがリーグ戦一〇連勝の基礎となった。チームの自信は今シーズンの最高点に達しており、最高の調子でクライマックスを迎えるためすべての要素が整い始めた。

シーン二一：ケヴィン・ザ・レッド

（二〇二三年五月九日、マドリード）

デ・ブライネの顔は、チームのユニフォーム以上に赤い。マドリードはとても暑く、欧州王者との厳し

※五九　ギュンドアンは一八二本のパスを出し、うち一七〇本を成功（成功率九三・四％）。リーズはチーム全体で一二〇本のパスしか成功せず、シチズンズのキャプテン一人より五〇本少なかった

※六〇　この日ベルナルドはシティでの通算三〇〇試合出場、ロドリは二〇〇試合出場を達成

※六一　翌日、アーセナルはセント・ジェームズ・パークでニューカッスルを破った二番目のチームとなる。二対〇（リヴァプールと同じスコア）の勝利を挙げ、シティとの差は一ポイントに縮まった。アルテタのチームは残り三試合、ペップは四試合

い試合で一一・四一キロを走る選手の肺はその暑さに窒息させられそうになる。ユーメラニンのせいだ。シティはベルナベウの地獄から生還した。「あとはホームで一対〇で勝てば決勝進出だ」。マドリードのスタジアムのドレッシングルームでシャワーを浴びる選手たちに、コーチングスタッフはそのごくシンプルで否定の余地もない結論を伝える。サッカーは非常に複雑なものだが、そこから導き出される答えは、この言葉のようにシンプルになる場合もある。一対〇なら決勝だ。

もちろん、２ｎｄレグの試合がシンプルなものになるとは誰も考えていない。「ホームでの決勝戦になるだろう」と、ペップは言う。一週間後のマンチェスターは今日ほど暑くはないだろうが、デ・ブライネは再び沸騰するほどに赤くなることだろう。コーチングスタッフらはこの現象について言葉を交わし合う。

「ケヴィンが赤くなるのは良い兆候だ。何か良いことが起こるということだ」

ユーメラニンのせいである。デ・ブライネは赤毛だ。赤毛の人々はさまざまな遺伝的特徴を持っており、そのひとつが皮膚の色素沈着を調整する遺伝子の変異である。赤毛の人々にはユーメラニンがほとんどないため、肌の色は非常に明るくなり、そばかすが多く、日焼けはしない。また寒さには弱いが痛みには強く、ビタミンＤの合成量も多いため、骨の健康には有利となる。デ・ブライネは運動や暑さによって特に顔を赤くするが、これは血管拡張の結果によるものだ。筋肉の酸素吸収量を増やし、同時に体内温度を下げようとする、肉体の防御策である。オーバーヒートや熱中症を避けるための防御策として、熱は皮膚へと放散される。デ・ブライネが試合で顔を赤くすることに、もはや秘密はない。ユーメラニンのせいなのだ。しかし、彼が赤くなるとさまざまなことが起こる。素晴らしいことが。

この夜、デ・ブライネは真っ赤になりながら九〇分間プレーした。決して素晴らしい試合をしたわけではなかったが、非常に危険なシュートを二度放ったあと、三度目に放ったボールはクルトワにもセーブ不可能な砲弾となる。前半にヴィニシウスの強烈なキャノン砲で奪われていた一点を返し、シティはまたも地獄のような夜となったベルナベウで生き延びることができた（二対二）。ペップが選手たちに教え込んだ三つの基本、すなわちボールを持って守ること、ボールを持っていないときにはコンパクトに耐えること、感情的にならないよう気持ちを強く持ち続けることによって実現した結果だった。三つの側面のどれをとっても素晴らしい試合だったわけではないが、いずれもはっきりと見て取れた。最初の二つについて、さらに詳しく見てみよう。

ボールを持った守備

パスを重ねることこそが、マドリーの破壊的なカウンターアタックを出来る限り少なく抑えるという狙いを達成するためのツールである。

試合の二日前、私はそれがベルナベウでのプランになるのかどうか知りたいと思った。ペップは認めてくれた。「火曜日には守るためにボールを使うことになるだろう。いつもやっているように」

そして実際、チームは五六六本のパスを成功させ、成功率九〇％、ボール保持率五六％という数字を残してベルナベウをあとにすることになった。昨年よりも良い数字である。敗れた昨年はパスが四八八本、成功率が八五％、ボール保持率が五二％であった。対するマドリーはパスが四四九本で成功率八七％。パスが四五三本で成功率八三％だった昨年よりはやや良くなっている。

ボールを持ち、味方にパスし、ボールを失わないことが、ペップにとって最善の守備プランであることは今後も変わらないだろう。しかし、ひとつでもミスを犯せば、マドリーらしい堂々たる進撃を許してしまう。この日の試合ではロドリが躊躇しながらプレスをかけた隙をモドリッチが突き、絶妙なタッチでボールの方向を変え、カマヴィンガの力強い加速からヴィニシウスの強烈なシュートへとつながった。

シティの中盤には、この種のミスはそれほど多くはなかった。ロドリは八五本のパスを出してわずか四本しか失敗せず、ギュンドアンも六四本中五本。ベルナルドはもう少し悪く、六二本のパスを出して八本がミスとなった。彼ほどの魔術師としては多すぎる。デ・ブライネの成功率（八一％）はさらに低かったが、彼のパスはフィニッシュに近いエリアで出されるものであり、ボールを失ってもチームにとって危険度は低いため、チームメートらと比較することはできない。

1ｓｔレグをアウェーで戦う際のペップの狙いは、バイエルンやバルセロナを率いていた頃も、現在になっても、いつもほぼ同じである。ボールを持って守り、リスクを最小限に抑えることだ（※六二）。そのためもあって、ボールをしっかりコントロールできていると思えていれば、試合中にあまり選手交代を行わない傾向が強い。今季のライプツィヒ戦でもそうだったし、ホームでのバイエルン戦でも負傷したデ・ブライネを交代させたのみだった。今夜のベンチに控えていた選手たち（フォーデン、アルバレス、マフレズ）は試合の流れを変えられる力が非常に高いものの、それはまさに監督が望んでいないことだったというのが、この「不動」の背景事情だった。「交代をすることも考えたが、結局はしなかった。縦にいける選手が入れば、相手も縦に向かわせてしまう可能性があり、それは避けたいと考えたからだ」

ボールなしでのコントロール

二つ目の大きな狙いは、ボールを持っていないときにもコンパクトさを保つことだった。

マドリーは、シティのゴール枠内にわずか三本のシュートしか放つことができなかった。ヴィニシウスのゴールと、エデルソンによってうまくセーブされたベンゼマ（おそらくはオフサイドだったが）とチュアメニの二本である。その他にはマドリーのシュート八本がシチズンズの選手たちによってブロックされた。「ユーゴスラビア式」のコンパクトな守備というコンセプトをよく物語っている。マドリーは一三本のシュートを放ち、内訳は一ゴール、エデルソンのセーブが二本（枠内シュートは合計三本）、枠外が二本、シティDF陣によるブロックが八本である。

マドリーのシュートの合計本数は昨年とよく似ている。エティハドでは一一本（枠内五本）、ベルナベウでは一二本（枠内三本）であった。

違っているのは、アンチェロッティのチームは昨年のほうがはるかに決定率が高く、1stレグでは三点、2ndレグでは二点を奪っていたことだ（※六三）。

シティの達成した相手ボール時のコントロールの度合いが、前年よりはるかに向上したと結論づけることができる。トランジションからわずかな侵入しか許さず、きれいな形での枠内シュートもわずかしか打たせなかった。逆に、シティのシュート数も前年から減少している。エティハドでは一六本（枠内六本）、ベルナベウでは一二本（枠内九本）を放って計五ゴールを奪っていた。この日のシュート数は一〇本に減ったが、そのうち六本がクルトワの守るゴールを捉えた。

この夜の重要なポイントをひとつ強調しておかなければならない。前半と後半は大きく異なる試合となった。これは主に、ハーフタイム後にはカマヴィンガをSB兼IHに置くという、アンチェロッティの指示したポジション変更によるものだ。DFの一人をロドリの隣まで中央に寄せるというペップの常套手段と同じものだが、この日のシティでは、その任務はストーンズがCB兼CHという新たな役割で務めていた。

※六二　今季チャンピオンズリーグでのシティの直近五試合のアウェーゲームの結果は、コペンハーゲンと〇対〇、ドルトムントと〇対〇、ライプツィヒと一対一、バイエルンと一対一、マドリーと一対一

※六三　前年の準決勝2ndレグのスタッツについては前後半九〇分間のみを対象とし延長戦は除外している

内側に寄ったカマヴィンガのポジションに対し、ペップのチームはうまく対応できず、マドリーがビルドアップの局面で大きな優位に立ったことはあらゆる部分に表れた。シティは前半に六八%のボールを支配していたのに対し、後半は四六%のみ。ペップのチームが出したパスの本数も三四六本からハーフタイム以降は二二〇本に落ち込み、アンチェロッティの側は一六八本から二八七本へと増えた。同様に、シチズンズのシュート数も前半六本に対して後半は四本、マドリーは前半のシュートがわずか一本（ゴール）だったのに対して後半は一二本。この劇的な変化の理由をカマヴィンガのポジションだけに求めることはできないが、かなりの部分がそこにあったのは確かだ。

最後ではあるが重要なことは、精神と、そこに巣食う悪魔だ。

ベルナベウが地獄のようなスタジアムであるのは、そこにいる誰もが、欧州の大会が行われる夜に相手選手たちの脳に与えられる悪影響を知っているからだ。この現象は彼ら自身にも恩恵をもたらす。スタジアムが地獄のようであればあるほど、ホームチームの成績は向上する。チームが欧州で勝てば勝つほど、スタジアムはさらに地獄となる。そうして神話と勝利は積み重ねられていく。昨年のチャンピオンズリーグでの逆転劇は奇跡じみており、マドリーのムードにさらに大きな影響を引き起こし、結果としてここを訪れる相手チームをさらに怯えさせる。

この夜、シティはピッチ上で偉大なチームと戦っていたが、自分たちの感情とも戦っていた。ほぼちょうど一二カ月前に体感した悪夢の夜のトラウマである。また同じ舞台、同じ環境、同じ相手……。ペップの選手たちがそのことを考えないはずはない。ハーランドとアカンジを除き、他の九人の選手たちは悪夢を味わっていた。すべての栄光が転げ落ちていったあの忌々しい五分間を。過去に見たこの悪魔が蘇ってこないはずがあろうか？

シティの選手たちがこの夜に成し遂げた真の功績はここにある。この雰囲気に、試合を圧倒的に支配しながらもゴールを許したあの悔しさに、不利なスコアに、あらゆるエリアで見事な戦いぶりを見せた相手の脅威に打ち克つことができた。そして何より、自分たちの中の悪魔を乗り越え、記憶を打ち消し、惨劇が繰り返されるのではないかという不安を捨て去ることができたのだ。

チャンピオンズリーグのノックアウトステージ直近一〇試合で、ベルナベウのチームがホームで敗れたのはわずか二回。白い巨人を倒すことができたのは、新型コロナウイルスのパンデミックが発生する直前の二〇二〇年二月に戦ったシティと、突破にはつながらなかった昨年のチェルシーのみである（※六四）。この日、王者のホームで引き分けをもぎ取ることができたのは、ペップのチームにとって十分な成功であった。ドレッシングルーム内もそう感じている。一年前のエティハドでは、シチズンズの選手たちは四対三で勝利を収めながらも苦い表情を浮かべており、マドリーの選手たちは大きな喜びを表現していた。今日はまったくの正反対だ。メディア報道は異なるシナリオを伝えようとしていたとしても、この日に両ドレッシングルームにつながるエリアにいた者であれば、はっきりと感じ取ることができた。マドリーには勝利を逃したことである程度の失望感が漂い、シティには今回の「歯科院通い」を乗り切ったことへの喜びがあふれていたことを。

描いていたプランは、十分にうまく実行された。シティはボールを持つことで守備をし、それにより相手の勝機を減らすことができた。最も順調だった時間帯にマドリーのゴールが生まれたが、不思議なこと

※六四　チャンピオンズリーグのノックアウトステージにおけるマドリーのホームゲーム直近一〇試合の成績は以下の通り。二〇一九―二〇：シティに敗戦（一対二）。二〇―二一：アタランタに勝利（三対一）、リヴァプールに勝利（三対一）、チェルシーと引き分け（一対一）。二一―二二：PSGに勝利（三対一）、チェルシーに敗戦（二対三）、シティに勝利（三対一）。二二―二三：リヴァプールに勝利（一対〇）、チェルシーに勝利（二対〇）、シティと引き分け（一対一）

に次は真逆のことが起こり、デ・ブライネのゴールが決まった。

ボールを持って攻撃することよりも、ボールを失わないことを考えて戦っていたのは明らかだった。抑え気味に戦った代償は、危険なビッグプレーを容易に生み出せなかったことからも読み取れる。ハーランドはマドリーの優れた守備組織に飲み込まれてしまっていた。この試合のチャンスの大半はエリア外から生まれた。どちらのゴールもミドルシュートによるものであり、クルトワとエデルソンがセーブしたすべてのシュートもそうだった。どちらのチームもエリア内で危険を作り出すことはできなかった。

両チームの気持ちが昂っている現時点ではそうは思えないかもしれないが、2ndレグの試合も、おそらくはベルナベウで経験したものと大きく変わるとは思いがたい。リージョも試合数時間後に私にそう告げた。

「ペップとはすでに、我々は二試合のホームゲームを戦うことになると話している。一試合はよその観客がいるホームゲーム、もう一試合は自分たちの観客がいるホームゲームだ。そして、マドリーはアウェーゲーム二試合を戦う。マドリーはそう感じたほうがやりやすいからだ。次は、彼らがマンチェスターでどれくらい心地よく戦えるのか見てみよう。我々は絶対に、ホームの観客のペースに乗って戦ってはならない。すでに経験したことだが、急ぎすぎてしまうとよくないからだ。そうなると不意を突かれてしまうかもしれない。マドリーのような優れたチームにはそういう力がある。最高級の選手たちがいて、どんな状況でもハイスピードで相手を仕留められる。だから我々は第二戦を、今日とほとんど同じような形で戦わなければならない。あとは中で最も決定力を発揮できるようにペップが一手間加えるだけだ」

試合後のディナーは、ベルナベウにほど近い、改装されたヴィラ・マグナ・ホテルの一階にあるラウンジで行われる。コーチングスタッフや選手たちの雰囲気はとても穏やかで、浮かれ上がってはいないが不安に陥ってもいない。選手たちはリラックスした表情を見せ、バイエルン撃破後に見せていた極度の疲労とは大違いな様子で食事を楽しんでいる。デ・ブライネの頬はもう赤くはなく、その顔は選手全員が着ているスポンサーのディースクエアードの白いシャツと同じくらい真っ白だ。水曜日の午前中までにチームはマンチェスターに戻るが、フィジオセラピーを受ける予定の選手以外は金曜日まで練習場に近づくなとペップは指示する。ピッチから離れ、家族と一緒に休んでほしいのだ。彼自身も同じようにする。水曜日の早朝にバルセロナへ飛び、二日間をクリスティーナとともに過ごした。

木曜日の朝、トレーニングセンターは無人。エスティアルテとコーヒーを飲みながら思慮にふけるには良い時間だ。

「チームの現状？　我々は望んでいた場所にいる。五月になって、すべてのタイトルを争っている。満足しているが、同時に疲労感もある。非常にストレスが溜まるからだ。もう三カ月前から、三日に一度は決戦を戦っている。ノンストップで、次々と決勝戦だ。チャンピオンズリーグ、プレミアリーグ、ＦＡカップ……すべて休みなく、そして何より、つまずくことは許されない。止まることなく、すべて勝たなければならない。そして相手は素晴らしいチームばかりだ。マドリーという巨人も、アーセナルも、チェルシーも、リヴァプールも、ユナイテッドも……」

ハーランドの過ごしている素晴らしいシーズンについて、また彼がベルナベウではボールを受けるにもシュートを打つにも苦戦を強いられたことについて訊ねてみた。

「ベルナベウでは二重のマークを受けてかなり苦しんだが、ストライカーであれば誰でもそういうことはあるものだ。ああいった素晴らしいスタジアムに乗り込んで、こういうタイプのマークに苦しむことも必要だった。この経験でさらに吹っ切れるだろう。彼はもうベルナベウで一晩苦しんだ。これでいい。これから彼はさらに自由になり、もっと活躍してくれるだろう。今シーズンを見てみても、彼はとんでもない。ペップのチームでの一年目は、ある程度難しいものだ。みんな適応するのに一年はかかった。思いだしてみるといい。ベルナルドの一年目も、サネも、ロドリも、マフレズも、グリーリッシュも……。誰であれ一年は学ぶ必要があり、二シーズン目からリズムを掴み勢いに乗り始めた。ハーランドにもそういう学びの一年は必要だが、すでにグレイトだ」

水球選手として並外れた点取り屋であったエスティアルテは、ハーランドについて、彼の得点以上にはるかに重要なものとなる別の要素を強調する。

「ドレッシングルーム内には衝撃的なムードが漂っている。この点でハーランドは不可欠だった。こんなものは見たことがない。野獣のような点取り屋でありながら、彼はとても愛らしいタイプで、無欲で、自分勝手なところがない。自分が五点取っても、チームメートたちが五点取っても、同じくらい喜べるタイプだ。先日のＰＫを見てみればいい。ギュンドアンがハットトリックを狙えるようにボールを譲った。気高く無欲な行為だ。このレベルのスポーツではなかなかお目にかかれない。ハーランドは、すごく楽しくて最高なWhatsAppグループも立ち上げている。そういったことすべてがメンバー内に素晴らしい雰囲気を作り出している」

コーヒーを挟みつつ、目前に迫った試合を見据えて話を締めくくる。エヴァートン戦、マドリー戦、チェルシー戦、ブライトン戦、ブレントフォード戦、ＦＡカップ決勝、そして勝ち進めばチャンピオンズリーグ決勝……。

「残りは最大で四週間半。次の三試合が非常に重要だ。そこで勝つことができれば、リーグ戦はほぼ手中に収められるし、二つのカップ戦の決勝に進むことができる。一〇日間で三試合。日曜日のエヴァートン戦では、ペップは間違いなく変化を加えてくるだろう。エヴァートンにとっては生きるか死ぬかなので非常にタフな試合になるだろうが、そこで勝って、あとはホームでチェルシーにも勝つことができればプレミアリーグはほぼ決まりだ。そしてマドリー戦。まあ、分析すべきことはあまりない。非常に厳しくなるだろう。彼らは素晴らしいチームだし、我々も非常にさえた戦いをしなければならない。だがホームでの試合であり、すべてを勝ち取れるかどうかは自分たち次第だ。結局のところ、我々の望んでいたことだ。タイトルを勝ち取れる可能性を残してラストスパートを迎えたいと思っていた通り、競馬で例えるなら、今まさに四コーナーを回って直線をスプリントしている最中だ。選手たちの脚は疲れているかもしれないが、どのチームも同じだと思うし、自分たちが手にしているものに強い希望を抱いているので誰も本当に疲れているとは感じていない。進んでいかなければならない。すべての夢を叶えるまであと三〇日であり、全力で戦っていく。選手たちは真剣で、ペップも真剣で、良い雰囲気だ。相手は偉大なチームばかりだが、我々も素晴らしい。だから戦っていく。容赦のない戦いになるだろうし、殴り合いを続けることになるだろうが、その腹づもりはある。最後まで全力で戦っていく」

シーン一二一：プランはシンプルに戦うこと

（二〇二三年五月一六日、マンチェスター）

「シンプル、シンプル、シンプル！　シンプルに！」

レアル・マドリードを迎える試合に向けて行われた今日の練習で聞こえてくるのは、その言葉だけだ。空気は涼しいが、マンチェスターには美しい日差しが降り注いでいる。ウォーミングアップの間、チキとリージョはトレーニンググラウンドの壁際に置かれたマットに座り、熱心に話し合っていた。ペップとエスティアルテも二人に近づいていき、四人になって明日の試合について話している。予想に反し、緊張感よりも穏やかな雰囲気が漂っている。選手たちを見ても、コーチたちと話しても、バイエルン戦の前よりずっと落ち着いた雰囲気だ。誰よりも、ペップがそうだ。まるで明日の試合が取るに足らないものであり、一年前の大きなドラマのリベンジなどではないかのように落ち着いてリラックスしている。チャンピオンズリーグの準決勝であり、勝負は完全に互角なのだから、マドリーに一点取られるだけで二〇二二年と同じステージの敗退に終わるのだぞ、と言いたくなることもある。しかし、この午後の平穏を破るものは何もないようだ。

ペップはほとんど指示を出さない。明日のゲームプランはシンプルなものだ。先発はベルナベウでの試合と同じ一一人。リーズ戦で負傷したアケがまだ回復していないため、左SBには再びアカンジが入る。この一点が異なることを除けば、ライプツィヒを破ったチーム、バイエルンを退けたチーム、アーセナルを粉砕したチームと同じである。ペップは、守備の強靭さとアグレッシブな攻撃を両立させ、彼がチームに求める調和とバランスを備えた、最も計算できる一一人を見つけ出すことができた。他に欠場者が出ない限り、シーズン終了までビッグゲームではこの先発一一人を変えるつもりはない。ただ小さな一手間を加えるだけだ。

「ギュンド、一五メートル前。ケヴィン、遠くからスタート。マヌとジョン、ハーフスペースへ入れ。アーリング、ずっとマークが二人つくだろうから、それを利用して別の場所で優位に立たなければならない」

ペップの指示を、リージョが私に「翻訳」してくれる。「マドリーはこちらのIH二人をマンマークしてくるので、彼らを異なる高さに配置したくなる。ギュンドアンは近くから相手を崩す能力がより高いが、デ・ブライネはその正反対にしなければならない。マークする相手の位置をズラし、そこから、ベルナルドが送り込んでくる縦パスを受けて突破できるようにしなければならない。マドリーの配置を考えれば、アカンジとストーンズには十分な時間を与えてくれるだろう。この二人がしなければならないのは、与えられる時間を使うことだけだ。それ以外に何もする必要はない。時間というプレゼントを使うことだ。あとのことは自然と起こっていく。ハーランドのことは誰もが恐れているので、二人のCBがずっと彼の両脇に張りついているだろう。そこで、他のエリアでの優位性を活かさなければならない」

ペップは記者会見でもすでに、「オーバーシンキング（考えすぎ）」はしないと語っていた。結果がよくなければ、彼を批判する者たちがいつも使ってくる言葉である。実際には、ペップはいつも通りの「オーバーシンキング」をしている。それが彼の本質に基づく行為であるためだ。1stレグの試合を二度見直し、相手の弱点をもう一度研究し、緻密なゲームプランを練った。結果として、この日の試合自体は非常にシンプルなものとなる。選手たちはすでに、監督の提案を単純化できるレベルのプレー経験と知識を身につけているためだ。意識の準備さえできていれば、同じ相手と何度も対戦することこそが、その相手と戦う方法を学ぶために一番の方法となる。インテリジェンスのある選手、そして彼らのようにインテリジェンスのあるコーチたちは、対戦相手から学ぶのだ。

洞察力とインテリジェンスが際立つキャプテンのギュンドアンは、ファンから「ミスター・ウィッピー」の愛称で親しまれている（※六五）。五月を迎えると、ギュンドアンは花開く。決定的な一戦となった昨季のリーグ最終節で見せたパフォーマンスを思いだすだけでもわかる。もちろん五月の試合である。シチズンズでの通算三〇〇試合を達成したばかりの彼は、それを祝うかのようにリーズに勝利した試合では二ゴールを挙げ、ベルナベウではデ・ブライネにアシストを供給し、エヴァートンに快勝（三対〇）した二日前の試合でも再び二得点（二点目は曲芸のような一撃だった）を挙げるとともにハーランドのゴールをアシストした。シ

※六五　「ミスター・ウィッピー」とはアイスクリームのブランド名であるとともに、オリジナル動画製作を専門とする一人の解説者がギュンドアンにつけたニックネームでもある。おそらく、チーム得点王となった二〇二〇―二一シーズンに決めたゴールの多さ（一七点）に関連しているようだ

ティにとってはプレミアリーグ通算五〇〇勝目となる試合だった。日曜日の試合を終えグディソン・パークをあとにするペップは、ファンに向けて、リーグタイトルを防衛するまであとわずか二勝だと告げていた。しかし、すぐあとにアーセナルが難敵ブライトンを迎えたエミレーツでの試合でつまずき（〇対三）、プレミアリーグは水色に染まった。チームはこの試合を、リヴァプールから帰還するバスの中で見守っていた。トレーニングセンターに戻ってくると、誰も疑ってはいなかった。リーグ三連覇はもう目前だ。

日曜日に、ひとつ目を引いたことがある。通常、試合を終えた選手たちはドレッシングルームに戻り、ロッカーに置いていた私物を取ってすぐに家路につく。コーチ陣は翌日のトレーニングの予定を確認するため、もう少し時間がかかるのが普通であり、出ていく際にはもうパーキングは空になっている。選手たちの車はない。しかしこの日曜日、プランチャルトがスタジアムから出ると、駐車場が車であふれているのを目にした。驚いた彼は、何か問題があったのだろうかと思い、歩いてきた道を戻る。ドレッシングルームに入るが、そこには誰もいない。サウナにもプールエリアにも誰もいない。フィジオセラピールームに向かうと驚かされた。一〇人の選手たちが寝台に乗ってマッサージを受けていたのだ。誰も帰宅していない。誰もがレアル・マドリード戦に向けて準備を整えようとしていた。

ギュンドアンは、明日のマドリー戦に向けて、ペップが名指しで指示を出した五人の選手の一人である。キャプテンは、チームが攻めている際には、ベルナベウの試合よりポジションを一五メートル上げるように言われた。中盤の三人の形は、1stレグの［2＋1］ではなく、［1＋2］となる。彼の仕掛ける攻撃がほんの数メートルの積極的な突破となるように、ペップはギュンドアンがエリアのすぐ近くにいることを望んでいる。デ・ブライネはギュンドアンより低い位置でプレーするよう指示されている。マーカーをエリアから引き剥がし、ベルナルドとの連係でかわしていくことを可能にするためだ。ストーンズとアカンジは、ギュンドアンとデ・ブライネの水平方向の動きがマドリーのSBとCBの間に道筋を開けるため、そこを利用するよう指示された。四つ目の指示はハーランドに対するものであり、彼は二重のマークに苦しむことになるが冷静さを保てと言われている。

この最後の点について、私はパッツィと話をした。彼はクライフの隣で長い経験を積んだことで、偽9番の秘訣をすべて知り尽くしている。「面白いものだ。ハーランドは偽9番とは正反対の選手だが、明日は偽FWを使って狙うのと同じような効果を生むことになるかもしれない。相手CB陣の注意をすべて自分に引きつけ、味方選手たちに道筋を空けるということだ」。このパラドックスについて彼と冗談を飛ばし合い、「偽の真9番」と命名した。

トレーニングセッションは手早く終えられ、前述の点以外には大きな戦術的指示はなかった。要約すれば、冷静さとシンプルさである。ペップは非常に落ち着いており、ただ普通にやることだけを伝えようとしている。リージョも言う。「普段と異なることは何もない。単純に、彼らはある一方よりも他方にミスマッチがあるので、そこにプレッシャーをかけるだけだ。去年もやったことではあるが。大きな戦術的意図があるものではない」

マドリーとの対決前の練習でリージョが果たした役割について、読者は疑問に思うことだろう。彼は自身のチームであるカタールのアル＝サッドでのシーズンを終え、この日はペップに招かれていた。ペップは先週末に彼に電話をかけ、チームをサポートするため来てほしいと伝えた。スタッフの誰も、彼が前年六月に別れを告げた際に書き残していたメッセージを忘れてはいなかった。「私は去るのではない。君たちのアシスタントであり続ける。今季はすべてを勝ち取るだろう。プレミアリーグも、チャンピオンズリーグも。心配ない、我々はすべて勝つ。間違いなく、絶対に。そして、私は君たちの傍にいて、応援し、励まし続ける。私はいつまでも君たちのアシスタントだ」

ペップは今、彼の「アシスタント」がチームと一緒にいてくれることを望んでいる。この日の朝にプライベートジェットを飛ばし、彼をマンチェスターに連れてきた。選手たちとコーチングスタッフは彼を手厚く歓迎した。練習を終えるとそれぞれ家へ帰っていくが、リージョだけは別だ。彼はトレーニングセンターの「自室」である三〇号室に泊まることにした。

シーズン二三：芸術作品

（二〇二三年五月一七日、マンチェスター）

この夜、ペップの長年の夢が現実となった。

「私の夢は相手の一一人を最初の一分から自陣内に押し込み、ハーフウェーラインを越えさせないことだ」

ペップはそれを実現した。しかも、チャンピオンズリーグ準決勝のレアル・マドリード戦で。一〇年近く前にミュンヘンで負わされた、あの痛恨の敗戦（〇対四）の古傷も完全に癒やすことができた。この日、同じスコアで、同じ監督の率いる同じチームに勝利したことで、残っていた痛みも消え去った。

我々の目にしたものは芸術作品だった。はかない芸術だが、それもひとつのクラシックだ。身体的、技術的、戦術的、感情的な材料を駆使してひとつの具体的なサッカービジョンを創造的に表現し、狂想曲のように組み上げたものであり、このスポーツのすべてのファンが長く記憶するものとなるだろう。サッカーがアートを生み出したのだ。

その芸術作品が存在したのは四五分間だった。突破を決めるのに必要とされた時間である。この特別な夜の主なポイントを振り返ってみよう。

キックオフ前、チームはいつも通り円陣を組み、ギュンドアンが最後の檄を飛ばす。「冷静に、落ち着いてプレーしよう。自分たちらしく！」。キャプテンはそう言うと、すぐにキックオフを行い、ボールを直接エデルソンまで返す。そこからの数分間、［1＋3］で遠慮がちなプレスをかけてくるマドリーに対し、シティは［3＋2］でビルドアップを行っていく。ストーンズがハーフウェーラインを越えればウォーカーは下がる。ストーンズが自陣内に残っていればウォーカーは上がる。ロドリからベルナルドへの最初のロングパスはタッチラインを割った。三分、ウォーカーが遠目からのシュートで最初の脅威を引き起こす。ボールは大きく外れたが、マドリーがエリア前に空けるスペースに対して警報を鳴らすシュートだった。

その一分後、ハーランドが中盤まで下がってくる。アカンジが右利きであるため左サイドにボールを出しにくく、プレッシャーをかわせず苦しんでいることに気がついたためだ。シティの二人の選手は非常に高い位置を取っている。ギュンドアンは相手ペナルティエリア付近を動き回り、ロドリの前方に位置するストーンズは普段のデ・ブライネのテリトリーに踏み込む。六分、クルトワが相手陣内までロングボールを送るが、ロドリのクリアからデ・ブライネによるカウンターを招いてしまう。そこからハーランドがマドリー守護神を抜き去ったが、マイナスへ折り返したボールをシュートする選手はいなかった。シチズンズは圧倒的優位に立っており、マドリーは自陣から出ていくことができない。二五秒後にはロドリがマドリー陣内に侵入し、クロースとモドリッチをかわしてファーポストへのシュートを放つが決まらず。ペップは両手を振り上げ、ピッチ上で繰り広げられる圧倒的支配を見守っているファンに応援を強めるよう求める。一〇分、ディアスがマドリーのゴール五メートル前でベンゼマからボールを奪う。シティはまるで除雪機のように相手をゴールまで押し込みたいのだと理解することができた。さらに二〇秒後、ウォーカーにならってストーンズも中央からシュートを放つが、このボールも弾かれて外れる。

どんな試合からも教訓が得られるものだ。優れた者たちはそこから学ぶことができる。ベルナベウでのマドリーは、SBとCBの間に広い通路を空けながらも、その日はクロース、モドリッチ、バルベルデが的確にそこを埋めていた。それでもペップはそこからの侵入が可能であることを学び、狙っていくことを決めた。そのためにはリスクを冒すことが必要であり、右からはウォーカー、左からはアカンジがヴィニシウスとバルベルデを固定できるほど前に出なければならない。クロースはロドリをカバーしなければならず、モドリッチは再びトップ下としてプレーするストーンズと対峙するため、一人の選手が完全にフリーになってマドリーの開け放つ扉から入っていくことができる。ギュンドアンである。マドリーのいずれかの選手がサイドをカバーしてキャプテンの侵入を阻止できたとすれば、代わりに反対側のサイドで扉が開くことになり、そこからデ・ブライネやベルナルドが同様の経路を見つけて侵入することができる。プラン通りだった。まだ一〇分しか試合が行われていない時点で、エティハドではまさにそのプラン通りに物事が進行していた。シティは休まずプレスをかけ続け、マドリーは自陣を出ることができない。

ロドリとストーンズがパスを繰り返したところからグリーリッシュにアドバンテージが生まれ、そこからのクロスにハーランドがゴール前至近距離からの見事なヘディングで合わせたが、クルトワも素晴らしいセーブでこれに応える。開始一五分が経過したところで、シティは一二四本、マドリーはわずか一三本という両チームのパス数が、何が起こりつつあるかをどんな言葉よりも雄弁に物語っている。チャンピオンズリーグの準決勝では史上最大の差がついている。

マドリーはクルトワからのロングボールでしかハーフウェーラインを越えることができないが、それも必然的にホームチームのDF陣の足元に収まり、何度もピッチ上を容易に攻め上がっては相手のエリア付近にまで迫るのだ。シティのプレスは非常に効果的だ。アカンジはカルバハルとホドリゴの中間にポジションを取り、どちらに対しても同じように対峙するが、特にカルバハルに対しては積極的に飛び込んでいく。1チームのその他のメンバーはマンマークにつき、マドリーが左サイドからプレーを組み立てるのを阻む。1stレグで非常に危険だったヴィニシウス、モドリッチ、ベンゼマ、カマヴィンガのサイドである。デ・

ブライネはクロースにプレッシャーをかけ、グリーリッシュはミリトンとクルトワの間に位置し、ハーランドはアラバにつき、ベルナルドはカマヴィンガを抑え、ギュンドアンはバルベルデを止める。優れたプレスの結果として、シティはファイナルサードで一二回（ベルナルドが五回、ロドリが三回）ボールを奪う。クルトワはロングボールを増やさざるを得なくなるが、それもまたボールを失うことを意味する。マドリーは、試合全体を通してファイナルサードで一度しかボールを奪うことができなかった。

一七分、デ・ブライネがサイドからのFKを直接狙って意表を突く。ボールはポスト近くに逸れた。三分後、ベルナルドとデ・ブライネのショートコーナーから前者がクロスを上げ、アカンジが頭で繋ぎ、またしてもハーランドが至近距離から強烈なヘディング。これもまたクルトワが、逆を取られながらも驚異的な反応で防いだ。そしてついに、二二分四二秒、ベルナルドのゴールでマドリーの壁が崩れる。何本ものパスを繋ぎ、ストーンズが「デ・ブライネのレーン」から侵入する突破の動きを見せて思いがけず右WGの位置を取り、カマヴィンガ、クロース、ヴィニシウスを引きつけることでマドリーのカバーリング全体を混乱させたところから生まれたゴールだった。ストーンズが引き起こした混乱をデ・ブライネが利用し、ウォーカーからボールを受けたあと絶妙な縦パスを通してベルナルドのセーブ不可能なシュートにつなげた。シティにこのラウンドで初めてのリードをもたらす一点となった。

この二二分四二秒までにペップのチームは八一％の時間ボールを保持し、パス数はマドリーの二八本に対して二〇二本を記録。ロドリとベルナルドの間で通されたパスだけでもマドリーのチーム全体の本数を上回っていた。ヴィニシウスとバルベルデに至っては、この二二分間に一本のパスすらも通すことができていなかった。ピッチ上を縦に三分割したプレーエリアの分布も極めて明確だ。試合時間の五九％は、クルトワのエリアに近い側の三分の一でプレーが行われていた。中央が三四％で、まだ一度もボールに絡んでいないエデルソンの側はわずか七％である。失点したマドリーが二四分〇六秒に中央からプレーを再開させたあとシティ陣内で初めてパスを出すことになったが、カルバハルからホドリゴへ送られたボールはすぐにアカンジに奪われてしまった。ボールは再びシティの選手の足元に収まり、三秒後にはマドリー陣内へ戻されることになる。アンチェロッティのチームが次に相手陣内でパスを出せたのは二五分一〇秒、バルベルデとモドリッチの間のパスだった。試合が三〇分経過した時点で、マドリーは敵陣内で二本続けてパスを繋ぐことはできておらず、試合全体ではシティのポゼッションが七六％。パス数はマドリーの四五本に対してシティは二七三本を数えた。

　ロドリの操るリズムに従ってシティが相手を左右に振り回すことで大きな経路が空き、ストーンズやアカンジが同じような形でそこへ飛び込んでいく。ロドリはエリア手前で素晴らしいパフォーマンスを見せ、常に攻撃的プレーの配球役として機能する。マドリーＤＦ陣はカバーを強いられ、大きな隙間を空けてしまって閉じられない。ロドリがサイドを変えるだけで、ストーンズとアカンジのどちらかがそのボールを利用してボックス内まで侵入することができる。

　ハーランドの右足シュートが弾かれたプレーは、このノルウェー人ＦＷのパフォーマンスについて考えさせられるものだった。彼はこの準決勝でゴールこそ奪わないものの、その放つ存在感と圧力で相手をひどい混乱に陥れ、そこから生まれるアドバンテージをシティは別のエリアで利用することができる。マドリーは彼を檻に閉じ込めようとするが、その二重のマークこそがアンチェロッティの守備陣にとって問題となる。シティは、まるで柔道家が相手の力を使って投げるかのようにそれを利用してみせるからだ。まるで偽9番の逆バージョンだ。当然ながらハーランドがチームにいれば、相手ＣＢをエリア外に引き出して味方にスペースを空けるという偽9番の役割が存在する余地はないが、彼は彼で囮になることができる。囮こそ偽9番の代名詞である。

　三〇分以降になるとマドリーはわずかにプレッシャーから逃れられるようになり、アカンジの弾いたボールでCKを獲得。そこからのセカンドボールをクロースが活かし、クロスバーを直撃する素晴らしいミドルシュートを放った。弱みを露呈しながらも、マドリーには予想外の形から追いつける力がある。しかし、最大の武器のひとつであるヴィニシウスのスピードは、ウォーカーの無尽蔵のエネルギーによって無力化されていた。ウォーカーはスプリント勝負に応じ、ブラジル人FWがシティ陣内に踏み込むたびにボールを奪い取った。試合後にウォーカーは、この二週間、少しでも空き時間があればスカウトたちが用意したヴィニシウスの短いビデオを見直していたと語った。特に、ヴィニシウスが両足の間にボールを通してDFを欺くプレーのビデオである。それはまさに昨年フェルナンジーニョ相手に披露されていたプレーだった。「暇さえあれば携帯で見て、彼に対して守る方法を学んでいた」と、ウォーカーは言う。結局ウォーカーは、ヴィニシウスという天才を完封して見事にこのラウンドを終えた。もう一人、大活躍だったのがグリーリッシュである。彼のプレスはシティの成功のカギとなった。ワンプレーでクルトワにプレスをかけ、ミリトンのパスコースを塞ぎ、カルバハルに駆け寄ることもできた。計り知れない価値のある役割をこなしていた。

三六分、ベルナルドがこの夜の自身二点目を奪う。起点となったのは三〇秒前のプレーだった。ベルナルドはグリーリッシュに近づき、カマヴィンガを右サイドに近づけて彼のサイドから引き離す。これによりマドリー全体が配置をズラされた。ギュンドアンはSBとCBの間に生まれた隙間を見て取り、そこへ深く侵入していく。バルベルデは止めることができない。一方でデ・ブライネは一瞬で「ライバル二人を一掃」する。ギュンドアンのシュートはDFにブロックされたが、DF全体の位置がズレていたところをベルナルドが突いてヘディングでゴールに押し込んだ。相手ゴール付近で五回ボールを奪い、四度のドリブルを試みて三度成功し、三本のシュートを放って二点を決めるという神がかり的な前半の仕上げとなるゴールだった。準決勝の試合でマドリーから二点を奪った選手は、二〇一一年のメッシと一三年のレヴァンドフスキに続いて史上三人目である。

この歴史的な前半を最もよく表していたのが、四四分から四五分にかけての最後の一分間だ。シティの選手九人が猛然とプレスをかけ、モドリッチがカマヴィンガに出そうとしたボールを奪ってしまった。マドリーは完全に崩壊し、シティによってバラバラに切り刻まれた。決められなかったとはいえ、シティはこの一分間だけでも立て続けに三度のゴールチャンスを生み出したほどだった。エデルソンとディアスを除いて、ホームチームの全員がこの前半のうちにクルトワのゴールへシュートを放った。ハーフタイム時点でのパス数はシティの三五一本に対してマドリーは一三七本。敵陣内で出された本数をカウントすればシティは二〇〇本に届き、マドリーは一九本にとどまっていた。

こうして歴史に残る前半は幕を閉じた。「私の夢は相手の一一人を最初の一分から自陣内に押し込み、ハーフウェーラインを越えさせないことだ」という、ペップの長年の夢が達成された前半であった。

ドレッシングルームに戻ることで、両チームは起こったことを現実として受け入れ、もはや完全に決着がついたかのように見えるラウンドの最終コーナーへ向けて、まったく異なるスタンスを取ることになった。ペップはこれ以上リスクを冒さず、スコアを維持することを選択。アンチェロッティは、シティの気が緩む可能性を期待して一歩前へ出ることを求めるが、さほど覇気は感じられず、一切の希望もない。だがそれでも、再開後の試合は空気が変わった。

開始六秒、ギュンドアンが最初のボールを危険地帯で失ってしまう。さらに三〇秒後にはヴィニシウスの侵入を止めるためウォーカーが地面に体を投げ出して見事なタックルを繰り出すことを強いられ、そこから非常に有望かと思えたパスをデ・ブライネが失敗してしまう。六〇秒後、デ・ブライネが焦って簡単なトラップを誤り、ハーランドに絶好球を送るチャンスを逃す。この四九分の一分間に、選手と監督の間で大きな怒号が飛び交う。

「ボールを動かせ！　パスしろ！」と、ペップは叫ぶ。

デ・ブライネも怒った様子で「うるさい！　黙れ！」と、返す。

ペップはデ・ブライネに、マドリーの動きが良くなったことでたちまち狂ってしまっていたゲームを落ち着かせてほしいと思っていた。マドリーは前半の丸々四五分間をかけて敵陣内で一九本のパスを繋いだだけだったが、今はわずか四分半で同じ数字を積み上げている。とはいえ、大半はセンターサークル付近でのほとんど危険性のないパスであり、ハーフウェーラインを越えないＣＢ陣が常に後方を支えていた状況ではあったが。前半とは逆にシティはボールを失ってしまい、ほんの数秒も保持できず、パスを三本続けることもできない。そのためペップはタッチライン際で叫び声を上げ、選手たちに冷静さとパスを要求している。

しかし、見かけほど単純ではない。読者には、デ・ブライネが非常に困難な日々を過ごしていることを知ってもらわねばならない。彼の身近な人物が問題を抱えており、デ・ブライネはそのことに強く影響されていた。加えて、四月半ばからハムストリングの筋肉に深い違和感も覚えている。メディカルチームは可能な限りのケアを彼に施し、ペップもシーズンのこの時期にきて怪我が致命的なものとなってしまわないため無理をさせないようにしてきた。バイエルンとの準々決勝１ｓｔレグを最後まで戦えなかった四月一一日以降、デ・ブライネは九試合のうち五試合にしか先発していない。二試合はベンチに残り、残りの二試合はスタンド観戦だった（フラム戦、ウェスト・ハム戦）。チームが戦った八一〇分間のうち、デ・ブライネがプレーしたのは半分（四〇九分）であり、フル出場は九試合のうち二試合しかなかった。クラブが彼の状態を心配していたのは明らかだ。デ・ブライネはこの日のマドリー戦を、心身ともに散々な状態で苦しみながらプレーしている。彼の低調なパフォーマンスを理解するためには知っておくべきことだ（※六六）。

後半立ち上がりのマドリーの動きが良かったことを裏付けるように、四五分から六〇分にかけては六〇％

のボールを保持し、その間に惜しいチャンスもひとつ生み出した。アラバが直接FKを蹴ったものの狙いが悪く、エデルソンに弾かれたものだ。この時間のシティは進むべき方向を見失い、ギュンドアンとロドリはボールを追いかけ、デ・ブライネは何度もボールをロストしてしまう。CKの場面でディアスがデ・ブライネに近づいて抱きしめ、耳元で温かい励ましの言葉をかけた。

五二分から七一分にかけてのデ・ブライネの一連のプレーは、単純なパスを失敗したり、サイドからのFKを低く蹴って（この試合で二度目）無駄にしてしまったりと、あり得ないようなものだった。五九分以降は極度に疲れ果てた様子を見せ、体を曲げて両手を膝に置く。それを何度も繰り返しており、ゆっくりと走ったあとにそうすることまであった。準決勝のこの時間帯ほど疲れているデ・ブライネは見たことがない。チームが攻撃を仕掛けている際に、マドリーのエリア手前にいたにもかかわらず、プレーに関与せず膝に手をつくことも二度あったほどだった。六八分には左足ハムストリングに手を当てる。その一一分後には右足ふくらはぎを痙攣させた。デ・ブライネが何かよくないことは疑いなく、おそらくは体調不良か何かだろう。

ハーランドに素晴らしいパスを通そうとした場面で痙攣のため左足を使わざるを得なかったあと、彼は交代を要請。交代できるまでさらに三分かかったため、ほとんど瀕死になりながら最後の力を振り絞ってピッチを走っていた。観客からの大喝采を浴びながらフォーデンと交代すると、デ・ブライネはペップから強く長い抱擁を受けた。このスター選手の奮闘を認めてのことだ。前半には良いプレーをしていた。後半はよくなかったが、最悪のフィジカルコンディションで脚にリスクを抱えながらプレーしていたのであり、精神的にも非常に厳しい状況にあった。ペップがいつも言うように、「スポーツ選手の本当の姿とは、悪いときのリアクション、どう対応するか」なのだ。この日デ・ブライネは多くのミスを犯したが、肉体的にも精神的にも極限状態の中でプレーする勇気は、彼のスポーツマンとしての非凡さを示している。

デ・ブライネがピッチ上でこの悪夢を体験していた頃、チームメートたちはゲームを落ち着かせることに成功した。特にグリーリッシュはチームの「パーキングエリア」となり、深く攻め入りたい気持ちと、ペースを落としてボールをキープする必要性を両立させることができた。ペップもタッチライン際から彼にキスを送ったほどだ。グリーリッシュはマドリーが上げようとしてくるペースを抑えることに成功し、マドリーはボールを持ってシティのエリア内に踏み込むことが試合を通して二回しかできなかった。本格的な危険はごくわずかだ。八二分にベンゼマとセバージョスが続けざまに放ったシュートにエデルソンが難なく対応したのを除けば、あらゆるプレーがエリア前で止められていた。

その少し前、ギュンドアンがヒールでの絶好球を送り、ハーランドがまたしても至近距離からシュート。今度は右足だったが、またもクルトワがゴールを阻み、ボールをクロスバーに当てた。ベルギー人ＧＫはこの夜、ハーランドの決定的ゴールを三回（二二、二二、七二分）防ぎ、チームが大量失点を抱えてエティハドをあとにすることを回避した。しかし七五分、デ・ブライネがうまく蹴り入れたＦＫにアカンジが頭で合わせ、ミリトンが意図しない形で弾いたことにも助けられてゴールになるのを阻むことはできなかった。

衝撃的一戦を締めくくったのは、交代で入ったマフレズ、フォーデン、アルバレスの三人だった。特に後者の二人だ。アルゼンチン人ＦＷはわずか四分三秒間プレーしたのみだが、その八八分五八秒から九三分〇一秒までの時間にトップスピードでのスプリントを五回繰り出した。うち四回は最初の一分半に行ったものだ。九〇分二八秒、ヴィニシウスの持っていたボールを奪ったのがアルバレスのファーストタッチ。

※六六　この後のチェルシー、ブライトン、ブレントフォードとのリーグ戦三試合では、二つの決勝戦に向けて温存するため、デ・ブライネは合計七〇分間しかプレーしなかった

その一〇秒後には、マフレズのボール運びとフォーデンの絶妙なスルーパスからこの日の四点目を挙げる。この試合でのわずか二タッチ目であり、九四秒間で五度目となるスプリントからのプレーだった。

　四対〇という結果により、インテルの待つイスタンブールでの決勝へ勝ち進むことを決めたが、それ以上に意味のある芸術作品の到達点となった。レアル・マドリードという大巨人をシティが破壊し尽くした、欧州サッカーの歴史に残る四五分間だ。ウェイン・ルーニーは予言していた（「シティはマドリーにただ勝つのではなく、粉砕するだろう」）が、その通りになった。ペップのチームは強く記憶に残る結果を残し、二〇一八年以来チャンピオンズリーグで無敗を継続して（※六七）すでに要塞となっているエティハドの歴史に、またひとつ重要な大勝を付け加えた（※六八）。ペップ個人としてはマドリーと二三回戦って一三勝目（※六九）。チャンピオンズリーグでの通算一〇〇勝目でもあり、シティで四七勝、バイエルンで二三勝、バルセロナで三〇勝を挙げている。一六〇試合を戦った時点での大台達成は、アンチェロッティより二〇試合、ファーガソンより二四試合少ない大会記録である。

　この試合では、何人かの選手が傑出したパフォーマンスを見せた。マドリーのゴール前でのクルトワの奮闘は見事だった。中盤でのロドリもそうだ。一二四回のプレーを成功させ、一一回ボールを奪い、デュエル九回のうち七回に勝利していた。グリーリッシュは二試合を通してシティのゴールチャンス二三回のうち九回を生み出した。ストーンズは改めてその変貌ぶりを証明してみせた。もはやCHとしてプレーするために上がるCBではなく、守備をするCHである。両チームのDFラインが位置していた高さの違いが、この準決勝を物語っている。シティの最終ラインはエデルソンから五三メートル、マドリーはクルトワから三九メートル離れてプレーしていた。ベルナベウでの試合とは逆に、この日はすべてのゴールがペナルティエリア内から生まれており、クルトワにセーブされたハーランドの決定的なシュートもエリア内だった。

プレミアリーグをほぼ手中に収め、国内カップとチャンピオンズリーグ決勝への進出も確定した今、喜びに沸き立つドレッシングルーム内では、初めて公然と三冠達成の話が持ち上がった。ペップは家族やクラブ幹部らと朝方まで成功を祝う。今手が届く距離にあるのは、三年前にはペップが不可能だと言っていたものだ。

シーン二四：連続優勝

（二〇二三年五月二〇日、マンチェスター）

決まった。

アーセナルは二四七日間首位に立っていたが、シティは三試合を残してチャンピオンとなった。四カ月前、シチズンズがオールド・トラッフォードで敗れ、アルテタのチームがペップのチームに八ポイントの

※六七　シティはチャンピオンズリーグ（二〇一八～二三年）でホームゲーム二六試合を戦って無敗。アーセナルの二四試合（〇四～〇九年）を上回り、バイエルンの二九試合（一九九八～二〇〇二年）、バルセロナの三八試合（一三～二〇年）に迫ろうとしている

※六八　シティは今季のエティハドで行われた重要な試合で以下のようにゴールラッシュを生み出してきた。マンチェスター・ユナイテッドに六対三、コペンハーゲンに五対〇、サウサンプトンに四対〇、チェルシーに四対〇、トッテナムに四対二、ライプツィヒに七対〇、バーンリーに六対〇、リヴァプールに四対一、バイエルンに三対〇、アーセナルに四対一、レアル・マドリードに四対〇

※六九　ペップはレアル・マドリードと二三試合を戦い、一三勝五分け五敗。四七得点、二七失点を記録している。最悪の敗戦はバイエルンを率いていた二〇一四年の〇対四。最高の勝利としてはこの日の四対〇に加えて、バルセロナでは一〇年に五対〇、〇九年に六対二の勝利があった。チャンピオンズリーグでは一一、二〇、二三年にマドリーを敗退させ、一四年と二二年にはマドリーによって敗退させられた

差をつけて快走していた時点では、まともな神経の持ち主なら誰もこんなことは予想しなかっただろう。まあ、二人の狂人は別だろうが。

一人はプランチャルトだ。「我々は我々だ。我々は勝ちにいく。アーセナルはどこかでつまずくだろう」（二月二二日）

もう一人の狂人はドメ。「アーセナルは潰れるだろう。とても良いチームだし、ミケルは素晴らしいが、最終的にはシティが抜いていくと思う。よりメンバーが充実しており、ラストスパートの経験も豊富だからだ」（二月二五日）

どちらも正解を言い当てたが、決して偶然ではない。彼らがイングランドでの戦いを熟知しているからこそだ。

＊＊＊

二月五日にシティがホワイト・ハート・レーンで敗れて以来、シティとアーセナルは互いにバラバラなペースで進み続けてきた。

ペップのチームは一四試合を戦い、一三勝一分けで勝ち点四〇を獲得。アルテタのチームは一七試合を戦って九勝四分け四敗、つまり勝ち点三一。成績は大幅に前者に軍配が上がる。シチズンズは計三九ゴールを奪って一〇失点、ガナーズは三二得点で二六失点。シティの力強い一貫性と同じくらい、アーセナルの崩れ方も大きかった。アルテタにとって直近二試合が致命的となった。ホームでブライトンに敗れたあと、ノッティンガムでフォレストにも敗れたことで、トロフィーを手にするための鍵をペップのチームに明け渡した。五月二〇日の午後、シティは全員がトレーニングセンターに集合。ハーフタイムを迎えた六時の時点でアーセナルはノッティンガムにリードを許しており、後半に何が起こるかを見るため全員が一階の食堂に押し寄せてきた。彼らが目にしたのは、二月以降にシティから勝ち点一を獲得できた唯一のチームではあったとはいえ、イングランドサッカーのトップリーグ残留をかけて戦っているチームに対し、追い上げることができないアーセナルの無力さだった。七時三一分、一一分間のアディショナルタイムを経てアーセナルが敗れると、ペップを中心とする男たちや女たちの間に歓喜が沸き起こった。タイトル獲得が決定、そして三年連続戴冠の「スリーピート」である（※七〇）。

今になって振り返ってみれば、ラストスパートは想像していたものとはまったく違っていた。写真判定でようやく決着がつけられたセバスティアン・コーとスティーヴ・オベットの一五〇〇メートル最終直線のように、最後の一センチまで互角のレースになると誰もが考えていたが、そうはならなかった。シティは三試合を残し、比較的楽にリーグ優勝を勝ち取る結果となった。シーズンの九三％の時期はアーセナルが首位に立っていたことを考えれば皮肉なことだと思わざるを得ない。プレミアリーグで二四七日間も首位に立ちながらタイトルを逃したチームは過去に存在しなかった（※七一）。

＊＊＊

二〇時間後、シティは歓喜に沸くエティハドでチェルシーを下して三連覇を祝う。

※七〇　リーグ三連覇を達成したイングランドのクラブはわずか五つ。一九二三年から二六年にかけてはハーバート・チャップマンとセシル・ポッターの率いるハダースフィールドが達成。三二年から三五年にかけてはアーセナルが三連覇。チャップマンが亡くなるまで指揮し、その後はジョージ・アリソンが引き継いだチームだった。八一年から八四年にかけては、ボブ・ペイズリーと、のちにジョー・フェイガンが率いたリヴァプール。マンチェスター・ユナイテッドは九八～二〇〇一年と〇六～〇九年に、いずれもサー・アレックス・ファーガソンの指揮により成し遂げた

※七一　リーグの大半の時期で首位に立ちながらもプレミアリーグタイトルを逃したチームは以下の通り。一九九五─九六シーズンのニューカッスル、二一二日間首位（優勝はマンチェスター・ユナイテッド）。二〇〇二─〇三シーズンのアーセナル、一八九日間首位（優勝はマンチェスター・ユナイテッド）。一九九七─九八シーズンのマンチェスター・ユナイテッド、一八七日間首位（優勝はアーセナル）。二〇〇七─〇八シーズンのアーセナル、一五六日間首位（優勝はマンチェスター・ユナイテッド）。二〇一八─一九シーズンのリヴァプール、一四一日間首位（優勝はマンチェスター・シティ）。二〇一三─一四シーズンのアーセナル、一二八日間首位（優勝はマンチェスター・シティ）

もう一人の英国国王が戴冠した日となった。しかも、三の二乗である。プレミアリーグ―2で戦うサブチームも、アカデミーのU―18チームも、それぞれの国内リーグで三年連続優勝を飾ったためだ。クラブは三つのカテゴリーで「スリーピート」を達成し、強大な存在であると同時に輝かしい未来も約束されていることを示した。

ペップ・シティの戦いぶりが一貫していることは、この過酷な三シーズンを通して残した数字に表れている。一一四試合を戦って八四試合に勝利し、引き分けは一六、敗戦はわずか一四。三年間でプレミアリーグの試合に平均七三・六八％勝利しており、得点は平均二・四二(計二七六点)、失点はわずか九一。一試合あたりでは〇・七九失点となり、コーチングスタッフの目標をクリアしている。

チェルシー戦の勝利はもはや形式的なものでしかない。一一分にアルバレスが決めた、エティハドでの今季一〇〇点目となるゴールで決着した。ペップは普段と異なるメンバーを起用し、CHにはフィリップス、右IHにはルイス、GKにはオルテガ、左サイドはゴメスとパーマーが形成する。実際のところ試合自体は、ファンがピッチ上で盛大に優勝を祝う前の前菜にすぎなかった。リーグ戦での連勝記録を伸ばし、一二勝以上を重ねたのはこれで五回目となった(※七二)。ギュンドアンがトロフィーを掲げるとスタジアムはホームパーティー会場と化したが、誰もがキスや抱擁を交わし合う裏には、より深い希望が隠されている。リーグ制覇を果たした今、チームはこれ以上のものを望んでいる。三つの勝利を。

この夜、私はドメと話をし、アーセナルが崩れてシティがプレミアリーグを勝ち取るという彼の予想が見事に的中したことを思いださせた。彼はさらにこう言う。「三冠になるだろう」

シーン二五：意図的なゲーム

（二〇二三年六月三日、ロンドン／マンチェスター）

エルトン・ジョンがマンチェスターのAOアリーナでの今週二度目のコンサートを終えてから八〇分。彼は今プライベートジェットの座席で休みつつ、リングウェイ空港で離陸作業の開始を待っている。係員が近づいてきて、宿敵ユナイテッドを破ってFAカップのトロフィーを手に入れたシティの選手たちが、つい先ほどロンドンからの便で降り立ったと彼に知らせた。エルトン・ジョンはすぐさま立ち上がり、飛行機から降りる許可をパイロットに求める。

その三分後、英国音楽界の大御所は、ペップをはじめとするシティの遠征メンバー七〇人を一人ひとり抱きしめた。ペップは彼の大ファンである。実際にペップはこの前の水曜日、エルトン・ジョンのマンチェスターでの一度目のコンサートを観るためAOアリーナを訪れていた。ギュンドアン、グリーリッシュ、ベルナルド、アケ、デ・ブライネ、アカンジらの選手たちがエティハドに戻ってコールドプレイのコンサートを楽しんでいたのと同時刻のことだった。カップ戦決勝の大一番を迎える週の真っ只中ということもあり、周囲からするとこのようなイベントへの参加は驚きだったかもしれない。だが指揮官は、極度の緊張感が何カ月も続いていた選手たちや彼自身にとって、少しの間サッカーから離れるのは良いことだとわかっ

※七二　シティのプレミアリーグにおける連勝記録のトップ5は、二〇一七年八月から一二月にかけて一八連勝、一九年二月から八月にかけて一五連勝、二〇年一二月から二一年三月にかけて同じく一五連勝、二一年一一月から二二年にかけて一二連勝、二三年二月から五月にかけて一二連勝

ていた。

ジョンは、シティの大ファンであることを滑走路上で改めて確認させた。スタッフ一人ひとりと一緒に写真を撮り、選手全員と抱擁を交わし、一人のシチズンズファンとしてカップを掲げ、最後は遠征隊の大集団と一緒になって歌を歌った。その中でも、ペップは誰より幸福で浮かれている様子だった。一五分間、空港の広大な第三滑走路は、偉大なる作曲家とシティによる嘘のような親交の舞台となった。

ペップは、ウェンブリーで奮闘した選手たちのために丸二日のオフを予定している。彼は三日以上続けて練習することを好んでおらず、これは恒例のパターンである。シーズンのこの時期まで来れば、選手たちは大きな疲労を蓄積しており、あまり練習させるべきではないと彼は考えている。「プレシーズンならいいが、シーズン中には三日連続を越えて練習させるのは好きではない。選手たちを休ませ、気分転換させ、家族と一緒に過ごしてもらったほうがいい。それから三日間続けて良い練習をして、試合に臨む」。アウェーでブライトンと引き分け、同じくアウェーでブレントフォードに（出場機会の少ないメンバーによる布陣で）敗れてプレミアリーグを終えたあと、先週もそのパターンだった。そしてこれから、チャンピオンズリーグ決勝が目標となるシーズン最終週も同じようにするだろう。日曜日と月曜日はオフとなるが、一部の選手はフィジオセラピーを受けるためトレーニングセンターを訪れなければならない。特にハーランドは二日間のほとんどを寝台の上で過ごすことになる。火曜日、水曜日、木曜日はインテル戦に向けた準備を整えるトレーニング。その木曜日のうちに、飛行機二機でイスタンブールへと飛ぶ。一機はチーム、もう一機は家族たちが乗るものだ。金曜日にアタテュルク・オリンピック・スタジアムで行うセッションはごく軽いものとなり、ボールを使うのは三〇分あまり。そして翌日、三年間で二度目となる欧州の決勝を戦う。

ひとまず今日は、シーズン二つ目のタイトルを手にしてそれぞれ帰宅する。プレミアリーグに続いて、チームはＦＡカップも制覇した。シティにとって二度目の二冠であり、どちらもペップが成し遂げたものだ(※七三)。イングランドサッカーの歴史では一三例目となる(※七四)。また、FAカップ決勝では初となるマンチェスターダービーを制しての優勝でもあった。ユナイテッドにとっては、自分たちの成し遂げた三冠から二四年を経て、「騒がしい隣人」の三冠を阻止するという明確な目標が大きなモチベーションになることを意味していた。

試合開始一二秒、ギュンドアンがFAカップ決勝史上最速のゴールを決めた。キャプテンはキックオフを行うと、GKへ長いボールを返す。

コーチングスタッフがこの形をチーム構造に採り入れた三月四日(ニューカッスルとのリーグ戦)以来、定番となっているものだ。オルテガは遠くを見渡し、右サイドを進んでいたハーランドへロングボールを送る。ハーランドはカゼミーロとハイボールの競り合いを制し、そこから送られたボールをリンデロフとデ・ブライネが争う。デ・ブライネは頭で軽く触れることができ、最後はギュンドアンによる予想外のボレーシュートがネットに突き刺さった。キャプテンはファーポストを狙うのではなく、はるかに難しい直線的なシュートを放ち、それが完全にスペイン人守護神デ・ヘアの意表を突いた。決勝の流れを決めるゴールだった。

試合はシティが主導権を握り、ユナイテッドはプレスでボールを奪ってカウンターを狙うことになると予想されていた。その通りではあったが、スコアの上でシチズンズがリードを奪ったことが、予測されて

※七三　二〇一八―一九シーズン、シティはプレミアリーグ、FAカップ、リーグカップ、コミュニティ・シールドの国内四冠を達成した

※七四　プレストン・ノースエンド(一八八八―八九)、アストン・ヴィラ(一八九六―九七)、トッテナム(一九六〇―六一)、アーセナル(一九七〇―七一、九七―九八、二〇〇一―〇二)、リヴァプール(一九八五―八六)、マンチェスター・ユナイテッド(一九九三―九四、九五―九六、九八―九九)、チェルシー(二〇〇九―一〇)、マンチェスター・シティ(二〇一八―一九、二二―二三)

いた両チームの姿に拍車をかける。ユナイテッドは［1＋3］の形でプレスをかけ、フェルナンデス、ラッシュフォード、サンチョよりも前に位置するエリクセンが、ロドリとストーンズが快適にボールを受けられないようにするため中央のレーンを塞ぐことを試みる。テン・ハフの選手たちは、シチズンズのビルドアップの局面で七度もボールを奪うことに成功。大きな数字ではあるが、いずれも良い形での攻撃的アクションを生み出すことにはつながらなかった。一方のシティは［3＋2］で組み立てていき、必要であれば［3＋3］に切り替える。アカンジが二人のCHと同じ高さまで上がれば、GKオルテガはウォーカーとディアスの間に位置を取る。どちらの形でも、ペップのチームはいつもアウトサイドからある程度容易に上がっていくことができるが、ほとんど危険は生み出せない。右ではウォーカーがベルナルドやデ・ブライネと比較的うまく連係できているが、左のアカンジは、グリーリッシュであれギュンドアンであれ、フリーの受け手を見つけられない。ハーフタイムになると、指揮官はベルナルドにもっと低い位置からスタートするように、ウォーカーには中へ絞るように、デ・ブライネには開くように、ストーンズには相手FW陣の裏に位置取りするようにと指示を出す。これらの変更によってシナリオが変わり、ベルナルドが右サイドから縦へ自由に侵入したり、ストーンズが中央のレーンを直接狙ったりしやすくなる。ユナイテッドの選手たちが疲れてくると、プレスも不正確になってくる。DF陣の間で回されるパスを遅れて追いかけることしかできず、必然的にベルナルドやストーンズがフリーになり、シティはそこから難なく上がっていけるようになる。

後半にはギュンドアンの二点目がこのファイナルの決着をつける。ギュンドアンは一〇度目の一試合二得点であり、ハットトリックを達成したことのない選手としてはクラブ史上最多記録である。キャプテンは五月以降に三回の一試合二得点を決めており、直近八試合でチームが挙げた全得点の三五％にあたる。ギュンドアンが五月と六月によく躍動することはわかっていたが……。ユナイテッドのDFが自由にやらせてくれたおかげでもあった。デ・ブライネがサイドからのＦＫを蹴る場面で、六人がゴールエリアを守っていた。六人が見ていたのはストーンズ、ハーランド、アカンジの三人のアタッカーだけだ。その数メートル後方ではフレッジがディアスを、ショーがロドリをマークしている。シティのその二人が前へ飛び込むと、五人のアタッカーで八人の守備陣を押し込むことになり、エリア付近ではベルナルド、ギュンドアン、グリーリッシュが完全にフリーとなる。デ・ブライネからのキックはギュンドアンを捉える。体は後方へ向かっており、右足ではなく苦手なほうの足で打たなければならない。ポール・ティアニー主審の存在もチラつき流れを読みにくくする。結局、主審はギリギリのタイミングでようやく離れ、シチズンズのキャプテンはシュートを放つことができた。デ・ブライネにとってはシーズン二八個目となるアシストだ。

この決勝でシティが危険を感じることは一分たりともなかった。もちろん、開始一二秒でゴールを奪えたことでそう思える部分もあったとしても、ユナイテッドにＰＫから同点ゴールを許したあとも、彼らが全力で向かってきたラスト数分間も、相手にペップのチームを打ち破る力があると感じられることはなかった。ペップは内心、この試合が目前のチャンピオンズリーグ決勝以上に難しくなることもあり得ると強く考えていたため、タイムアップの笛が吹かれると安堵のため息をついた。

ペップは感情を解き放っている。二〇〇九年にバルセロナでクラブワールドカップ優勝を飾った際や、一六年にバイエルンでＤＦＢポカールを制した際にもそうだったように、涙を抑えられずに目を潤ませている。ここ数カ月間の緊張感がその涙に乗ってあふれてくる。アーセナルとの、不可能に思えたレースだった。バイエルンとレアル・マドリードという、欧州の二大巨頭との戦いだった。同じ街の宿敵クラブとのカップ戦決勝だった。一月のあの日、トッテナムに逆転勝利を収めたあと机に叩きつけた拳を皮切りに、三〇試合の決勝戦のような三〇連戦が始まり、そのうち二三試合に勝利して五試合に引き分けた。すでにタイトルを手に入れたあと行われたリーグ戦のラスト三試合を除けば、その他はすべてが生きるか死ぬかの戦いだった。そして今日ペップは、彼にとって特別な庭であるウェンブリーでの勝利に酔いしれたいという思いのあまり、自分の中で感情を爆発させた（※七五）。

キャプテンが今季二つ目のトロフィーを掲げる。実現すれば歴史的となる三冠達成まであと一歩。トロフィーを腕に掲げてスタンドから階段を降りてくるのはディアス。チームにとって文句なしのリーダーであり、もう一人の偉大なリーダーであるロドリとともに未来のキャプテンとなることが予想される。そうしてヒルトン・ウェンブリー・ホテルに到着した彼らは優勝を祝い、家族と乾杯し、これまでに勝ち取った二つのトロフィーとともに写真撮影をし、最後の戦いに向けて足と頭をリフレッシュさせる二日間のオフに入る。

ペップのチームは、半年前には誰も想像できなかったような成熟した状態でラストスパートに臨んでいる。我々が目にしているものはおそらく、監督としてペップが成し遂げてきた最高の仕事だといえるだろう。「ポジショナルプレー」以上に、彼のチームは「意図的なゲーム」を実行している。そのためには非常に特殊な一連の役割を組み込む必要があり、代わりに他の機能を省く必要がある。このシティにはＳＢも、ＣＨも、ペップの率いるチームの典型であったＩＨも、ワイドに開くことを義務づけられたＷＧすらも存在しない。

パスを繰り返すことや、相手の裏で優位を作ろうとすること、次々とラインを突破していくことなど、チームはポジショナルプレーの伝統的要素を用いている。そのために、パスを前へ二本出したあと後ろへ一本戻してもう一度やり直す必要がある場合もある。もちろんボールを持って戦い、失った際には必死に取り戻さなければならない。しかし、こういった伝統的要素は単純なツールとなってしまった。シティが二月以降に築き上げてきたゲームの核心は、リージョが数年前から正しく言い表していたように、リズムと意図にある。

いつ、どのような目的で。どんなリズムで、どんな意図を持って。
チームはこの二つの要素をマスターすることができた。今では、それぞれのプレー、それぞれの動き、試合でのそれぞれの場面に必要なリズムがわかっている。そして同様に、それぞれのパス、それぞれのロングボール、ゲームのそれぞれの局面で持つべき意図を選び出すことができる。

横軸のリーダーはディアス。パートナーの一人（アカンジまたはアケ）はマンマークに優れ、それほど上がろうとはしない。もう一人（ウォーカー）には修正の速さがある。縦軸のリーダーはストーンズ。ロドリの近くで第二CHとしてプレーできる衝撃的な力も備え、さらにはトップ下や、右IH、ゴールラインまで深く攻め入ってキラーパスを出せる左WGにまで変貌して相手を驚かせる。自陣エリア近くではロドリが最初の球出し役、ギュンドアンが二人目の調整役となる。相手エリア付近ではロドリが横方向の配球役、ギュンドアンが縦方向の配球役、デ・ブライネがアドリブ役。ベルナルドとグリーリッシュは両サイドの高いポジションのDF。ハーランドは「逆CH」。

考えてみれば、見た目通りのものは何もない。ここで述べているのはCBやSBやIHやWGといった話ではなく、横方向のリーダーや、縦方向のリーダーや、配球役、連結役、調整役といった話だ。ポジションの話や、伝統的な役割の話をしているのではなく、具体的な意図を持って、場合によっては特定の試合中にのみ展開される特定の役割の話である。

※七五　ペップはウェンブリーで通算一九試合を戦って一四勝五敗。一九九二年に選手として唯一のチャンピオンズリーグ優勝（バルセロナ対サンプドリア、一対〇）を成し遂げたのも、監督として二度目のチャンピオンズリーグ優勝（バルセロナ対マンチェスター・ユナイテッド、三対一）を飾ったのもウェンブリーだった。シティの指揮官としては一七試合を戦い、一二勝五敗で二四得点、一二失点を記録。そのうち九試合が決勝戦であり、八回勝利している

こういった役割はいずれもペップが発明したものではないが、全体の調和を求めてそれらすべてを組み合わせたのは、このカタルーニャ人監督の並外れた革新である。現在では、シティがポジショナルプレーを実行しているとは言えない。意図のあるゲームを実行しているのだと断言するべきだ。

＊＊＊

夜一一時、マンチェスター空港のアスファルトの上で、多くの選手たちとスタッフのほとんど、そして感情を解き放ったペップが声を張り上げて歌う。

「君がこの世界にいてくれる、それだけで人生は素晴らしい」（※七六）

エルトン・ジョンは、両手を口元に当ててメガホンの形にし、この夜に別れを告げる叫びを上げる。「もうひとつ！　もうひとつ！　トロフィーをもうひとつ！」

そして飛行機へ乗り込んでいく……。

シーン二六：あと一試合だけ

（二〇二三年六月九日、イスタンブール）

ＪＷマリオット・ホテルは、ボスポラス海峡とダーダネルス海峡を通じて欧州とアジアが接するマルマラ海にそびえ立つ堂々たる建築物だ。マルマラ海は長さ二〇〇キロ、幅七五キロの巨大な内海で、その海底には恐ろしい地震を引き起こす北アナトリア断層が走っている。人類の歴史の少なからぬ部分が、この海岸で綴られてきた。イアーソーンに率いられたアルゴナウタイの勇士たちが金羊毛を探しにやって来たのもこの地だ。ハーマン・メルヴィルはかつてこの海に数多く生息していたクジラから『白鯨』の着想を得た。一九一五年にウィンストン・チャーチルの派遣した部隊が惨敗を喫したのもこの海域であり、二五万人もの犠牲者を出すという悲劇的な戦績により、当時まだ若かった海軍大臣は失脚に追い込まれた。スルタン・アフメト二世が大胆にも船を陸路で移動させ、コンスタンティノープルの包囲戦における決定的な襲撃を繰り出し、ローマ帝国を事実上滅亡させることになったのもこの海域周辺でのことだった。マルマラはつまり、歴史に彩られた海なのだ。

今日、七日の夜からペップとチームはこのホテルに滞在している。各部屋は海に面しており、息を呑むような絶景が広がる。決勝が行われるアタテュルク・オリンピック・スタジアムまではバスで三〇分。この一週間は何事もなく進み、質の高い三回の練習がスケジュール通りに完了した。ペップは今回も、カップ戦決勝のあと二日間の休養を取り、それから強度の高いトレーニングを三回続けて行うというお決まりのパターンを踏襲した。

火曜日が最もハードな一日だった。ブエナベントゥーラが長時間のセッションを組んでいたからではなく、ペップが九〇分間をかけてインテルのプレー戦術について徹底的に説明し、また決勝戦への取り組み方について説いたためだ。選手たちは、インテルについてすでに個人的に研究していた者もいたとはいえ、決勝戦で何が待っているのかを聞かされた。素晴らしいシーズンをさらに特別なシーズンにすることができるかもしれない集大成となる一戦である。インテルの3バックとSB二人の守備陣について、粘り強い中盤について、マルティネスの縦の動きについて、ジェコの頭を狙ってセカンドボールを狙う形について見直しを行った。ペップはインテルを念入りに解剖し、試合に向けた準備を開始した。

※七六　エルトン・ジョンが一九七〇年に作曲した『僕の歌は君の歌（Your Song）』の有名な一節

週のこの時点では、ペップは先発の布陣を一切迷ってはいなかった。せいぜい、フォーデンがグリーリッシュとポジションを争えるかどうかという点くらいだ。ここ数カ月、グリーリッシュは三つの理由で不動の存在だった。一試合あたり何度もの危険なチャンスを生み出していたこと、ゲームのコントロールと小休止に貢献していたこと（マドリー戦でペップが彼に贈ったキスを思いだすといい）、そして守備面で大きな奮闘を見せていたことだ。一方でフォーデンは、一時は絶不調に陥っていたものの、日に日に切れとスピードを増してきており、決勝で誰が左WGのポジションを務めるべきかについて大きな迷いを引き起こすほどになった。ペップはグリーリッシュの起用を決めてはいたが、この週の練習を通して考えが変わるかもしれない。残りのメンバーは、ここ数カ月の他のビッグゲームと同じになるだろう。右SBにはアカンジ、左にはアケ。決勝には、ウォーカーが対応すべきヴィニシウスはいない。そのウォーカーはウェンブリーでの決勝で背中を痛めており、火曜日に一日余分に休む必要があった。

水曜日には間違いなくゲームプランの説明が行われる。ペップはまだ布陣を明かしてはいないものの、ライプツィヒとバイエルンを撃破した試合と同じメンバーで戦うのではないかとの見方が強く、ウォーカーはベンチスタートということになる。フォーデンの見せるプレーは日に日に鋭くなってきており、グリーリッシュを追い越せるほどのアピールを試みている。チームはこの日、瞬発的なパワーの部分に取り組み、ここ最近の試合とは異なる［3＋1＋3］の形となるビルドアップをテストした。マドリーもユナイテッドも［1＋3］でプレスをかけてきたので、シティは［3＋2］の形でボールを出していた。アーセナル戦では、アルテタのチームが［1＋4］でプレスをかけてくるため基本的には［4＋2］を用いた。菱形に近い形でプレスをかけてくるインテルに対しては、ペップはこの形と、ここ最近の大きな試合で素晴らしい結果をもたらしてきたCB四人の守備も選択する。ジェコとインテルCB陣の高さの脅威を考えれば、力強いDFを起用するのが望ましいだろう。

四人のCB

四人のCBを起用するという決断は、ペップが一〇年近く前にミュンヘンで始めた長い革新的プロセスの集大成である。プランに沿う形で作られたのではなく、川のように自然な流れで生まれてきたものだ。まずはSBのハフィーニャ、アラバ、ラームを、相手のカウンターを食い止める壁を構築するためにCH付近にまで上げた。マンチェスターでは、チームに加入させた選手たちの個性を活かし、攻撃的な意図を加えていった。例えば、ダニーロやメンディは後ろよりも前に目を向けていた。その後、カンセロが新機軸を加えた。インサイドのSBを務められるだけでなく、IHの選手たちを前へ押し上げ、CHから離れて攻撃的プレーを組み立てることができたためだ。

そして、ルイスの登場である。小柄で力強さもない彼が、もうひとつの特徴を加えた。SBの位置からCHに近づき、IHの選手をピストンのように相手エリアへと押し上げてその穴を埋め、さらには純粋なトップ下のようにエリア手前に位置を取る。そこから守備をするため全速力で戻っていく。そして、あらゆる創造的大作に共通することだが、作者自身は知らずとも、全体は各部分より前から生まれていた。個別の楽曲に思える交響曲も、最終的には超大作へと収束する。それはリエゾンの奇跡であり、人間の手による作品を結びつけて調和の取れた全体を形成する糸である。サッカーでも同じことが起こる。ある形でプレーし始めたチームが別の形で終え、次の形へと移り、つながっていく。

四つのポジションをこなし、何の躊躇もなくポジションを移り変わっていく若きルイスは、ペップにとって天啓のような存在だった。ミュンヘンで生まれたアイデアは、チームメートたちにインスピレーションをもたらしたこの若者のおかげで、マンチェスターで新たな次元に到達した。

しかし、ルイスには弱点がある。体が軽いため、トップレベルのアタッカーとの競り合いで互角に渡り合うことはまだできない。そしてペップは、ルイスの動きを迷いなく再現しつつ、どんなストライカーともやり合える選手がメンバー内にいることを経験から知っていた。そう、ストーンズだ。二〇一九年に何度か散発的に起用された試合で見せていたように、SB、CH、IH、トップ下を連続的にこなしつつ、守備の安定感も保つことができる。

チーム内の誰かがこれらすべての役割を果たすことがなぜ重要なのかというと、ペップの標榜するプレーの基本要素のひとつである中盤の優位性を確保するためである。過去二シーズンは、偽9番を用いることで優位性を獲得していた。その役割を務めるのは通常はベルナルドだった。しかし、ハーランドの加入によりそれまでの構造は一変した。ピッチの前方から優位性を生み出せないため、後方から作り上げる必要が出てきた。そこで、ルイスの動きが重要となってくる。前年までとは逆の形ではあるが、求めている優位性を与えてくれる動きだからだ。

一〇年間をかけて導入され組み合わされてきた小さな修正の最終バージョンは、SBを起点とする場合でもCBからでも、ストーンズがその主役となった。唯一の違いとして、それぞれのポジションから取る動きのルートは異なるが、一連の流れは似ている。SBまたはCBからCHとなり、IHに移り、トップ下となることで、ピッチの中央でチームに優位性をもたらす。

この過程によりもたらされた結果は、意図していたことではなかったかもしれないが、ペップにとって幸運なものだった。アーセナルのマルチネッリやマドリーのヴィニシウスのように、特にスピードのあるWGに対してウォーカーに「特殊作戦」を実行させる必要がある場合を除いて、ストーンズの多機能性を利用することで、大一番に四人のCBを起用することが可能になる。そういったタイプの相手選手が存在しないのであれば、ペップはCBを四人並べる。「彼らは守ることに慣れており、ポジションを守りラインを維持することを楽しむＤＦたちだ」と、その理由を説明している。

ＣＢ四人という形は、自陣エリア内に、シティがこれまで持ち得なかったほどの守備の安定感をもたらした。彼らが一緒にプレーした六試合の守備面の成績は、わずか三失点。一試合あたり〇・五失点だ。四人のＣＢは、ペップのチームがチャンピオンズリーグで勝利を飾るカギとなった。

ラインナップとバーベキュー

イスタンブールへ出発するのは木曜日。この日の午前中のセッションは、ボールを使った自由な動きと技術練習がまず数分間行われ、続いてのロンドではボールを失わないことに加えて可能な限り速く正確にプレーすることをコーチングスタッフが要求する。それから、サイドでのオーバーラップのやり方をバリエーションも含めて確認。フィニッシュの練習で全体のセッションを終えたあと、ＰＫ練習も加えられた。マッサージを行い、スポーツセンターで食事をとったあと移動開始。六時間後にはマルマラ海に面するホテルに到着する。

夕食の前に大きなサプライズがあった。

ペップが、マンチェスターから公式機でやって来た七〇人の遠征団全員を集めての大ミーティングを召集したのだ。各自が自分の部屋に入って数分後、夕食前にホテルのホールのひとつに集合するよう告げられる。選手全員、チームマネジメントスタッフ全員、補助スタッフ全員、医師、理学療法士、用具係、遠征手配の担当者、さらにはコックまで。全員が、ペップの用意したサプライズミーティングに呼ばれたのだ。エスティアルテ以外は誰も知らないことだった。

ホールは広々としていて、壁面には鏡が貼られ、数え切れないほどのＬＥＤ電球を組み合わせた巨大な照明がある。フロアは青を基調とした巨大なカーペットで覆われている。片側には大きなガラス窓となっており、マルマラ海が一望できる。

静寂が訪れたあと、ペップはまず、クラブの料理長グティエレスについて話し始めた。

「ホルへがこの決勝を最後にクラブを去ることをみんなに伝えておきたい。彼は我々のために素晴らしい仕事をしてくれた。この味わい深い数年間に、全員が感謝している。これからバーベキューで彼を称えよう。幸あれ。ホルへに拍手を！」

七〇人の遠征団が集まったホールは、五年以上にわたって美味しい料理を作り続けてくれたカナリア諸島出身のコックに対する万雷の拍手に包まれた。たっぷり一分間に及んだ拍手は、「ホルへ、ホルへ、ホルへ！」という叫び声で締めくくられる。

会場を陽気な祝福ムードに包むことに成功したあと、ペップは突然のように話を変える。

「いいか、普段の習慣を変えて土曜日のスタメンを発表する。エディ、ジョン、マヌ、ルベン、ナタン、ロドリ、ケヴィン、ギュンド、ベルナルド、アーリング、ジャック」

これから味わうバーベキューのメニューを読み上げるかのように、さほどメッセージに意味を込めることなくそう言ったが、そこにいた誰もが唖然とした。ペップは今、自分のチームの布陣は試合の数時間前まで明かさないままにしておくという、彼にとって最も神聖な習慣のひとつを破ったのだ。決勝まではまだ四八時間あり、イスタンブールに到着したばかりというタイミングで規範を破り、予想されていた顔ぶれを明言した。決勝では、ここ数カ月間にライプツィヒ、アーセナル、バイエルン、マドリーとのビッグゲームを戦ってきたのと同じメンバーがプレーする。唯一明らかにニュアンスが異なるのは、負傷の癒えたアケがウォーカーに代わって復帰することだ。

ペップの行動は驚きであると同時に、決勝を前にした彼の確信の表れでもある。今回は、どのようなチームで試合を戦うべきかについて迷いはない。考えが揺らぐポジションはひとつもないし、たとえハーランド、デ・ブライネ、グリーリッシュ、ロドリなどレギュラーの何人かが体力の限界に達していようとも、選手の状態について迷いが生じることもない。ペップはこの布陣でバランスを取ることができたと考えており、決勝までこのままいくつもりだ。心の中では、お気に入りのFWの一人ではあるが重要な試合にほとんど起用できていないマフレズや、彼にとって「二人目の息子」であるフォーデン、盲目的な信頼を寄せるアルバレス、そして何より、常に忠実で準備万端な闘士であるウォーカーに申し訳なく思っている。ペップはミーティングが始まる数分前にウォーカーと話をし、彼を先発で使わない理由を説明した。これもペップにとっては異例のことだが、ウォーカーにはその説明を受ける資格があると彼は考えている。インテル戦では、彼の並外れたスピードや、相手のどんな「矢」でも止めてくれる能力は必要にならないのだ。イタリアのチームに狩るべき獲物は存在しないため、「特殊作戦」を実行する秘密兵器のウォーカーが試合開始から不可欠となることはない。彼にとってつらい宣告ではあるが、ウォーカーは英国的スポーツマンシップで受け入れる。談話を終えて食事に移る前に、ペップはひとつの願いを告げた。

「これでメンバーは決まった。みんな一緒に戦ってほしい。チャンピオンズリーグで優勝するには、全員で一緒に進むほかない。プレーする者、しない者、そしてピッチの外にいる者たちも。やり遂げられる方法はそれしかない。それが可能になるようにサポートすることを全員が目標にすれば、自ずと実現する」

二シーズン前のチェルシーとの決勝戦ではチームが全員一致で同じ方向へ進んでいなかったことが、全員の意識の中に思いだされる。大半は同じ方向へ進もうとしたが、懐疑的な態度を変えなかった者や、全体の利益に寄与しなかった者もいた。全員が団結すること、集団として勝利する意志を持つことこそが大きな勝利を得るための重要な要因であると、ペップは常々言い続けてきた。そして、たった一人が同じ方向へ船を漕がないだけで、正しい港に辿り着くことはできないとも。イスタンブールでは、全員が同じ船に乗ってほしいと彼は呼びかけた。

言いたいことはもうひとつある。

「ドレッシングルームで最後に話をするのは私ではない。土曜日、ピッチに入る数分前には、私の大好きなカイル・ウォーカーが話をすることになる」

会場は再び大きな拍手に包まれ、これで話は終わる。マルマラ海に面するホテルのテラスで、グティエレスと彼のチームが用意したバーベキューが始まった。ガスストーブがイスタンブールの夜の冷え込みを防いでくれる。普段は小さな丸テーブルが置かれているテラスに、長い長方形のテーブルが四つ並べられ、選手たちやコーチングスタッフ、アシスタントたち全員がそこで食事をする。大きな屋外キッチンで提供される料理を選手たちが皿に取っていく様子を、ペップは自分の携帯電話で動画撮影しながらおどけている。まるで、クラブが毎シーズン作成しているドキュメンタリー番組の撮影であるかのように。

パッツィは、数日後にこう語った。「この一週間で、決勝戦は我々のものだという確信が強まっていった。ペップにとって一四個目のタイトルになること、バルセロナでの三冠達成から一四年目であること、ヨハンの背番号が14番であることなどが話題になり始め……。すべてが一体となって、全体的な勝利の確信を生み出しつつあった。『我々の年になることは運命で決められている』といったような話が聞こえ始めた。自分たちは無敵だと信じる強い精神状態が作られてきていた」

金曜日のセッションは筋肉をほぐし、ピッチ状態を細かく知るための時間となる。ボール、芝、シューズ、照明、そしてシティの大きな夢の舞台となるスタジアムの大きさをチェックする時間だ。芝は不安要素となる。その理由については、リージョが前日のうちに説明してくれた。「到着してすぐに私とペップはピッチを見たのだが、芝がとても厚いのが見えた。少し芝が高いのではないかと考えられる。典型的な、ふくらはぎが引っ張られるようなピッチだ。『水を撒いていないような……』と、私は言ったが、決勝前には水が撒かれるとペップは断言した。しかしこの状態では、芝が非常に厚く乾いているため、大量に水を撒かなければ水が吸い込まれずに表面に残ってしまう。大量の水が撒かれなければ、芝が厚くてスパイクが入らず滑ってしまうので、立っているより倒れる時間のほうが長くなってしまうだろう」。選手たちにはこの問題を警戒させている。

セッションの内容はウォームアップのあと体を動かし、ロンド、ポジションゲーム、サイドからのクロスをヘディングでフィニッシュ。すでに触れた通り、リージョはマドリー戦に続いて再び遠征団に加わっている。そのことはチームにさらなる落ち着きをもたらす。チームの感情面については、二年前にポルトで行われた決勝に乗り込んだときとは大違いである。あのときのシティは、強い緊張感を持って決勝に臨んだチームだった。監督をはじめとして、今より多くの疑念を抱いていた。今日のシティは成熟し、自分たちに確信を持ち、挑戦を前にしても冷静で、勝利に飢えたチームであり、最後のトレーニングでは笑顔にあふれていた。ペップは特に落ち着いていた者の一人だ。彼は自分のチームが最後の瞬間に向けて最高の状態にあることを「感じて」いる。ホテルに戻るバスの中で発したメッセージは明確だった。「ポジションゲームでのボールのリズムは非常に良かった。良い兆しだ」

ペップは、選手の感情より自分の感情を優先させるようなタイプの監督とは程遠い。二〇〇九年のチャンピオンズリーグ決勝前に『グラディエーター』のビデオを選手たちに見せて強い感情を引き起こそうとしたが、彼らを泣かせてしまい弱々しいプレーをさせることにしかならなかったペップはもういない。今いるのは、選手たちが最高の形でパフォーマンスを発揮できる力になろうとすることだけを考えるペップだ。試合前日の夕食時には、今まで見たことがないほどの落ち着きぶりで皆を驚かせた。夕食中にアル・ムバラク会長が挨拶に訪れると、ペップは彼や他の首脳陣と一時間ほどテーブルに座って取るに足らない話をし、まるで休暇中のディナーのように穏やかに、緊張せず、慌てずに過ごした。試合前日にいつも緊張を抑えられないペップと同一人物には見えない。まるで別人だ。

彼の一五年間の監督生活で最も大きな変化だった。以前の彼は、選手たちを「興奮」させなければならないと考えていた。今は、選手たちが感じたまま表現できるように「促す」だけでいいと理解している。そのため、選手たちに要求を突きつけ、刺激し、興奮させ、煽ってモチベーションを高めるようなトークは最小限にとどめ、代わりに、全体の雰囲気を落ち着かせて選手たちが最高のパフォーマンスを発揮できるような穏やかなトークを行っている。「荒ぶらせる」ペップから「落ち着かせる」ペップへ、ここに彼の大きな変貌のひとつがある。

決勝では、感動を揺さぶるメッセージを込めた特別なビデオなどはなく、ウォーカーが中心となって戦術的な話を行う。ペップの狙いはただひとつ、できるだけ普通の一日にすることだ。単なるひとつの試合日。シーズン中の単なる一試合。ただひとつ、もうひとつ。ここまでの二〇試合か二五試合と同じような形でプレーし、同じように落ち着いて、後方からしっかりプレーを組み立て、IHが絡みやすくなるようにゆっくりときれいな球出しをして、「ユーゴスラビア式」CB陣の力強い壁を築き、試合の場面ごとに要求されるプレーに適用できる器用なWGを使い、ハーランドがプレーに参加し、ボールを持つプレーに協力してインテル守備陣全員の注意を引きつける、そういう試合である。ペップは特別な試合を望んではいない。ただ普通の、最近の二五試合と同じような、忍耐と節制を持ってプレーする試合だ。デ・ブライネがそのことをうまく言い表す。「何も普段と違うことをする必要はない。今週は少しだけ慌ただしかったが、何も特別なことはしなくていい。できるだけ普通にすることだ」。忍耐強くなることの必要性について、ペップがもうひとつ付け加える。「こういう試合では我慢をすることが重要だ。スコアレスのままなら負けるなどと思ってはならない。イタリアのチームは〇対〇なら勝てると考えるが、そうではない」。ペップのチームの全員が良好な状態で調子が良く、戦う準備ができているのは、一週間前のＦＡカップ決勝に続いて、この七年間で二度目である。マウリ医師のミッションは達成された。

アタテュルク・オリンピック・スタジアムのピッチ上では、リーダーであるギュンドアン、ディアス、ロドリが選手たちの円陣の中で最後の叫び声を上げる。もはや誰もが知っており、繰り返している叫びだ。

「さぁ、みんな……あとひとつ。あとひとつだ！」

単なるもう一試合。準備は万端。落ち着き払っている。

シーン二七：星たちに描かれていた

（二〇二三年六月一〇日、イスタンブール）

ブエナベントゥーラは独特の機知を備えており、場合によっては既成概念と衝突するような興味深い視点を持つことができる。例えば、毎シーズン、他のコーチングスタッフがリーグ優勝の可能性やライバルチームらの戦力について考えを巡らせている傍らで、ブエナベントゥーラは毎週月曜日にこう問いかける。「五位との差は何ポイントだ？」。冗談で聞いているのではなく、真剣である。シティと五位との差を正確に知りたがっているのだ。翌年のチャンピオンズリーグで戦うためにチームがどの程度の努力をしなければならないのかを示すものだからだ。読者にはあまりピンとこないかもしれないが、ブエナベントゥーラは、欧州最高峰の大会を毎年確実に戦えることを重視している。「毎年チャンピオンズリーグで戦うことが、チームとしてのレベルを測ることになる」と、彼は言うが、確かにその通りではある。ペップは常々、ブエナベントゥーラはとても簡潔で実践的な知恵を持っていると言っており、毎週月曜日の彼の質問を興味深く聞いている。五位との差が広がっていくほど、チームの自信は強まっていく。

この日の午後、ブエナベントゥーラはもうひとつ彼らしい言葉を発した。「偉大なチームになるには、苦しいときにこそ勝つことだ」

シティは、ギリギリの状態でこのチャンピオンズリーグ決勝を迎えている。メンバー全員が出場可能ではあるが、主力選手たちの個々のコンディションは万全ではない。一月以来絶え間なく続けてきた奮闘により、チームは完全に消耗し切っている。ハーランドはこの一週間ずっとフィジオセラピストたちから一日五時間の処置を受け、ボロボロになった内転筋の回復を図ってきた。ロドリは四月末に限界を迎え、もうほとんどエネルギーは残っていない。デ・ブライネのハムストリングは断裂寸前であり、六週間前から紙一重でつながっている状態だ。アケはここ一カ月でわずか六〇分間しかプレーできていなかった。ストーンズはここ数週間エネルギー切れの兆候を見せており、グリーリッシュもあふれるほどだった輝きを失っている。

チームはバッテリーが枯渇した状態でイスタンブールにやって来た。公式戦六〇試合を戦い終えて力の限界であり、チャンピオンズリーグ制覇という果てしない希望と、三冠達成への巨大な欲望によりどうにか支えられているだけだ。ブエナベントゥーラの言うように、チームは良い状態ではないが、こういう日に、苦しいときにこそ勝たなければならないのだ。

選手たちの間では、コーチングスタッフほど深刻に問題を捉えているわけではない。おそらくは、決勝戦を戦いたくて仕方なく、あらゆる困難を頭の片隅に追いやっているからだろう。この日、誰よりもプレーを楽しみにしていた選手の一人が第四キャプテンのウォーカーだったが、彼は先発でプレーできないにもかかわらず、試合開始のほんの数分前にアタテュルク・オリンピック・スタジアムのドレッシングルーム内で感慨深げに話をする。ウォーカーは、チームメートたちに何を言うべきかを事前によく考えてきていた。ペップからわざわざ個人的に伝えられたあと、二日間考えることができたからだ。彼の言葉には力があり、静まり返ったドレッシングルーム内に鋭く響き渡る。「みんな知っているように、チャンピオンズリーグで優勝することは私にとって生涯の夢だ。今日プレーすることが夢だった。毎日そう思いながら目を覚まして、しっかり練習に取り組んできた。ピッチ上でこの夢を守ることはできないが、実際にやってくれるのは君たちだ。勇気を持って、プレッシャーを感じることなくプレーしてほしい。私の夢は君たちの手中にある」

ペップはただ、「君たちは今日、不滅の存在になるためプレーする」と、言うだけだ。

決勝はまったく派手な試合ではない。スローで退屈でくすんだゲームとなる。インテルはアグレッシブではあるが上品でクリーンでボールを持ちたがるチームでもあるため、荒れることはないが、九〇分間を通して記憶に残る場面はごくわずかしかない。シチズンズの決勝ゴールとなるロドリの素晴らしいシュートを除けば、オナナが止めたハーランドとフォーデンのシュートや、枠を捉えられなかったディ・マルコ、ルカク、ゴセンスのヘディングくらいだ。

インテルのプレスはジェコとマルティネスが先陣を切り、「1＋3」のピラミッド型またはミニダイヤモンド型と、ダンフリースまたはディ・マルコが両サイドでボールの受け手に飛び込む動きを加えて分厚くした「2＋3」を交互に繰り返す。ペップのシティは「3＋1＋3」の布陣でビルドアップを行い、ロドリを底、ギュンドアンを頂点、デ・ブライネとストーンズを両サイドとするダイヤモンド型の中盤を構成する。今日のストーンズはSBとして守り、ロドリの前に入ってきて、すぐにチームのフリーマンとなる。左のエリアでは、デ・ブライネがボールに触れず、それによりギュンドアンからも遠ざかって絡むことができない。この問題は二〇分に両者がポジションを変えることで修正された。シティのハイプレスは「4―2―4」で仕掛けられているが、オナナの見事な足技と視野の広さのおかげでインテルのプレーにはほとんど影響を及ぼすことができない。オナナはインテルが混乱に陥った際の「休憩案内所」となっていた。

シモーネ・インザーギがチームに加えたいくつかのニュアンスが、シティのプレーをやりにくくさせる。例えばエデルソンのゴールキックの際にディ・マルコが非常に高いポジションを取ることや、バストーニがマークする相手を追いかけて相手陣内まで入り込んでいくことなどだ。これらのニュアンスに、ロドリ、アカンジ、アケのプレーがぎこちないことも相まって、シティは普段の流れるようなボール回しがやりにくく、選手たちは足元にボールを出しているが狙いが定まらない（※七七）。かなり早い段階から、チームは基礎的な部分がうまくいっていないことが見て取れた。基礎的なプレーをアイデンティティの基盤としているチームにとっては最悪のニュースである。パスはぎこちなく、マークを外す動きは重く、フリーの選手を見つけられない。シティの個性を特徴づけるものがすべて消え失せている。アタテュルクの厚い芝は立て続けにスリップを引き起こし、まずはデ・ブライネ、続いてディアス、さらにオナナ、ハーランド、最後はエデルソンも二度足を滑らせた。

開始直後から、チームはストーンズがチームのフリーマンであることをうまく解釈できず、エデルソンがようやく彼と連係を取ることができたのは二四分になってからだった。ストーンズが右サイドでフリーになっていたにもかかわらず、非常に密集したエリアで意味のないパスを繰り返し、残念ながら時間を無駄にしてしまっていた。ストーンズ自身も、ここ数週間に戦ったビッグゲームとは異なり、フリーマンとして見つけてもらいやすくなるようなアピールをあまりしていなかったことも確かだ。

ペップはボール回しが難しくなることは予想していた。ロドリに対するブロゾヴィッチのマークが想定されることに加え、バレッラ、マルティネス、ジェコがボール保持者に対してダイヤモンド型でプレスをかけてくることによるものだ。一方でそれはチャルハノールに追われるギュンドアンを下がらせ、ストーンズが完全にフリーになることにもつながる。実際に、コーチングスタッフは前夜に「うまくやれれば、ストージョンは自由になり、沸かしたコーヒーを飲むこともできるはずさ」と、冗談を飛ばしていた。それは大げさだとしても、ストーンズにはピッチ上で自由に動けるだけの時間とスペースがあった。とはいえ彼も、以前のパフォーマンスと比較すればやや臆病になった様子を見せている。いずれにせよ、ロドリもＣＢ陣も、デ・ブライネもギュンドアンもストーンズを見つけることはできず、チームはインテルの整った組織に衝突していた。

ベルナルドが一度輝きを放ってエリア内でのドリブルからポスト付近へのシュートを放ったのを除けば、開始二五分間は低調な戦いに終始し、特にエデルソンの三つのミスが目を引いた。サイドへの球出しのミスでタッチラインを割ってしまったプレー。マルティネスがクロスに届かないと楽観視しすぎてしまいミスに救われた場面、そして何より、ディアスに出そうとしてバレッラの足元に渡ってしまったひどいパスである。バレッラは遠目からシュートを放ったが大きく外れた。チームが自分たちの神経も感情も抑え切れていないのは明らかであり、ペップは「落ち着け！　リラックスだ！」と、叫び声を上げる。シティは自分たち自身と戦っているが、勝つことができていない。

エデルソンのミスは内心のパニックの表出にほかならないが、スポーツではよくあるように、こういったミスによってそこから吹っ切れるようになる。直後にギュンドアンとデ・ブライネはインテル守備陣がラインを上げたのを利用し、彼らを騙すパスでハーランドにボールを通してエリア内へと抜け出させ、ハーランドはファーポストを狙ったシュートを放つが、オナナの左手が阻む。その直後にオナナは、デ・ブライネがエリア外から放ってチャルハノールに当たり、弱まったボールもセーブ。そこからシティは二分間

※七七　決勝でのシティのパス成功率はわずか八四・四％で、シーズン平均を五ポイント下回った

にわたって非常に危険な攻撃を繰り出すが、成果は出ない。試合がペップのチームに有利な展開へと傾きかけた矢先、ボールを追いかけたデ・ブライネのハムストリングが壊れてしまう。五分間はプレーを続けるべく必死に奮闘したが、偉大なるベルギー人選手は二度続けてチャンピオンズリーグ決勝のピッチを途中であとにすることを余儀なくされた。必然的にフォーデンとの交代を強いられ、フォーデンは中盤のダイヤモンドの頂点に入る。デ・ブライネは右足に氷を当て、ベンチでウォーカーとオルテガの間に座って意気消沈している。ビッグゲームで何度も見せてきたように、彼の顔は燃えるように赤くなっているが、二カ月間苦しみ続けてきた彼の筋肉は決勝で三四分間しかもたなかった。チームを頂点に導くため並々ならぬ努力を注ぎ込んできたデ・ブライネが、すべてを出し切りながらも懸命にその道を歩んできたことは決して忘れられない。

フォーデンはフレッシュな力を提供してくれたが、文句なしにシティのベストプレーヤーとして君臨していたのは、マルティネスとジェコに対して三度の素晴らしいインターセプトを見せたディアスである。いつもほど堅固ではないDF陣のリーダーを務める彼は、感情面を抑え、精神的な力強さを見せている。ディアスは自分の最高レベルに最も近づいている選手だ。そのことに勇気づけられたストーンズは前半に素晴らしい数分間を過ごし、見事な能力を発揮してインテルのMF陣を三度連続で抜き去ってみせる。しかし、まだ四二分の時点で疲労の兆しを見せていることは不安でもあった。前半も濃密で厳しい戦いだったが、後半はさらに難しくなることが確実だ。単純に、シティは力尽き瀕死となっているからだ。

「お前はクソみたいな試合をしている」

ロドリの見せているプレーレベルについて、ペップは言葉を濁すことなく彼に言う。このスペイン人選手は、決勝までの六〇試合を通して、チーム内で最も一貫して安定していた選手だった。彼のパフォーマンスはいつも素晴らしく、評点で言えばいつも優か良であり、凡戦に終わることはめったにない。ロドリはチームの原動力であり、チーム全体のダイナミズムは彼を軸として動いている。起点となってプレーを振り分け、場合によっては大きなリスクも冒す。中央のレーンをドリルのように穿つ。横方向の配球役としての能力を発揮し、アタッカー陣にプレゼントを配る。前でも後ろでも中央でも、計り知れないエネルギーと勇敢さを発揮してプレーに絡む。この果てしないシーズンを通して、彼ほど一貫して素晴らしいプレーを見せ続けてきた選手は存在しない。しかし、今日は影を潜めている。パス成功率は高い（九二・四％）ものの、実態を反映しているものではない。パスの三分の二はCB陣へ水平方向に出したものであり、前方へのパスは三分の一にすぎないからだ。ペップはドレッシングルームで、冷酷にそのことを彼に告げる。決勝戦は中途半端な言葉を吐く場所ではなく、冷酷に物事を伝えるべき場面だ。指揮官は他のディテールにも手を加える。ギュンドアンはロドリにポジションを近づけ、ベルナルドは少し下がり、これにより中盤のダイヤモンドは不規則な多角形へと変わる。シティはプレスも［4―2―4］から［4―3―3］に変え、フォーデンがハーランドの後ろに位置し、両WBは前半よりもう少し絞る形となる。

ストーンズの出番だ。試合再開後の最初の一分から彼はボールを要求し、チームは彼を見つけやすくなる。ロドリは動きを減らし、パスを織りなす軸として機能する。ギュンドアンが近くにいて素早く連係を取れることで、落ち着きやすくなっている。五三分、わずか一〇秒間のうちにストーンズが中盤で二回、相手陣内のペナルティアーク内で二回、計四回のドリブルを立て続けに繰り出す。まるで九〇年代のイタリアの「トレクアルティスタ」のようだ。彼は予想外の動きにより何度もインテルを混乱に陥れている。同時に疲労の色も見せ続けており、デ・ブライネのように膝に手を置いているため、まだ五四分の時点でコーチングスタッフはウォーカーにウォームアップを命じる。試合は依然として重苦しくさえないが、ピッチからは不確実性が漂っており、興奮は高まってきている。スポーツとは結局のところ不確実性に支配されており、確実性という不可能な領域を求めてそれに立ち向かっていくことこそが大きな挑戦なのだ。サッカーとは確実性へと向かう終わりのない巡礼の旅であり、イスタンブールでの決勝戦は、不確実性に向き合うことがいかに難しいかを改めて裏付けるものでしかない。

エデルソンは前半、まったくボールをブロックする必要はなかった。インテルが枠内へシュートを放つことは一度もなかったためだ。すでに述べた三つのミスを除けば、シティの守護神はプレー再開のため足でボールを触ることしかなかった。主にCB陣へのパスである。彼にとって、プレーにあまり参加しないこの状況は日常茶飯事だ。「ほとんどボールに触ることなく集中力を維持するのは簡単ではない。チームメートたちとコミュニケーションを取り続けているが、あまりプレーに関与しないときでも精神的には疲れることになる」

決勝の五八分、彼の集中力を示すチャンスが訪れる。右サイドからベルナルドがバックパスを送ると、アカンジはGKに向けたボールだと解釈するが、エデルソンはボールの受け手となるには遠く離れすぎている。ベルナルドのパスが悪く、アカンジがそれをトラップせずスルーしたことも間違いだったが、彼が重大なミスに気づいたときには、マルティネスはすでにボールを自分のものにしてゴールへと向かっていた。そこにルカクもやって来る。追いかけるディアスとロドリはルカクがボールを受けるコースを閉ざそうとするが、その代わりに数メートル後方でブロゾヴィッチをフリーにしてしまう。エデルソンは素早くゴール前を飛び出し、すべてのシュートコースを塞ぎ、マルティネスのシュートを左腕で弾き出す。ひどいミスで相手に初めてのチャンスをプレゼントしてしまったが、エデルソンもミスを帳消しにする素晴らしいパフォーマンスの第一歩を踏み出した。

ストーンズは依然としてフリーマンであり、最も相手のバランスを崩すことができるアタッカーとなっていた。六度のドリブルを仕掛け、成功率は一〇〇%。チャンピオンズリーグ決勝では、二〇一五年のユヴェントス戦で一〇回のドリブルを実行したメッシに次ぐ記録である。しかし、思いがけずインテルの壁を破ったのはアカンジだった。

六七分三一秒にロドリが決めた決勝ゴールは、その二〇秒前にグリーリッシュが左サイドからエリア内のフォーデンへ送った浮き球から始まった。フォーデンはブロゾヴィッチとの空中戦でボールを失ったが、そこにギュンドアンがやって来る。彼が非常に好んでいる、相手ゴールへとつながるレーンに気配を察知されることなく現れる動きだ。キャプテンはフォーデンにボールを戻すことに成功し、前が塞がれていると見たフォーデンはインテル守備陣のプレスにより二、五、一〇メートルと後退していく。一見したところフォーデンが攻撃を「潰している」ように見えるが、実際には逆サイドのアカンジを使って新たな攻撃を繰り出す。アカンジは縦への力強い突破で意表を突き、バストーニは緊急事態として彼に飛び込まざるを得ない。見事に組織化されたインテルの守備にこの小さなズレが生じたことに気づいたベルナルドは縦へ抜け出し、アカンジがデ・ブライネばりの絶妙なパスを彼に送ることで、八人の相手選手をゴール前に押し込む形となる。必然的な流れとしてベルナルドはマイナスへ折り返し、アチェルビの腕に軽く当たって良い位置へこぼれたボールをロドリがネットへ叩き込む。チャンピオンズリーグと三冠を勝ち取るゴールだった。

サッカーにはパラドックスがつきものだ。「クソみたいな前半」をプレーしていた男が、栄光のゴールを挙げる選手となった。芸術作品のような、何時間も解説されることになるゴールだ。エリアの端からゴルフのスイングのように放たれたボールにはカーブがかけられ、目の前に二つの障害物として立ちはだかるチャルハノールとダルミアンから遠ざかったあと最後に曲がって、動けないオナナの守るポストの近くへ突き刺さった。「最初は強く蹴ることを考えたが、前に何人もいるのが見えたので丁寧に狙うことを決めた」と、ロドリは解説する。ボールはダルミアンの左臂部をかすめるくらい狭い隙間を抜けていき、スペイン人MFはシティの歴史に残る存在となった。

栄光との口づけを交わす直前にロドリは、気づかれることなく、しかしゴールを決める上でシュートの精度と同じくらい重要な意味を持つディテールに関与していた。ブロゾヴィッチのプレッシャーを受けたフォーデンがエリアを離れてシティファンを落胆させ、さらに下がり続けていた頃、ロドリは彼に向けて腕を広げて逆サイドにプレーを切り替えるよう指示していた。フォーデンがこの後方への動きを取るコンマ数秒の間に、ロドリはピッチを二度見渡し、ストーンズが大きく開いたポジションでディ・マルコを脅かしていたことや、より内側のポジションにいるアカンジの前方に広大な空きスペースが広がっていることを把握していた。そのわずかな瞬間に、ロドリはそこからチャンスを生み出せることを知り、フォーデンに対してすぐにサイドを変えるよう指示した。それが決勝の行方を決めることになる。タイトル獲得に値する小さなディテールだったが、試合のバランスを傾けたものはそれだけではない。クロスバーも、相手のクリアも、至近距離からのヘディングも、パンチングも……。

ウォーカーはゴールを祝うためフィールドを横切ってチームメートたちと抱き合い、ほんの一秒後にはフィリップスも駆けつけて一緒に抱き合う。アタテュルク・オリンピック・スタジアムのメインスタンド二〇三—B席では、マリウスが母親クリスティーナと姉妹のマリア、バレンティーナと抱き合いながら熱狂している。家族全員が、腹の底から湧き上がる叫び声でロドリのゴールを祝う。今回こそそのときであり、二〇二三年チャンピオンズリーグ優勝のタイトルを持ち帰ることは運命に定められていると感じ取っているからだ。

ペップは子どもたちや選手たちよりもはるかに控えめな様子だ。握りしめた拳を、自分自身に冷静さを求めるかのようにすぐ開く。決勝戦がまだまだ長いこと、チームが疲れ果てていることを知っており、イタリアのチームが持つ性質も熟知している。インテルにも「偶発性」が巡ってくるはずだし、それを活かせなかったとすれば「英雄性」を狙ってくるだろう。だから、シティが勝つためには心を落ち着けるしかない。ウォーミングアップエリアに戻ったウォーカーには、ペースを上げるよう指示が送られる。ストーンズはもう限界であり、チームは彼のエネルギーをどうしても必要としている。

ベンチの数メートル後方では、エスティアルテも喜びを収めて落ち着きを取り戻しており、インテルが「偶発性」を狙ってくると感じ取っている。さらに二〇メートル上ではマリウスが、数年前にバイエルンがユヴェントスと対戦する際に父親が話していたことを思いだした。「偶発性」と「英雄性」である。思いだすと鳥肌が立った。

「彼らが『偶発性』を狙ってくるのはわかっている。CKでもFKでも何でもいいから、何かひとつ偶発的な出来事を求めてくる。チャンスを残したまま七五分を迎えれば、三人のアタッカーで襲いかかってくる。その前に勝負を決めてしまうことができなければ、恐ろしいラスト一五分間を過ごすことになる。『偶発性』を狙ってくる。それがイタリアのチームだ。『偶発性』がうまくいかなければ次は『英雄性』に移り、我々は大苦戦を強いられることになる」

「偶発性」について深く議論が交わされた二〇一六年のその夕食には、ペップとエスティアルテとマリウスが参加していた。三人は今、それがインテルの青と黒を身にまとって現れてくることを予想しながらピッチに目を向けている。

それはすぐにやってきた。

ロドリのゴールからわずか一五一秒後、ディ・マルコの送ったボールがエデルソンのゴールのクロスバーを叩く。インテルはすでに三人のアタッカーでシチズンズのエリアに襲いかかっていたが、このチャンスは狙い通りのプレーの結果として生まれたものではなく、ブロゾヴィッチの上げ損ねたクロスがまずはチャルハノールの頭に、続いてグリーリッシュの頭に当たったものだ。弾かれたボールは最終的にシティのエリア内に落ち、守備陣はバランスが崩れた形となり意表を突かれる。アカンジはルカクと衝突して足首を捻り、ストーンズはベルナルドのマークを逃れて背後に上がってきていたディ・マルコに気づかない。オフサイドに見えたが実際にはそうではなかったイタリア人SBは、前に出ていたエデルソンの頭上を越えるヘディングを放つ。クロスバーに当たったボールはディ・マルコに戻り、ディ・マルコは今度は地面に倒れ込みながらもう一度ヘッドを放つが、シュートはルカクの左足に当たってしまう。とはいえ一メートル後ろではディアスがゴールラインを守っており、間違いなくゴールを防ぐことはできただろう。いずれにせよ、ディ・マルコの二本目のヘディングの時点でルカクがオフサイドだった。

これは単発的なプレーであり、ボールの跳ね返り方がまずはインテルに、次はシティに味方したものだった。シティは「偶発性」を回避することができた。だがタッチライン際のペップは、インテルにはまだ「英雄性」が残されていることを知っており、ウォーカーの投入を決断する。この場面では、彼の肉体的・感情的エネルギーが不可欠だと感じられる。二分後に、アカンジがマルティネスに対して強く当たれなかったプレーのあとルカクに遠目からのシュートを許したことを考えればなおさらだ。スイス人CBは足首に痛みを抱えており、副審は交代選手として彼の番号を掲げる。背番号25に代えて背番号2を投入。アカンジがウォーカーに代わる。しかし、交代が行われようとするところで、何かがおかしいと感じたペップがそれを止めさせた。

「待て、カイル、待つんだ。すまない、まだだ」

ペップはアカンジが痛みを感じていることに気がついているが、ストーンズがギリギリの状態にあることも理解している。今日は交代を多用するような日ではなく、よく考えなければならない。低調なレベルのプレーをしている選手は他にもいる。特にパフォーマンスがよくないのはおそらくハーランドとグリーリッシュの二人だが、この場面でどうするべきだろうか？　二人に代えてアルバレスとマフレズを投入？ハーランドの空中戦の強さやグリーリッシュの意欲的な守備が重要になり得る場面で交代させるべきだろうか？　もし延長戦になったら？　アカンジについても同じだ。アシストの前のパスを供給したとはいえ、彼はこの決勝の守備陣の中で最もプレーがさえていない選手ではあるが、ストーンズが疲労困憊なのであれば、間違いなく苦しいものとなる残り一五分に向けて前者を下げ後者を残すべきだろうか？　ペップはこの難題について頭の中で考えを巡らせるが、正しい答えは見つからず、交代を先送りする。ウォーカーはピッチに入ってプレーしたいという意欲を燃やしつつ、監督の傍で焦れている。

ペップがそう思い悩んでいるのをよそに、ロドリからの好ボールを受けたフォーデンはディ・マルコからのプレスを嘲笑うかのように反転でかわし、ダメ押しゴールへ向かっていく。五歩を踏み出し、左足での二タッチを入れ、ペナルティスポットからファーポストへシュート。決勝の行方を占う審判のとき。インテルのＤＦ二人は地面に倒れ込んでおり、他の三人は為す術もなく見守っている。ハーランド、ベルナルド、グリーリッシュは息を呑む……。高めに打ち込むのではなくボールを反対側のポスト際へ送り込もうとしたフォーデンの低いシュートは、オナナの牙城に投げ込まれた石ころのように弱々しく難なくセーブされた。シティは試合を終わらせる絶好のチャンスを逃してしまう。このシュートの失敗はフォーデンのメンタルに大きく影響し、二分後に再びペナルティスポット付近へ足を踏み入れた際にはゴールを狙うのではなくハーランドにボールを出すことを選んだ。

シティは肉体的にも精神的にも疲労のピークに達している。このシーズンがどれほど厳しいものであったか、六一試合でどれほどの戦いを積み重ねてきたか、一つひとつのプレーから読み取ることができる。タイムアップの笛まで残り一五分、観客席ではリージョが、ロドリの代理人であるパブロ・バルケロに言う。「みんな六〇試合を戦って疲れ果てている。カップ決勝でもすでにそうだったが、今日はもう完全に空っぽだ。エネルギーが残っていない」。タッチライン沿いにもスタンドにも、それぞれの頭の中にも、ペップの言葉が強烈に響きわたる。

「勝負を決めてしまうことができなければ、恐ろしいラスト一五分間を過ごすことになる。我々は大苦戦を強いられることになる」

ストーンズはユニフォームが上から下まで破れ、痛みを抱えながらピッチをあとにした。ウォーカーはすでにコートに立っており、サイドで彼が発揮してくれる力強さのおかげで、ベルナルドはポジションをやや中央に寄せて中盤を助けることができる。数分が過ぎ、エデルソンが足を滑らせる。また数分が過ぎ、再びエデルソンがスリップ。それ以上は何も起こることなく試合は停滞しているが、それもインテルの「英雄性」が訪れるまでだ。なぜ起こるのか、どのように起こるのかもわからないが、それでも起こってしまうようなチャンスが。

ベルナルドとグリーリッシュがそれぞれSBのウォーカーとアケをサポートし、七人でシチズンズのエリアに襲いかかってくるインテルによる最後の決死の猛攻を阻もうとする。ゴセンスが左サイドから上げたクロスは合わずに逆サイドまで流れ、それをベッラノーヴァが拾う。前が詰まっているのを見るとバックパスを返し、ブロゾヴィッチがもう一度最初のサイドへ送り返す。そこに現れたゴセンスはベルナルドとの競り合いを制し、ヘディングでボールをエリア中央へ送り込む。シティは数的優位（八対五）に立っているが、アカンジとロドリはルカクを妨害し切れず、難なくボールを受けさせてしまう。ベルギー人FWはプレッシャーを受けることもなく、ゴールエリア内で障害となる相手もおらず、ゴールラインから四メートル足らずの位置で容易に頭で合わせることができた。良いヘディングではあった。コンパクトに強く、体の正面で、ボールを地面に叩きつけ、ゴールは必至だった。だがエデルソンにとっては幸いなことに、左足でボールを弾くことに成功。危険なリバウンドはディアスの頭へ向かったが、ディアスは素早く頭を回してボールをコーナーへ逃れることができた。シティは救われた。インテルは「偶発性」を逸し、「英雄性」も逃した。インザーギの選手たちは信じられず、両手で頭を抱える。同点のチャンスが水泡に帰し、絶望に包まれていた。

アケの与えてしまったCKから、チャンスはもうひとつあった。ポーランド人のシモン・マルチニャク主審が宣告した五分間のアディショナルタイムが経過し、さらに三九秒が過ぎていた。ディ・マルコがニアポストへ蹴り入れたCKに、ギュンドアンがマークにつき切れなかったドイツの同胞ゴセンスがバックヘッドで合わせる。ボールはゴール方向へと向かったが、エデルソンが右手のパンチングで遠くへ弾き出す。九五分四六秒となったところで試合終了を迎えた。

苦難は終わった。シティがチャンピオンズリーグ優勝。シティが三冠達成である。

ペップは安堵のため息をつく。彼はまたやってのけた。

結末は星に定められていた。チームを偉大にするのは、苦しいときにこそ勝つことだ。

シーン二八：「そうだ、これでいい！」

（二〇二三年六月一二日、マンチェスター）

決勝戦とは勝つべきものであり、記憶すべきものではない。

右手にキューバリバー、左手にマイクを持ち、歌い、踊り、ジョークを飛ばすグリーリッシュの姿は、シティの優勝祝いの四八時間を象徴するイメージとなるだろう。ギュンドアンがイスタンブールの空にトロフィーを掲げた瞬間から、マンチェスターの街を練り歩くチームのパレードが青い花火で締めくくるまで、丸二日間。一一カ月の戦いで蓄積されたすべての感情、緊張、苦悩が解き放たれた、果てしない祝祭の二日間だった。

どの選手も飛行機内では短い仮眠を取っただけだった。イスタンブールでは日が昇るまでマルマラ海岸で食べ、飲み、踊り、歌った。ＪＷマリオット・ホテルの庭園に集まったファンや家族らと一緒になって、特に目立っていたのはグリーリッシュ、ハーランド、ウォーカーだ。ホテルをあとにしたのは翌日正午。クラブのコーポレートカラーに塗られたボーイング787―9ドリームライナーは午後二時にトルコの首都を飛び立ち、四時間後にマンチェスターに到着した。スーツケースを家に置いて着替えただけで、メンバー全員が専用機でイビサ島へと向かう。この日だけで五〇〇〇キロに及んだフライトを終えると、深夜にはウシュアイア・イビサ・ホテルの貸し切りフロアに泊まり、朝食の時間までプライベートクラブでパーティーを続けた。朝にはマンチェスターへ戻り、クラブで食事をしたあと、デ・ブライネが「マンチェスターで史上最高のお祝い」と、表現した時間を過ごすことになる（※七八）。

祝勝会は一人で行うものではない。選手であれ監督であれ、勝利の栄光を本当に分かち合って味わうためには、チームメートからの強い抱擁が必要だ。戦いに敗れた夜はもちろんのこと、頂上への険しい坂を登っている最中にも、誰かが傍にいてくれると感じられるため、ファンの存在を誰もが必要としている。シティナポーターはアタテュルク・オリンピック・スタジアムのスタンドに詰めかけ、チャンピオンズリーグのアンセム斉唱の際には、腕を組んでピッチに背を向け、定番の「ポズナン式」セレブレーションを行うこともためらわなかった。試合終盤の展開やプレー内容、インテルの最後の猛攻に苦しい思いもしていた。そして、今回もまた散々なものだったＵＥＦＡの運営にも苦しめられた。こういった最後のイベントも、すべてのファンにとって試練に変えられてしまう。それでも街に戻ったファンたちは、ロドリが腹の底から叫んだように、「マンチェスターは青い」ことを改めて確認させてくれた。

ペップと仲間たちがこの日のために買っていたパルタガスの葉巻に火をつけるのを邪魔するように、パレードは雨に包まれた。すさまじい土砂降りではあるが、誰一人として気を落とす者はいない。家に残るファンは一人もおらず、ディーンズゲート通りは紙吹雪、音楽、チャント、耳をつんざくような叫び声で青く染まっている。まるで今日が人生最後の日であるかのように飲んで祝うチームメンバーが、全員を盛り上げている。唯一欠席しているのがエスティアルテだ。長女ニコルが出産を間近に控えていたため、彼はイスタンブールで遠征団から離れた。マンチェスターでの祝祭が最高潮に達する頃、新しい命の訪れとともにエスティアルテは祖父となっていた。ソフィーが生まれたのだ。

決勝の主役たちの声を聞くときがやってきた。

まずはキャプテンのギュンドアン。三度のチャンピオンズリーグ決勝を戦って、ついにトロフィーを手にした男だ。「三冠で歴史を作ることができた。決勝の前半は最高の戦いができていたわけではなかったけれど。チームには迷いがあった。後半にはもっと良い戦いをするべきだとわかっていた。五分五分の試合だったが幸運に恵まれ、落ちたコインがこちらに有利な側を出してくれた」

殊勲のゴールを挙げた男もキャプテンに同意する。「簡単ではなかった。守り方もカウンターも、素晴らしいチームとの戦いだった。みんな全力を尽くした。個人的には前半はあまりよくなかったが、いつも良いプレーができると期待できるわけではない。決勝戦とはそういうものだ。感情的になったり緊張したりもするが、それでもみんな野獣のように戦った」。ロドリも含めた多くの選手たちが、ファンへの思いを語った。「ここにいる誰もが、何年待っていたかわからない。ファンにもチームにも、これを手に入れる資格があった。ここ数年はあと一歩だったが……とにかくみんなに感謝したい。僕たちはさらなる野心を！

※七八　負傷したデ・ブライネは火曜日にマンチェスターで重度三の断裂と診断された。翌日からはクラブのフィジオセラピストを伴ってバカンスに入り、それから数週間にわたって回復に向けたケアを毎日受け続ける

さらなる夢を求めている!」

ウォーカーは、チャンピオンズリーグ決勝でのプレーを何よりも望んだ男だった。「夢の中を生きている。父と母もスタンドにいた。故郷のシェフィールドから、チャンピオンズリーグの決勝までやって来るのは簡単なことではない。母にお金がまったくなくて、アイスクリームも買ってもらえなかったのを覚えている……この勝利を二人と一緒に喜べるのは最高だ!」。第三キャプテンの彼は、チームが成し遂げたことを誰よりもよく言い表していた。「シティは世界の主要リーグで初めての、そして唯一の勝ち点一〇〇を達成したチームになった。イングランドの国内四タイトルを初めて、唯一獲得した『フォーミダブルズ』でもあった。そしてこの三冠で不滅の存在になる」

カーソンは、自らの成し遂げた不滅の偉業を誇る。「イスタンブールを訪れるたびにこの優勝トロフィーを持って帰る」と、極めて真剣な口ぶりで皆を笑わせた(※七九)。グリーリッシュはこの日も彼らしく誠実だった。「このためにみんな人生をかけて頑張っている。決勝ではひどいプレーをしてしまったが、そんなことはどうでもいい。このメンバーで三冠を勝ち取れるのはとても特別なことだ。僕がどれほどサッカーを愛していて、この目標達成のためどれだけ生涯をかけて努力してきたか、僕のことを知っている人なら誰もがわかってくれている。イスタンブールの観客の中に自分の家族がいるのを目にしたときは、感無量だった」。グリーリッシュはペップにも感謝を述べる。「僕のことを強く信じてくれた。素晴らしい監督だ」

ペップは、イスタンブールでは家族とともに慎ましく祝っていたが、マンチェスターでは息子マリウスとともに喜びに酔いしれた。彼はドメに優勝カップを持たせて一緒に写真を撮りたがった。長年、素晴らしいアシスタントを務めてきてくれた彼に報いるためだ。決して予想を誤らない慧眼を持つドメはこう言う。「ペップはサッカーの歴史上最高の監督だ」

そして、ペップは何を語るのだろうか。「インテルは我々の想像通りだった。難しいよ、難しい。さらにイタリアのすべてのチームには、偶発性と英雄性がある。それがチャンピオンズリーグだ。この『狂ったトロフィー』は掴みどころがなく、手に入れるのは難しい。不可能に思えるときもあるが今、それはここにある」

「これでいい？」

「そう、これでいい。これでいいんだ！」

プロセスの完了、ひとつの作品の完成のようだ。

シティはチャンピオンズリーグで一試合も敗れることなく王者となった一五年ぶりのチーム。ギュンドアンがトロフィーを掲げるまでに、チームは八試合に勝利し、五試合に引き分け、敗戦はゼロ。三二ゴールを奪う一方で、わずか五点しか奪われていない。一三試合で一度も負けなかった王者は二〇〇八―〇九シーズン以来である。ちなみに、一三試合で一度も敗れることなく優勝した前回のチームは、同じ街のライバルチームであるマンチェスター・ユナイテッド。〇七―〇八シーズンの成績は同じく八勝五分けだった（※八〇）。

選手たちが熱狂的なファンにトロフィーを披露するステージ上には、絶え間なく雨が振りしきる。陽光をこよなく愛するはずのペップがさらなる雨水を呼び込むと、ファンはより一層燃え上がった。

「私たちに雨を！　もっと雨を！　祝福の雨を！」

※七九　カーソンは二〇〇四―〇五シーズンにリヴァプールでチャンピオンズリーグ優勝。ハーフタイムの時点でミランが三対〇とリードしていた決勝は「イスタンブールの奇跡」として知られる。後半に追いついたリヴァプールはＰＫ戦（三対二）で勝利を飾った

※八〇　二〇二〇年のバイエルンも無敗でチャンピオンとなったが、新型コロナウイルスのパンデミックの影響により大会方式は一一試合に縮小されていた

その舞台裏で私は、三〇年前のバルセロナのチャンピオンズリーグ初優勝（一九九二年、ウェンブリー）をクライフとともに経験したパッツィに話を聞いた。カタルーニャのクラブの歴史にとって決定的な転換点だった。そして今、「クライフの息子」もまったく同じような瞬間を味わったところだ。

「記憶というのは、非常に誤解を招きやすいものだが、かなり似通っていたのも確かだ。ヨハンは選手たちが安心できるように、自分自身にプレッシャーをかけていた。『行ってこい、楽しんでこい』と、ウェンブリーのドレッシングルームで言ったあの有名な言葉だ。選手たちには、何も起こりはしない、単なるサイクルの始まりでしかないという感覚があった。ペップもチキもあそこにいた。もしウェンブリーで勝てなくとも、別の年には勝てるだろう。それが、ヨハンが選手たちに伝えていた感覚だった。ウェンブリーは、彼らにとって初体験だった。ヨーロッパカップの決勝どころか、準決勝すら戦ったことがなかったんだ。そして、クーマンのゴールがボトルの栓を抜いた。あのゴールからバルサではすべてが変わったんだ。今のシティでも同じことが起こっている」

私はパッツィに、ペップの「これでいい、これでいい！」という言葉について話をする。ケーキの仕上げにアイシングを乗せるような一言だ。

「まさに『これでいい！』という感覚だ。一〇年間か一二年間やってきた我々にとって、フェランやチキにとって、すべてのプロジェクト、すべての最高の夢の到達点なんだ」

これでいい。我々はやり遂げたんだ。ペップがいなければ実現できなかった可能性は非常に高いが、彼は快くこのプロジェクトに加わってくれて、彼がいたのですべてが可能になった。これでいい。「フェイナ・フェタ（カタルーニャ語で仕事完了）」だ。ミッション・コンプリート。そして次は？　さらに、もっとだ。ペップのことはわかっている。来季は七つのタイトルが目の前にある。いつもの四つに加えて、参加権を勝ち取ったものが他に三つあるが、彼はすべて狙いにいくだろう。すべてを欲し、もっと多く、もっとタイトルを積み上げていくのが彼の競争遺伝子だ。もちろん、新たな血も必要になるだろう。何人か去り、何人か加わる。そして全員がさらに突き進んでいく。

ペップとクラブ全体の大きな夢は果たされた。未完成だった作品は仕上がった。チャンピオンズリーグ、三冠、プレミアリーグでの「スリーピート」……。

浮き沈みや疑念に満ちた、長くゆっくりとしたプロセスだった。忍耐力、粘り強さ、強靭な精神、大きな痛みへの抵抗力が求められる緻密なプロセスだった。チームスピリットを醸成し、誰もが認めるアイデンティティを確立し、ゲームの基本を忠実に守り、勝利とは道のりを歩んでいくための単純な一歩一歩にすぎないのだと理解し、敗戦も毅然としたストイックさで受け入れる。苦悶の夜を過ごし、栄光の日々を享受する。

七年間に及んだプロセスは何世紀にも感じられた。ペップと仲間たちはすべてのエネルギー、すべての時間、すべての知識を注ぎ込み、忍耐と情熱と細心の注意を込めてチームを育て上げ、ついに花開かせた。

「そうだ、これでいい！」

薔薇とともに過ごし捧げるときが長ければ長いほど、その薔薇は己にとって、より大切なものとなるだろう。

〈2022-23シーズン〉

	試合	勝	分	敗	得点	失点	順位
プレミアリーグ	38	28	5	5	94	33	優勝
FAカップ	6	6	0	0	19	1	優勝
リーグカップ	3	2	0	1	5	4	ベスト8
コミニュティ・シールド	1	0	0	1	1	3	準優勝
チャンピオンズリーグ	13	8	5	0	32	5	優勝
計	61	44	10	7	151	46	

◆ シーズン勝率：72.1％
◆ プレミアリーグ勝率：73.7％
◆ シーズン得点率（1試合あたり）：2.47点
◆ プレミアリーグ得点率（1試合あたり）：2.47点
◆ シーズン失点率（1試合あたり）：0.75点
◆ プレミアリーグ失点率（1試合あたり）：0.87点
◆ シーズン得失点差：＋105
◆ プレミアリーグ勝ち点：89ポイント
◆ プレミアリーグポスト直撃シュート：19本（うちハーランドが5本）
◆ シーズンボール保持率（1試合あたり）：63.2％
◆ プレミアリーグボール保持率（1試合あたり）：64.7％
◆ シーズン最高ボール保持率：82％（対リーズ、2023年5月）
◆ シーズン最低ボール保持率：36％（対アーセナル、2023年2月）
◆ シーズンパス本数（1試合あたり）：660本
◆ シーズン最多パス本数：850本（対コペンハーゲン、2022年10月）
◆ シーズンパス成功率（1試合あたり）：89％
◆ シーズンシュート数（1試合あたり）：15.1本／枠内5.7本
◆ シーズン被シュート数（（1試合あたり）：8本／枠内2.4本
◆ プレミアリーグ最多連勝：12連勝
◆ シーズン最多得点：52点／ハーランド（プレミアリーグ36点）
◆ シーズン最多アシスト：28回／デ・ブライネ（プレミアリーグ16回）
◆ シーズン最多試合出場：56試合／ロドリ（プレミアリーグ36試合）
◆ シーズン最多得点試合：7対0（対ライプツィヒ）
◆ シーズン最多失点試合：1対3（対リヴァプール）

エピローグ　ペップの言葉

二〇二三年七月一二日、バルセロナ

バルセロナは地獄のような暑さだ。ペップはしばらくプールに浸かったあとテレビの前に戻り、ウィンブルドン・テニスの終盤戦を観る。彼の休暇も最後の数日を迎えている。七二時間後にはカタルーニャの太陽に別れを告げ、もう長年の友人となったマンチェスターの雨と再会する。この一カ月間はボールから離れ、家族全員でエジプトのピラミッドを訪れたり、ゴルフをしたり、ディナーを楽しんだり、キャンパスで技術向上のレッスンを受けたりして満タンのエネルギーを取り戻した。体重は二キロ増え、肌も日焼けした。とはいえ、午前中にはペスカーラのビーチで日光浴をし、午後には生まれたばかりのかわいい孫娘の世話ばかりしているエスティアルテほどではないが。

バイエルンのプレシーズン中に、トレンティーノで初めて会ったときから一〇年の月日が過ぎた。ペップが私にドレッシングルーム、自宅、そして頭の中のドアを開いてくれたときから。それ以来私は、ミュンヘンでの感動的な三年間とマンチェスターでの情熱的な七シーズンを通して、彼の周囲で起こる事象を観察させてもらうことを許された。この長い旅の終着駅も近づいてきている。

マンチェスターでの七シーズンが、ペップにとって個人的にどのようなものであったかを振り返ってみよう。成功も失敗も、ドラマも喜びも味わってきた。私はほぼちょうど七年前にもバルセロナを訪れて彼に会い、始まろうとしていたシティのプロジェクトについて話をした。三年間を想定していたそのプロジェクトに、実際のところ、何を期待していたのだろうか。三年どころかもう八年になろうとするほど、マンチェスターがそんなに気に入ったのだろうか。

「もちろん、七年もいるとは思っていなかった。これから八年目が始まるし、全部で九年いることになると思う。これほどプレミアリーグで何度も優勝できるとも思っていなかった。私が期待していたのは、今のように、私の上にいるチキや（フェラン・）ソリアーノ、オマル（・ベラダ）といった人たちから信頼を得ることだった。彼らの信頼を得れば、自動的に選手たちからも八〇%は信頼を得られることになる。残りの二〇%は日々のピッチ上で勝ち取らなければならない。しかし、世界中の九〇%のチームで起こっていることとは異なり、私がこのクラブで続けるかどうか、路地裏に放り出されるかどうかは結果だけで決まるものではない。上層部がそれをわかってくれていることが私にとって大きな助けになる。自分がクラブで生き残るための交渉に時間やエネルギーを奪われずに済むからだ」

「これまでのプロセス全体を通して、七年目にこういう戦いをするようになると考えたことはなかった。すべての可能性がオープンなのだから手探りで進んでいくだけだ。真の賢者であるパコ（・セイルーロ）とファンマ（・リージョ）はいつも言っている。プレーを始めよう。練習を始めよう。ゲームを始めよう。どんな選手たちがいるか見てみよう。それらを見ながら進もう。事に当たりながら歩いていこう。私がシティにやって来たとき、ジンチェンコが欠かせない存在になるとは考えてもみなかった。彼はトップ下で、ウクライナの10番で、かなり良いプレーをしていた。非常に良いプレーができることは最初のロンドからわかった。だがドイツでの最初のフレンドリーマッチでは一度もボールに触れなかった。その時点では、ジンチェンコがインサイドの左ＳＢとしてプレーすることになり、我々が何度もリーグを勝ち取る上でも、我々の展開していった学習プロセスにおいても不可欠な存在になるとは想像もできなかった」

「わかると思うが、こういったことは時間の経過とともに見えてくるもので、まさにそこが最も美しい部分だ。私が今まで七年間ここにいられたのは、多くのものを勝ち取ってきたからだ。勝てていなければこんなに何年も続かなかっただろう。そして、チーム作りのプロセスについては、すでに言ったように、一人ひとりの脈や細胞がどう反応するかを見ながらやってきた」

「もしかすると来年には、思ってもみなかったような活躍をする選手と出逢えるかもしれない。サッカーとは何か。これに迫れるひとつ例を挙げてみよう。去年の中国でのプレシーズンにリコ・ルイスを呼ぶつもりはなかった。単純に彼を知らなかったからだ。しかし、ユースコーチを務めていたカルレス・ビセンスが私に言ってきた。『リコ・ルイスを連れていってはどうだろうか。右SBでも左SBでもインサイドでもやれるが？』と。プレシーズンではまだ選手全員が揃わないこともあるし、非常に暑くて練習や試合をこなすために普段以上の人数が必要になるので、それならということで、彼も連れていくことに決めた。バイエルン戦で少しプレーさせると、『おぉ……何てことだ！　洗練されたこの子のクオリティは、とんでもない！』ということになった」

「そして彼は今シーズン、学びのプロセスとはどのようなもので、何をしなければならないかを我々全員に教えてくれる存在となった。試合や練習を通して、SBがインサイドでどのような動きをするべきかを我々に正確に教えてくれたのは彼だった。以前の我々がやっていなかったような動きをしてくれたのは彼だった。しかし、サッカーとはそういうものだ。こういうことが起こる」

「サッカーのチームとはそうあるべきだ。オープンに……。そして、物事は待ってくれずに流れていくことが多い。そういうものであり、それでいい。それ以上のことはない」

彼にとってマンチェスターで手に入れた本当の勝利とは何なのだろうか？

「これまでもかなり高いレベルで長いことプレーしてきたが、そのやり方では、強い強度のプレミアリーグでは通用しないと唱えるもの、信じるものが大勢いた。もちろん、我々のやり方や勝ち方が尊敬され称賛されるのは、多くのビッグタイトルを勝ち取ってきたおかげという部分も大きい。これは簡単なことではない。想像してみてほしい。今からこのようなプロセスを新しくスタートさせて、今後六年間で五度のリーグタイトルを勝ち取るといっても、誰も信じはしないだろう。その絵をイメージするのは難しいだろう？　それを我々はやってのけた」

「基本的にはそういうことだ。ペップにはできない、イングランドでその戦い方はできないと大勢が言っていたのを覚えている……。言いたいことはわかった。でも、それが可能なんだ。さらに言うと、それをリコ・ルイスとやった！　ハーランドともやったぞ！」

例の有名な、ストーク＝オン＝トレントでプレーすれば沈んでしまうという予言？

「その通りだ。我々は基本的に長い間ずっとそうしてきた。イングランドに行って、一年勝つことはできる。あるいは、せいぜい二年は勝てるかもしれない。しかし、我々がやってきたように何年もそれを続けていけば、クラブのアイデンティティ、クラブの安定性、クラブの理念、小さな子どもたちに対する優れたスカウティングに基づいた育成組織の構築、子どもたちの育成にしっかり取り組んでしかるべきタイミングで引き上げていくこと、代理人や他のクラブではなく自分たちが彼らの価値を決めること、そういうものを示すことになる。つまり、クラブが非常にうまくやってきたことが数多くあり、それが我々に今のような自信を与え、今の場所まで辿り着くことを可能にしてくれた」

プレー内容について言えば、三冠を達成した今季は守り方が特に際立っていた。連係やプレー全般という面では、過去二年ほど素晴らしいものではなかったかもしれない。

「我々のプレーがよくなかったとは思っていない。ハーランドの加入により、すべてを調整するためにもう少し長いプロセスが必要になったことは確かだとしてもだ。ずっと良い守備はできていたので、守備が良くなったとも思ってはいない。スタッツによれば、相手に作られたチャンスの数は非常に少なかったが、ゴールを奪われていたことも事実だ」

「まあ、シーズンのかなりの部分は、守ることに喜びを感じ、楽しめる四人のＣＢで戦っていた。その点で我々は一歩前進することができた。エリア内での守備が引き上げられ、一番良い守備ができたシーズンとなった」

ストーンズの現在の役割は、バイエルンでのラームやハフィーニャに始まり、ストーンズが守備をするCHになるという現在の姿に至るまで、長年続いてきたプロセスの結果だと解釈すべきだろうか。監督の頭の中ではすべてが、一つひとつつながっているのだろうか？

「いや、いや。ドイツの頃には、ストーンズが今やっているようなことは想像もしていなかった。だがそうだな、確かに、すべてに共通する糸、すべてをつなげる一本の糸は存在する。ピッチの中央に一人増やすということだ。それをFWでやるのか、後ろの選手たちでやるのかだ。後ろの選手を一人前に上げるか、FWの一人を下げるか。だがいつも、中盤をもう一人多くしようとしている。今は前にハーランドがいるため、彼をそう使うことはできない。だからそのプラス一人は、後ろから引っ張ってきて中盤に置かなければならない」

「条件次第では、SBのデルフ、ジンチェンコ、カンセロ、ルイスの中から一人がやることもできるし、ストーンズのようにCBの一人でもいい。条件とは、選手のクオリティだ。また、役割に適応できるかどうか、そこでプレーしてどう感じるかということでもある。だが、本質的なところは変わらない。二人のSBが内側にいて、中盤のエリアを一人増やして四人にし、偽9番がいて……。いつもある程度はそういう形で戦ってきた」

ペップ・グアルディオラという存在は、サッカーの歴史の中にどう位置づけられることになるのだろう？

「想像もつかない……ノーアイデアだ。歴史は自分自身で生きなければならない。記憶されるためだとか、そういうことではなく。自分で生きるべきだし、それだけだ。だがまぁ、我々は素晴らしい時間を過ごしてきただろう？　それは間違いない。ほら、マドリーとの準決勝2ndレグの前に、決勝に進めば歴史に残ることを意味するか？　と質問されたが、私はそんなことは考えてもいないと答えた。しかし、ひとつ確かなことはあった。我々は素晴らしい時間を過ごしたということだ。そうだったと断言できる。最高の時間を過ごすことができた。我々が何かうらやましがられることがあるとすれば、素晴らしい時間を過ごせたことだ」

「人生とは、一日一日だ。今日であり今なんだ。我々が死んだとしても、歴史の中であなたにはこのポストを与える！　などと伝えに来る者はいない。死んでしまえば、それはもう……死んでいる。だから歴史に興味はない」

だからこそ、彼はその日その日に集中している。中期的なことや、これからまだやるべきことに目を向けるのではない。

「今、私はバカンス中で、唯一考えているのは、マンチェスターに戻って、最初のトレーニングセッションにどういう選手たちが揃うかということ。それだけだ。細かいプランや細かいプログラムも、大きなプログラムも気にしているわけではない。バルサのサブチームでは最初にそういうものを準備していたが、その頃からもうファンマに、何の役にも立たないと言われていた。ファンマの言うことは正しかったし、彼は今も変わらず正しい。ただ練習に来て、『今日は何人いるんだ？』と聞くだけでいい。大勢いるなら、最初から良いトレーニングセッションを始めよう。自分たちの基礎とするプレーの原則と、そこに絡んでくるすべてのことを思いだして、最初のフレンドリーマッチまで進んでいこう。その初戦に勝つことを目指す。過去にやっていたことを思いだして、ちょっとした部分を改善すれば、それでいい。それだけだ。それから二戦目のフレンドリーマッチを迎えて、同じようにやっていく。それから三戦目。最初の公式戦。常に次の試合に集中していく。それ以上は何もない」

ペップはシティで四一三試合を指揮し、一四％にあたる五八試合しか敗れていない。その中でも特にショックの大きかった三敗を選ぶとすれば、グディソン・パークでエヴァートンに〇対四の敗戦を喫した二〇一七年一月の試合、パンデミックの年にリヨンに敗れたリスボンの試合、そして一年前、マドリーに土壇場での逆転を許したベルナベウの試合だろうか。

「エヴァートン戦は、確かにそうだ。まだチームを把握し切れていなかったので、つらい敗戦だった。だがその後、あの年は三位で終えることができたし、最後は非常に良いプレーができるようになった。そして二〇一七年の夏にはクラブが一歩前進し、必要なものに投資した。とても良いチームではあったが、あまりにもベテランばかりで、三〇歳以上の選手が一一人いた。刷新を必要としており、クラブはそれを実行してくれた」

「二つ目に挙げてくれた敗戦は、リスボンでの準々決勝だが、あれもつらいものだった。チャンピオンズリーグにはいつも特別な何かがある。我々の戦いぶりが相手より悪かったからでなく、ちょっとした部分で、基本的には守備のミスによって敗れた試合だ。クラブの強さは、あのときにももう示された。会長が試合後に『我々は戻ってくる、そして遅かれ早かれ優勝できる』と言ってくれたときだ。私はそういったことを忘れはしない。あのとき、全員が落ち込んでいるディナーの真っ最中に、会長は言った。『来季はまたチャンピオンズリーグで戦える。そしていつの日か優勝できる』と」

「マドリー戦のほうが、ひょっとしたら痛みは小さかったかもしれない。ベルナベウでの一撃はショックだったが、勝負が決まったのは我々のホームでの試合だった。単純に、神様が準決勝を1ｓｔレグで終わらせたくはなかった……。ほら、サッカーにはそういうことがあるだろう？　だがチームはホームでもアウェーでも非常に良い戦いをしていた。もちろんベルナベウは戦いにくいスタジアムなので、2ｎｄレグでは少し悪くはなったが、あの敗戦は私にとってそこまでショックなものではなかった。その後につながる敗戦でもあったから。つまりイスタンブールの決勝に辿り着くためだ。このような、こういう現象はサッカーではよく起こる」

「間違いなく、あの〇対四のエヴァートン戦が私にとって一番つらい敗戦だった。まだチームの特徴を把握し切れていないタイミングだったから」

　二〇一六―一七シーズンのクリスマスは、チェルシー戦、レスター戦、リヴァプール戦、そして最後にエヴァートン戦と手痛い敗戦が続いた困難な時期だった。

「そう、その通り。まだチームのことを十分にわかっていない頃だった。だがあれほどひどい時期にもスタッフは私を支えてくれた。尊敬する人たちから電話をもらったり、気持ちを高めてもらったりして、乗り越えることができた。物事は簡単にはいかない。ああいう厳しい日々があったからこそ、今我々が成し遂げたことのすべてを、もっと大切に思うことができるだろう」

　この七年間で数多くの勝利を挙げてきた。全部で三〇〇勝、つまり勝率は七二・五％以上となる。特に強く響いた勝利、心を揺さぶられた勝利はどれだろうか。

「何よりも感動するのはリーグ戦での勝利。イングランドでは、プレミアリーグは唯一無二でありスペシャルだ。とても、とても厳しい戦いになる。そして、一度勝ってしまえばもう十分やった。達成した。勝ち取ったと思ってしまう。そうして二度目の優勝をしても、少し遅れてきたリヴァプールに跨がれ追い抜かれてしまう。それに対して私たちがどうリアクションするかを見極め、本来の姿を取り戻し、また優勝、そこから勝者へと変貌し、さらに二度の優勝を果たすことになる」

「リーグ戦とは日々の一貫性であり、いつもそこにいることだ。戦わないわけにはいかないし、息つく暇もないが、最大の満足感を与えてくれるものでもある」

「もうひとつ大事なポイントがある。我々が四年連続で優勝を飾ったリーグカップだ。一見すると誰も興味を持っていないかのような大会だが、四度連続で勝ち取るというのは、すべてのことを大事にしている証拠だ。すべての練習や、すべてのディテールを。リーグカップのようにあまり重視されないタイトルを勝ち取ることで、謙虚さが示されると思う。プレミアリーグで勝つことに加えて、カラバオカップでも勝つために努力していることが明確に示されるからだ。一週間を長くして休みを増やし、選手たちを回復させ、頭や足をよりフレッシュにするためにタイトルを明け渡したりはしないということだ。そうではなく、四連覇を目指して戦いにいく。そういう部分を私は誇らしく感じる。チームとクラブについて、我々の気質について、クラブに植えつけられた競争文化について多くを物語る部分だからだ」

「チーム全体、選手たち、そしてこの数年間クラブにいた我々全員がレベルを上げてきた。今ではシティの競争レベルは非常に高くなっており、これを今後何年も、何十年も維持していかなければならない。カルドゥーン（・アル・ムバラク）が上にいて強くプッシュし続けてくれる限り、そうなっていくと私は確信している。私がいなくなってからも、クラブはそうし続けていくとわかっている。タイトルはとても重要だが、競争力はさらに重要だ。将来このチームは、すべてを懸けて戦っていたと言われるようになると思う。すべての大会で勝利を目指していたと言われるだろう。カップ戦の準決勝で四度敗れようとも、二度優勝したと。チャンピオンズリーグではずっと勝てなかったが、準決勝、決勝、準決勝、そしてついに勝ち取ったと。そして、これほど高い水準を設定してしまうのはつらいことだ。クラブにそのレベルを維持することを強いるのだから。そして素晴らしいことでもある。ある一年にプレミアリーグで優勝できたり、チャンピオンズリーグで優勝できたりという問題ではない。毎年一貫して継続的に勝ち続けることなんだ」

イスタンブールで発した「そうだ、これでいい！」という言葉は、ようやく仕事をやり遂げた、作品が完成したという意味だったのだろうか。二〇〇九年のバルセロナでの三冠は、非常に重い荷物であり、あまりにも高く設定されたハードルだったが……。

「バルサで一年目に三冠を達成したことで、毎年勝つことを期待できるようになるのではないかと思われるが、そんなことは不可能だ。私は良い監督ではあるが、毎年三冠を達成できるほどではない。毎年三冠を勝ち取ろうと思ったこともない。しかし、プレミアリーグで五つのタイトルを獲得したあと、もうひとつ飛躍して欧州の偉大なチームという地位を得たいのであれば、チャンピオンズリーグでも勝たなければならないことは明らかだ。その舞台で勝つことで、プレミアリーグでの五回の優勝に意味と価値を与えることができた。そして明らかに、自分たちがやりたいと言っていた通りの結末を迎えられた。だから私は言う。『これでいい！　我々はやり遂げたんだ！　良い戦いをして、プレミアで勝って、チャンピオンズリーグでも勝った！　これでいいんだ！』。それでも、バカンスを取り、休暇、回復し、練習に戻ってみると……あとはもう見慣れた光景さ……お互いをよ～く理解している。さぁ！　いくぞ！　全力で踏み込んでもう一度挑戦するために！」と、なる。

「だが、もちろん、ついにやり遂げたという感覚はある」

もう一度やるのは不可能だ、バルセロナの域には届かないと言い続けてきたペップだが、ついにそれをやってのけた。

「チャンピオンズリーグで優勝することも難しいが、三冠がどれだけ難しいかとなると想像もつかない。生涯に一度だけ起こるようなことだ。だから不可能だと言い続けていた。私にはバルサでもう起こったことだからだ。三冠は生涯に一度のことだが、私にはもう二度起こった。これ以上は何も望めない」

「自分がまだどこかのクラブにいるのなら、毎日練習をしながら過ごして、試合をして、勝負をして、戦うべき相手のことを考えて、どのチームが良い状態なのか、どこが一番弱いのか、自分たちには弱点があるのか、どこを改善すべきか、などなど。要するに、三冠を達成したチームをいかに維持できるかということになる。そして、維持するだけでも大きなことだが、それだけでなく、可能ならさらに向上させる。しかしクラブで過ごす時期を終え、その仕事の領収証にサインをするなら、本当に何を成し遂げたかを確認して総括するのはそのときだ。私はバルサを去るときになって、成し遂げたことの大きさがわかった。バイエルンでは、欧州でやり残した仕事があった。マンチェスターでは、バルサと同じだ。我々のやるべきことはもうやった。だがそれでも、確かな総括は出ていく日にならなければできない。なぜか。ひとつ言っておこう。ここにいる間は、さらにもっと多くを勝ち取るために取り組み続けるからだ」

「クラブはチャンピオンズリーグで一度も優勝したことがなかった。七年かかったが、これでやり遂げた、これで勝ち取ることができた。さて、チャンピオンズリーグで優勝したことのあるチームがいくつあるだろうか。たくさんだ。では二回、三回、四回優勝したチームとなると、それも結構ある。つまり、我々の成し遂げたことはクラブにとって特別なことではあるが、サッカー界では何も特別なことではない。特別というのは、ラファ・ナダルのようにローラン・ギャロスで一四回優勝したり、ロジャー・フェデラーがウィンブルドンで八度のタイトルを獲得したり、そういうものは特別だ。一四年間のリーグ戦で一一回優勝するのも、それは特別なことだ。チャンピオンズリーグで一度優勝するのは素晴らしいことだし、我々はとてもうれしく思っているが、決して特別なことではない。二回や三回勝てばすべてが変わってくるし、特別になれるかもしれない」

チャンピオンズリーグであと二回優勝できるチャンスは残されている。

「ははは、そう、あと二年。まさにその通りだ！」

ペップのことを知り、彼の実行してきたことすべてを目にした上で、この七年間の彼の監督としての大きな変化には、人間的な成熟が大きく影響しているのではないかという印象がある。戦術面に関する部分以上に、彼自身の感情や選手たちの感情のコントロールに大きく関係しているのではないだろうか。

「間違いなくその通り。まったく同感だ。そう、本当にその通りだ。そうは見えないかもしれないが、私は試合前や試合後に以前より我慢強く、はるかに楽観的になっている。より冷静に分析し、以前より感情的ではなくなっている。とはいえ、人工知能やビッグデータが広く活用されるようになろうとも、本当の意味での戦術的決断は今でも非常にエモーショナルなものだが。戦術的決断のほとんどは、今でも本能によって、ピッチ上で嗅ぎ取った匂いや自分のフィーリングに従って下すものだ」

「しかし、戦術的決断が今でも感情に従って下されるという事実は別として、私が大きく変わったことは確かだ。試合前の苦悩はかなり和らぎ、今は自分自身とチームに対してはるかに楽観的になっている。ネガティブなことや悪いことに重みや価値を持たせないようにした。自分の人生の一部、スポーツのプロセスの一部として受け止め、またすべての良いことを以前よりもうまく受容し許容するようになった。試合に臨むにあたって以前よりポジティブで前向きになったことで、とても良い時間を過ごし、はるかにうまく生きられるようになった。このことが、イングランドでの監督としてのキャリアを伸ばす上で重要な要因となっている。このポジティブな変化がなければとっくに辞めていただろう」

時間、いつも時間である。

自分の生きる時代を選ぶことは誰にもできない。どの時代に戦うか、どの相手と戦うかを決められるスポーツ選手はいない。そのまま受け入れるしかない人生の気まぐれである。自分のスポーツ選手としての成長が弱火でじっくりと煮詰められていくのか、抑えようのないペースで進んでいくのかを選ぶこともできない。単純に、起こるがままに起こるだけだ。時間の支配者にはなれないし、時間を好きな形に変えてしまうことも、飼い慣らすこともできない。自分なりに管理できるだけだ。

「いつ」かは決められないが、「どのように」するかは決めることができる。

自分がどのように戦うかを選択できることが、スポーツ選手の持つ唯一の力である。どのように挑戦に立ち向かい、時代によって自分に割り当てられた相手にどのように向き合うのか。どのような姿勢で、どのようなスタイルで、どのような意図を持って競技に臨むのか。これこそがスポーツ選手の真の力であり、そこに真の成功がある。どのように戦うかを選択し、時が運命を成就させることを受け入れるのだ。

ペップは監督としての一年目から世界中のすべてのタイトルを獲得しようと求めたわけではなかったが、そうなった。以後はその頂点にもう一度近づこうとしたが、数え切れないほど何度もつまずいた。神々に罰せられたシーシュポスが何度も山頂まで岩を押し上げるが、そのたびに必ずまた落ちていくように……。頑固な彼は、時代は選べずとも自分のやり方は選べるという認識をますます強めながら粘り強く努力を続けた。

「時間はいつも我々を打ち負かす」。数年前、チェスプレーヤーのガルリ・カスパロフは彼にそう警告した。時間とは我々の指をすり抜けていく水のようだ。

今日私は、ペップと時間について語り合っている。時間とは我々を形作る偉大な彫刻家であり、我々に代わって決定を下す。すべての生きとし生けるものの宿敵である時間について、彼もついに理解したことが確認できる。

「人生とは今だ。最期を迎えたときには、もう死んでいる。だから歴史なんて関係ない」

監修者あとがき

神よ、ペップを救いたまえ。このプロジェクトをスタートさせた一年目から七年の月日を経て、苦心の末に念願叶ったイスタンブールでの栄冠まで……マンチェスターの雨は、グアルディオラの目にどのように映ったのだろう？　「生きることの意味を問うた先に、生きた証しがついてくる」。そう静かに告げる雨垂れの雫は、スルスルと岩や葉を伝い、まるでドリブルでライバルたちを抜くかのように僕のペンを走らせた。そして、その問いの答えは、最も困難に陥ったそのときにこそ、奥底に眠る偽りのない心の声を引き出し姿を現す。

そこに例外はない。非常識から常識を創り上げていくことの苦労は、全霊をかけて音楽を表現する者として、また、ギタリストとして、最高峰で望む結果を勝ち取るため、歴史に挑戦する者として、会話の中から心胸推し量れる場面も所々に散りばめられていた。外側から見るとタイトルの数や栄光が証しとなり、価値あるものとして映るのかもしれない。一方、内側から見てみると日々の積み重ねがあって初めて、正解へと導く小さなサインへの気づきにつながり、志を見失わずにゴールまで歩み続けていけるだけの情熱とエネルギーを与えてくれるわけだが、物事はそう容易く移ろわず……ストレスの渦は抉る痛みで幾夜も彼を唸らせた。己に襲いかかる悪魔たちと闘うペップを家族は見ていたのだ。

この場面は、監修をする中で、さまざまな描写が頭の中で広がり語るきっかけをつくってくれた。なぜなら僕自身も目標へと突き進むあまり、結果として体調を崩し家族に心配をかけてしまった過去があるからだ。今となっては、そのどれもが実となり、奥行きのある表現へとエスコートしてくれたのだから、改めて、この出来事、すべてのご縁に心底感謝したい。

話を戻すが、グアルディオラは「夢のチケット」を手繰り寄せるための方法を知っている。「成功の秘訣は、我々の誰一人として最初の日と同じではないこと」。一秒、一分、一時間、一日と刻まれていく時の過ごし方や質から組まれていくプロセスは、考える力、捉える力、聞く力、拒む力、落とし込む力を磨き、暗闇に確かなる光をもたらすのだ。しかし、これは何も特別なことでない。なぜなら、人は誰でもこの世に生まれてきた瞬間から、はるか遠くまで辿り着くため、分け隔てなく人生の宿題を与えられるからだ。これを課題、試練に置き換えても良い。

大切なことは、この宿題が成長するためのギフトなのだと悟ること。向き合わなければ、何も変われないのだと解ること。何かを変えなさい、加えなさい、そのまま行きなさいというメッセージを受信できるアンテナの感度を刻々と磨き続けることで本質が現れるのだ。これによって人生にもリズムと意図が出てくる。話す言葉の質が変わってくる。そして、佇まいが変わってくる。

この本には、このような世界観で生きている「挑戦者」たちが登場する。歴史に残る記録的なシーズンへの取り組みは、そのずっと、ずっと前から始まっているのだ。苦悩も歓喜も描かれたこの壮大なストーリーは、ペップを支える者たちが共に前人未到のゴールへと突き進み、見事に三冠を達成するまでのプロセスと未来図を描いている。

マンチェスター・シティと共に歩んだグアルディオラの軌跡は、どの世界、業種、環境にも通ずるメッセージをあなたに届けるだろう。そして、何度も目を通し、読み終わったあとに魂に響いたのは、「神への挑戦」だったと語るグアルディオラの声だった。

二〇二四年八月　イルヴィン孝次

訳者あとがき

欧州クラブサッカーの上位レベルにおける勢力図というものは、長い時間を経てもそれほど変遷するものではない。スペインでは基本的にレアル・マドリードとバルセロナを二強とする構造が何十年も変わらず、バイエルン・ミュンヘンの連覇がストップしようともドイツの圧倒的ビッグクラブであることは揺るがない。セリエAの歴史も大部分はユヴェントスとミラノ勢によって築かれてきた。

そういった中でマンチェスター・シティは、近年のサッカー界においてエリート層のヒエラルキーを変えてみせた稀有な例だといえる。過去にもリーグ優勝を果たしていた時期などはあったとはいえ、長年にわたってマンチェスターの「もうひとつのクラブ」という立場に置かれてきたシティは、今やイングランドのみならず欧州、世界でも完全にトップクラブの一角を占める存在となった。もはやリーグ中位・下位に甘んじたり降格を味わったりしていた姿を想像するほうが難しい。

変化の要因を端的に挙げるとすれば、UAEの投資グループによるクラブ買収がすべての始まりだったということにはなるだろう。もちろん単純に資金力だけが躍進の理由ではないとしても、欧州サッカー全体やプレミアリーグ自体が経済面で大きな成功を収めてきた流れの中で特に象徴的なクラブとなったのがシティだ。

しかし、その大きな流れを紐解いてみれば、サッカーの歴史はやはり一つひとつの試合や、選手や監督たちを含めた一人ひとりの人間の行動の連なりによって成り立っている。シティの成功も、ピッチ内やピッチサイドで結果を出してきた個々の人間たち、さらに細分すれば一つひとつのプレーや采配、判断や決断や言葉が何重にも折り重なって作り上げられてきたものだ。何気なくスタジアムやテレビで目にするワンゴールやワンプレーも、時間が経って振り返ってみれば、クラブの歴史やサッカーの歴史を構成する重要なピースとなっているかもしれない。

近年のシティの成功に最も大きく寄与してきた人物の一人がペップ・グアルディオラであることに否定の余地はない。家族やコーチングスタッフ以外では誰よりも近くから彼を見続けてきたマルティ・ペラルナウは、ペップの戦術・采配から内心に至るまですべてを捉えて鮮明に書き出している。

シティは二〇二三─二四シーズンにもアーセナル、リヴァプールとのデッドヒートを制してリーグ優勝を飾り、前人未到のプレミアリーグ四連覇を達成。ペップは就任から八シーズンで六度のリーグ優勝を含めた一七個のタイトルを勝ち取ったことになった。

当初は三年間と見込んでいたクラブとの契約を延長し続けてきたが、九年目の二〇二四─二五シーズンは本当にシティでの最後のシーズンとなるのかもしれない。いずれにしてもペップとシティが今後も歩んでいくそれぞれの道のりが、サッカー界の歴史にまた新たな彩りを重ねていくことは間違いない。

二〇二四年八月　高野鉄平

マンチェスター・シティ選手往来（2016-17〜22-23）

【国籍略語一覧】 ALG＝アルジェリア、ARG＝アルゼンチン、BEL＝ベルギー、BRA＝ブラジル、CHI＝チリ、CIV＝コートジボワール、ENG＝イングランド、ESP＝スペイン、FRA＝フランス、GER＝ドイツ、KOS＝コソボ、MAR＝モロッコ、NED＝オランダ、NGA＝ナイジェリア、NOR＝ノルウェー、POR＝ポルトガル、SRB＝セルビア、SUI＝スイス、UKR＝ウクライナ、USA＝アメリカ

2016-17

【加入】

［夏］GK クラウディオ・ブラーボ（CHI/バルセロナ）
DF ジョン・ストーンズ（ENG/エヴァートン）
パブロ・マフェオ（ESP/ジローナ）
MF イルカイ・ギュンドアン（GER/ドルトムント）
レロイ・サネ（GER/シャルケ）
FW ノリート（ESP/セルタ）
［冬］FW ガブリエウ・ジェズス（BRA/パウメイラス）

【退団】

［夏］GK ジョー・ハート（ENG/トリノ）
リチャード・ライト（ENG/引退）
DF エリアカン・マンガラ（FRA/バレンシア）
マルティン・デミチェリス（ARG/エスパニョール）
MF サミア・ナスリ（FRA/セビージャ）
FW ウィルフリード・ボニー（CIV/ストーク）
［冬］DF パブロ・マフェオ（ESP/ジローナ）

2017-18

【加入】

［夏］GK エデルソン（BRA/ベンフィカ）
DF カイル・ウォーカー（ENG/トッテナム）
エリアカン・マンガラ（FRA/バレンシア）
バンジャマン・メンディ（FRA/モナコ）
ダニーロ（BRA/レアル・マドリード）
MF フィル・フォーデン（ENG/マンチェスター・シティU-18）
ベルナルド・シウヴァ（POR/モナコ）
オレクサンドル・ジンチェンコ（UKR/PSV）
［冬］DF アイメリク・ラポルテ（FRA/アスレティック・ビルバオ）
FW ブラヒム・ディアス（MAR/マンチェスター・シティU-21）

【退団】

［夏］GK ウィリー・カバジェロ（ARG/チェルシー）
DF ガエル・クリシ（FRA/バシャクシェヒル）
バカリ・サニャ（FRA/ベネヴェント※冬）
アレクサンダル・コラロフ（SRB/ローマ）
パブロ・サバレタ（ARG/ウェスト・ハム）
MF アレイクス・ガルシア（ESP/ジローナ）
ヘスス・ナバス（ESP/セビージャ）
フェルナンド（BRA/ガラタサライ）
FW ノリート（ESP/セビージャ）
ケレチ・イヘアナチョ（NGA/レスター）
［冬］DF エリアカン・マンガラ（FRA/エヴァートン）

2018-19

【加入】

［夏］GK アリヤネット・ムリッチ（KOS/NAC）
DF エリアカン・マンガラ（FRA/エヴァートン）
フィリップ・サンドレル（NED/ズヴォーレ）
MF リヤド・マフレズ（ALG/レスター）
［冬］なし

【退団】

［夏］MF ヤヤ・トゥーレ（CIV/オリンピアコス）
［冬］FW ブラヒム・ディアス（MAR/レアル・マドリード）

2019-20

【加入】

［夏］GK スコット・カーソン
(ENG/ダービー)

DF アンヘリーニョ
(ESP/PSV)

ジョアン・カンセロ
(POR/ユヴェントス)

MF ロドリ
(ESP/アトレティコ・マドリード)

［冬］なし

【退団】

［夏］GK アリヤネット・ムリッチ
(KOS/ノッティンガム)

DF エリアカン・マンガラ
(FRA/バレンシア)

フィリップ・サンドレル
(NED/アンデルレヒト)

ヴァンサン・コンパニ
(BEL/アンデルレヒト)

MF ファビアン・デルフ
(ENG/エヴァートン)

［冬］DF アンヘリーニョ
(ESP/ライプツィヒ)

2020-21

【加入】

［夏］GK ザック・ステッフェン
(USA/デュッセルドルフ)

DF ネイサン・アケ
(NED/ボーンマス)

フィリップ・サンドレル
(NED/アンデルレヒト)

ルベン・ディアス
(POR/ベンフィカ)

FW フェラン・トーレス
(ESP/バレンシア)

［冬］なし

【退団】

［夏］GK クラウディオ・ブラーボ
(CHI/ベティス)

DF ニコラス・オタメンディ
(ARG/ベンフィカ)

MF ダビド・シルバ
(ESP/レアル・ソシエダ)

レロイ・サネ
(GER/バイエルン)

［冬］なし

2021-22

【加入】

［夏］MF ジャック・グリーリッシュ
(ENG/アストン・ヴィラ)

コール・パーマー
(ENG/マンチェスター・シティU-21)

［冬］なし

【退団】

［夏］DF フィリップ・サンドレル
(NED/トロワ)

エリク・ガルシア
(ESP/バルセロナ)

FW セルヒオ・アグエロ
(ARG/バルセロナ)

［冬］FW フェラン・トーレス
(ESP/バルセロナ)

2022-23

【加入】

［夏］GK シュテファン・オルテガ
(GER/ビーレフェルト)

DF リコ・ルイス
(ENG/マンチェスター・シティU-18)

マヌエル・アカンジ
(SUI/ドルトムント)

セルヒオ・ゴメス
(ESP/アンデルレヒト)

MF カルヴィン・フィリップス
(ENG/リーズ)

FW アーリング・ハーランド
(NOR/ドルトムント)

フリアン・アルバレス
(ARG/リーベル・プレート)

［冬］MF マクシモ・ペローネ
(ARG/ベレス)

【退団】

［夏］GK ザック・ステッフェン
(USA/ミドルズブラ)

MF オレクサンドル・ジンチェンコ
(UKR/アーセナル)

フェルナンジーニョ
(BRA/アトレチコ・パラナエンセ)

FW ラヒーム・スターリング
(ENG/チェルシー)

ガブリエウ・ジェズス
(BRA/アーセナル)

［冬］DF ジョアン・カンセロ
(POR/バイエルン)

ブックデザイン＆DTP　今田賢志
カバー写真　Getty Images
編集　石沢鉄平（株式会社カンゼン）

神よ、ペップを救いたまえ。

Japanese translation published by arrangement with Roca Editorial de Libros, S.L. through The English Agency (Japan) Ltd.

発行日　2024年9月18日　初版
著　者　マルティ・ペラルナウ
監修者　イルヴィン 孝次
訳　者　高野 鉄平
発行人　坪井 義哉
発行所　株式会社カンゼン
〒101-0021
東京都千代田区外神田2-7-1 開花ビル
TEL 03（5295）7723
FAX 03（5295）7725
https://www.kanzen.jp/
郵便為替 00150-7-130339
印刷・製本　中央精版印刷株式会社

ISBN 978-4-86255-735-3　Printed in Japan

定価はカバーに表示してあります。
ご意見、ご感想に関しましては、kanso@kanzen.jp まで
Eメールにてお寄せ下さい。お待ちしております。